저자의 틀거리

닭, 돼지, 개와 인간의 경계에서 기록하다

고기로 태어나서

ⓒ한승태, 2018

초판 1쇄 2018년 4월 27일 발행
초판 17쇄 2024년 7월 24일 발행

지은이 한승태
펴낸이 김성실
표지 디자인 [★]뀨
제작 한영문화사

펴낸곳 시대의창   **등록** 제10-1756호(1999. 5. 11)
주소 03985 서울시 마포구 연희로 19-1
전화 02)335-6121   **팩스** 02)325-5607
전자우편 sidaebooks@daum.net
페이스북 www.facebook.com/sidaebooks
트위터 @sidaebooks

ISBN 978-89-5940-668-5 (03330)

고기로 태어나서

닭, 돼지, 개와 인간의 경계에서 기록하다

한승태 2
노동에세이

시대의창

건학이 형에게

"우리는 취약한 생물이고
인간들은 바로 이 취약함을 공유한다.
자유롭게 돌아다니고
희망하고 사랑한다는 것은
취약함을 부정하기보다는
받아안는다는 뜻이다.
그리고 오로지 자신의 취약함을
완전히 인식하고 있을 때
또렷하게 분별하는 법을 배울 수 있다."
(아서 프랭크, 《아픈 몸을 살다》)

통계와 클로즈업

이 책은 멸종 위기로부터 3억 광년 정도 떨어진 곳에 서식하는 동물들을 찾아 떠난 여행을 기록한 글이다. 내가 처음 양계장에 발을 디딘 것이 4년 전이다. 당시에는 동물의 삶을(당연히 인간도 동물이지만 여기선 편의상 인간이 아닌 동물만을 동물이라고 부르겠다) 확인하겠다거나 책을 써봐야겠다는 생각은 없었다. 나는 서울을 떠날 핑곗거리를 찾고 있었다. 소개소장이 100원짜리 밀크 커피 한 잔을 뽑아주며 강원도의 옥수수 농장과 금산의 양계장을 추천해줬다. 내가 후자를 선택한 이유는 옥수수보다는 닭을 키우는 쪽이 조금이나마 덜 지루할 것 같았기 때문이었다. 내가 맞았다. 양계장은 지루하지 않았다. 하지만 내 예상이 맞은 건 그것 하나뿐이었다. 그곳에서 나는 한 달을 채우지 못하고 도망쳐 나왔다. 돈을 달라는 말은 꺼내지도 않았다. 내가 원한 것은 악몽에나 나올 법한 그 닭들에게서 멀어지는 것뿐이었다.

내가 축사 안에서 본 것들 가운데 모르던 것은 하나도 없었다. 닭장이 있었고 닭이 있었고 똥이 있었고 알이 있었다. 하지만 축사 속에 내가 예상한 대로의 모습을 한 건 아무것도 없었다. 서울로 돌아가는 버스 안에서 나는 고기를 위해 길러지는 동물들이 어떻게 먹고 살고 있는지 보고 싶어졌다. 이들 주위에는 상아를 노리는 밀렵꾼도 밭을 만들려고 숲에 불을 지르는 주민도 없었지만 디스커버리 채널의 주연 배우를 괴롭히는 것과는 다른 종류의, 하지만 비슷하게 강력한 위기가 이들의 삶을 위협하는 듯 보였기 때문이다.

닭이 어떻게 사는지 보기 위해서 세 종류의 시설을 찾아갔다. 첫 번째는 산란계 농장이었다(앞에서 언급한 농장이다). 알을 얻기 위해 기르는 닭을 사육하는 곳이다. 두 번째는 부화장이었다. 이곳은 기계를 이용해 병아리로 부화시키는 작업만을 하는 곳이다. 세 번째는 육계 농장이었다. 이곳이 프라이드치킨의 주인공이 될 닭을 기르는 곳이다.

돼지가 어떻게 사는지 보기 위해서도 세 종류의 시설을 찾아갔다. 첫 번째는 종돈장이었다. 이곳은 일반적인 양돈장에서 새끼를 낳을 용도로 쓸 어미 돼지를 기르는 곳이다. 두 번째는 자돈 농장이었다. 생후 3개월 이하의 어린 돼지를 자돈이라고 부른다. 여기서 자돈을 기르고 비육 농장으로 출하시킨다. 세 번째는 비육 농장이었다. 여기서 자돈을 3개월 더 기른 뒤 도축장으로 보낸다.

식용으로 기르는 개가 어떻게 사는지 보기 위해서 두 곳을 찾아갔다. 식용 개를 기르는 방식은 어디서나 비슷하다. 차이가 나는 건 도살 방식뿐이었다. 대신 두 번째 농장에선 농장주들이 개고기 산업에 대해 어떻게 생각하고 어떤 기대를 품고 있는지 자세하게 들을 수 있었다.

닭과 돼지는 가장 대표적인 고기라서, 개는 한국 사회의 특수성을 보여준다고 판단해서 선택했다. 식용 동물의 삶은 크게 세 부분으로 나누어 기술할 수 있다고 한다. 사육, 수송, 도살. 이 책은 그 가운데 사육, 즉 동물이 태어나서 도축장으로 보내지기 직전까지의 과정만을 다룬다. 이들의 삶을 온전히 이해하기 위해서는 나머지 과정도 (또 다른 식용 동물도) 직접 들여다볼 필요가 있을 것 같다. (그게 내가 아니기만을 바랄 뿐이다.)

참고로 이 책에 등장하는 사람들의 이름은 모두 가명이다. 글 속의 '나'라는 사람이 진짜 나 자신보다 좀 더 멀쩡한 사람인 것처럼 묘사한 점만 빼놓고는 실제 있는 그대로 썼다.

유난히 연애 운이 없던 어떤 작가는 연인을 찾는 사람들이 처음 만나는 자리에서 자신의 치부부터 털어놓는 문화를 정착시켜야 한다고 투덜댄 적이 있다. 그러니까 카페라떼 두 잔을 사이에 둔 채 머뭇대는 두 사람이 날씨나 영화 얘기를 하며 시간을 낭비하는 대신 "저는 지금도 엄마랑 한 침대에서 자요"라든가 "헤어진 여친(또는 남친)이 지난주에 아랫집으로 이사를 왔어요" 아니면 "저 작년 5월에 2번 찍었어요" 같은 말로 대화를 시작하는 편이 궁극적으로 서로를 위한 길이라고 말이다.

문제의 작가가 여전히 혼자인 걸로 봐서는 자신의 급진적인 연애론이 평생의 짝을 만나는 데 그다지 도움이 되지 못한 것 같다. 나는 차라리 그 조언을 책과 독자의 첫 만남에 적용하면 어떨까 하는 생각이 들었다. 그러니까 작가들이 홍보 자료나 서평에는 담기지 않을 책의 문제점을 서문에 솔직하게 털어놓는 것이다. 그래서 독자들이 127페이지쯤 읽고 나서 자신이 엉뚱한 책에 귀중한 돈과 시간을 낭비했다는 사실을 깨닫기 전에 추천사만 그럴듯한 책은 아예 계산대까지 들고 가지 않게 하는 것이다(어째서 독자층이 기름종이처럼 얇은 내가 얼마 되지도 않는 독자의 등을 돌리게 만드는 아이디어를 내는 데 이다지도 신통방통한가 하는 의문이 들긴 하지만).

외톨이 작가의 자기 파괴적인 충고를 따랐을 때 이 책이 여러분에게 건넬 첫마디는 아마 이런 것일 거다. "나는 사회과학 코너에 진열은 되어 있지만 쓸 만한 통계자료 하나 담고 있지 않아요." 이 책은 오늘날 축산업계의 현실을 담아보려고 노력했지만 그 안에서 통계청의 흔적은 거의 찾아볼 수 없다. 그건 내게는 국회도서관보다 양돈장이 더 편안한 탓이 클 테지만 더 중요한 원인은 내가 통계를 의심하는 버릇을 고치지 못했기 때문일 것이다. 많은 사람이 통계의 거짓말에 대해 이야기한다. 교묘한 계산 방식으로 현실과는 전혀 다른 통계를 '연출'해내는 방법 등에 대해서 말이다. 하지만 나는 정직한 통계에도 일정한 함정이 숨겨져 있다고 생각한다.

산악인들은 케이블카를 타고서는 제대로 산을 알 수 없다고 입을 모은다. 순식간에 정상에 오른 사람들은 기념사진을 몇 장 찍고 또 순식간에 내려오는데 그런 식으로는 산의 면면을 확인할 수도 없을뿐더러 산마다의 고유한 감흥을 발전시킬 경험도 하지 못하기 때문에 금세 산에 대한 인상도 사라지고 만다는 것이다. 통계가 우리의 인식에 미치는 영향도 케이블카와 비슷한 면이 있지 않나 싶다. 어떤 문제에 대해 수치 위주로 접근하게 되면 금방 이해하고 또 금방 잊는다. 삼풍백화점은 1995년에 무너졌고 502명이 죽고 937명이 부상당했으며 재산 피해액이 2,700억에 이르렀다는 사실을 읽은 사람은 자신이 이 비극을 '안다'고, 피해자들의 고통을 '이해한다'고 생각하기 쉽다. 대상을 파악했다는 감각은 내적으로 형성된 불안감을 해소시키며 이때 생긴 만족감은 계속해서 의심하고 고민하게 만드는 동력을 감소시킨다. 이해했기 때문에 안심할 수 있고 안심할 수 있기 때문에 그것들은 계속해서 다른 세상일로 남을 수 있다.

이런 숫자들은 우리를 바람처럼 스쳐 지나간다. 하지만 인간과 사회에 대한 발언은 이보다는 점성이 강해야 할 듯싶다. 이들이 도깨비풀처럼 작은 가시를 품고 있어 아무에게나 달라붙고, 털어도 쉽게 떨어지지 않는 무언가였으면 좋겠다. 그 가시들은 우리의 정신과 마음에 억센 뿌리를 내려 끊임없이 사람들을 불편하고 불안하게 만드는 무언가였으면 좋겠다.

언제나 현명하던 존 버거는 사진에 관한 중요한 에세이에서 "클로즈업은 통계의 대척점"이라고 이야기한 적이 있다. 이 책이 통계 대신 여러분에게 제공하려는 것도 클로즈업이다(사진을 말하는 건 아니다. 내가 찍은 사진은 기껏해야 용건만 말하고 끊은 전화 수준이다). 나는 클로즈업이 통계에 표정과 피부를 더할 수 있다고 생각한다. 클로즈업은 통계가 허용하는 사람과 대상 사이의 거리를 용납하지 않는다. 클로즈업은 우리의 멱살을 그러쥐고 현장 한가운데로 뛰어든다. 그렇게 함으로써 퍼센티지로만 표현되던 일들이 (비록 순간일지라도) 우리 경험의 일부가 된다.

나는 이해하는 것보다 느끼는 것이 더 중요하다거나 통계 수치 따위는 지적인 밑장 빼기에 지나지 않는다는 말을 하려는 게 아니다. 건강한 사회를 만드는 데는 당연히 정확한 숫자가 필요하다. 나는 다만 통계와 클로즈업이 (그리고 그렇게 이름 붙일 수 있는 모든 활동이) 건축으로 치면 설계와 감리 같은 관계를 맺을 필요가 있다는 점을 지적하고 싶을 뿐이다. 일련의 숫자에 사회의 현실을 대변하는 자격을 부여하기 위해서는 그 숫자들의 실체를 직접 확인하고, 말하자면 '냄새를 맡아 볼 의무'가 있다.

이 책에는 맛있는 고기뿐 아니라 힘쓰는 고기의 삶도 적지 않게 담겨 있다. 이건 내가 선택한 방식의 궁극적인 한계 때문일지도 모르겠다. 다시 말해 나는 동물을 기르는 사람이 될 수는 있었지만 동물이 될 수는 없었다. 물론 비유적으론 그런 동물들 전부(개새끼, 닭대가리, 돼지같이 처먹기만 하는 놈, 기타 등등)였지만 말이다. 덕분에 나는 다양한 사람의 모습을 담을 수 있었다. 한국말을 알아듣는 사람과 그렇지 못한 사람, 은퇴할 나이가 훌쩍 지난 사람과 이제 갓 스물을 넘긴 사람, 보수적인 성향의 사람과 진보적인 성향의 사람, 말과 행동이 거친 사람과 다른 이를 대할 때 언제나 조심스러운 사람, 내가 경멸했던 사람과 내가 사랑했던 사람 등등. 하지만 일을 시작하면, 뭐라고 해야 할까? 동물을 짐짝처럼 다루는 사람이 대부분이었다(나 역시 마찬가지였다).

이들을 그런 식으로 묘사한 이유가 내 편견과 선입견 때문일 수도 있다. 어쨌거나 〈VJ 특공대〉에서 이런 사람들은 보지 못했으니까. 나는 이것이 목격자가 남긴 기록과 공범이 남긴 기록의 차이라고 생각하지만 내 짐작이 틀렸다고 해도, 여기서 묘사한 사람들이 일반적인 축산업계 종사자들과는 거리가 멀다고 해도 고민해볼 만한 지점은 그대로 남는다. 나와 함께 일한 사람들은 예외적인 경우에 속할 수도 있겠지만 우리가 사용한 사육 기법, 도구, 케이지 등은 오늘날의 축산 농가에서는 보편화된 것들이다(관련 업계 잡지를 살펴볼 기회가 있다면 쉽게 납득할 수 있을 것이다).

한 가지 오해를 피하기 위해 말하자면, 나는 여기서 채식을 해야 한다는 주장을 펼치려는 것은 아니다(나는 채식주의자가 아니다). 내가 이 책을 통해서 어떤 목표를 꿈꿔볼 수 있다면 그것은 사람들이 맛있는 먹을거리뿐 아니라 동물의 살점으로서의 고기 역시 있는 그대로 보게 되는 것이다. 그래서 여러분이 회식 자리에서 육즙이 흐르는 삼겹살 한 점을 집어 들었을 때 당신과 고기 사이에 어떠한 환상도 남아 있지 않게 하는 것이다.

2018년 경기도 광주

한승태

차례

시작하기 전에

닭고기의 경우

돼지고기의 경우

개고기의 경우

마무리하며

닭고기의 경우

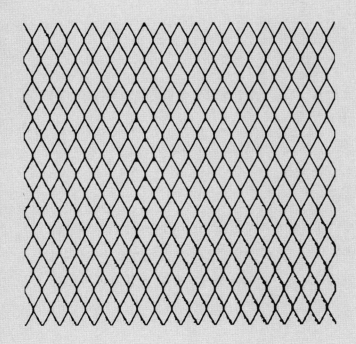

산란계 농장_충청남도 금산

╫╫╫╫

뱃속에 알이 몇 개나 더 남았을까?
이게 마지막이었으면······.

_황선미, 《마당을 나온 암탉》

#1

"닭장이란 게 길게 보면 빵장 닭이 다른 놈들 죄다 쪼아 죽
이게 돼 있는 거거든."

농장장이 말했다. 우리는 손전등을 들고 야트막한 산길을 올라가고
있었다. 새벽 5시 반이었다.

"빵장 닭이 뭐예요?"

"감빵 가면 방마다 제일 센 놈이 있잖아요. 이것도 마찬가지거든. 닭
장마다 제일 센 놈이 있어서 이놈이 밥도 제일 먼저 먹고 자리도 자기
가 제일 편한 곳에 앉는데······ 일단 들어가 봐요. 직접 보면 바로 알

테니까."

　그는 진절머리가 난다는 듯이 고개를 흔들었다. 계사鷄舍 문은 낡은 천을 덧댄 판자였다. 그 문을 열기 전까진 산 채로 썩어간다는 말이 무엇을 뜻하는지 정확히 이해한 게 아니었다. 주황빛 전구 아래 만 마리가 넘는 닭이 철창 밖으로 목을 길게 빼고 울고 있었다. 문 하나를 통과해 철새 도래지 한가운데로 들어선 것 같았다. 메스꺼운 노란내와 닭똥 썩는 냄새가 건물 안에 가득했다. 코로 숨을 들이쉬는 것만으로도 병에 걸린 것 같은 기분이었다.

　닭이 들어찬 케이지는 3단으로 쌓여 있었는데 그런 케이지들이 일고여덟 줄로 건물 끝까지 늘어서 있었다. 약한 지진이 농장을 덮친 것처럼 케이지 전체가 흔들리고 있었다. 배고픈 닭들이 발광하는 듯 몸부림을 치고 있었다. 케이지 위로 뿌연 먼지가 연기처럼 피어올랐다. 희미한 빛을 받은 먼지 알갱이들이 어찌나 크게 보이던지 하나하나가 죄다 내 눈, 코, 입 그리고 귀를 향해 날아오는 것만 같았다.

　닭들은 악에 받친 듯 소리를 질러댔다. 하지만 나무늘보라도 여기라면 비슷한 소리를 지를 것 같았다. 케이지는 가로 세로 50cm, 높이 30cm의 보통 가정에서 사용하는 전자레인지만 한 크기였다. 이 안에 닭 네 마리가(세 마리인 경우도 있었다) 들어가 있었다. 농구공만 한 닭들을 이 정도 공간 안에 집어넣는 게 가능한 건 닭은 구기고 찌그러뜨려도 터지지 않기 때문이었다. 몸통은 이리저리 얽혀 있어 개별적으로 구분하기 어려웠고 제대로 볼 수 있는 것은 밖으로 빼낸 머리뿐이었다. 케르베로스의 닭 버전이랄까, 몸통 하나에 머리만 서너 개 달린 돌

연변이 같았다. 두려움도 여유가 있어야 느낄 수 있는 감정인가 보다. 처음에는 아무런 생각도 느낌도 들지 않았다. 나는 그 자리에 얼어붙었다.

"아, 뭐해 빨리 안 들어오고? 일 안 할 거야?"

배 씨 아저씨가 소리쳤다. 그는 이곳에서 일한 지 2년째인 50대 후반의 조선족 남자였다. 벌떡 일어선 온몸의 털이 집으로 돌아가자고 애원했지만 누구 말마따나 밥벌이란 건 준엄한 명령이었기 때문에 따르지 않을 수가 없었다.

마주 보고 있는 케이지들 사이에 1m 10cm 정도 폭의 통로가 있었다. 통통한 쥐들이 분주히 오가는 통로를 걷고 있자니 치료가 불가능한 환자들만 수감시킨 정신병동에 들어선 것 같았다. 맨 위의 케이지는 내 눈높이 정도, 맨 밑의 케이지는 내 허리보다 약간 아래에 위치해 있었다. 이런 구조에서는 사람의 눈, 귀 바로 옆에서 닭들이 울부짖고 케이지를 흔들어댄다. 게다가 닭의 목은 고무장갑처럼 신축성이 좋아서 손이나 옷에 쉽게 닿을 뿐 아니라 힘껏 목을 빼면 얼굴도 쫄 수 있을 것처럼 보였다. 부리가 몸에 닿자 아파서가 아니라 너무 섬뜩해서 감전당한 것처럼 화들짝 놀랐다. 금세 온몸에 식은땀이 흘렀다.

새벽에는 사료 기계만 작동시키면 됐기 때문에 힘들 것은 없었다. 그러나 이때도 다분히 초현실적이었다. 사료가 쏟아지자 갑자기 모든 소음이 멎었다. 들리는 것은 오직 만 개의 부리가 '타다다닥' 사료를 쪼아대는 소리뿐이었다. 철창 밖으로 삐죽 튀어나온 닭 머리들이 미싱만큼이나 빠른 속도로 움직였는데 눈을 감고 있으면 봉제 공장에 서 있는 것 같았다. 농장장이 말한 빵장들도 눈에 띄었다. 이 녀석들은 노란 가루를 먹는 틈틈이 좌우의 닭들을 공격했다. 케이지 안은 사회학자들이 말하는 아노미 상태인지 공격당한 닭들은 계속 얻어맞으면서도 물러서지 않았다.

내가 그곳에서 본 동물을 닭이라고 부르려면 과감한 상상력의 도움이 필요했다. 이 동물에겐 깃털이란 게 거의 달려 있지 않았다. 갈색과 붉은색이 섞인 깃털은 머리에 조금 그리고 겨드랑이와 엉덩이 끝부분에 약간 남아 있고 나머지는 우둘투둘한 피부가 그대로 드러나 있었다. 닭들은 머리나 날개를 철창 사이로 집어넣고 빼내기를 반복했는데 목과 날개의 털은 그러면서 빠진 게 아닌가 싶었다. 피부도 멀쩡해 보이는 것이 많지 않아서 어떤 게 정상적인 상태인지 알 수 없었다. 어떤 것들은 피부가 벌겋게 부어 있었고 어떤 것들은 검게 변해 있었다.

닭들은 한순간도 가만히 있지 못했고 또 가만히 있을 수도 없었다. 케이지는 날개를 접은 닭 세 마리가 들어가면 꽉 찼다. 케이지의 오른쪽 끝부터 왼쪽 끝까지 닭으로 빈틈없이 들어찼다는 뜻이다. 이론적으론 이런 상황에서 닭들이 가만히 있는 것이 가능하다. 하지만 그런 상태는 사람으로 치면 증명사진을 찍는 자세로 1년 내내 지내는 것이나 마찬가지다. 닭들은 한 마리조차 날개를 활짝 펼 수 없을 만큼 좁은 공간에 여러 마리가 갇혀 있었기 때문에 경미한 동작 하나가 케이지 전체를 들썩이게 만들었다.

그나마 세 마리가 들어가 있는 건 운이 좋은 경우였다. 네 마리씩 수용된 케이지가 대다수였다. 이때는 제일 약한 놈이 나머지 닭들 밑에 카펫처럼 깔렸다. 이렇게 되면 닭들은 이론적으로라도 가만히 있는 게 불가능하다. 자유롭게 움직일 수 없는 상태에서 빠져나오려고 하는 것이 동물이 지닌 본능이기 때문이다.

또 한 가지 염두에 두어야 할 점은 닭이 우리처럼 손발톱을 다듬는 데 정성을 쏟는 동물이 아니라는 것이다. 가장 약한 놈을 밟고 선 닭들은 대단히 뾰족한 발톱으로 아래에 있는 닭의 맨살을 움켜쥔다. 밑에 깔린 닭은 불편해서뿐만 아니라 다른 닭들의 발톱에서 벗어나기 위해서라도 몸부림을 칠 수밖에 없다. 케이지 속의 혼란은 끝과 끝을 이어 붙인 것처럼 계속됐다. 맨 밑의 닭은 이중의 고통에서 벗어나기 위해 바둥대고 다른 닭들은 균형을 잡기 위해 발에 더욱 힘을 준다. 밑의 닭이 난리를 피워서 잠시 빠져나올 수도 있지만 이래저래 방해를 받은 나머지 닭들이 이번에는 녀석을 부리로 쪼아댄다. 1분간의 반란이 끝나고 밑바닥에 속했던 닭은 원래의 자리로 돌아간다.

닭들이 한 시간이라도 편안히 잘 수 있을지 의심스러웠다. 침낭 하나에 네 사람이 들어갔는데 이 네 사람 모두 손과 발에 깨진 유리 조각을 붙이고 있다고 생각해보라. 잠은커녕 눈을 감고 있기도 어려울 것이다. 어느 순간부터 닭들은 서로가 서로를 쪼아대기 시작했다.[*] 쪼일

---

[*] 케이지에 갇혀 있는 닭만 이런 행동을 보이는 건 아니다.
"케이지가 없는 계사에서 사육하는 계군이 최근에 카니발리즘으로 인해 탈항 발생이 많이 증가한 것으로 관찰되었는데 원인을 분석한 결과 닭 1수당 제공된 공간이 산란계 종류의 닭에게는 너무 작았던 것으로 확인되었다." 〈양계연구〉, 2011. 4.

고기로 태어나서

때마다 몸서리를 치면서도 맞받아 쪼는 것을 멈추지 않았다. 온몸의 털이 빠진 것도 피부가 시뻘겋게 부어 있는 것도 전부 납득이 됐다. 싸움은 맷집이 가장 센 놈 하나만 살아남을 때까지 계속될 것 같았다.

케이지가 워낙 좁았던 탓에 네 개의 머리를 가진 닭이 자신의 몸을 쪼아대는 것처럼 보였다. 철창이 가두고 있는 것은 닭이 아니라 가장 유해한 종류의 광기인 듯싶었다. 물론 철창 안에 있는 동물이 미친 건지 아니면 그들을 철창 속에 가둔 동물이 미친 건지에 대해선 논란의 여지가 있겠지만 말이다. 당연히 닭들은 자신들이 왜 그런 고통을 당하는지 전혀 이해하지 못했다. 나로서는 다행스러운 일이었다. 만약 그들이 이 상황을 이해했다면 동족을 공격하는 대신 내 팔을 물어뜯으려고 했을 것이다.

동정심도 그저 호감을 표현하는 방식 중 하나일 뿐이라는 생각이 들기 시작했다. 닭들이 불쌍하다는 생각은 전혀 들지 않았다. 대신 이것들을 형체도 알아볼 수 없게 짓밟은 다음 저 산 너머로 차버리고 싶다는 마음뿐이었다. 만약 내가 이 닭들에 대해서 책으로 읽었다면, 누군가에게서 전해 들었다면 불쌍하다는 생각이 들었을지도 모르겠다. 하지만 그들은 바로 내 눈앞에 있었고 너무나도 역겨워 보였기 때문에 혐오하고 두려워하는 것 말고는 다른 태도를 취할 수가 없었다. 케이지란 도구는 갇힌 쪽이나 가둔 쪽 모두에게서 최악의 자질을 이끌어내는 힘을 지니고 있었다.

#2

     새벽 근무의 또 다른 주요 업무는 폐사斃死한 닭을 꺼내는 것이었다. 죽은 닭을 먹는 건 오직 인간에게만 이로운 일이어서 닭이 폐사한 닭을 쪼아 먹고 병에 걸리는 경우가 자주 있었다.

  아무리 용기를 내봐도 케이지 안으로 손을 집어넣을 수 없었다. 죽은 닭은 털과 배설물이 말라붙어 있는 바닥 위에 축 퍼져 있었다. 어떤 닭은 검게 변해 뻣뻣하게 굳어 있고 또 어떤 닭은 붉은빛을 띤 채 물 풍선처럼 물컹거렸다. 집어 들어 올리는 순간 피부가 찢어지며 내장이 쏟아질 것 같았다. 이것들을 끄집어내려면 살아 있는 닭들이 물러서야 했는데 그럴 만한 공간이 없었고 그럴 생각도 없어 보였다. 나는 저 흉측하게 생긴 생물이 내 팔이 닿지 않는 곳까지 알아서 꺼져주길 바라며 바라봤는데 내가 닭들의 눈빛에서 이해한 바로는 닭들 역시 똑같은 생각을 하며 나를 바라보고 있었다. 죽은 닭을 곳곳에서 발견할 수 있었지만 나는 못 본 체 지나가 버렸다. 그리고 계속 죽은 닭을 찾는 척하며 계사를 빙글빙글 돌아다니기만 했다.

  다음 할 일은 네 마리가 있는 케이지에서 한 마리를 꺼내 두 마리만 있는 케이지로 옮기는 것이었다. 이 일도 무섭기는 마찬가지였다. 이때도 딴청을 부리며 피하려고 했는데 아저씨가 옆에서 내가 일하는 모습을 지켜보고 있어서 그럴 수가 없었다. 케이지 문을 살짝 열고 심호흡을 했다. 쳐다보는 것도 못 견디겠는데 손으로 잡으라니? 과연 내가 할 수 있을까? 당장 그만두고 숙소로 돌아가서 짐을 쌀까?

고기로 태어나서

"아, 뭐해? 무서워?"

나는 네 마리 중 가장 움직임이 적은 놈을 목표로 삼고 팔을 뻗었다. 이럴 때는 닭의 두 다리를 붙든 후 들고 가는 게 정석이겠지만 그러려면 닭들의 몸뚱이를 헤집고 다리를 찾아내야 했다. 나는 닭의 목을 잡았다. 목은 닭과의 접촉을 최소한으로 유지하며 붙잡을 수 있는 부위였다. 긴장해서 그 순간에는 그게 얼마나 멍청한 짓이었는지 내다볼 수가 없었다.

특별히 상태가 좋을 것도 나쁠 것도 없는 몰골의 닭이었다. 나는 이 닭이 심지에 불이 붙은 다이너마이트라도 되는 것처럼 몸에서 최대한 떨어뜨린 채 들었다. 이다음부터는 흔히 총체적 난국이라고 부르는 상황의 연속이었다. 닭이 푸드덕대다가 잠시 후 축 늘어졌다. 그제야 어째서 목을 잡아 산 닭을 옮기지 않는지 명확해졌다. 숨을 쉴 수 없으니까. 닭을 죽이지 않으려면 당장 집어넣어야 했다. 그제야 나는 옮겨 놓을 곳을 정하지 않고 닭을 꺼냈다는 사실을 깨달았다. 아무리 둘러봐도 서너 마리씩 든 케이지뿐이었다. 그 사이에 이 불운한 닭은 생사의 경계에 한껏 다가갔는지 항문으로 흘리는 눈물인 양 하얀 똥을 내 운동화에 뚝뚝 떨어뜨리기 시작했다. 나는 고함을 지르면서 아무 케이지나 열고 닭을 던져 넣었다. 닭은 잠시 그대로 엎드려 있다가 천천히 일어섰다. 케이지 안에는 이제 닭이 모두 다섯 마리였다. 등 뒤에선 또 다른 문제가 통로를 어슬렁거리고 있었다. 닭을 꺼내고 문을 닫지 않아서 한 마리가 케이지를 빠져나온 것이다.

계사를 빠져나오니 깊은 굴에서 올라온 것처럼 속이 후련했다. 이때부터 농장을 떠나는 날까지 계속될 고민이 시작됐다. 그만둘까? 계속 일할까? 단 1초라도 계사에 다시 발을 들여 놓고 싶지 않았다. 내가 얼마나 우스꽝스러운 이유로 그만두려고 하는지 물론 알고 있었다. '닭이 무서워요.' 일이 힘들어서라면 얼마든지 당당할 수 있다. 하지만 닭이 무서워서라니? 날카로운 이빨이 달린 것도 아니고 독을 품고 있는 것도 아닌데? 어떤 면에선 나 자신도 이해할 수 없었다. 매번 99%의 시간 동안 당장 그만두겠다고 생각했다가 마지막 1%의 순간에 닭 따위는 무섭지 않다고 결론을 내렸다. 솔직하게 내가 겁쟁이라는 사실을 인정하고 떠났다면 내게도 닭에게도 좋은 일이었으리라.

아침을 먹고 8시부터 일을 다시 시작했다. 식당은 상무 부부의 집에 딸려 있었다. 요리는 상무의 아내가 했다. 음식은 양도 충분하고 맛있었다. 함께 식사하는 사람은 모두 일곱 명이었는데 이 중 두 명이 관리자인 농장장과 상무였다. 현장 관리는 모두 농장장이 맡아서 했고 상무는 서류 업무만 담당했다. 농장장은 40대 후반으로 20대 초반부터 양계장 일을 한 차분한 성격의 남자였다. 현장직 중 두 명은 중국인, 한 명은 베트남인, 나를 포함해 두 명이 한국인이었다.

계사는 모두 여섯 동이었는데 4동이 가장 컸다. 새벽에는 눈치채지 못했는데 계사 입구에는 작업자를 위한 경고문이 붉은 글씨로 적혀 있었다. "출입 시 신발 소독 철저히 할 것." 만약 닭을 위해서도 경고문을 걸어 놓는다면 이 문구가 가정 적당할 것 같았다. "여기 들어오는 너희는 모든 희망을 버려라."

나도 희망을 버려야 했다. 닭을 무서워하지 않을 수 있을 거라는 희

　　　　　　　　　　　　　고기로 태어나서

망을. 두려움이 줄어들기를 기대했던 것 자체가 우스꽝스러웠다. 행여나 내가 기운을 차렸을까 걱정이 됐는지 닭들이 사료를 주기 전처럼 발광한 듯 소리를 질러댔다. 내 귀에는 배불리 먹고 싶어서 날기를 포기한 선조들에 대한 원망을 쏟아놓는 것처럼 들렸다.

퇴근할 때까지 할 일은 하나뿐이었다. 알 줍기. 작은 손수레에 플라스틱 계란판(농장에서는 '난자'라고 부른다)을 싣고 다니며 알을 담았다. 결국은 이게 양계장 업무의 전부였다. 손을 빨리 움직여야 한다는 것 말고는 요령이라 할 것도 없었다. 일은 끔찍하게 지루했지만 대신 케이지를 조금 더 자세하게 관찰할 수 있는 여유가 생겼다. 케이지는 앞쪽으로 살짝 기울어져 있는데 정면의 아랫부분이 뚫려 있어서 닭이 알을 낳으면 알이 자연스럽게 사료 선반으로 굴러가게끔 되어 있었다. 기울기는 15~20도 정도였는데 이 때문에 닭들이 편안하게 자리를 잡고 쉬는 것은 더욱더 힘든 일이 되었다. 바닥에 깔린 닭이 없어도 안정적인 위치와 자세를 찾아 계속 움직여야 했다.

알을 주울 때는 난자를 두 개 놓고 식란과 파란을 구분했다. 식란은 식용으로 사용할 수 있는 알을, 파란은 깨진 알을 가리키는데 깨진 것뿐 아니라 상품으로 부적합한 모든 종류의 알을 포함한다. 너무 작아서 메추리알만 한 것, 너무 커서 테니스공만 한 것, 껍질만 있고 속이 비어 있는 것, 피나 똥이 너무 많이 묻어 있는 것, 알껍데기가 너무 얇아서 물 풍선처럼 물컹거리는 것 등등. 4동은 물 풍선 같은 알이 가장 많았다. 4동에서 수거하는 알 중 파란은 전체의 5분의 1 내지 6분의 1 정도였다. 농장장의 말에 의하면 4동의 파란 비율은 지나치게 높은 편이었는데 어떤 형태로든 파란이 많다는 건 그만큼 닭이 건강하지 못하다는 뜻이었다.

쉬워 보였지만 마냥 게으름을 피울 수 있는 일은 아니었다. 우리가 일하는 모습은 팩맨의 실사 버전이라고 부를 만했다. 비좁은 통로에 서면 동그라미들이 하염없이 늘어서 있었다. 뒤에서 쫓아오는 악당은 없었지만 서둘러 동그라미들을 주워 담으며 움직여야 했다. 그러지 않으면 쏟아지는 알들을 감당할 수가 없었다. 한 줄을 쭉 훑고 돌아서면 이미 주운 만큼의 알들이 다시 놓여 있었다. 케이지들이 고장 난 자판기마냥 덜컹덜컹 알을 쏟아냈다. 달걀 공장이라는 표현이 딱 맞는 광경이었다.*

우리 일에 비하면 팩맨은 수월하게 임무를 완수하는 편이었다. 3단 케이지가 통로를 사이에 두고 설치되어 있었으니 무한히 이어지던 동그라미의 행렬이 모두 여섯 줄이었던 셈이다. 알을 주울 때는 곁눈질로 알의 위치를 확인하려고 애썼다. 쉴 새 없이 무릎을 굽혔다 펴는 것보다 닭과 눈이 마주치는 것이 더 싫었다. 새의 눈빛에는 아무리 들여다봐도 익숙해질 수 없는 무언가가 있었다. 고개를 움찔움찔 흔들며 움직이는 새 특유의 방식도 매번 나를 놀라게 했다.

---

* "양계장의 대형화가 빠르게 진행되면서 양계 경영의 주요 관리 항목도 과거와는 달라져야 한다. 양계업이 살아 있는 생물을 다룬다고 1차 산업으로 분류는 되지만 실제 농장의 설비, 기계, 전기 운영 시스템을 보면 제조업과 다를 게 없다." 〈양계연구〉, 2015. 4.

알 줍기는 4시 반쯤 끝났다. 그다음엔 식란과 파란의 수를 기록하고 트럭에 실어 창고로 옮겼다. 4동에서 식란은 보통 하루에 1만 1,000개 정도가 나왔다. 작업이 완전히 끝나면 5시였으니 이래저래 하루에 12시간은 계사에 붙어 있는 셈이었다.

방으로 돌아오면 똑같은 고민이 시작됐다. 나는 목적이 없어도 동료들이 들려준 이야기를 자세하게 적어두는 편인데 이때만큼은 닭 이야기밖에 없다. 어렴풋이 기억나는 것들이 조금씩은 있다. 40대 후반의 조선족 아저씨는 중학생인 아들이 노트북 컴퓨터를 사달라고 해서 돈을 모으는 중이라고 했고 예순 살이 넘었던 베트남 아저씨는(다들 '남'이라고 불렀다) 딸이 한국 남자와 결혼해서 쉬는 날이면 딸의 집에 간다고 했고 농장장은 맞선을 무수히 봤지만 양계장에서 일한다고 하면 다들 표정이 변한다며 시무룩해 있었고 나랑 가깝게 지냈던 한국인 아저씨는 자신이 전방에서 군복무를 하고 있을 때 자기 부대 대장이 노태우 친구여서 12.12 당시 계엄군으로 서울에 들어갈 수도 있었다고 했다. 하지만 어느 이야기도 제대로 기록해둔 것은 없었다. 다른 사람에게 신경 쓸 여유가 없었다. 나는 밤새도록 자폐증 환자처럼 혼잣말을 중얼거리며 방 안을 돌아다녔다. 일해야 되나? 말아야 하나? 계사에 있는 동안에는 다른 가능성을 떠올리지도 않았다. 닭이라면 쳐다보고 싶지 않았다. '여기서 나가는 즉시 그만두겠다고 말해야겠다.' 문제는 내 유치한 자존심이었다. '정말 고작 닭이 무서워서 도망가겠다는 거야? 닭한테 물리기라도 했냐?' 지금 생각해보면 그렇게 부끄러워할 일도(조류 공포증은 의학계에서 인정하는 정신 질환이다) 아니지만 자존심이 걸린 문제가 어느 정도는 다 그렇듯이 이성적인 판단을 내리지 못했다. 머리를 벽에 찧어가며 내린 결론은 '일단 한 달만 해보자'였다.

긴장을 풀 수 있는 곳도 있었다. 가끔씩 2동 작업을 거들 때가 있었다. 2동은 식란이 아니라 종란을 낳는 닭과 수탉이 수용되어 있었다. 종란은 식용이 아니라 병아리를 부화시킬 목적의 알이다. 이곳의 닭을 보면 오랫동안 참았던 숨을 내쉬는 기분이 들었다. 모두가 멀쩡했다. 깃털도 풍성했고 상처도 찾아볼 수 없었다. 피부를 육지, 깃털을 사람이라고 한다면 식란계는 그린란드의 인구밀도를, 종란계는 중국 해안 지대의 인구밀도를 보여줬다.

식란계는 수명이 조금 긴 소모품일 뿐이었고 종란계야말로 농장의 진짜 재산이었다. 그렇기 때문에 닭들의 건강 상태에도 특별히 유의해야 했는데 차이를 만들어내는 요소는 하나뿐이었다. '케이지 하나에 몇 마리의 닭이 들어가는가?' 2동 케이지는 4동의 40% 정도 크기였지만 케이지에 닭을 한 마리씩만 집어넣었다. 케이지가 크고 작은 것은 사소한 문제였다. 종란계라고 해서 약을 주는 것도 아니었고 사료가 더 맛있다거나 계사가 더 따뜻하거나 환풍이 더 잘되는 것도 아니었다. 다른 모든 환경이 똑같고 케이지 당 한 마리씩만 닭을 넣은 것이 다를 뿐이었다. 2동은 파란도 얼마 되지 않았고 폐사도 없었다. 4동에선 하루에 수십 마리씩 죽어나갔다. 2동과 4동의 닭이 동일한 동물이라는 게 실감이 나지 않을 정도였다.

고기로 태어나서

　매일 퇴근하기 전에는 마지막 순간까지 계사를 돌아다니
며 케이지의 잠금장치를 확인했다. 어떤 일이 있더라도 도망 나온 닭
을 잡으러 뛰어다니는 상황만큼은 피하고 싶었다. 전날 분명히 확인했
는데도 다음 날 돌아오면 통로를 방황하는 닭이 매일 한두 마리씩 있
었다. 케이지 안에 들어 있는 닭의 수를 맞춰놓는 것은 관리자가 쉽게
확인할 수 있는 일이 아니었지만 밖으로 나온 닭은 달랐다. 이 경우는
내가 일을 제대로 하고 있지 않다는 증거가 말 그대로 살아서 돌아다
니고 있는 거였으니까. 런웨이에 어울릴 것처럼 삐쩍 마른 닭들은 평
생을 케이지에 갇혀 지낸 생물답지 않게 뛰는 속도가 빨라서 빗자루를
휘두르며 쫓아다녀도 도무지 잡을 수가 없었다. 추격전이 장기화되면
닭을 케이지 아래로 몰았다. 닭이 케이지 아래로 들어가 버리면 잡을
수 없는 걸로 인정받았고 아저씨들도 더 이상 신경 쓰지 않았다.
　케이지는 앞서 설명한 대로 3단으로 되어 있었다. 맨 아래 케이지는
1m 20cm, 맨 위의 것은 1m 70cm 정도 높이에 위치했다. 각각의 케
이지는 위로 올라갈수록 케이지 하나의 크기만큼 뒤로 빠져 있었다.
이런 3단 케이지가 바닥에 설치된 계분 벨트를 사이에 두고 등을 돌린
채 붙어 있었다. 옆에서 보면 하나의 세트가 계분 벨트를 밑변으로 삼
은 커다란 삼각형을 이루었다. 계분 벨트는 폭 1m 50cm 정도의 하얀
색 컨베이어 벨트였다. 닭이 싸는 똥이 벨트 위로 떨어졌고 벨트는 계
사 밖의 분뇨장으로 똥을 실어 날랐다. 벨트 위에는 액션 페인팅마냥

하얀색, 녹색, 회색 똥이 뿌려져 있었다. 똥은 각 동 담당자가 냄새가 심하다 싶을 때, 대개는 이삼 일에 한 번씩 빼냈는데 그렇다고 악취가 줄어들진 않았다.

닭이 케이지 아래로 들어갔다는 건 바로 이 계분 벨트 위로 올라섰다는 뜻이다. 그 아래는 비좁을 뿐 아니라 똥오줌이 계속 떨어지기 때문에 사람이 들어가지 않았다. 모두들 이런 닭은 버린 것으로 치고 잡으려 하지 않았다.

하루는 처음 보는 남자 둘이 식당 구석에 앉아 점심을 먹고 있었다. 상무 부인과 자연스럽게 이야기를 나누는 걸 보고 나는 이 농장과 거래하는 업체의 직원이려니 했다. 그들이 기억에 남았던 건 두 사람 다 표정이 너무 어두워서였다. 아침 식사 때 파산 선고를 받고 점심 식사 때 암 선고를 받은 얼굴이었다. 오후에 계사로 돌아가 보니 두 사람은 하얀색 방역복에 고무장갑, 고글까지 끼고 굴 같은 케이지 아래에서 온몸에 똥을 묻혀가며 벨트를 수리하고 있었다. 그걸 보니 그들에 대한 첫인상을 수정하지 않을 수 없었다. 둘 다 하는 일에 비하면 표정이 놀라울 정도로 밝은 편이었다.

기계 수리는 원래 농장장이 맡아서 했지만 계분 벨트만큼은 외부에서 사람을 불렀다. 농장장이 이곳의 주인은 아니었다. 그는 현장 작업을 책임지는 관리자였고 경영은 상무와 이사가 맡았다. 소유주인 사장님 그러니까 농장주는 농장에 나타난 적이 한 번도 없었다. 농장장은 스물여섯 살 때부터 이 농장에서 일하기 시작해서 그 자리까지 오른 사람이었다. 일한 기간 대부분을 함께 보낸 상무와 형제 같은 사이라

고기로 태어나서

고 했다. 그는 현장에서 오래 일한 사람답지 않게 무척이나 부드럽고 상냥했다. 오히려 전화만 받는 상무가 말도 행동도 거친 편이었다. 농장장은 닭에 대해 이야기할 때면 자연스럽게 목소리가 높아지면서 표정이 밝아졌다.

"자세히 들어가면 아주 재미있어요. 닭이 종류별로 특징이 다 다르거든. 얘랑 쟤랑 붙여놓으면 다른 놈이 나오고 또 쟤랑 얘랑 붙여놓으면 또 다른 애가 나오고. 그렇게 해서 좋은 놈 만들고 또 더 좋은 놈 만드는 건데 지금 내가 붙여보고 싶은 조합이 아직도 엄청 있어요. 이게 내 평생 해도 언제 끝날지 몰라."

나는 농장장이 닭에게 애정을 품고 있는 사람이라고 생각했다. 한번은 그가 닭들이 지금 같은 상황에 처한 이유를 자세하게 설명해줬다. 나는 해명을 요구한 적이 없었고 그럴 만한 위치도 아니었지만 그는 한참 동안 이야기를 이어갔다.

"닭들 보니까 끔찍하죠? 털 다 벗겨지고…… 나도 알아요. 그런데 우리가 작년까지만 해도 안 그랬어요. 원래는 닭장 하나에 세 마리 이상 안 넣었는데, 그게 왜 그렇게 됐냐면, 올해 우리 이사가 새로 왔어요. 이 양반이 하림 어디 있다가 사장님 아는 사람이라 낙하산으로 내려온 사람이야. 농장에 가끔 들르니까 언제 한번 볼 일 있을 거예요. 이 사람이 자기 말로는 닭에 대해서 모르는 게 없는 사람이라는데 내가 보기엔 책상에만 앉아 있었지 직접 닭 기르는 건 아무것도 모르는 양반이야. 그런데 이 사람이 몇 달 전에 와서는 닭장에 한 마리씩 더 넣으라는 거예요. 생산량 늘려야 된다고. 내가 보니까 낙하산들이 항상 이래. 이런 사람들이 자기 실력 갖고 높은 자리 오른 게 아니잖아요?
그러니까 처음 와서 뭘 무리하게 막 밀어붙인다고. 그래야 자기 가오
가 서니까. 그래서 내가 이거는 원래 세 마리씩밖에 안 들어간다고 하
는데도 괜찮다는 거야. 자기 예전에 있던 데는 이것보다 많이 넣어봤
다면서. 우리 상무님도 안 된다 그러는데 그 양반이 우겨서 결국 한 마
리씩 더 넣었어요. 나도 닭 팔아서 먹고살지만 그놈들 보고 있으면 불
쌍해요. 나도 20년 넘게 닭 길렀지만 지금처럼 한 적은 한 번도 없어.
승태 씨 봤죠? 털은 죄다 뽑혀서 이리저리 쪼이고. 닭들이 지들끼리 막
쪼는 거 봤죠? 그게 좁아서 스트레스 받아서 그러는 거예요.* 그 밑에
깔린 거 봤죠? 걔네들은 며칠 못 가서 죽어요. 생각을 해봐요. 24시간
을 밝혀 있는데 걔네들이 멀쩡할 수 있겠어요? 내가 이러면 안 된다고
아무리 얘기해도 소용없어요. 듣지를 않아. 닭 키우는 사람은 성적으
로 말하는 거라고. 하, 나 참. 그래서 나도 성적으로 말하려고 지금 생
산량 다 기록하고 있어요. 지금 파란 많이 나오죠? 그것도 다 스트레

---

*   산란계 배터리 케이지 금지 국가와 시기는 다음과 같다. 스웨덴 1988년부터 단
계적으로 폐지, 스위스 1992년부터 금지, 유럽 연합 28개국 1999년에 단계
적으로 폐지키로 한 뒤 2012년부터 금지(독일 2010년부터 금지, 오스트리아
2009년부터 금지), 미국 캘리포니아 주 2015년까지 단계적으로 폐지, 미시건
주 2019년까지 단계적으로 폐지(연방 차원에서 금지 논의 중), 캐나다 매니토
바 주 2018년까지 단계적으로 폐지, 앨버타 주 금지, 부탄 2012년부터 금지, 뉴
질랜드 2022년까지 단계적으로 폐지(신규는 2012년부터 금지), 호주 수도 특구
2016년까지 단계적으로 폐지, 인도는 국가 차원에서 금지 논의 중. 〈공장 대신
농장을〉 캠페인 홈페이지(stopfactoryfarming.kr).

스 받아서 그런 거예요. 닭이 멀쩡하면 알도 멀쩡하다고요. 내가 이 기록을 쭉 살펴보니까 세 마리 있을 때나 네 마리 있을 때나 별 차이 없거든. 그게 무슨 말이냐, 닭 수는 늘었지만 전부 예전보다 알을 적게 낳는다는 거예요. 파란은 훨씬 더 많고. 이게 그러니까 전보다 손해인 거지. 닭들도 힘든 건 당연한 거고. 이거 한 6개월 치 모아뒀다가 보여주면 그때는 내 말을 들으려나……."

닭이 불쌍하다고 말할 때의 목소리나 표정으로 봤을 때 그는 결코 동물의 운명에 냉담한 사람은 아니었다. 하지만 이사의 결정을 되돌리려면 생산량 수치를 6개월 정도 모아야 했다. 사디스틱한 얼간이의 말 한마디 때문에 닭들은 서로 죽을 때까지 물어뜯는 생활을 반년 가까이 더 해야 한다. 6개월 후엔 얼마나 더 살아 있을까? 살아남은 닭을 정말 '살아 있다'고 말할 수 있을까?

#4

이곳에서 운영하는 부화장은 양계장에서 차로 20분 정도 거리에 있었다. 부화장의 업무와 시설에 대해선 다음 장에서 자세하게 다룰 것이라 여기선 우리 일이 꽤 힘들었다는 점만 지적해두고 싶다. 우리는 새벽 4시 반쯤 농장장이 운전하는 덤프트럭을 타고 부화장으로 향했다. 작업은 5시에 시작해서 9시까지 계속됐는데 식사는 고사하고 물 마실 틈도 없었다(부화장 직원들도 마찬가지였다). 병아리들은 네모난 플라스틱 바구니에서 부화했는데 우리가 할 일은 병아리를 빼 낸 바구니를 건물 밖으로 옮긴 다음 알 껍질을 트럭에 붓는 것이었다. 김 씨 아저씨가 목이 긴 장화를 신고 트럭에 올라가고 내가 바구니를 위로 올렸다. 바구니에는 누런 털 먼지가 가득했는데 조금만 흔들어도 뿌연 안개가 일어났다. 가끔씩 썩은 알이 터지면서 머리나 옷에 쏟아 졌는데 냄새가 끔찍했다. 작업을 끝내면 작은 컵라면 하나를 먹고 다 시 농장으로 돌아가 평소대로 알을 주웠다.

부화장이 본색을 드러낸 건 다음 날이었다. 산 채로 썩어간다는 건 닭뿐 아니라 병아리에게도 해당하는 운명이었다. 건물 안에는 병아리 우는 소리가 가득했다. 이 소리는 어딜 가든 유령처럼 우리를 쫓아다 녔다. 어디서도 이 삐약 소리를 피할 수가 없었다. 우리는 곧바로 감별 실로 향했다. 불이 환하게 밝혀진 넓은 방이었다. 벽을 따라 램프가 설 치된 하얀 책상 다섯 개가 나란히 놓여 있었는데 사람들이 앉아서 병 아리의 암수를 구분하고 있었다. 감별사들은 성별과 연령대 모두 다양 했다. 각 책상 옆에는 감별을 기다리는 병아리들이 담긴 바구니가 사 람 키 높이만큼 쌓여 있었다.

우리는 수평아리가 담긴 상자들을 하차장으로 끌고 갔다. 끔찍한 악 취가 코를 찔렀다. 계사나 썩은 알 냄새보다도 더 지독해서 욕지기가 올라올 정도였다. 사람들이 수평아리들을 갈색 마대 자루에 담고 있었 다. 한 사람이 자루를 벌리면 다른 사람이 병아리를 붓고 쓰레기를 담 듯('담듯'이라는 표현은 정확하지 않을지 모르겠다. 우리가 담고 있던 건 어 찌 됐든 쓰레기였으니까) 발로 꾹꾹 눌러 자루 꼭대기까지 채워 넣었다.

늦가을 즈음 청소부들이 자루에 낙엽을 담는 모습과 똑같았다. 부화장의 낙엽들은 몸부림치고 소리를 지르고 피를 흘린다는 점만 빼면. 다채운 마대 자루 수십여 개가 문 앞에 놓여 있었다. 악취는 이 자루들에서 뿜어져 나오고 있었다. 내용물이 심하게 부패했다는 사실을 조금도 의심할 필요가 없도록 만드는 냄새였다. 자루에서는 음식 쓰레기 봉지마냥 끈적거리는 갈색 액체가 흘러나왔다. 그리고 그 모든 자루에서 삐약대는 소리가 끊임없이 새어 나오고 있었다.

우리는 자루를 들어 알 껍질이 담겨 있던 트럭에 실었다. 자루는 세 사람이 함께 들어야 할 만큼 무거웠는데 표면이 미끄러워서 자주 놓쳤다. '쿵' 하고 자루가 떨어질 때마다 삐약 소리가 줄어들었다.

"저 병아리들은 이제 어떻게 되는 거예요? TV에서처럼 땅에 묻는 거예요?"

그 와중에도 커다란 자동차 엔진 소리를 뚫고 삐약 소리가 계속 새어 나왔다.

"아니, 그건 전염병에 걸려서 매몰하는 거고 보통 닭이나 돼지 같은 가축은 죽은 거 땅에 못 묻게 돼 있어요. 오염된다고. 이제 저것들은 흙이랑 계분이랑 섞어서 비료 만드는 데 쓰지."

농장장이 대답했다.

"원래 저렇게 다 버리는 거예요? 키워서 팔면 되잖아요?"

"에이, 그건 옛날에나 그랬지. 기술 없을 때나. 닭이란 게 크기는 작고 크는 속도는 빨라서 품종 개량이 엄청 돼 있다고. 그래서 용도에 따라서 자라는 속도가 완전히 달라요. 산란계는 아무리 품질이 좋아도 육계 크는 속도를 못 따라가요."

"그래도 일단 태어난 거니까 그걸 키우면 그만큼 돈 아끼는 거 아니에요?"

"그게 그렇지가 않다니까. 그래서 키우면 그건 뭐 가지고 먹일 거야? 땅 파서 닭 먹일 수 없잖아요? 그럼 어차피 사료 먹여야 되는데 보면 알겠지만 농장에서 생산비 80~90%가 사료 값이에요. 그런데 산란계를 육계만큼 키우려면 사료가 엄청 들 걸. 육계가 엄청 빨리 자라요. 내가 예전에 우리 동네 노인들한테 육계 병아리를 몇 마리 구해서 나눠준 적이 있어요. 조금 키워서 잡아드시라고. 그런데 육계는 늦어도 한 달 반 되기 전에 잡아먹어야 돼요. 근데 노인네들이 집에 자식도 없고 적적하니까 닭들이 야채 부스러기 쪼아 먹는 거 보는 재미로 계속 기른 거야. 안 먹고. 닭이 배고픈 줄 모르는 동물이에요. 주면 그냥 계속 먹는다고. 그래서 내가 한 세 달 있다 가 봤는데 닭들이 완전히 돼지처럼 살이 뒤룩뒤룩 쪄서 걷지도 못해. 진짜로. 살이 너무 쪄서 바닥에 엎드려서 질질 기어 다니는 거야. 털은 다 빠져 있고. 그런 건 먹지도 못해. 질겨서 맛도 없어. 육계가 그렇게 자라요. 그러니 같은 사료 먹이는 거면 산란계 키우는 게 손해지."

"그럼 산란계 수평아리는 전부 버리는 거예요?"

"예전에는 할머니들이 와서 몇 상자씩 가져가고 그랬어요. 승태 씨도 본 적 있을 텐데. 학교 앞에서 할머니들이 병아리 파는 거. 그런 게 수평아리 가져가 파는 건데. 그건 돈도 받지도 않고 그냥 가져가라 그러지. 이제는 그런 거 파는 사람도 없고 요즘엔 거의 다 버리지."

고기로 태어나서

트럭은 발효기 앞에 멈췄다. 병아리들의 최종 목적지였다. 발효기는 농장에서 발생하는 가축의 분뇨를 처리하기 위해 사용하는 시설로 높이 7m, 지름 1m 80cm 정도의 은색 원통이다. 내부에서는 회오리형 칼날이 끊임없이 돌아가고 있는데 흙과 분뇨를 넣고 3개월 정도 발효시키면 토양에 직접 살포해도 되는 수준의 비료가 됐다. 먼저 흙과 분뇨장에서 퍼온 시꺼먼 닭똥을 채워 넣었다. 다음으로 자루를 풀고 병아리들을 쏟아부었다. 병아리들은 마대 자루만 한 동물의 사체인 양 커다랗게 덩어리진 채 떨어졌다. 여전히 살아 있는 병아리들이 있었지만 쏟아지는 동료들의 사체 속에 파묻혔다. 부화장에서부터 이어진 삐약 소리는 우리가 한참을 걸려 모든 병아리들을 집어넣고 마침내 발효기를 작동시킨 후에도 멈추지 않았다.

웅 하는 소리와 함께 칼날이 천천히 돌아가기 시작했다. 누런 병아리 덩어리들이 똥과 뒤섞이는 동안에도 삐약 소리는 그치지 않았다. 삐약 소리는 농장장이 사무실로 돌아간 다음에도, 우리가 발효기 주변을 청소하고 떨어진 병아리들을 주워 모아 집어넣은 다음에도, 계사로 돌아가는 동안에도, 근무가 끝나고 식당으로 내려갈 때도 계속 들려왔다. 빌어먹을 삐약 소리는 고장 난 수도꼭지에서 떨어지는 물방울마냥 도무지 멈추지를 않았는데 믿을지 모르겠지만 다음 날 새벽 계사로 올라갈 때도 발효기 안에서 울리는 병아리 울음소리를 들을 수 있었다.

찰스 부코스키는 어디엔가 사람을 미치게 만드는 건 커다란 사건이 아닐 수 있다고 썼다. 오히려 사람을 정신병원으로 보내는 건 연달아 구두끈이 끊어지는 식의 '사소한' 불행의 연속 때문일 수 있다고 말이다. 그날 밤 나는 수만 개의 구두끈이 끊어지는 소리를 들었다.

#5

　　며칠 후 나는 서울로 돌아왔다. 떠날 결심을 하게 만든 것이 병아리 울음소리라고 말할 수 있다면 내가 대단히 섬세한 사람이라고 주장할 수 있겠지만 그렇지는 않다. 일을 시작한 지 정확히 2주째 되는 날이었다. 작업은 평소와 다를 바가 없었다. 닭은 여전히 징그럽고 알은 쉴 새 없이 쏟아지고……. 문제가 생긴 건 늦은 오후였다. 4동에서 알을 줍고 있는데 농장장이 나를 2동으로 불러냈다.

　　"지금 여기 닭들을 확인 좀 해야 되거든요."

　　그가 말했다. 한 손엔 클립보드를 들고 있었다.

　　"맨 위 칸부터 닭을 꺼내요. 이 닭들이 다 이력이 있거든요. 날개에 보면 번호표가 붙어 있는데 그걸 나한테 불러주기만 하면 돼요."

　　겁먹은 걸 들키지 않으려고 최대한 노력하며 닭을 붙들었다. 살아 있는 닭을 만지는 것보다 더 끔찍한 건 내가 아무리 조심해도 닭이 다치지 않게 다룰 수가 없다는 거였다. 번호표는 날개 죽지 안쪽에, 사람으로 치면 겨드랑이쯤에 붙어 있었다. 번호를 확인하려면 날개를 붙들고 이리저리 뒤적거려야 했는데 그때마다 뼈가 부러졌다. 놓치지 않기 위해 힘을 주어 잡기는 했지만 뼈가 부러질 만큼 세게 붙잡지는 않았다. 새가 원래 그런 건가? 하지만 프라이드치킨을 먹을 때도 이렇게 쉽

　　　　　　　　　　　　　　　　　　　고기로 태어나서

게 뼈를 부러뜨리지는 못했던 것 같다.

"592, 734, 691, 134, 595……."

서류의 빈 칸이 하나하나 채워져가는 동안 뼈들은 속절없이 부러져 나갔다. 관절이 꺾이는 걸 내가 착각한 걸까? 하지만 내 손아귀의 느낌에는 의심의 여지가 없었다. 그건 길쭉한 형태의 고체가 두 동강 나는 느낌이었다. 게다가 케이지에 다시 넣어둔 닭은 날개를 축 늘어뜨리고 있었다. 아무리 조심해도 소용이 없었다. '투둑', '투둑', 뼈가 부러질 때마다 뭐라 설명할 수 없이 비참한 기분이었다. 내 '존재 그 자체가 흉기'인 것 같았다.*

간신히 작업을 끝내고 산을 내려가는데 농장장이 말했다.

"앞으로 좀 바쁠 거예요. 이제 날 따뜻해지면 닭들한테 이가 생긴다고. 여름에 일 끝나면 아저씨들 요 앞에서 나와서 다들 이불 털고 옷 털고 그래요. 닭 만지다가 이가 사람한테 옮는다고. 그거 한 번 들러붙으면 가려워서 잠도 못 자요. 그래서 그 전에 소독약도 뿌려야 되고. 앞으로 할 일 많아요."

숙소에 도착했을 땐 도망칠 결심이 서 있었다. 나는 닭보다 이에 더

---

* 이 일은 내 잘못만은 아니었던 것 같다. "암탉은 자연 상태에선 연간 30개 정도의 알을 낳는 것이 정상이다. 그러나 사육장의 암탉은 좁은 틀 안에서 연간 300개 이상의 계란을 생산한다. 이때 칼슘이 다 빠져나가 골다공증에 걸려 작은 충격에도 쉽게 골절되는 탓이다." 김옥진 외, 《동물 복지학》, 문운당, 2013.
"〈랭커스터 파밍〉지에 난 기사에 따르면 암탉이 1년간 낳는 달걀의 껍질로 가는 칼슘의 양이 암탉 뼈 무게의 30배나 된다고 한다." 진 바우어, 《생추어리 농장》, 허형은 옮김, 책세상, 2011.

겁을 집어먹었다. 벌써 이가 몇 마리 내 몸에 달라붙은 것 같은 느낌이 들었다. 방에 들어서자마자 속옷까지 모두 벗어서 쓰레기장에 던져 넣었다. 아저씨들은 '이'를 일하면서 겪을 수밖에 없는 불편함 정도로 받아들였지만 나는 도저히 그렇게 태연할 수가 없었다. 어차피 하는 일은 똑같지 않냐고 할 수 있겠지만 때로는 머리카락 한 올만 더해져도 낙타의 등이 부러지는 법이다.

급하게 배낭을 꾸려 숙소를 나섰다. 그만두겠다는 말도 돈을 달라는 말도 하지 않았다. 이런 적은 나도 처음이었다. 그때까지 TV 채널을 바꾸듯 일자리를 바꿔왔지만 한 달을 채우지 못한 적도 없었고 임금을 받지 않고 그만둔 적도 없었다. 이유를 설명하는 것도 돈이 나올 때까지 기다리는 것도 참을 수 없었다. 이 농장과 나 사이의 거래에서 나를 만족시킬 수 있는 유일한 방법은 1초라도 빨리 농장을 떠나는 것뿐이었다.

농장에서 멀어지자 악몽에서 깨어나는 것 같았다. 비록 2주 만에 도망쳐 나오긴 했지만 농장장이 들려준 사례들을 근거로 계산해봤을 때 나는 이곳을 거쳐 간 대다수의 한국인들보다 13일 정도 오래 일한 셈이었다. 버스는 금산 시내로 들어섰다. 거리에는 젊고 예쁜 여자들이 잘 차려입은 몰티즈를(어떤 녀석들은 나보다 말끔해 보였다) 핸드백마냥 옆구리에 끼고 걷고 있었다. 교복 입은 학생들은 큰 소리로 노래를 틀어놓은 핸드폰 옆에 앉아 국어사전만큼이나 두툼한 햄버거를 베어 물며 떠들고 있었다. 어둠이 짙어지는 것에 비례해서, 도시는 별다른 약속이 없어도 밤이 가까워지면 품기 마련인 막연한 흥분으로 술렁이고

고기로 태어나서

있었다. 내게는 그 모든 것이 반가우면서도 어색했다. 차로 20분 거리에 악몽 같은 삶(물론 닭의 삶을 말하는 것이다)이 계속되고 있다고 말해주는 것은 어디에도 없었다. 이런 표백제 같은 평온함 속에는 사람의 기를 꺾는 무언가가 있다. 나쁜 소식을 전한 전령을 교수대로 보내는 왕과 같은 무언가가. 사람들에 섞여 거리를 걷고 식당에 앉아 밥을 먹기 위해서는 먼저 양계장에서 내가 놀라고 두려워하고 당혹스러워했던 모든 일들이 의미 없는 호들갑일 뿐이었다고 인정해야 할 것 같았다. 계속 거기 머물렀다면 정말 그렇게 했을지도 모르겠다. 대신 나는 서울로 가는 버스에 올랐다.

　과거에는 비위 약한 사람은 농장에서 절대 일 못 하겠다고 친구들이 말하면 나는 정말 그렇다며 고개를 끄덕이곤 했다. 지금은 아니다. 양계장에서 일하기에 가장 부적합한 사람은 업보를 믿는 사람이다. 자신이 저지른 행동이 어떤 형태로든 자신에게 되돌아올 거라고 믿는 사람들 말이다. 업보를 믿는 사람은 양계장에 발도 들이지 말 일이다.*

---

* 　산란계 동물 복지 축산 인증제는 2012년부터 시작됐다. 동물 복지 농장에서는 평범한 식란계도 바닥에 풀어놓고 기른다. 부리 자르기와 강제 환우는 금지하고 있다. 계사 내에는 홰를 설치한다. 홰는 닭이 올라앉도록 가로질러 놓은 막대 등을 가리킨다. 조류는 기본적으로 나무에 앉도록 적응된 종이다. 닭에게는 나뭇가지를 4개의 발가락으로 동그랗게 잡는 형상을 유지하는 것이 매우 편안한 자세다. 또한 닭은 높은 곳에 올라가는 것을 좋아하기 때문에 홰는 이런 욕구도 충족시켜줄 수 있다. 닭은 알을 낳을 때 무리와 떨어져 있고 싶어 하는데 이를 위해 별도의 산란 장소도 설치되어 있다. 동물 복지 농장에서는 밤에 조명을 꺼서 닭이 온전한 수면을 취할 수 있도록 한다.

부화장_대한민국 어딘가[*]

卄卄卄卄

신은 쓰레기를 만들지 않는다면서
나를 만들었어.
_엘리엇 스미스, 〈에미티〉

#1

병아리 빼는 날에는 새벽 3시부터 일을 시작했다(출하량이 많을 때는 1시부터 일했다). 2시 반쯤 되면 남자들이 하나둘 방문을 열고 나왔다. 검은 하늘은 잠들기 전에 본 것과 달라진 게 없었다. 모두 눈을 반쯤 감은 채 슬리퍼를 질질 끌며 지하로 향했다. 아무리 일이 많아도 샤워를 건너뛰는 법은 없었다. 샤워는 비누를 써서 최소 15분 이상 해야 했고 머리도 반드시 감아야 했다. 샤워실은 이곳 부화장의 국경

[*] 장소를 특정할 수 없는 점에 대해 독자들의 양해를 구한다.

선 같은 곳이어서 외부의 어떤 것도(우리의 앙상하고 볼품없는 몸뚱아리도 여기에 해당했다) 멸균 과정을 거치지 않고선 그 너머로 들어갈 수 없었다.

두툼한 분진 마스크를 쓰고 부화장으로 들어가자 그때부터 작업장 전체가 거대한 낙석마냥 걸리적거리는 모든 것을 모조리 깔아뭉갤 기세로 굴러가기 시작했다. 우리가 가장 먼저 할 일은 부화기에서 대차를 꺼내는 것이었다. 부화기는 거대한 냉장고처럼 생겼는데 내부에서 온도, 습도, 이산화탄소 농도 등을 조절하여 인공적으로 알을 부화시키는 기계다. 대차는 알 담는 바구니를 싣는 수레인데 통째로 부화기에 넣어 사용했다.

높이가 3m쯤 되는 부화기의 문을 열면 후끈한 열기와 함께 삐약대는 소리가 쏟아져 나왔다. 이 소리는 작업장의 배경음악처럼 일이 완전히 끝나고 출하 트럭이 떠나기 전까지 사라지지 않았다. 또한 뿌연 털 먼지와 함께 최루탄 같은 매캐한 냄새도 뿜어져 나왔다. 이것은 부화 때 발생하는 세균을 제거하기 위해 집어넣은 소독약 때문이었다. 대차에는 병아리가 담긴 바구니가 사람 머리 높이 이상 쌓여 있었다.

네다섯 명의 사람들이 늘어서서 대차를 선별실로 옮겼다. 이곳은 벽을 따라 컨베이어 벨트가 설치된 가로 세로 8m 크기의 방이었다. 대차 서른 개 정도를 옮겨놓으면 사람이 지나다니기도 힘들 만큼 안이 꽉 찼다. 날씨가 추울 때는 상관없었지만 여름엔 새벽에도 대차와 대차 사이, 벽과 대차 사이를 충분히 띄워둬야 했다. 그러지 않으면 병아리들이 열 때문에 죽을 수 있었다. 선별실은 유일하게 병아리 울음소리를 들을 수 없는 곳이었다. 쿵쾅거리는 기계 소리가 워낙 커서 울음소리가 묻혀버렸다. 눈을 감고 들으면 코끼리 떼가 탭댄스를 추고 있는 것 같았다.

이다음부터가 본격적인 작업의 시작이었다. 내가 할 일은 바구니를 컨베이어 벨트 위에 올려놓는 것이었다. 이 자리는 전통적으로 부화장의 가장 신참이 맡게 되어 있었다. (나이는 상관없었다.) 다른 자리에 비해 힘도 많이 들 뿐 아니라 무엇보다도 병아리 털을 잔뜩 뒤집어쓸 수밖에 없었다. 바구니에는 병아리 털이 두껍게 쌓여 있었다. 이 털은 가루나 다름없는 상태여서 바구니를 조금만 움직여도 안개처럼 뿌옇게 일어났다. 그래서 머리 위에 있는 바구니를 내릴 때는 털 부스러기를 온몸에 뒤집어썼다. 작업이 끝나면 특수 분장을 한 것처럼 누런 병아리 털로 뒤덮였다.

병아리들은 컨베이어 벨트에 실려 선별 라인을 지나갔다. 이때부터 다리 살이 유난히 고소해서 슬픈 짐승의 수난이 시작됐다. 선별조는 '약추'를 골라냈다. 크기가 너무 작은 것, 털이 없는 것, 털이 너무 하얀 것, 눈이 없거나 부리가 휘어진 것 등등. 어떤 식으로든 '정상적'이지 않은 것들, 상품으로 적합하지 않은 것들은 모두 빼냈다. 약추라는 단어의 정확한 뜻을 알고 있는 사람은 없었다. 누군가 장난처럼 약하고 추하다는 의미가 아니냐고 했는데 정말 그럴지도 모르겠다. 약추는 알 껍질에 섞어 버렸다(이는 육계 병아리를 작업할 때의 이야기고 산란계 병아리를 작업할 때는 수평아리도 함께 골라냈다).

병아리는 알을 깨고 나온 지 몇 분 되지 않았지만 살아남기 위한 운동 능력을 대부분 갖추고 있었다. 일어서서 걸어 다니는 것은 물론이고 흔들리는 바구니 위에서 엄지손가락만 한 날개를 파닥이며 중심을 잡는데 용케 넘어지는 놈은 없었다. 하지만 불행하게도 병아리가 살아남기 위해 필요한 것은 동물의 본능이 아니라 상품으로서의 적합성이었다. 자신들의 운명을 눈치챘는지 병아리들은 언제나 바구니나 컨베이어 벨트 위에서 뛰어내려 건물 안을 돌아다녔다. 이런 병아리는 즉시 제자리에 돌려놔야 했지만 일이 바쁘면 내버려둘 수밖에 없었다. 그렇다고 이 녀석들이 부화장을 탈출해 '잎싹이'처럼 새 삶을 찾았다는 건 아니다. 대부분은 사람이나 대차 바퀴에 밟혀 죽었다.

대차 60대를 작업하는 데 4시간 정도가 걸렸는데 마침 7시가 아침 식사 시간이었다. 평소 식사 시간은 1시간 정도 주어졌지만 병아리 빼는 날에는 30분이었다. 이때는 서둘러 밥을 먹은 다음 탈의실에 누워 잠깐 눈을 붙였다. 작업은 예외 없이 7시 반에 재개됐다. 남은 건 청소였다. 부화장 작업의 절반이 병아리와 관련된 것이라면 나머지 절반은 청소였다. 병아리를 빼낸 뒤의 부화장은 아사 직전의 대대 병력이 삶은 달걀로 폭식을 하고 떠난 것처럼 변해 있었다. 시야에 들어오는 모든 곳에 손톱만 한 하얀색, 옅은 분홍색, 갈색 알 껍질이 가득했다.

청소는 부화기에서 시작했다. 기계 내부에 양쪽으로 대차를 집어넣는 빈 공간이 있고 그 가운데 대형 팬과 구리 열선이 설치되어 있었다. 열선에서 발생하는 열기를 팬이 좌우의 대차를 향해 불어주는 구조였다. 이 열선에 병아리 털이 잔뜩 달라붙는데 꼭 철에도 작용하는 초강력 발모제를 발라놓은 것 같다. 병아리는 의심할 여지없는 노란색이지만 발생기에 쌓인 털은 물기를 머금어서 마분지 상자와 비슷한 칙칙한 갈색이다. 털을 떼어내기 전에 먼저 부화기 안에 충분히 물을 뿌렸다. 그러면 먼지가 덜 날렸다. (열선에 붙은 털은 마른 상태에서 잘 떨어지지 않았다.)

다음엔 플라스틱 삽으로 알 껍질을 퍼 날랐는데 높이 1m를 넘는 대형 고무통이 수시로 가득 찰 만큼 양이 많았다. 내부의 쓰레기를 어느 정도 치우고 나면 살수기로 남은 찌꺼기를 씻어냈다. 부화장의 청결 기준은 위생 점검을 앞둔 호텔 주방과 비슷했다. 털 부스러기, 알 껍질 하나 없이 치우기 위해서 쓸고 씻어내는 과정을 계속해서 반복해야 했다. 마지막으로 수세미로 바닥은 물론이고 벽과 천장에 남은 얼룩을 닦아냈다. 세 사람이 부화기 여섯 대를 청소하는 데 3시간 정도 걸렸다.

내가 가장 싫어했던 일은 부화기의 지붕을 닦는 것이었다. 배기구가 있는 기계의 지붕에 먼지가 가장 많이 쌓였다. 이 지붕을 걸레로 닦는 것 역시 막내가 하는 일이었다. 먼저 에어 건으로 먼지를 불어내야 했는데 사막에서나 맞닥뜨렸을 법한 모래 폭풍이 불어닥쳤다. 먼지가 너무 심해서 눈을 깜박거리면 눈으로 먼지를 씹는 것 같았다. 마스크를 쓰고는 있지만 얼굴에 뚫린 다른 구멍들로 먼지가 꾸역꾸역 들어오는 느낌이 들었다. 그렇게 섭취한 먼지만으로 허기를 채울 수 있을 것 같았다. 먼지가 가라앉고 나면 애초의 목표대로 지붕을 닦아야 하는데 이 부분도 수월하진 않았다. 지붕 위를 지나가는 온갖 파이프와 전선 따위를 피해 걸레질을 하다 보면 천장에 머리나 등을 찧기 일쑤였다.

고기로 태어나서

어찌 보면 우리가 청소하는 방식은 (위생의 역사가 어느 정도는 전쟁을 떠올리게 하듯이) 현대의 전쟁 양상과 비슷한 면이 있었다. 전투의 시작은 공군의 폭격이다. 우리의 경우에는 살수기가 이에 해당했다. 살수기가 물 폭탄을 떨어뜨리면 부피가 큰 적들이 대부분 쓸려나갔다. 하지만 어떤 전쟁도 지상군이 승리를 선언하기 전까진 끝난 것이 아니듯 부화장 청소 역시 나 같은 말단 보병들이 빗자루, 수세미, 걸레를 들고 기계 틈 사이에 낀 알 부스러기를 쓸어내고 벽과 바닥에 남은 오물을 닦아내기 전까진 끝났다고 할 수 없었다.

공식적인 전투가 끝나고 나면 눈에 보이지 않는 적을 제거하기 위한 전투를 시작할 차례였다. 정부 건물에 깃발을 올린 점령군은 영화, 포스터, 연설 등을 이용한 대규모 프로파간다를 실행한다. 모든 것을 무위로 돌려놓을 수도 있는, 어떤 면에선 가장 위협적인 적을 박멸하기 위해서. 우리도 보이지 않는 적을 섬멸하기 위한 전투를 계속했다. 다만 우리는 저항군을 악마화한 포스터 대신에 TH4라는 소독약을 사용했다. TH4는 독한 냄새를 풍기는 짙은 녹색 용액이었는데 이 약이 얼마나 강한지 부화장 건물을 둘러 심어놓은 나무들을 보며 알 수 있었다. 밖으로 향한 부분의 잎은 전부 누렇게 말라 죽은 반면 벽에 맞닿아 약이 닿지 않은 부분은 자연의 섭리대로 푸른빛이었다. 소독약은 벽, 천장, 각종 기계, 컨베이어 벨트 등등 사람을 제외한 모든 것에 뿌렸다. 여기까지 마쳐야 모든 청소가 끝났는데 겨울에는 12시, 복날이 가까워지면 오후 3시가 지나야 퇴근할 수 있었다.

#2

병아리 빼는 날이면 언제나 거하게 술자리가 벌어졌다. 차를 가진 사람들이 시내에 나가 치킨과 술을 사오는 동안 남은 사람들은 장훈 아저씨 방에 상을 펴고 기숙사를 돌아다니며 사람들을 불러모았다. 이른 오후에 시작한 술자리는 대개 저녁 시간인 6시까지, 분위기가 좋을 때는 자정이 가까워 질 때까지 이어지기도 했다. 그렇게 술자리가 벌어진 다음 날이면 2리터짜리 소주병들이 장식용 도자기처럼 영롱한 에메랄드빛을 뿜어내며 기숙사 창가를 따라 늘어서 있었다.

힘은 들었지만 나는 부화장이 마음에 들었다. 머리는 페도라를 올려두는 용도로만 사용하는 게 분명해 보이는 매력 넘치는 젊은이들의 술시중을 들며 몇 달을 보내고 나니 이제야 제대로 된 일을 한다는 기분이 들었다. 다른 이유도 있었다. 숙소는 부화장 옥상에 지어져 있었는데 결혼한 관리자들까지 포함해 현장직 직원들은 모두 이곳에 살았다. 잘 때만 제외하곤 항상 같이 지내는 데다 축산 시설 특유의 고립된 환경까지 더해져 부화장에는 중세의 교구민이 느꼈을 법한 안정감이 있었다.

부화장은 내가 머릿속으로 그려봤던 허름한 시골 농장이 아니었다. 전면이 어두운 유리로 덮인 4층짜리 건물이었는데 지문 인식키를 작동시키지 않으면 안으로 들어갈 수 없었다. 출입문을 열면 자동으로 안내 방송이 나왔다.

고기로 태어나서

"부화장에 오신 걸 환영합니다. 이곳은 병아리를 생산하는 곳입니다. 방문자께서는 다음 안내 방송에 따라 방역 소독 작업에 협조해주시면 감사하겠습니다. 먼저 입구에 설치된 소독판을 이용해 신발을 충분히 소독해주시고 준비된 실내화로 갈아 신어주십시오……."

'철저한 방역 소독'은 부화장뿐 아니라 회사 전체의 근간을 이루는 모토 같은 것이어서 회사 소유의 어떤 작업장을 가도 똑같은 방송을 들을 수 있었다. 꽤 규모가 큰 업체여서 부화장 말고도 수십 개의 양계장도 운영하고 있었다. 부화장에 공급되는 알 역시 전부 자사 양계장에서 생산된 것이었다. 규모만큼 직원도 많았는데 평상시에는 열네 명이었고 출하가 있는 날에는 일용직을 여럿 고용했다. 이 중에서 다섯 명이 이주노동자였다. 베트남 출신의 30대 여성이 한 명, 길림이 고향인 중년의 중국인이 한 명, 나머지는 모두 20, 30대 캄보디아 남자들이었다.

숙소에는 주택과 기숙사 두 종류가 있었다. 전자는 20평 크기에 방 두 개가 딸린 일반 단층 주택과 똑같았는데 여기에는 결혼해서 자녀를 둔 직원들이 살았다. 기숙사는 샌드위치 판넬로 만든 1인실 세 개가 두 줄로 늘어선 건물이었다. 방 크기가 가로 3m 세로 5m 정도였고 그 안에는 선풍기, 침대, 옷장 그리고 케이블 TV가 설치되어 있었다. 기숙사 전체에 화장실이 하나뿐이긴 했지만 급하면 작업장 것을 쓸 수도 있었기 때문에 크게 불편하지는 않았다.

내가 살던 곳은 5호였는데 불행하게도 기숙사에서 가장 시끄러운 사람들 사이에 낀 방이었다. 기숙사의 방과 방 사이를 막고 있던 구조물은 벽이라기보다는 철로 만든 커튼에 가까웠다. 소음 면에선 아저씨들과 한 방을 쓰는 것이나 다름없었다. 내 오른쪽 방은 상구 아저씨 방이었다. 그는 중국인이었는데 정신이 멀쩡할 때보다 술에 취해 있을 때 한국말이 더 유창했다(후자일 때가 더 많았다). 아저씨 방에선 언제나 중국 역사 드라마라고 짐작되는 소리가 쩌렁쩌렁 울렸다. 대춧빛 얼굴의 긴 수염을 늘어뜨린 남자들이 "이 술이 식기 전에 저 자의 목을 베어오겠소" 하고 떠들고 있을 것 같은.

상구 아저씨의 야망이 구체적으로 뭔지는 모르겠지만 그는 여러 사람이 모인 자리에선 언제나 가장 높은 위치의 사람에게만 말을 거는 버릇이 있었다. 대부분의 경우 현장직 최고 책임자인 복 부장이 그 대상이었다. 그래서 상구 아저씨가 하는 말은 이렇게 시작할 때가 많았다. "아, 부장님 내 말 좀 들어보세요." "부장님 그게 아니라요." "부장님 어때요? 내 말 옳지요?" 이것만 놓고 보면 절대 손해를 보는 일은 안 하고 살 사람 같지만 술 잘 마시고 여럿이 어울려 웃고 떠들기 좋아하는 사람이 그렇듯 아저씨도 주위 사람들의 부탁, 특히 돈 부탁을 거절하지 못해 월말이면 항상 울상을 짓곤 했다.

상구 아저씨의 흠모를 한 몸에 받던 복 부장은 아내 그리고 아들들과 함께 주택에서 살았다. 부화장에 도착했을 때 나를 맞아준 사람도 복 부장이었다. 그는 머릿결이 대단히 부드러운, 목소리와 성격 역시 머릿결 못지않게 부드러운 40대 초반의 남자였다. 그는 젊은 나이에 부장 자리에 올랐지만 임원 몇몇을 제외하곤 회사에서 근속 연수가 가장 길었다. 20대 초반부터 부화장에서 일하기 시작해서 20여 년 만에 부장까지 올랐다. 그는 나 같은 뜨내기가 상사로 모시기에 조금은 과분한 사람이었다. 그는 직장인들이 농담 삼아 현실에선 불가능한 조합이라고 부르는 인성과 능력을 겸비한 사람이었다.

복 부장은 직원들 개개인의 사정도 하나하나 봐주면서 매주 출하량도 정확하게 맞췄다. 또 일하면서 필요할 때는 자신보다 나이 많은 직원들에게(대부분이 그랬다) 충분히 엄하게 이야기했는데 그것 때문에 공적으로든 사적으로든 잡음이 생긴 경우가 없을 만큼 절도가 있었다. 복 부장의 가족들도 복 부장만큼이나 직원들 사이에서 인기가 좋았다. 식당 아주머니가 몸이 안 좋거나 주말에 자녀들을 찾아갈 때면 부장 부부가 식당을 맡았다. 복 부장의 아내는 인근의 작은 회사에서 일했는데 주말 내내 직원들 밥을 차려주면서도 (집에서 어떤 얘기가 오가는지는 알 수 없지만) 귀찮은 기색 한 번 하지 않았다. 가끔은 복 부장의 아이들이 어머니를 돕기도 했는데 밥을 앞에 두면 월동 준비를 하는 곰처럼 변하는 아저씨들도 꼬마들 앞에서는 깍듯하게 행동했다. (물론 내가 가장 게걸스러웠다.)

내 왼쪽은 장훈 아저씨 방이었다. 그는 50대 후반에 춘천 출신이었는데 여러 면에서 예외적인 인물이었다. 그는 부화장에서 유일하게 '종북' 딱지가 붙는 부류를 변호하는 사람이었다.

"박근혜가 그거는 잘못하는 거야. 무슨 말만 조금 했다 하면 종북이라고 다 때려잡고. 아 얼마든지 있을 수 있는 거 아냐? 같은 동포인데 북한에 우호적인 사람들이. 그런 사람들이 나중에 통일이 되면 완충제 역할을 해줄 거라고."

그는 강원도에서 오랫동안 직장 생활을 하다가 (자세하게 이야기하길 꺼리는 우여곡절을 겪은 후에) 부화장에 자리를 잡았는데 햇수로 2년째였다. 그는 환갑을 바라보는 나이였지만 여전히 삶에 대한 열정으로 충만했다. 아저씨는 일밖에 모르고 살면 머리가 굳는다면서 평생대학 채널을 보며 물리학 강좌를 듣기도 하고 음악과 사진이 가득한 블로그를 운영하기도 했다. "난 늙은이 대우받는 게 제일 무서워. 그래서 내가 맨날 책도 보고 기타도 치고 교양을 넓히려는 거야."

한번은 그가 옥상 난간에 우두커니 서서 하늘을 바라보고 있었다.

"아저씨 뭐하세요? 저녁 드시러 안 가세요?"

"아, 그냥 노을 좀 보고 있었어……. 내 노년도 저렇게 멋져야 할 텐데……."

"걱정 마세요. 충분히 멋지실 것 같은데요."

"그래. 어떻게 될라나. 너도 잘 생각해보고 지내. 너 아직 젊잖아? 뭐가 됐든지 꿈을 한번 꿔볼 수 있는 나이 아니야? 니 나이 50이 됐을 때 어땠으면 좋을까 생각을 해봐. 나이 50에 여기서 이러고 있으면 우리도 잘못 산 거지. 나도 알아. 내가 별 볼 일 없고 못난 놈인 거."

"아니에요. 아저씨가 어때서요?"

"나이가 들면 들수록 선택권이 점점 좁아져서 나중에는 내가 살고 싶은 대로 사는 게 아니라 살아지는 대로 살 수밖에 없게 돼. 그렇게 안 되려면 자기 좋아하는 걸 하면서 사는 길밖에 없어. 그러니까 너도 좋아하는 걸 한번 곰곰이 찾아봐. 그게 여자가 됐든, 돈이 됐든, 뭐 책이 됐든 말이야. 이 세상에서 제일 좋은 회사가 어딘 줄 알아? 삼성? 현대?

아냐. 내가 좋아하는 거 할 수 있는 회사가 세계 최고 회사야."

"아저씨는 꿈이 뭐예요?"

"나…… 나는 조그만 라이브 카페 하는 거야. 나는 음악 들으면서 또 연주도 하면서 그러고 살고 싶어. 나는 뭐 대단한 연주가가 아니니까 무대에 서려면 내 가게 아니면 안 되겠지 흐흐흐."

제대로 된 취미가 없는 사람에게 인생은 유달리 길고 지루할 수밖에 없는 법인데 부화장에선 장훈 아저씨를 제외한 모두에게 해당하는 사실이었다. 아저씨는 휴일이면 다른 은하계도 촬영할 수 있을 법한 커다란 사진기를 목에 걸고 나갔다. 그는 직접 찍은 사진들을 슬라이드로 만든 다음 자신의 기타 연주를 배경음악으로 깔아서 사람들에게 보여주곤 했다. 그를 제외하고 술과 TV 이외의 여가를 보낼 줄 아는 (또는 보내야만 하는) 사람들은 결혼해서 가족이 있는 관리자들뿐이었다. 하지만 어째선지 그들은 우리가 밥 먹자마자 방에 드러누워 TV만 보는 모습을 부러운 눈빛으로 지켜보곤 했다.

기타 연주는 아저씨의 가장 큰 열정 중 하나였다. 그가 주로 연주하는 노래는 〈봉숭아〉, 〈물안개〉 같은 칠팔십 년대 가요나 대학가요제 수상곡이었다. 내가 가장 좋아하는 노래는 〈그리움만 쌓이네〉였다. 이 곡의 전주가 들리면 나는 TV를 끄고 불도 끄고 상구 아저씨가 보는 드라마 속 영웅호걸들이 돌아가신 주군을 기념하는 묵념을 3분 정도 드리길 기원하며 왼쪽 벽에 기대어 앉았다.

"다정했던 사람이여 나를 잊었나. 벌써 나를 잊어버렸나……."

얇은 벽의 혜택을 누린다고 표현해야 할 만한 시간이었다.

얇은 벽의 또 다른 혜택은 본의 아니게 아저씨 삶의 내밀한 단면을 함께하게 된다는 것이었다. 그는 매일 저녁밥을 먹고 돌아오면 어머니에게 전화를 걸었다.

"예. 저예요. 오늘 퇴근하고 방에 들어왔어요. 밥 먹었어요. 저녁은 6시 반에 먹어요. 예. 예. 딱딱 시간 맞춰 나와요. 음식도 먹을 만해요."

그는 매일 똑같은 이야기를(일은 힘들지 않다, 밥은 매번 시간 맞춰 나온다, 다음 쉬는 날은 언제다) 반복할 뿐이었지만 하루도 전화를 거르지 않았다. 그럴 때면 아저씨는 평소의 떠들썩한 분위기와 달리 차분하고 또박또박한 목소리로 말했다. 듣고 있는 나까지 왠지 마음이 놓이는 대화였다. 내 개인적으로는 엄마랑 통화를 하고 나면 몸 안에서 발암물질이 생성된다고 믿고 있지만 장훈 아저씨가 전화하는 걸 듣고 있으면 그 반대 작용도 가능할 수 있겠다는 생각이 들었다.

장훈 아저씨 맞은편은 만식 아저씨 방이었다. 그는 우리 사이에서 밥시간을 알려주는 사람으로 통했다. 아저씨 방은 주방의 벽과 맞닿아 있었는데 식사 준비가 끝나면 아주머니가 벽을 두드렸다. 그러면 아저씨는 다른 사람들 방문을 노크하면서 식당으로 향했고 우리도 쪼르륵 아저씨 뒤를 따랐다. 만식 아저씨는 자상하고 친절한 사람이었지만 한편으로 "꽥꽥댄다"는 평을 듣기도 했다. 그는 누군가 작업 중에 실수를 저지르면 대뜸 고함을 질렀다. 마치 자신이 100번쯤 경고했는데 상대가 그 100번의 경고를 모두 무시하고 똑같은 실수를 반복하기라도 한 것처럼.

소리를 지르지 않을 때도 만식 아저씨는 조금 피곤한 사람이었다. 그는 부화장에서 4년째 일하고 있었는데 직위가 없는 사람 중에서는 기간이 가장 길었다. 그는 분명히 누구보다 열심히 일했고 또 잘하기도 했지만 일하는 내내 뭔가를 구시렁거렸다. 이렇다 할 대상도 없는 말이었는데 가만히 들어보면 요지는 자신이 없으면 이 작업장이 어떻게 돌아갈지 걱정이라는 얘기였다. 그러면서 근거로 드는 것들이 죄다 사소한 것뿐이었다. 빗자루와 쓰레받기는 못에 걸어놔야 하는데 바닥에 던져놨다, 청소가 끝나고 유리문에 묻은 물방울을 닦아내지 않았다 등등.

만식 아저씨의 최대 관심사는 캄보디아인 아내였다. 40대 중반이었던 아저씨는 국제결혼 중개업소를 통해 20대 초반의 여성을 만나 캄보디아에서 식을 올렸다. 하지만 아내는 아직 캄보디아에 남아 있었다. 배우자도 한국어 시험을 통과해야 한국 비자를 발급받을 수 있도록 법이 개정되었기 때문이었다. 아내는 학원을 다니며 1년에 두 번 있다는 한국어 시험을 준비 중이었다.

만식 아저씨의 옆방에는 그의 동갑내기 친구가 살았다. 승우 아저씨는 뽀얀 피부에 몸매도 날씬해서 30대 후반으로도 볼 수 있는 외모였다. 그는 오랫동안 지하철 하청 업체에서 일한 덕분에 기계 다루는 솜씨가 부화장에서 가장 뛰어났다. 예전 직장에선 한 달 140만 원을 받으며 매일같이 야근을 했다. 그는 술자리에서 그렇게 일하던 시절 쌓인 울분을 쏟아내곤 했다.

"예전에 나 있던 데 지하철 간부 중에 자기 돈으로 나무를 심은 사람이 있었는데 이제 여기도 몇 번 지나면 지역을 옮긴다고요. 학교 선생님들처럼. 이 사람이 다른 곳 가면서 어쨌는지 알아요? 트럭 갖고 와서 자기가 산 나무 파서 가지고 갔어요. 높은 자리에 있는 양반들이 이런 짓거리나 하고 있다고요. 아니면 어디 가서 접대받을 생각이나 하고. 이런 사람들이 무슨 기술을 개발해요?"

승우 아저씨의 모든 이야기는 한국은 원천 기술이 없으며 한국도 일본과 중국에 꿀리지 않으려면 핵 항공모함을 보유해야 한다는 걸로 결론이 났다. 그는 스머프로 치면 투덜이에 해당하지만, 실제로는 정이 많은 사람이었다. 말은 항상 툭툭 던지듯 내뱉지만 상대가 관심을 보이면 살뜰하게 마음을 썼다. 그는 무뚝뚝한 태도와 달리 섬세한 취향을 가진 사람이었다. 술은 항상 인터넷으로 주문한 아사히 슈퍼 드라이만 마셨고 쉬는 시간에 먹는 간식도 남달랐다. 회사에선 초코파이와 삶은 달걀을 제공했는데 그는 치즈가 들어간 바게트를 휴게실에 놔두고 먹었다. "이거는 이 껍질 맛으로 먹는 거야" 하고 중얼거리면서. 아무나 건성으로라도 "그거 맛있냐?" 하고 물어봐 줬다면 그 말이 그렇게 쓸쓸하게 들리지는 않았을 것 같다.

복 부장 옆집에는 르엉이 살았다. 르엉은 30대 초반의 베트남 여성이었다. 그녀는 오똑한 코에 머리를 허리 아래까지 기른 미인이었다. 병아리 빼는 날이면 머리카락을 터번처럼 둘둘 말고 그 위에 두툼한 털모자를 쓰고 나왔다. 부화장이 한국에서 얻은 첫 직장이었는데 3년 넘게 일하고 있었다. 그녀는 그해 가을에 베트남으로 돌아가기로 되어 있었다.

　　　　　　　　　　　　　　　고기로 태어나서

세 명의 캄보디아 남자들도 주택에서 지냈다. 각각 이름이 쏘찌엇, 수엇, 베스나였다. 쏘찌엇은 셋 중 가장 연장자로 대장 격이었다. 일한 기간도 1년으로 가장 길었다. 나이는 30대 후반으로 아내와 아이들은 캄보디아에 있었다. 한국에 오기 전에는 고향의 망고 농장에서 일했다. 그는 키가 2m에 가까웠다. 작은 얼굴에 눈이 컸고 항상 살며시 웃고 있어서 소년처럼 보일 수도 있었지만 이마와 턱에 굵은 주름살이 잡혀 있었다. 스무 살짜리의 얼굴에 그어진 두 개의 주름이 각각 10년 정도의 세월을 더하고 있었다. 거기다 양쪽 윗니가 금니라서 씨익 웃으면 이빨 전체가 번쩍거리는 것이 꼭 007영화의 악당처럼 보였다. 그는 트럭의 후진 경고음이 울리면 '삐익삐익' 소리를 목청껏 따라 내는 버릇이 있었다. 한국말을 잘하고 넉살도 좋아서 함께 있으면 유쾌해지는 사람이었다.

아저씨들 중에는 적도에 가까운 곳일수록 인간의 본능에 아무런 제약을 받지 않고 살 수 있다는 선입견을 가진 사람들이 꽤 있었다. 그 때문인지 쏘찌엇에게는 부인이 서너 명 있다는 소문이 돌았다. 덕분에 쏘찌엇은 몇몇 직원들의 비밀스러운 부러움을 샀다. 하지만 누군가 (아마 승우 아저씨였던 것 같다) 일부다처제의 예상 가능한 결과를 지적한 이후로 쏘찌엇의 하렘 신화도 사라져버렸다. "그럼 뭐해요? 부인이 그만큼 있으면 애들도 그만큼 더 많다는 건데 그 많은 애들을 어떻게 다 입히고 먹이고 대학까지 보낼 거예요?"

베스나는 선이 무척 고운 20대 후반의 남자였다. 한국에 오기 전에는 앙코르와트(그는 '앙골와트'라고 발음했다) 근처에서 친척이 운영하는 여관에서 일했다. 베스나는 보기 좋게 살집이 있는 것과 뚱뚱한 상태의 경계에 있었는데 호감 정도에 따라서 손오공으로도 저팔계로도 볼 수 있는 몸매였다. 사실대로 얘기하자면 내게는 언제나 저팔계로 보였다. 이 친구는 첫날부터 나를 가만히 내버려두지 않았다. 부화장의 작업 분위기가 누가 잘못을 하면 바로 지적하는 것이기는 했지만 그는 유달리 내 실수만큼은 그냥 넘어가지 못했다. 내가 오기 전까지 부화장 막내가 베스나였다. 그로서는 이래라저래라 할 수 있는 사람이 부화장에 나 하나뿐이었다. 사랑으로 다친 마음은 사랑으로 푼다는 말이 있듯이 지적질로 다친 마음은 지적질로 풀어야 한다. 직장 생활을 해 본 사람이라면 내가 무슨 말을 하는지 다 알 거다. 수개월 만에 막내가 들어왔으니 베스나로서는 그 기회를 놓치기 어려웠을 거다.

빈번한 술자리 덕분인지는 모르겠지만 직원들 사이는 돈독했다. 휴일에 집에 다녀온 사람은 트렁크 가득 음식을 싸 왔고 반드시 동료들과 함께 먹었다. 부화장 주변에는 걸어서 갈 수 있을 만한 거리에 상점이 없었지만 한밤중에라도 배가 고픈 적이 별로 없었다. 어떤 식으로든 특별한 음식을 얻은 사람들이 언제나 (대개는 술자리의 안주 형태로) 다른 사람들과 나눠 먹었다. 이곳에서는 화장실 문을 닫고 소변을 보면 고상하다는 소리를 들었다. 아저씨들은 옆 칸에서 똥 누는 소리만 들어도 누군지 알 수 있다고 말하곤 했다. 괄약근을 조절하는 것만으로 어떻게 개인의 정체성을 드러낼 수 있는지는 알 수 없었지만 말이다.

가장 기억에 남는 술자리는 쏘찌엇의 춤 솜씨를 보게 된 날에 있었다. 그날은 3시쯤 시작한 술자리가 새벽 1시까지 이어졌다. 나는 8시쯤 일어났는데 9시가 넘어 부장님이 나를 다시 불러냈다.

"아하하하! 승태야 너도 와서 이것 좀 봐!"

장훈 아저씨 방에서 시작한 술자리는 다른 한국인 아저씨의 방으로 옮겨져 있었다. 벽이 흔들릴 정도로 크게 트로트를 틀어놓았다. 노래는 〈황진이〉였다. 모두가 노래를 따라 부르며 춤을 추고 있었다.

"황진이! 황진이! 나를 두고 가면 어떡해?!"

흥이 많은 장훈 아저씨가 선두에 서서 군무를 이끌고 있었다. 그에겐 자신이 고안한 안무가 있었는데 에어로빅 강사처럼 동작이 바뀌면 그 명칭을 외치며 호응을 유도했다.

"안마! 안마! 안마!(주먹을 쥐고 앞 사람의 어깨를 두드리듯 팔을 흔든다)"

"찢기! 찢기! 찢기!(팔을 허리 아래서 엇갈린 뒤 펼친다)"

체력이 남은 사람들은 춤을 따라했고 그렇지 않은 사람들은 깔깔대며 박수를 쳤다. 쏘찌엇은 그런 혼돈 한가운데서 자신만의 춤 세계를 펼쳐 보이고 있었다. 팔로는 끊임없이 ㄱ, ㄴ, ㄷ자 형태를 만들면서 동시에 다리는 방정맞다 싶을 정도로 흔들어댔는데 놀랍게도 술에 취해 벌게진 얼굴은 불상처럼 근엄한 표정을 조금도 흐트러뜨리지 않았다. 얼굴, 몸통, 다리가 제각각 별개의 신경을 통해 움직이는 것 같은, 나로서는 외계인 같다고 표현할 수밖에 없는 춤사위였다. 우리 모두 웃고 춤추다가 지쳐 주저앉았는데 쏘찌엇만은 땀을 뻘뻘 흘리면서도 불가사의한 댄스를 멈추지 않았다. 순간 나는 마음속으로 외치지 않을 수 없었다. 아, 이런 게 앙코르와트를 남긴 민족의 예술혼이로구나!

나는 아저씨들과 함께 일하고 먹고 마시고 떠들었지만 이것이 이야기의 전부는 아니다. 나 역시 일하지 않으면 먹고살 수 없었지만 그렇다고 부화장을 찾아간 이유가 글 때문이었다는 사실이 달라지는 것은 아니었다. 고약하게 표현하자면 나는 처음부터 '관광객'이었던 셈이다. 아저씨들과 나 사이에는 우리가 서로를 알기 아주 오래전부터 시작된 어떤 차이가 존재했다. 나는 그것을 조금 우스꽝스럽지만 깍두기를 베어 물다가 눈치챘다.

계급이란 것은 옷차림이나 대학 졸업장으로 드러나지 않을 때 이빨로 드러나는 모양이었다. 어느 날 점심을 먹고 있는 데 복 부장이 대뜸 내게 물었다.

"야, 너 그거 니 이빨이야?"

적당하게 대꾸할 말이 떠오르지 않았다 마치 누군가 지금 그게 내 피부냐고 물은 것처럼. 그는 내 이빨을 임플란트나 틀니 정도로 생각했던 것 같다. 사람들의 눈길이 모두 내 이빨로 향했다.

"히야, 승태 이빨 잘생겼네. 가지런하니. 얼굴보다 이빨이 낫다."

이빨이 잘생긴 남자가 이상형인 여성이 몇이나 될까 추측하는 동안 아저씨들은 자신들의 치아 상태에 대해 이야기하기 시작했다. 씹을 때 크든 작든 고통을 느끼지 않는 사람은 아무도 없었다. 대부분 어금니에 문제가 있어서 아주 약하게 씹거나 앞니로 씹었다. 나와 비교적 같은 세대라고 할 수 있는 마흔의 장 대리도 마찬가지였다. 나는 치과에서 일하는 친척을 둔 덕분에 어릴 때부터 싼 가격으로 꾸준하게 치료를 받을 수 있었다. 그때까지 나는 내가 매번 제일 먼저 식사를 마치는 이유가 단순히 먹성 때문이라고 생각했었다. 아저씨들은 이빨에 생긴 문제는 참을 수 있을 만한 불치병처럼 받아들이는 경향이 있어서 좀처럼 병원에 가려고 하질 않았다.

그날 이후부터 밥을 먹을 때면 조금 조심스러워졌다. 아저씨들이 음식을 씹을 때마다 얼굴을 찡그리는 것이며, 들릴 듯 말 듯 신음 소리를 내는 것에 신경을 쓰지 않을 수 없었다. 평소처럼 먹는 데 정신이 팔려 우적우적 씹어대다가 주위를 둘러보면 머쓱해졌다. 내 자신이 사지 절단 환자가 가득한 야전병원 한가운데서 덤블링을 해대는 철부지 같았다.

#3

술자리는 차나 야구 이야기로 시작했다. 경차부터 승합차까지 차가 있는 직원이 전체의 3분의 2였는데 취기가 오르면 습관처럼 내년에는 차를 바꿀 계획이라고 얘기하곤 했다. 아저씨들은 열렬한 기아 팬이었다. (차가 아니라 야구팀 말이다.) 어느 팀을 응원하는지 묻기에 내가 같은 질문을 받을 때마다 항상 그러듯 진지한 어조로 올해는 LG가 우승하길 기대한다고 대답했더니 다들 재밌는 농담을 들은 것처럼 웃음을 터트렸다.

술기운이 쌓여서 속에 있는 말들을 털어놓기 시작하면 빠지지 않고 이주노동자 얘기가 나왔다. 관리자들의 평에 따르면 최근의 대세는 '순수한' 캄보디아인이라고 한다(순수하다는 점을 유난히 강조했다).

"얘네들이 베트남이나 조선족에 비해 좀 순수하거든. 1990년대나 2000년대, 외국인들 막 들어오기 시작했을 때는 그 사람들도 엄청 순수했지. 근데 이제는 베트남 애들도 돈 얼마 나오고 숙소는 어떻고 밥은 어떻고 이런 거 엄청 따지고 골라요. 걔네들은 이제 눈이 너무 높아져서 이런 일 못 시켜요."

승우 아저씨는 캄보디아인이건 베트남인이건 이주노동자들에 대해선 가장 강경한 태도를 취했다.

"승태, 이 친구 봐요. 온 지 얼마 안 됐지만 내가 쫓아다니면서 잔소리하니까 다 알아듣잖아요? 저 외국 애들 그러려면 몇 달씩 걸려요. 이거 이렇게 하지 마라, 저쪽으로 들어가면 안 된다. 그러면 왜냐고 물어보는데 아무리 설명을 해도 못 알아듣는데 그걸 어떡해요? 그런 애들을 한국 사람마냥 돈을 똑같이 주는 게 말이 돼요? 여기 상구 형님 봐요. 형님 조선족이라 임금은 조금 주지만, 그래도 우리랑 거의 비슷할 걸요. 맞죠? 왜 그러겠어요? 이 형님은 한국말이 되니까 그만큼 일을 더 잘하니까 그런 거 아니겠어요? 내 예전에 있던 공장에서 CAD, CAM 할 수 있는 외국 애들 있었는데 걔네들은 보통 외국 애들보다 돈 더 줬어요. 한국 사람보단 적었지만 왜 그러겠어요? 걔네들은 자기네 나라에서 대학도 마치고 자격증도 있으니까 그러는 거 아네요? 여

고기로 태어나서

기 E9으로 오는 애들은 거기서 중학교 고등학교도 못 마친 그런 애들이에요. 그런 애들이 자기네 돈 적다고 불평하는 건 말이 안 되는 거예요."

직원들 대부분은 뚜렷하게 자기 의견을 밝히지 않았지만 대체로 승우 아저씨 말에 동조하는 편이었다. 오직 장훈 아저씨만이 동일 노동 동일 임금 원칙을 고수했다.

"같은 일 했으면 같은 돈 받아야지. 그리고 정말 아무 능력이 없어서 E9 받는 애들도 있지만 E4 받기 힘드니까 빨리 한국 가고 싶어서 E9 받는 애들도 많아. 그건 쉽게 내주니까. 그리고 쏘찌엇이 그러는데 한국어 시험도 한국말 전혀 못하는 애들이 40달러 쥐어주고 등급 높은 비자 받는데."

E4는 전문 기술직, E9은 농축산업직에 발급되는 비자였는데 전자는 후자에 비해 받기 어렵고 받는 데 시간도 훨씬 오래 걸린다고 했다.

"그러니까요. 그런 애들이랑 우리랑 돈을 어떻게 똑같이 받냐고요? 생각해보세요. 얘네들이 말은 대충 알아들어도 글씨도 못 읽고 쓰는 것도 못하잖아요? 당직 설 때 작업일지 쓰는 거 얘네들이 할 수 있어요? 저 부화기 온도랑 습도 기록하는 거 얘네들 몇 달 걸려요? 그런 거 한국 사람은 시키면 즉시 할 수 있잖아요?"

"아, 부화장 일 잘해도 잘 못해도 손가락 한 마디 차이야. 그런데도 받는 돈이 40만 원 차이 나면 문제가 있는 거지."

나는 그제야 한국인과 외국인이 받는 임금이 다르다는 걸 알게 됐다. 내가 일할 당시에 한국인은 월급 175만 원을 받았다. 반면 중국인은 150만 원, 동남아인은 120만 원이었다.

"그리고 승우 말은 이제 한국 막 도착한 그런 친구한테나 맞는 거지. 여기 오래 있었던 베트남 애, 걔 이름이 뭐였지? 탁인가? 걔는 읽고 쓰고 이런 거 한국 사람보다 잘했어. 그래서 걔는 당직도 서고 기계도 만지고 일지도 쓰고 다 했잖아?"

"아니에요. 르엉 보세요. 걔도 탁만큼이나 오래 일했을 걸요. 지난번에 병아리 뺄 때 누가 청소하다가 소독약 통 좀 들고 가라고 시켰더니 못하겠다 그러대요. 그래서 왜 못하냐고 하니까 아저씨도 다쳐봐 이러더래요. 새파랗게 젊은 게 싸가지 없게."

누군가 승우 아저씨를 거들었다.

"이것 보세요. 이런 애랑 우리랑 돈을 똑같이 받는 게 말이 돼요?"

"그건 르엉이 그런 거지. 베트남 애들이 다 그러나. 안 그래. 그리고 우리가 보기에야 베트남 애들, 캄보디아 애들이 일 못하는 거지. 본인들도 그렇게 생각할 거 같아? 절대 안 그러지. 왜 안 그러겠어? 아, 자기들도 일 다 똑같이 하니까. 아니, 그러니까 내 말은 힘쓰는 건 다 하잖아? 쏘찌엇도 베스나도 우리랑 똑같이 새벽에 일어나서 먼지 뒤집어쓰고 병아리 뺴잖아? 한국 사람도 여기 처음 오면 한동안 버벅대. 걔네는 바다 건너 왔으니 그게 좀 더 길 수밖에 없는 거는 당연한 거지. 승태도, 내가 승태 있는데 이런 얘기하면 조금 기분 나쁘겠지만 승태도 일을 잘하는 건 아니야. 아, 일을 시키면 수더분하게 다 하지. 그치만 내가 보기엔 좀 느려. 또 일을 알아서 찾아서 하질 못해. 여기 일은 누가 시켜서 하는 게 없어. 관리자들이 이제 검란합시다, 하란합시다 딱

고기로 태어나서

거기까지만 얘기하지. 나머지는 다 각자가 '지금 저기 저거 하는 사람이 없으니까 내가 하면 되겠구나' 생각하고 알아서 하는 거야. 베스나나 쏘찌엇 봐. 그런 눈치가 아주 귀신같아. 딱딱 알아서 한다고."

"아니, 나도 이 친구가 일을 잘한다는 건 아니에요."

"그러니까 내가 하던 얘기 끝낼게. 그런데 그렇게 생각하면서 일하는 애들이 받는 돈은 맨날 우리보다 30~40만 원 적은거야. 그럼 걔네들이 열심히 하고 싶겠어. 막 무리하면서까지 뭐 나르고 위험한 것 하고 싶겠어? 당연히 안 그러지. 당연하지. 우리는 안 그럴 것 같아? 이거는 한국 사람이고 아니고를 떠나서 똑같은 거야. 돈 받는 만큼 일하는 거지. 그런데도 외국 애들 일하는 거보면 자기들이 돈 받는 것보다 훨씬 더 많이 하고 있잖아? 그거는 사실 아냐?"

"아니죠. 여기가 알만 나쁘다고 다가 아니잖아요? 여기서 일하는 사람들 어떻게 살아요? 다 기숙사에서 공동으로 생활하잖아요? 한국 사람들이랑 같이 생활을 할 수 있는 것도 능력이에요. 나이 많은 사람한테 존댓말 쓰고 술 따를 때 두 손으로 따르고 그런 것도 다 한국 사회에서 일하는 데 필요한 능력 아니에요? 쟤네는 그런 게 안 되잖아요? 뭐 시키면 들어도 그냥 무시하고 가버리고 그러니까 대우가 다른 거예요. 그게 맞는 거 아니에요?"

두 손으로 술을 따르는 것도 능력이라는 사람을 무슨 말로 이길 수 있을까 싶지만 실제로 이런 대화는 승우 아저씨가 패배를 인정하는 것으로 끝날 때가 더 많았다. 그는 페어플레이에 대한 강박 같은 게 있었다. 이런 성향의 치명적인 약점은 상대가 "좋아, 나도 그럼 인정할 테니까 너도 공평하게 이건 인정해" 하고 덧붙이면 상대가 무슨 말을 하건 인정하고 본다는 것이었다. 대개 장훈 아저씨가 인정하라고 요구하는 주장들은 곰곰이 생각해보면 이야기의 맥락에서 벗어나 있을 때가 많았다. 문제의 명제는 성문을 열어 적군을 들이는 첩자처럼 승우 아저씨 주장의 일관성을 허물어뜨렸다. "내 말은 그게 아니라…… 알았어요. 이번에는 형님 말이 맞아요. 이거는 내가 좀 더 생각해볼 테니까 다음에 다시 얘기해요." 하지만 그동안 그가 집어삼킨 독약들이 워낙 많아서 같은 논쟁에서 그가 소생할 가능성은 많지 않아 보였다.

장훈 아저씨가 아무리 말싸움을 이겨도 생각을 바꾸는 사람은 없었다. 환율 차이 때문이었다.

"쏘찌엇, 한국 돈 100만 원이 캄보디아 25만 리엘 맞아?"

"맞아요."

"캄보디아에서 한 달 월급 얼마나 받아?"

"25만 정도 받아요."

"어, 그래? 뭐 여기랑 비슷하네. 그럴 리가 없는데. 잠깐 25만 리엘을 받는다고?"

"아니, 한국 돈으로 25만 원 정도 받아요."

"그럼 그렇지. 우리 한 달 월급이 쟤네 다섯 달 치 월급이네. 나는 나이 들면 국민연금 30만 원 받는 걸로 캄보디아나 가서 살아야겠다."

"120만 원도 엄청 큰 거야. 얘네들은 우리나라 오는 게 시간 여행하는 거라니까. 1년 일하고 자기네 사람들 5년 치 돈 벌잖아."

술자리에 빈번히 올라왔던 또 다른 주제는 '쎈 놈'이었다. 사회를 바라보는 아저씨들의 가슴속엔 '쎈 놈'에 대한 열망이 자리 잡고 있었다. 이것은 사장이냐 직원이냐를 떠나서, 지지하는 정당이나 야구팀을 떠나서, 출신지를 떠나서 모두에게 공통이었다.

"나라 쥐고 흔든 사람들 중에는 좋은 학교 나오고 공부 잘하는 사람 별로 없어. 다 자기 마음대로 끝장을 보는 사람, 본능대로 밀어붙이는 사람들이지. 모택동도 학교 다닐 때 공부 못했어. 히틀러, 스탈린도 그렇고. 나폴레옹도 공부 못했을 걸? 아닌가? 우리도 그렇게 쎈 놈이 나와서 싹 쓸어버려야지 이대로는 안 돼. 우리나라는 민주주의 하려면 한참 멀었어. 지금도 봐. 허구헌 날 쌈질만 하고."

"우리나라에서 부정부패 사라진 건 최근 일이야. 예전에 일했던 동남아 애들 중에 자기네 나라라면 이를 가는 애가 있었어. 걔가 지네 나라 가면 공항 직원들이 여권 보고 한국 갔다 온 거 보고는 붙잡고 안 보내주는 거야. 한 30~40달러 집어줘야 보내준대. 매번 갈 때마다 그러니까 아주 열 받을 대로 받은 거지. 공항에서 그럴 정도면 아주 썩을 대로 썩은 거거든. 그런 나라도 우리처럼 쎈 놈이 나와서 한번 확 베어버려야지. 안 그럼 영영 그대로야. 우리나라도 그런 게 엄청 심했다고. 서류 하나 떼러 동사무소 가면 면서기한테 뭐라도 좀 찔러줘야 되지 안 그럼 한정 없이 질질 끌었어. 하지만 우리나라는 박정희가 싹 고쳐냈지."

"도로에 차들 봐. 우리 때는 이만큼 발전할 거라고는 상상도 못 했어. 세상에 차가 이렇게 많아질 거라고 누가 생각했겠어? 이 차들이 옛날에는 다 소달구지였어, 소달구지. 소달구지도 이만큼 없었지. 이걸

다 누가 했는지 알아? 다 박정희가 한 거야. 그 사람이 새마을운동이란 걸 해서 집도 다 고치고 도로 다 만들고. 그 사람도 저 경상도 산골에서 살다가 밥 먹고 살기가 하도 힘드니까 그게 사무친 거야. 그래서 자기가 대통령 하는 동안 국민들이 배불리 먹고 살 수 있게 해줘야겠다고 결심한 거지. 그런데 무슨 일이든 반대하는 사람들이 있잖아? 이제 그 사람들이 김영삼이고 김대중인 거지. 박정희는 배불리 먹는 게 먼저다, 김영삼 김대중은 자유로운 게 먼저다. 이게 민주화 운동이지. 다 맞는 말이지. 맞는 말인데 내가 보기엔 먹고 사는 게 먼저지. 사람이 먹고살 걱정이 없어야 자유도 있고 문화도 있는 거지 안 그래? 그런 거 김영삼 김대중이가 뭘 모르고 하는 소리지. 이제는 박정희 같은 사람 안 나와!"

내가 씁쓸했던 건 그들이 독재자를 옹호해서가 아니라 그들이 하나같이 너무나 성실한 사람들이었기 때문이다. 이것은 부화장뿐 아니라 내가 사회생활을 시작한 이후로 마주친 모든 사람들에게 해당되는 것이었다. 아저씨들은 혀를 내두를 정도로 열심히 일했다. 고용주나 직원이나 마찬가지였다. 휴식 시간도 상관없이 일하고 퇴근 시간도 없다시피 일하고 일주일에 하루쯤 쉴 만한데 놀면 뭐하냐며 일했다. 그리고 (적어도 내가 보기엔) 일한 것에 비하면 턱없이 부족한 보상을 받았다. 그런데도 그들은 자신들이 누리는 그리 대단할 것 없는 풍요가 다른 누군가의 덕택이라고 굳게 믿고 있었다.

폭력적인 역사가 사람들에게 남긴 가장 큰 해악은 우리 삶의 변화가 한두 사람의 지도자 덕분이라고 믿게끔 만든 데 있다. 그렇게 해서 오늘날의 성공을 두 손으로 일군 당사자들은 역사의 뒤러리로 물러나 버렸다. 하지만 지난 겨울의 경험은 역사의 공을 몇 안 되는 정치가들이 독차지한다는 것이 얼마나 가소로운 일인지 깨닫게 했다. 좋은 리더십의 중요성을 인정한다고 해도 우리 사회가 풍족한 것은 결국 우리가 그만큼 열심히 일했기 때문이 아닐까? 이것이 너무 건방진 생각이라면 우리 어머니와 아버지가 또 그들의 어머니와 아버지가 또 그들의 이웃과 동료들이 열심히 일해왔기 때문이 아닐까? 메마른 강을 다시 흐르게 하는 것은 소나기가 아니라 길고 지루한 장마다. 바짝 말라붙었던 한강 역시, 한 줌의 '위인들'이 뿌린 소나기가 아니라 이름 없이 살다 간 수많은 사람들의 피와 땀이 모이고 쌓여 다시 흐르게 됐다고 해야 하지 않을까?

#4

출하 작업이 없는 날의 부화장은 전혀 다른 분위기였다. 평상시 우리는 축산업계 종사자라기보다는 알을 보관하는 대형 창고 직원에 가까웠다. 부화장 작업은 집란, 입란, 검란, 하란, 부화, 출하 순으로 이루어졌다.

농장에서 알이 도착하면 부화장 북쪽 끝에 자리 잡은 집란실로 옮겼다. 이곳은 가로 세로 10미터 정도의 텅 빈 방이었다. 농장에서 수거한 알은 흔히 볼 수 있는 30개들이 계란판, 즉 난좌에 담겨 있는데 먼저 이것을 부화장에서 사용하는 150개들이 난자에 옮겨 담았다. 한 번에 들어오는 알의 양이 많을 때는 십만 개가 넘었기 때문에 이 작업만 해도 몇 시간이 걸렸다. 난자는 대차에 실었다. 대차에는 앞뒤로 각각 난자 15개를 실을 수 있다. 대차 한 대에 4,800개의 알을 보관할 수 있다. 집란을 끝낸 대차는 소독실에 넣고 20분간 훈증 소독을 한다.

부화장 식구들이 '알 터졌다'고 부르는 시기가 있었다. 산란계는 생후 64주를 전후로 도축한다. 닭이 이 기간 동안 일정한 속도로 알을 낳는 것은 아니다. 처음엔 알이 작고 낳는 속도도 느리다. 닭이 성장할수록 알이 커지고 낳는 속도도 빨라진다. 알 낳는 속도가 빨라지는 시기를 '알 터졌다'고 부르는 것이다. 내가 부화장에 도착한 2월에는 부화장이 전반적으로 한가했는데 많은 농장에 이제 막 새 닭들이 들어갔기 때문이었다. 당시에는 알이 부족해서 초란도 사용했다. 초란은 크기가 탁구공만 하고 무게는 45g 정도였다. 부화에 적합한 알 무게는 60g이었다.

입란은 특별한 방식이랄 게 없었다. 소독까지 마친 대차를 부화기에 집어넣기만 하면 됐다. 부화기에는 두 종류가 있었다. 발육기와 발생기. 알은 23.9도에서 세포 분화를 시작하는데 이걸 영점 온도라고 부른다. 기계에 들어간 알은 영점 온도에서 시작해 부화하기까지 21일이 걸린다. 이 중 처음 18일은 발육기에서, 나머지 3일은 발생기에서 보낸다. 기능이나 내부 구조는 두 기계가 거의 동일하다. 다만 발생기는 온도, 습도 등을 조절하는 프로그램이 병아리가 알을 깨고 나오는 것에 맞게 조정되어 있다는데 나 같은 사람이 차이를 느낄 수 있을 만

한 부분은 아니었다.

입란은 발육기에 했다. 이 일은 근무 중엔 하지 않고 저녁 8시에서 9시 사이에 당직자와 관리자 들이 했다. 오전 중에 입란을 하면 예정 보다 일찍 부화할 가능성이 있다. 발육기에는 전란기라는 장치가 있었 다. 전란기는 한 시간 간격으로 난자를 좌우로 45도씩 기울였다. 알을 고정된 상태로 놔두면 난핵, 즉 노른자가 알 벽에 붙을 수 있는데 그럴 경우 수정이 안 될 수 있다. 실제로 닭도 알을 품을 때 수시로 알을 이 리저리 뒤척인다.

입란 8, 9일 후에는 검란을 한다. 검란은 무정란을 골라내는 작업이 다. 네 사람이 한 조가 되어 검란대 하나를 사용했다. 검란대는 중앙에 길쭉한 형광등 열 개가 설치된 커다란 테이블이다. 전구 위에 난자를 올려두고 검란대의 불을 켰다. 그러면 수정이 이루어진 알은 내부에서 병아리가 형성되면서 빛이 통과하지 못해 검게 보이고 무정란은 밝은 주황색으로 빛났다.

검란은 농장의 닭 상태에 영향을 많이 받았다. 무정란은 전체의 5% 정도, 한 대차(즉 4,800개 중)에서 250~300개 정도 나오면 정상이었 다. 건강에 이상이 있는 닭이나 노계의 경우에는 무정란 발생률이 높 았다. 보통은 150개들이 난자 하나에서 10개 안팎의 무정란이 나오지 만 노계의 경우 수정란보다 무정란이 더 많았다. 모두 다 골라내면 난 자의 대부분이 텅 빌 때도 있었다. 대차에는 알을 생산한 농장의 번호 가 붙어 있었다. 따라서 무정란 역시 그 번호에 따라 분류하고 수량을 기록했는데 성적이 나쁜 농장에는 시설이나 닭 상태를 점검하라고 통

보했다.

입란 후 18일째에는 하란을 했다. 하란은 알을 발육 난자에서 발생 난자로 옮겨 담는 작업이다. 발육 난자는 우리가 일반적으로 사용하는 형태로 내부에 칸이 나누어져 있어 알을 세워 담을 수 있었다. 발생 난자는 네모난 플라스틱 바구니다. 발육기 안에선 난핵이 알 벽에 붙지 않게 계속 흔들어야 하므로 알을 고정 상태로 보관할 수 있어야 했다. 반면에 발생기에서는 병아리가 알을 깨고 나와 자유롭게 움직일 수 있어야 해서 바닥이 막혀 있는 바구니 형태의 난자가 필요했다.

이때는 하란대라고 부르는 폭이 좁고 길쭉한 테이블을 사용했다. 한 사람이 발육 난자를 하란대에 올려두면 맞은편의 사람이 그 위에 발생 난자를 덮어씌운 다음 두 난자를 함께 뒤집었다. 이때는 '뺑란'을 조심해야 했다. 뺑란은 이곳 사람들이 썩은 알을 가리킬 때 사용하는 말인데 조금만 충격을 줘도 썩은 알이 '뺑' 터져서 붙인 이름이다. 뺑란은 내부에 가스가 가득 차 있다. 무정란이 고온의 기계 속에서 부패와 발효를 반복한 결과였다. 뺑란은 300개당 1.5개 정도의 비율로 나타나는데 이 역시 노계일수록 많았다.

뺑란 속 내용물은 탁한 연두색의 걸쭉한 액체였다. 냄새가 얼마나 고약한지 옷에 묻으면 물로 씻어내는 정도로는 아무런 효과도 없었다. 세제를 한 움큼 집어넣어 세탁하기 전까지는 사라지지도 희미해지지도 않았다. 중국의 별미 중에는 이와 비슷한 제조 과정을 거치는 (이를테면 홍어처럼) 달걀 요리가 있다고 하는데 어찌 됐든 맛은 (홍어처럼) 좋을 거라고 믿고 싶다.

고기로 태어나서

뺑란을 다룰 땐 폭탄 해체 기술자가 보일 법한 세심함을 가지고 알을 다뤄야 했다. 뺑란은 언제 터질지 종잡을 수 없었다. 어떤 때는 두 손으로 아주 조심스럽게 들어 올리는 순간 눈앞에서 터지기도 하고 또 어떤 때는 쓰레기통에 휙 던져 넣어도 그대로일 때가 있었다. 다행히 뺑란은 쉽게 골라낼 수 있었다. 알 표면에 노란색이나 붉은색의 좁쌀만 한 덩어리들이 잔뜩 붙어 있었다. 알 속의 액체가 서서히 끓어올라 껍질의 미세한 틈 사이로 빠져나왔다가 굳은 것이다. 언뜻 보면 알이 두드러기로 뒤덮인 것처럼 보이는데 부화장 작업에 대해 아무것도 모르는 사람이 보더라도 한눈에 터지기 직전이라는 걸 눈치챌 수 있을 법한 모습이었다. 아마도 1789년 7월 13일 파리나 1960년 4월 18일 서울의 분위기를 계란으로 표현한다면 그런 형상이 되지 않을까 싶다.

하란을 끝내면 소독을 했다. 병아리가 부화할 때 발생하는 세균을 제거하기 위해서였다. 소독약은 겉보기엔 물과 다를 바 없는 용액인데 이것을 작은 플라스틱 그릇에 담아 발생기 안에 하나씩 넣어두면 곧바로 기화했다. 약은 기계 내부에만 머무는 게 아니라 환풍기를 통해 밖으로 뿜어져 나오는데 그릇을 넣고 재빨리 발생실을 빠져나오지 않으면 화생방 훈련실에 들어갔을 때와 비슷한 고통을 맛보게 된다.

이런저런 모든 작업은 청소로 마무리했다. 청소는 한번에 몰아서 하는 게 아니라 매 작업마다 되풀이해야 했다. 예를 들어 어느 날 집란, 검란, 하란을 모두 했다고 치면 집란 끝나고 청소를 하고 검란 끝나고 청소를 하고 또 하란 끝나고도 청소를 하는 식이었다. 부화장에서는 수도원에서 기도를 하는 빈도로 청소를 했다. 이곳에서 청결은 이윤 다음 가는 경배 대상이었다. 귀찮기는 했지만 그 덕분에 작업장은 언제나 말끔한 상태를 유지했다. 방금 전까지 뺑란의 잔해로 뒤덮여 있었던 곳이라 해도 쓸고 닦고 물기까지 닦아내고 나면 바닥에 돗자리를 펴고 영국 여왕님을 초대해 얼 그레이 한 잔과 삶은 달걀을 (폐하께서 원하신다면 반숙으로) 대접해도 될 만큼 깨끗해졌다. 청소에 관해서라면 우리는 세계적 경쟁력을 갖춘 인력이었다.

그렇지만 아무리 되풀이해도 익숙해지지 않는 청소도 있었다. 부화기 지붕 닦는 일이 그랬다. 이 작업의 요점은 높이나 먼지가 아니라 자세였다. 이곳은 어쩔 수 없이 엎드려서 걸레질을 해야 했는데 두세 시간 동안 한 번도 허리를 펼 수가 없었다. 우리는 허리를 ㄱ자 모양으로 굽힌 채 소독물이 든 양동이를 옮기고 곳곳에 아나콘다마냥 똬리를 튼 호스와 파이프를 피해 기어 다니며 걸레질을 했다.

미국의 저널리스트 바버라 에런라이크는 자신의 책에서 가사 도우미로 일한 경험을 묘사하면서 바로 이 엎드려서 하는 걸레질이 얼마나 힘들었는지에 대해 길게 이야기한 적이 있다. 그걸 읽었을 때 작가가 엄살을 부린다고 생각했지만 그녀는 있는 그대로를 표현한 것뿐이었다. 어느 시점부터는 움직이는 게 너무 불편해서 우리의 선조들이 너무 성급하게 직립보행을 시도한 게 아닌가 걱정했다. 수만 년이 지난 지금도 인류의 적지 않은 수는 네발로 기어 다니며 걸레질을 하는 생활에서 벗어날 여지가 없어 보이니 말이다.

#5

    5월에는 캄보디아에서 비자 신청자를 대상으로 한 한국어 시험이 있었다. 만식 아저씨의 아내는 65점 통과에 62점으로 불합격했다. 다음 시험은 12월이었다. 숙소에 가구와 가전제품까지 사들여 놓았던 그는 실망이 컸다. 만식 아저씨가 얼마나 돈을 아끼며 사는지 알고 있는 사람들은 도대체 이 결혼에 들어간 비용이 어느 정도인지 알고 싶어 했다.

    "중매업체에 주는 돈이 1,400만 원인데 이것저것 해야 되는 게 많아서 그것 말고도 엄청 들어."

    "형 지난번에 캄보디아 갔잖아? 그때 얼마 들고 갔어?"

    "180만 원."

    "그거 다 썼어?"

    "그럼 다 썼지. 하나도 안 남았어."

    "뭐 하는 데 그렇게 쓴 거야?"

    "사진 찍고, 또 거기 공무원들 뇌물도 엄청 줘야 돼. 가면 경찰서, 면사무소 가서 신고하고 서류 쓰고 인터뷰해야 되는데 할 때마다 한 5달러, 10달러씩 찔러줘야 돼."

    "딱 우리 육칠십 년대네."

    "뇌물 주는 데 다 쓴 거야, 그 돈을?"

    "아니, 또 우리 와이프 한 20만 원 주고. 한국 올 때 쓰라고 여행 가방 하나 사 주고 옷이랑 구두도 사 주고."

"너 그 사람 한국어 학원 보내준다며. 그건 얼마야?"

"그거 4개월에 160만 원."

"그럼 한 달에 얼마야? 40만 원이네. 뭘 가르쳐줘서 그렇게 비싸, 그럼 180만 원에 그 돈도 들어간 거야?"

"아니지, 그건 따로지."

"그거랑 비행깃값 다 합치면 결혼 한 번 하는 데 이래저래 한 2,000만 원 든 거네."

"그 정도 들지. 또 그게 여자가 도시 사람이냐 아니면 군이냐 면이냐에 따라 가격이 다 달라. 도시 사람 만날 때 제일 비싸고 시골로 갈수록 한 500달러씩 싸져."

"부인은 어디 사람인데? 도시 사람이야?"

"우리 와이프 집은 완전 시골이야. 판잣집 살아. 이렇게 나무 기둥 세워놓고 밑에는 닭 돌아다니고 사다리 타고 올라가야 되는 집 있잖아?"

"그 집은 식구가 몇인데?"

"부모님이랑 5남매."

"어이구 일곱이네. 그럼 부인은 몇 째야?"

"우리 와이프가 첫째고 막내는 열한 살인가 그래."

"식구 많은 것도 딱 우리 칠팔십 년대네."

"그럼 1,400만 원 중에 와이프 집에는 얼마나 가는 거야?"

"없어. 줘도 아주 조금. 그 돈은 거의가 중매업체가 먹는 거야."

"그럼 그 집에선 돈이 되는 것도 아닌데 결혼을 왜 하려고 하는 거

고기로 태어나서

야?"

"돈은 결혼하면 남자 쪽에서 보내주는 거고. 일단 결혼시키면 식구 하나는 주는 거니까."

만식 아저씨 부인은 20대 중반으로 아저씨보다 20살 정도 어렸다. 부부간의 나이 차가 그렇게 클 때는 남자가 아카데미 수상자거나 남태평양에 섬을 소유하고 있었던 것 같은데. 환율 차이의 위력이란 게 대단하긴 한가 보다.

이 일을 계기로 만식 아저씨는 정부의 비판자로 돌아섰다.

"이게 다 박근혜 때문이야. 나 결혼하기 전까지만 해도 한국인 배우자는 바로바로 비자 발급해줬다고. 결혼도 했는데 한국에 오지도 못하고, 이게 뭐야?!"

안타깝게도 이 경우는 그의 말에 맞장구쳐주기 어려웠다. 한국인의 배우자에 대해서 한국어 시험 통과를 의무화한 것은 만식 아저씨 같은 사람을 애태우려는 게 아니라 국제결혼 가정에서 발생하는 갈등을 조금이나마 줄여보기 위해서다. 새로운 법이 최소화하려는 문제가 어떤 것인지는 내 경험을 되돌아보면서 조심스럽게 짐작해볼 수 있었다.

부화장에 도착한 직후 한동안은 우울함을 떨치기 어려웠다. 모두가 친절했고 식사도 숙소도 나쁘지 않았지만 답답하고 무서웠다. 첫날 저녁에는 다음 날 당장 도망가고 싶었다. 평소에 죄다 마음에 안 드는 것뿐이라고 투덜대던 바로 그 삶에서 너무 멀리 떠나온 것만 같아서 말이다. 전화 한 통화로 불러낼 수 있는 친구와 내 이름을 대고 책을 빌릴 수 있는 도서관과 2,500원짜리 아메리카노 두 잔으로 아침부터 저녁까지 앉아 있을 수 있는 카페가 버스로 3시간 거리에 떨어져 있다는 사실 때문에 지독하게 외로웠다.

만식 아저씨 아내의 사진을 봤다. '셀카 얼짱 각도'는 문화 차이와 무관한지 사진 속 여성은 검은 반팔 티셔츠를 입고 카메라를 45도 각도로 올려다보고 있었다. 계란형 얼굴에 눈이 크고 피부가 하얬다. 일자로 다문 입술에선 신중함 같은 것이 느껴졌다. 단아하면서도 호감이 가는 얼굴이었다. 이 여성이 5월에 도착했다면 어땠을까? 말 한마디 통하지 않는 남편, 낯선 음식, 어디를 가도 읽을 수 없는 글자뿐인 마을에서 이 사람이 느낄 고립감은 어떤 것일까? 그녀는 평생을 부모, 형제, 자매와 함께 북적거리는 집에서 살아왔을 거다. 그녀는 어느 정도 한국어로 대화가 가능하기 전까진 등대지기처럼 외롭고 답답하게 지내야 하지 않을까? 게다가 그녀는 수개월 전 처음 만난 외국인 남자로부터 육체적 정서적 친밀감을 요구받는 위치에 있기도 하다. 내가 느꼈던 고립감이 종이에 베인 상처라면 그녀가 느낄 고립감은 마취 없이 외과 수술을 받는 정도가 아닐까?

실제로 걱정스러운 부분이 몇 가지 있었다. 만식 아저씨는 아내의 모국어를 배우려는 의지가 전혀 없었다. 아내가 머리가 좋으니 그녀가 한국어를 잘하게 되면 아무 문제없을 거라고만 했다. 그리고 무슨 이유 때문인지 캄보디아인 직원들에게 아내에게 '나쁜 거' 가르쳐주면 안 된다고 신신당부하곤 했다. (나쁜 게 구체적으로 뭔지는 알아내지 못했다.) 내가 책이나 TV를 통해 접한 사례들로 봤을 때 배우자의 언어에 대한 무관심 그리고 배우자가 모국인들과 접촉하는 것을 단속하려는

고기로 태어나서

태도, 이 두 가지는 결코 희망적인 조합이 아니었다.*

나는 이 결혼이 실패할 거라는 말을 하려는 것은 아니다. 나는 내 자신이 부화장 식구들과 가까워질 수 있어 다행이라고 생각하고 그녀도 그럴 수 있기를 바란다. 누군가 만식 아저씨를 사랑하게 되는 건 얼마든지 가능한 일이고 그게 이상할 것도 없다. 만식 아저씨에 대해서 몇 가지 걱정되는 점을 지적하긴 했지만 그도 무척이나 다정한 사람이었다. 조금 푼수 끼가 있어서 그렇지 사실은 굉장히 여려서 누구든 마음만 먹는다면 여호와의 증인들 수준의 박력만으로도 충분히 휘어잡을 수 있는 사람이었다.

그는 바다 건너 아내에게 매일 저녁 전화를 걸고 틈틈이 선물을 사 보내기도 했다. 그뿐 아니라 좋은 남편으로서의 자질도 그 나름대로 갖추고 있었다. 술과 담배는 하지 않았고 도박은 물론 온라인 게임에도 관심이 없었다. 내가 있는 동안 두 사람이 부부로 함께 있는 모습을 보지는 못했지만 나는 그가 애처가 소리를 들으며 싱글벙글 웃는 모습

---

* "결혼 이주 여성 10명 중 3명은 우울증을 앓고 있다는 조사 결과가 나왔다. 13일 김현명, 이상열 원광대병원 정신 건강 의학과 연구팀에 따르면 지난해 익산 지역에 거주하는 결혼 이민자 119명을 대상으로 우울증 유병률을 조사 분석한 결과 전체의 29%(34명)가 우울증 증세를 보인 것으로 나타났다. 이는 한국인의 우울증 유병률 6.7%의 4배, 1년 유병률 3.1%의 10배에 가까운 수치다. …… 원인으로는 국제결혼으로 새로운 문화에 적응하는 것으로부터 받는 문화적 스트레스가 크게 작용한 것으로 분석됐다. 다만 한국어 능력이 향상될수록, 주변 가족과 지인의 사회적 지지가 높아질수록 우울감은 낮아지는 경향을 보였다." 〈이데일리〉, 2013.1.14.

을 어렵지 않게 상상해볼 수 있다. 나는 다만 한국 사회가 바다를 건너서 도착한 새 가족을 맞이하기 전에 오직 절반의 준비만 하고 있지 않나 말하고 싶을 뿐이다. 부부의 보금자리에 평면 TV와 드럼 세탁기는 있지만 두 사람의 마음과 정신이 머물 수 있는 대화와 공동체는 턱없이 부족한 듯 보이니 말이다.

걱정은 이 정도만 하고 이쯤에서 두 사람의 기운을 북돋아줄 수 있을 만한 얘기를 해야 할 것 같은데, 또 말이 좀 안 통하면 어떤가? 문자가 다른 사람끼리 말이 안 통하는 건 당연한 일이다. 정말 걱정해야 할 건 똑같이 한국어를 쓰면서도 말이 안 통하는 경우다. 예를 들어 우리 부모님은 서로 작은 강 하나를 사이에 두고 태어나서 지금까지 40년 넘게 함께 살고 있지만 나는 두 사람이 같은 언어를 사용하는 사람답게 대화를 나누는 걸 한 번도 들어본 적이 없다. 그런데도 아직까지 신문 1면을 장식할 만한 사건 없이 살아오고 있으니 이 정도면 충분히 성공한 결혼 아니겠는가?

만식 아저씨의 결혼은 부화장에 굉장한 활기를 불어넣었다. 사람이 나이가 들면 주변 사람들을 짝 지워주고 싶은 유혹에서 벗어나지 못하는 모양이었다. 곧 사람들의 관심은 승우 아저씨에게 옮겨갔다. 베스나에게 30대 중반의 이모가 있었는데 마침 그녀가 진천의 토마토 농장에서 일하고 있었다.

"승우, 차 가지고 내려가서 저녁이나 같이 먹으면서 얘기 좀 해봐."

두 사람은 며칠 후에 실제로 만났다. 베스나의 이모가 한국말을 거의 하지 못해서 베스나가 둘이 하는 얘기를 고스란히 통역해줘야 했다. 그녀는 35살로 아저씨와는 12살 차이였다. 베스나의 말에 의하면 그녀가 승우 아저씨를 무척 마음에 들어했다. 반면 승우 아저씨는 머뭇거렸다.

"나이 차도 많이 나고 같이 일하는 사람 친척이고…… 좀 부담스럽네요."

이번에는 나까지 합세해서 모두가 달려들었다.

"아, 만식이는 와이프랑 스무 살이 넘게 차이가 나는 데도 아무렇지 않은데 열두 살이 무슨 대수야? 한국 사람 중에도 그 정도 나이 차이 나는 사람은 쌔고 쌨어. 얼굴도 예쁘던데, 사진이랑 달라?"

"아니에요. 미인이에요. 진짜 예뻐요."

"뭐 성격이 이상해? 까탈스러?"

"그런 것까지 어떻게 알아요? 처음 봤는데."

"아, 그래도 얘기를 해봤으면 대충은 알 거 아냐?"

"젊은 여자가 외국 와서 비닐하우스에서 일하는데 까탈스럽겠어요?"

"그럼 내가 단도직입으로 물어볼게. 그 사람이 싫어?"

"아, 내가 마음에 들고 안 들고 가 뭐가 있어요? 예쁘지, 나이도 어리지, 생활력도 있지. 근데 나는 나이도 많고…… 또 뭐…….."

"아, 서른다섯이 뭐가 어려? 그리고 하, 나 진짜 그 정도 나이 차는 많은 거 아니라니까 그러네. 승우 평소에는 말 참 어른스럽게 하더니 여자 문제는 아, 참 너무 애들처럼 얘기해."

"아니, 나이도 그렇고 또 내가 뭐 갖춰놓은 게 없으니까 이 사람이

와도 해줄 게 없잖아요?"

"아, 다 갖추고 시작하는 사람이 얼마나 있어? 서로 마음에 들면 되는 대로 둥지 틀고 사는 거지. 그리고 해줄 게 왜 없어? 베스나, 니네 이모 한국 좋아해 안 좋아해?"

"한국 좋아해요. 우리 가족 다 한국 좋아해요."

"니네 이모 한국 살고 싶어 해?"

"예. 이모 한국 살고 싶다 많이 그랬어요."

"저 봐. 그 사람이 살고 싶어 하잖아? 승우랑 결혼하면 쟤네들처럼 비자 연장하는 거 신경 안 쓰고 맘 편히 여기 살 수 있는 거 아니야? 살고 싶은 데서 살게 해주는 게 얼마나 큰 거야? 안 그래? 그리고 승우가 쌈질을 하는 것도 아니고 술을 많이 마시거나 노름을 하는 것도 아니잖아? 그럼 차곡차곡 돈 모아서 같이 고기도 먹으러 가고 쉬는 날에 차 있으니까 여행도 갔다 오고 그리고 무슨 날이다 하면 이쁜 옷도 하나 사 주고 그러면서 사는 거지. 그 정도는 해줄 수 있잖아? 아, 그거 말고 뭐가 있어?"

"예. 생각 좀 해볼게요."

"생각할 것도 없다니까 차아암."

이때는 나도 주제넘게 승우 아저씨의 애정사에 참견을 했다. 그 정도 나이 차는 대단할 거 없다면서. 그가 고맙게도 웃으면서 들어줘서 평소보다 더 수다스럽게 떠들어댔는데, 얼마 후 되돌아보니 내 태도가 이중적이라는 생각이 들었다. 내 주위 사람이 그 정도 나이 차가 나는 상대와 연애를 하면 나는 "이 인간아 작작 좀 해라!" 하고 소리쳤던 것이다. 나는 그런 반응이 당연하다고 생각했다. 그런데 승우 아저씨에게는 아무런 거리낌도 들지 않았다. 내 친구의 연인들과 베스나의 이모 사이에 어떤 현격한 차이라도 있는 걸까? 그렇지도 않다. 그녀는 내가 개인적으로 만났다면 말도 제대로 못 붙여봤을 만한 미인이었고 외국에서 홀로 농장 일을 하는 것으로 봤을 때 대단히 독립적이고 강인한 사람이었을 거다. 결국 차이는 국적이었다. 나는 그녀가 캄보디아인이라서, 그녀가 한국보다 '못사는 나라'에서 온 저학력의 여성이라서 나이 차든 뭐든 신경 쓸 필요 없다고 생각했던 걸까? 화폐의 가치에 차이가 있듯 개인에게도 환율과 연동되는 근본적인 차이가 있다고 생각했던 걸까? (한국인 50살은 캄보디아인 30살과 동일하다?)

나 자신에 대해서 되도록 긍정적인 기대는 하지 않으려고 하지만 이 경우는 다른 이유 때문이었다고 믿고 싶다. 내가 그녀를 깔본 것이 아니라 내가 그만큼 승우 아저씨를 좋아했다고 말이다. 그와 이야기를 하다 보면 뜨악할 때가 적지 않았다. 그만큼 우리는 사회를 바라보는 방식이 달랐다. 하지만 그는 자기 편할 대로 억지를 부리지 않았고 좋은 건 좋다고 나쁜 건 나쁘다고 말할 수 있는 사람이었다.

무엇보다도 승우 아저씨가 믿을 만한 사람이라고 판단했던 이유는 그가 돈을 벌기 위해 일할 뿐이라고 말하는 유일한 사람이었기 때문이다. 부화장에 가난한 사람은 없었다. 다들 지금까지 모아놓은 돈이 몇억 있고 부모님이 물려주신 집, 산도 있고 고향에 가면 자기 이름으로 땅도 적당히 있고 다달이 연금도 나온다면서 자기는 돈이 필요해서가 아니라 집에서 놀고 있기 답답해서 일을 할 뿐이라 말하고는 했다.

인간에 대한 내 이해의 폭이 좁아서 이렇게 말하는 것일지도 모르겠지만 일을 안 해도 될 만큼 경제적으로 안정적인 사람이 집 안에 있기 갑갑해지면 등산회에 들어가거나 바람을 피우거나 아니면 바람을 피우기 위해 등산회에 들어간다. 물론 아저씨들 말대로 충분한 재산을 가지고도 일을 하고 싶은 사람이 있고 아저씨들이 그런 사람들 중 하나였을 수도 있다. 하지만 그런 경우라 해도 새벽부터 일어나 온몸에 털 먼지와 가축의 똥을 묻혀가며 하는 일은 하지 않으려고 한다. 적어도 내가 이해하는 인간은 그런 상황을 피하기 위해 일을 하지 그 반대는 아니었다.

비슷한 얘기가 나오면 승우 아저씨는 단호했다.

"아, 그런 게 어디 있어요? 다 돈 벌어야 되니까 부화장 일 하는 거지. 여기가 나쁘다는 게 아니에요. 여기 나 진짜 좋아요. 그렇지만 그렇게 돈이 많으면 나는 이 일 안 해요. 정 답답하면 내 가게를 하나 하지."

그는 아무리 초라하고 보잘 것 없어도 자신의 삶을 있는 그대로 보는 용기를 지닌 사람이었다.

승우 아저씨에 대한 내 믿음은 어느 정도 보상을 받았다. 얼마 후 그는 매일같이 진천으로 찾아갔다. 퇴근하고 나서는 술자리를 마다하고 공책을 챙겨들고 베스나를 찾아가 캄보디아 말을 배웠다. 나중에는 베스나가 귀찮아하면서 오늘은 제발 오지 말라고 할 정도였다.

이야기가 진전되는 속도는 내 예상보다 훨씬 빨랐다. 이 나이 때 결혼은 노골적으로 실용적인 측면이 강해서 나라면 허리에 팔을 둘러도

고기로 태어나서

될까 고민하고 있을 시점에 이미 혼인신고서를 작성하고 있었다. 둘은 여름휴가 계획을 세우는 것보다 더 간단한 준비만 마치고 결혼하기로 했다. 그러다 사고가 터졌다. 형수(다들 그렇게 불렀다)가 농장에서 갑자기 쫓겨난 것이다. 원래 2년 일하기로 계약했는데 그녀가 결혼을 하게 돼서 다음 달까지만 일하고 그만두겠다고 하자 농장주가 돈도 주지 않고 숙소에서 내쫓았다. 승우 아저씨는 한밤중에 차를 몰고 가 엉엉 울던 형수를 부화장으로 데리고 왔다. 그날부터 그는 고용노동청, 외국인 출입국관리소를 찾아다니며 아내의 비자 문제를 처리했고 홀로 농장주를 찾아가 못 받은 임금을 (전부는 아니었지만) 받아내기도 했다. 그는 문제의 농장주가 캄보디아 사람들을 얼마나 함부로 대하는지 아느냐며 답답해하곤 했다.

내 능력으로는 승우 아저씨의 결혼에 도움이 될 만한 말을 떠올릴 수가 없다. 그보다는 그의 이야기를 여러분에게 들려주고 싶다.
승우 아저씨가 한창 진천을 오고가던 때였다. 그가 쉬는 시간에 쪽지를 들여다보며 중얼거리는 게 눈에 들어왔다.
"뭘 그렇게 보세요?"
"어? 아, 아무것도 아니야."
그가 당황하며 종이를 숨겼다.
"뭔데요? 가르쳐줘요."
내가 계속 매달리자 그가 쑥스러워하며 쥐고 있던 것을 내밀었다.

벙 (뺑)슬론란오은 클랑 나아

남자 (오빠)사랑여자(동생)많이너무

"어, 이 캄보디아 말은 베트남이나 중국 말처럼 성조가 없어서 그
냥 읽어도 다 알아들어. 그래서 한국 사람도 배우기 나쁘지 않아. 재밌
어."

"그럼 이건 무슨 뜻이에요?"

대충 짐작은 갔지만 승우 아저씨가 말하는 걸 직접 듣고 싶었다.

"아, 그거 그냥…… 뭐 별거 아니야."

"뭔데요? 가르쳐줘요."

"벙이 남자를 말하는 건데 뺑하면 이제 자기보다 나이 많은 남자, 우
리로 치면 오빠 같은 그런 거야. 그래서……."

"뭔데요?"

"뺑 슬론란 오은 클랑 나아, 이렇게 말하면 이제 흐흐……."

"아, 뭔데요?"

"오빠가 자기 아주 많이 사랑해, 뭐 그런 거야. 지난번에 내가 가려
고 하니까 이걸 적어주면서 다음에 자기 만날 때 이 말 꼬옥 해달라고
그러는 거야. 나 참. 하하하."

그렇다고 그가 이주노동자들을 대하는 태도가 완전히 달라질 것이
라고 생각하지는 않는다. 나도 마찬가지지만 그 역시 생각을 쉽게 바
꾸는 사람은 아니었다. 하지만 그는 주위 시선 신경 쓰지 않고 (역시나
이주노동자인) 아내를 위해 헌신하는 사람이었다. 이유야 무엇이었건

간에 자기 일 제쳐두고 캄보디아인을 위해서 행동한 사람은 나도 아니었고 장훈 아저씨도 아니었고 복 부장도 아니었다. 오직 승우 아저씨뿐이었다. 어찌 보자면 부화장의 급진주의자는 그였던 셈이다.

#6

병아리가 어릴 적 모습 그대로 성장한다면 닭고기를 먹고 싶어 하는 사람들도 줄어들 것 같다. 갓 태어난 병아리의 털은 밝은 레몬색이고 몸집도 딱 레몬만 하다. (육계는 암수 구분 없이 노란색인 반면 산란계의 경우 수평아리는 노란색이고 암평아리는 수직으로 갈색 줄무늬가 있다.) 알 밖으로 나오자마자 골무만 한 머리를 까닥대면서 쉴 새 없이 좋알대는데 움직일 때는 500원짜리 동전만 한 날개를 열심히 파닥거린다. 엉덩이 부위에 알 껍질이 떨어지지 않은 놈들은 특히나 귀여웠다. 꼭 병아리에게 하얀 기저귀를 입혀놓은 것 같았다. 다만 냄새만큼은 귀엽다고 할 수 없었다. 많은 수의 동물이 모여 있을 때 풍기는 특유의 노린내에 소독약 냄새가 더해져서 매콤하면서 매캐한, 꼭 최루탄에 라면 스프를 섞어놓은 것 같은 냄새가 났다.

병아리를 빼지 않는 날 부화장을 둘러본 사람은 부화장이란 시설에 대해서 잘못된 인상을 갖게 될 게 분명하다. 산란계 병아리 빼기 작업을 봐야 부화장의 진짜 얼굴을 안다고 할 수 있다. 산란계 병아리 작업을 빼놓고 부화장에 대해 이야기하는 것은 재닛 리가 샤워실에 들어가기 직전까지만 보고 〈사이코〉에 대한 평을 하는 거나 마찬가지다.

이때는 선별 라인에 일고여덟 명이 달려들었다. 우리가 할 일은 (약 추는 물론이고) 수평아리를 골라내는 것이었다. 폭 40cm 녹색 컨베이어 벨트에 병아리들이 빼곡하게 들어차 밀려오는데 스무 개 가까운 손이 쉴 새 없이 집어내도 물량을 따라가기 벅찼다. 여기서부터 암수의 운명이 갈렸다. 갈색 병아리들은 무사히 선별 라인을 통과해 백신 처리를 마친 다음 종이 상자에 100마리씩 담겼다. 하지만 실제로는 103마리가 들어갔다. 까르푸를 어리둥절하게 만든 한국의 '덤' 문화는 동물도 예외가 아니어서 100마리당 3마리가 덤으로 더해졌다.

수평아리는 빈 바구니에 던져 넣었다. 산란계의 경우 수평아리는 상품이 아니라 계란의 껍데기처럼 어떤 상품을 생산할 때 어쩔 수 없이 발생하는 폐기물이었다. 이때는 한 상자에 몇 마리씩 담는다는 규정도 당연히 없었다. 우리 중 한 사람이 이 난자를 교체해야 했는데 이 친구가 재빨리 움직이면 적당한 양이 들어갔고 그렇지 않을 때는 난자가 미어터지도록 집어넣고 발로 꾹꾹 눌러서 더 집어넣었다.

수평아리를 골라낼 때는 영어듣기 시험 요령을 염두에 두어야 했다. 지나간 건 잊어버리고 새로 나오는 문제에 집중하라. 방금 놓친 병아리를 잡으려고 손을 뻗으면 옆 사람과 엉키기만 할 뿐 병아리는 잡지도 못했다. 원위치로 돌아오면 노란색 병아리 대군이 내 자리를 통과하고 있었다. 그 덩어리를 손도 못 대보고 보내면 즉시 "뒤로 넘어오는 것들이 너무 많아" 하는 경고가 튀어나왔다.

요령이 있느냐 없느냐를 떠나서 이 일은 어떤 사람도 처음부터 잘할 수 있는 것이 아니었다. 신입 직원은 누구나 병아리를 한 마리씩 몸통을 잡고 들어 바구니에 살짝 내려놓는다. 그러는 사이 수십 마리의 병아리들을 놓치게 되는데 내 앞으로 지나가는 걸 다 잡지는 못해도 눈에 띄게 줄여놓는 것이 원칙이었다. 병아리를 생물이라고 여기면 가장 느린 작업 속도에도 맞출 수가 없다.

수평아리가 쓰레기일 뿐이라는 설명을 들었다고 해도 평소의 습관 때문에 조심스럽게 다루게 되고 그래서 처음에는 누구나 비슷한 꾸지람을 들었다.

"아, 그렇게 하면 오늘 일 평생 해도 못 끝내. 그냥 막 잡아서 던져 넣어."

능숙한 사람들은 순식간에 한 손에 여섯 마리씩 모두 열두 마리를 그러모아 손에 물기를 털 듯 '훅' 던져버렸다. 초보자는 속도도 느리지만 또 한편으론 어설픈 동정심을 발휘한다. 미래의 업보를 경감한다는 기분으로 수평아리, 약추를 몇 마리씩 일부러 통과시키는 거다. 결과적으로 아무런 의미도 없는 행동인데 일단 다른 직원들이 빠짐없이 골라낼 뿐 아니라 이런 것들이 많아지면 관리자들이 기계를 멈추고 라인을 완전히 정리한 다음 작업을 시작했다. 부화장으로선 수평아리를 제거하는 것이 흔히 말하는 식으로 '고객과의 약속'에 해당하는 문제였기 때문에 철저를 기할 수밖에 없었다. 나중에는 혼나는 게 싫어서 내가 더 악착같이 골라냈다.

처음에는 병아리들이 컨베이어 벨트에 실려 오는 모습이 그렇게 기이해 보일 수가 없다. 에스컬레이터에서 장난치는 꼬맹이마냥 벨트 위에서 방향을 거슬러 뒤뚱뒤뚱 뛰어다니는 동물이 자동차 부품이나 드라이버처럼 컨베이어 벨트 위에 올려져 있는 모습을 보고 있으면 누군가 아주 비싼 장난을 치고 있는 것 같다. 도무지 이 광경이 익숙해지지 않을 것 같았다. 하지만 익숙해지고 아니고가 중요한 게 아니었다. 이것이 컨베이어 벨트 작업의 가장 파괴적인 영향력이 아닐까 싶은데, 일을 하다 보면 그냥 아무 느낌이 없어진다. 내 손으로 하는 행동인데 어떠한 실재감도 느껴지지 않는다. 수백 마리일 때는 병아리들이 지나가는 거지만 수천 마리일 때는 삑삑대는 인형들이 지나가는 거고 수만 마리일 때는 노란 털 뭉치들이 지나갈 뿐이다. 컨베이어 벨트에는 어떤 감정이건 그것이 얼마나 강렬했건 순식간에 무뎌지게 만드는 힘이 있었다.

어느 순간부터는 유체이탈 상태가 된다. 내가 '한승태'라는 사람으로 존재하는 게 아니라 병아리 집어내는 동작을 반복하는 어떤 사물의 시선으로 주위를 바라보고 있다는 기분이 든다. 내가 집어 들어 올리는 것이 살아 있는 동물임을 느끼지 못하고 그것들을 버린다는 게 어떤 의미인지 와닿지 않았다. 아니, 의미 자체가 존재하지 않았다. 작업이 끝날 때쯤 내가 신경 쓰는 것은 단 하나, 병아리 똥 때문에 장갑이 축축하다는 것뿐이었다.

걸러낸 병아리들은 이런저런 불합격자들과 함께 쓰레기장으로 옮겨졌다. 쓰레기장에는 4.5톤짜리 덤프트럭이 세워져 있었다. 이 트럭에 실린 녹색 컨테이너에 병아리들을 버렸다. 양계업계 용어로 '폐기'를 앞둔 병아리들의 몰골은 비참했다. 병아리는 물에 젖으면 털이 작

고기로 태어나서

은 갈래로 뭉치면서 속살이 훤히 드러나는데 빨간 피부에 노란색 가시가 돋은 모습이 된다. 수평아리들을 가득 담은 바구니들은 10단 높이로 쌓았다. 마구잡이로 쌓았기 때문에 바구니의 층과 층 사이에 끼어 눈이나 내장이 튀어나온 채 죽어있는 병아리들이 즐비했다. 병아리의 눈알은 푸른빛이 도는 검은색에 크기가 손톱만 한데 꼭 눈구멍에 블루베리가 매달려 있는 것 같았다. 바구니를 테두리의 홈에 맞춰 쌓지 않으면 위의 무게가 고스란히 내부의 병아리들에게 전해진다. 그렇게 오래 놔두면 깔린 병아리들은 압착기로 모양을 낸 것처럼 커다란 덩어리로 뭉쳐졌다. 병아리들이 한 마리 한 마리의 경계도 알아볼 수 없을 만큼 엉겨 붙어 있었는데 얼마나 세게 눌렸던지 바구니의 촘촘한 격자무늬마저 살덩어리에 그대로 찍혀 있었다. 그런데 놀랍게도 여전히 살아 있는 병아리가 있어서 살덩어리 속 어딘가에서 약하게 삐약대는 소리가 울렸다. 그런 바구니를 뒤집으면 거대한 살덩어리가 마치 스팸 한 캔을 통째로 빼낸 것 같은 모양으로 '퍽' 소리를 내며 떨어졌다. 구역질 나는 광경이었다. 바닥에는 병아리 한두 마리가 달라붙어서 떨어지지 않았다. 이런 녀석들은 껌처럼 납작하게 찌부러져서 피부를 통해 몸속 장기의 윤곽을 가늠할 수 있을 정도였다.

살아남은 병아리들은 컨테이너 바닥에서 계속 삐약거리며 돌아다녔다. 그 위로 계속해서 병아리들을 쏟아부었다. 우리는 쉬지 않고 계속 병아리를 쏟아붓고 또 붓고 계속 부었다. 그래도 뒤를 돌아보면 병아리로 가득한 바구니들이 내 키보다 높이 쌓여 있었다. 금세 바닥이 가득 차고 병아리들 위로 병아리들이 쌓이기 시작했다. 갓 태어난 병아리들 속에서 헤엄치고 싶어 하는 정신 나간 귀족의 수영장을 준비하는 것 같았다.

병아리를 다 버리고 나면 그 위에 무정란을 버렸다. 사나흘 동안 쌓아둔 무정란도 병아리만큼 많았다. 병아리들 머리 위로 녀석들의 몸집만 한 알들이 폭격처럼 쏟아졌다. 알을 맞은 병아리는 잠시 동안 움직이지 못했고 주변에 있던 병아리들은 떨어지는 알을 피해 컨테이너의 벽 쪽으로 도망쳤다. 병아리들은 다른 놈들의 머리와 몸을 밟고서 조금이라도 멀리 떨어지려고 발버둥 쳤다. 아비규환으로 시작해서 아수라장으로 변해가는 광경이었다. 금산에서 학습한 덕분인지 바라보는 동안 이상하게 무심하기만 했다. 내 눈에는 노란색 카펫이 꿈틀거리는 것처럼 보였다.

유일하게 현실감이 있었던 것은 소리였다. 한글로는 '삐약삐약'이라고밖에는 표현할 수 없는 소리였지만 평상시에 기계적으로 내뱉는 소리와는 분명하게 달랐다. 이 앙증맞은 2음절짜리 음성어로는 내게 전해졌던 공포와 두려움을 조금도 담아내지 못한다. 그러려면 이 단어의 머리에 가시관을 씌우고 과다 출혈로 쓰러질 때까지 채찍질을 해야 한다. 병아리들을 보고 있으면 아니, 그 노란 털 뭉치의 바다를 보지 않더라도 그 소리에 담긴, 듣는 사람을 불안하게 만드는 진동을 느낄 수 있었다. 문득 삐약 소리가 비명일 수도 있겠다는 생각이 들었다.

무정란을 버린 다음에는 알 껍질을 버렸다. 청소하면서 발생한 모든 알 껍질과 쓰레기를 작은 덤프트럭에 담은 다음, 마지막으로 이 트럭의 내용물을 병아리들 위에 쏟아부었다. 쓰레기 더미가 쿵 소리를 내

고기로 태어나서

며 떨어지고 나면 삐약 소리는 현저하게 줄어들었다. 그렇지만 놀랍게도 이 시점에도 무너진 건물 잔해 속에서 들려오는 아기 울음소리처럼 컨테이너 깊숙한 곳 어딘가에서 삐약삐약 소리가 울려왔다. 장 대리에게 병아리를 맨 마지막에 버리면 안 되냐고 물어봤는데 그럴 수는 없다고 했다. 그렇게 하면 트럭이 처리장으로 이동하는 동안 병아리들이 밖으로 빠져나올 수 있기 때문이었다. 그의 설명에 따르면 병아리들과 그 부산물은 잘게 갈아서 흙과 섞은 다음 비료로 사용한다. 하지만 병아리들이 산채로 갈기갈기 찢겨 죽는다고 생각할 필요는 없었다. (병아리들에게 호의적으로 작업이 진행된 건 이게 거의 유일하다고 할 수 있는데) 공장이 멀어서 대부분 도착하기 전에 질식해 죽었다.

신은 자신이 창조한 모든 생명체에 대한 계획을 가지고 있다는데 수평아리도 예외는 아니었다. 문제는 이 양반이 하는 일이 대개 그렇지만 계획을 세우기는 하는데 그게 어떤 계획인지에 대해선 좀처럼 고민을 안 한다는 거다. 복 부장이 인간 사회에서 나름대로 쓸모를 찾은 수평아리의 운명에 대해서 이야기를 해줬다.

"옛날에는 병아리 감별 학원이 여럿 있어서 우리 수평아리도 골라내면 가져다가 썼어요. 그냥 공짜만 아닌 가격에 팔아요. 뭐 한 상자에 천 원 이런 식으로. 육계도 비리비리한 놈들 버리잖아요? 그런 것도 가져갔어요. 왜냐면 암평아리가 끼어 있으니까. 병아리 감별이 어떻게 하는 거냐면 핀셋 같은 걸로 똥구멍을 까서 뒤집는 거예요. 그걸 한 번만 하는 게 아니라 몇 번을 한다고요. 그럼 병아리들이 얼마나 스트레스를 받겠어요? 그럼 2~3일이면 다 죽는데 약추 같은 건 어떤 때는 여기서 그 학원까지 싣고 가는 도중에 다 죽는 거야. 그러면 그땐 매주 학원에서 전화 왔어요. 또 다 죽었다고. 병아리 좀 멀쩡한 것 보내달라고."

#7

　　쓰레기는 수를 세지 않는 법이다. 그 사실을 나는 먼 길을 돌아 깨닫게 됐다. 부화장에 여름이 다가올 때쯤 직원 하나가 감기에 걸렸다. 누군가 좋은 음식을 가지고 왔을 때처럼 모두가 바이러스를 사이좋게 나눠 가졌다. 내 경우는 특히 지독해서 다른 사람들이 기운을 차린 뒤에도 계속 콧물이 흐르고 기침이 났다. 그 당시 내 퇴근 후 일과 중 하나는 수시로 가득 차는 휴지통을 비우는 것이었다. 파란 플라스틱 통을 뒤집자 코 푼 휴지들이 우수수 떨어졌다. 내게는 휴지가 컨테이너에 쏟아붓던 병아리처럼 보였는데 문득 내가 방금 버린 휴지의 개수를 모른다는 사실이 떠올랐다. 그러자 예전부터 품었던 궁금증 하나가 풀렸다.

　병아리 빼는 날이면 생산된 병아리 수를 꼼꼼하게 기록했다. 보통 한 번에 7, 8만 마리 정도였는데 많을 때는 15만 마리가 넘었다. 나는 살아 있는 병아리보다 죽여야 하는 병아리에 관심이 더 많았기 때문에 아저씨들에게 오늘 버리는 병아리 수가 얼마나 되는지 묻곤 했다. 반응은 한결같았다. 나를 멀뚱히 쳐다보다가 피식 웃으며 지나가 버렸다. 단 한 번도 대답을 들어본 적이 없다. 당연한 일이었다. 쓰레기였으니까. 내가 코 푼 휴지 개수를 굳이 알려고 하지 않았듯 그들이 애써 폐기시킨 병아리 수를 알고 있어야 할 이유가 없었다. 수평아리들은 처음부터 화장실 휴지였고 자신들이 깨고 나온 알 껍질보다 조금도 나을 게 없는 존재였다. 산란계 수평아리는 육체를 가진 스팸 문자였다.

가끔씩 TV에서 값이 폭락한 배추밭을 농부들이 트랙터로 갈아엎는 광경을 보게 된다. 닭도 팔아야 할 물건이니 배추와 동일한 원칙을 적용하지 않을 이유가 없다. 가축 전염병이 발생하면 수백만 마리의 동물들이 생매장당한다. 매몰 처분을 하게 되면 땅을 파고 동물들을 쏟아붓고 다시 흙으로 덮는다. 이런 광경은 치솟는 고깃값에 대한 우려와 함께 사람들의 동정심을 자극한다. 땅속에 파묻힌 동물에 대한 관심은 개평마냥 찔끔찔끔 표현되는데 이마저도 현실과 동떨어진 인식이라는 소리를 듣곤 한다. 하지만 그런 동물들이 약간의 관심이라도 받을 수 있는 것은 그들이 판매 가능한 상품이기 때문이다.

산란계 수평아리들에게 매몰 처분은 매일같이 일어나는 일이다.* 그것은 쓰레기차가 여러분이 집 앞에 내놓은 쓰레기 봉지를 수거해 매립지에 쏟아붓는 것만큼이나 규칙적이고 또 지속적으로 이루어진다. 하

---

*   "2016년 11월에 시작된 조류독감으로 인해 살처분한 가금류는 2017년 4월까지 3,787만 마리였다." 〈축산 뉴스〉, 2017.4.28. "해마다 폐기 처리되는 산란계 수평아리는 4,000만 마리다." 〈SBS 뉴스〉, 2014.7.18. "독일 정부는 2017년까지 산란계 수평아리 폐기 처분 관행을 완전히 종결시키겠다고 발표했다." 〈나우 뉴스〉, 2015.10.26.

지만 병아리들에겐 방송사의 카메라가 찾아가는 일도 없고 어떠한 경악도 우려도 이끌어내지 못한다. 이 병아리들도 똑같이 비명을 지르고 살려고 발버둥 치지만 말이다. 상품 가치가 없는 것은 연민의 대상도 되지 못하는 것이다.

고기로 태어나서

육계 농장_전라북도 정읍

卅卅卅

닭을 살찌우려면 땅을 밟지 못하게 하고
매우 덥고 어두운 곳에서 길러야 하며
몸을 돌릴 수도 없을 정도로
비좁은 칸막이나 바구니에서 자게 하라.
_루시우스 콜루멜라*

#10월 6일(2일령)

6시 25분쯤 일어나 급하게 아침을 챙겨 먹었다. 냉장고에
있던 음식은 서울올림픽 때 담근 듯싶은 김치 한 통, 참치 캔 세 개 그
리고 토마토케첩이었다. 여기서는 밥 먹는 것 자체가 운동이었다. 파
리 대여섯 마리가 위성처럼 밥상 주위를 맴돌아서 한 손에 숟가락을
들고 다른 손으로 계속 파리를 쫓아내야 했다. 이 녀석들이 똥 더미 위
에 앉는 걸 그토록 좋아하지만 않았어도 그렇게 매몰차게 대하지는 않

*   서기 1세기 로마 농학자. 몽테뉴의 《수상록》에 위 발언이 인용됐다.

았을 텐데.

사장은 7시쯤 도착했다. 그는 50대 후반의 키 작은 남자였다. 구릿빛 피부에 몸집이 탄탄했다. 축산업계 종사자들의 공식 유니폼인 어두운 빛깔의 등산복을 입고 축산업계 종사자들의 공식 차량인 1톤짜리 하얀색 봉고 트럭을 몰고 왔다. 딱딱해 보이는 인상과 달리 말도 행동도 부드러운 사람이었다.

그가 하얀색 플라스틱 통을 건넸다. 안에는 흙과 곡식 껍질이 덕지덕지 달라붙어 있었고 상한 냄새가 강하게 풍겼다. 그를 따라 계사로 들어갔다. 큰 것은 가로 11m 세로 63m, 작은 것은 가로 10m 세로 32m 크기였다. 모두 평사였다.* 쌀쌀한 바깥 날씨와 딴판으로 내부는 후끈후끈했다. 금산의 산란계 농장처럼 창문이 없어서 외부의 빛은 거의 들어오지 않았고 띄엄띄엄 매달려 있는 주황색 전구는 그다지 밝지 않았다. 계사에 들어갔을 때 첫 느낌은 어둡다기보다 차분하다에 가까웠다.

처음 들어간 계사는 큰 곳이었다. 병아리가 대략 1만 2,000마리 정도 있다고 했는데, 워낙 작아서 건물이 텅 비어 보였다. 전등은 모두 40개였다. 불은 24시간 내내 밝혀둔다. 계사가 너무 밝으면 닭의 활동성과 스트레스가 증가한다. 닭이 많이 움직이면 그만큼 살찌는 속도가 줄기 때문에 등의 밝기는 촛불 정도로만 유지한다. 덕분에 계사 내부

* 닭을 바닥에 풀어놓고 기르는 계사를 말한다. 육계는 일반적으로 평사에서 사육한다.

고기로 태어나서

엔 강령 술회를 벌이기 적당한 분위기가 흘렀다. 바닥에는 곡식 껍질과 톱밥 섞인 것이 두껍게 쌓여 있었다('깔짚' 또는 '자리깃'이라고 부른다). 깔짚에서는 희미하게 누룽지 냄새가 났다. 빛깔과 푹신함이 모래와 비슷했는데 우리 문명에 실내 수영장이 있듯 실내 사막 또한 존재한다면 이런 평사와 비슷할 것 같았다.

출입문의 오른쪽을 따라 대형 열풍기가 20m 간격으로 하나씩 세워져 있었는데 병아리들은 대부분 이 주위에 모여 있었다. 사료통(여기서는 '급이기'라고 불렀다)은 납작한 원통 형태였는데 60m 정도 길이의 철봉에 40cm 간격으로 쭉 끼워져 있었다. 병아리들은 급이기를 식당보다는 숙소로 생각하는지 안에 들어가 웅크리고 자는 놈들이 많았다. 급수관에는 급이기보다 더 촘촘한 간격으로 니플(건드리면 물이 나오는 장치)이 설치되어 있었다. 급수관과 급이기가 달려 있는 철봉은 천장에 설치된 도르래에 연결되어 있어 닭의 성장 속도에 맞춰 높낮이를 조절할 수 있었다.

계사는 모두 열 동이었는데 1동부터 5동까지는 큰 계사, 6동부터 10동까지는 작은 계사였다. 전자는 1만 4,500마리, 후자는 7,000마리를 수용할 수 있었다. 모두 합쳐 11만 마리였다. 이 정도면 개인이 운영하는 농장 중에서 중간 규모라고 했다.

내가 할 일은 굳이 누가 가르쳐주고 말고 할 것도 없었다. 죽은 병아리만(몇 주 후엔 죽은 닭) 골라내면 됐다.

"꼼꼼히 해야 돼. 제때 안 치우면 닭들이 죽은 놈을 쫀다고. 그럼 병걸려. 쩔뚝거리는 놈도 다 끄집어내."

죽은 병아리와 자고 있는 병아리를 구분하는 것이 조금 성가셨는데 조심성이 많은 동물치고는 너무 깊이 잠들어서 내가 잡아 들어 올리기 전까진 꼼짝도 하지 않았다. 이 레몬색 병아리들은 길이가 엄지손가락만 했는데 사람이 다가가자 비디오게임의 효과음마냥 뽕뽕대는 소리를 내며 사방으로 흩어졌다. 1동에서 5동까지 폐사가 전부 74마리였다.

"죽은 건 탈탈 털어서 여기 담고 쩔뚝이는 죽여버려. 어차피 다 냉동실에 넣어야 하니까."

제대로 움직이지 못하는 놈들은 죽이라는 얘기였는데 내가 머뭇거리자 그가 직접 병아리 다리를 잡고 바닥에 패대기쳤다. 냉동실은 창고 안쪽에 있었는데 크기가 숙소의 네다섯 배 정도 됐다. 안에는 폐사한 닭을 담은 상자들이 숙소를 세 번 정도 가득 채울 수 있을 만큼 쌓여 있었다.

작업은 2시에 끝났다. 숙소는 가로 3m 세로 7m 크기의 컨테이너였다. TV를 보며 빈둥대다가 저녁을 먹고 동네를 한 바퀴 둘러봤다. 농장은 금빛으로 물든 논으로 둘러싸여 있었다. 가장 가까운 버스 정류장까지 가려면 20분 정도 걸어야 했다. 구불구불 이어지는 좁은 도로를 따라 커다란 은행나무가 논을 지키는 경비병처럼 늘어서 있었는데 잎이 햇빛만큼이나 노랬다. 밤하늘은 별로 가득했다. 돌아오는 길에 난생 처음으로 반딧불을 봤다. 손톱만 한 녹색빛이 파도를 타듯 올라갔다 내려가기를 반복하며 점점 멀어져갔다. 하늘에 별이 너무 많아서 마치 갓 태어난 별 하나가 길을 잃고 땅 위를 헤매는 것 같았다.

고기로 태어나서

#10월 7일(3일령)

폐사 – 88마리

　폐사 줍는 일은 10시 40분쯤 끝났다. 사진 찍는다고 지체하지만 않았으면 10시까지 끝낼 수 있을 뻔했다. 병아리는 대부분 온풍기 주변에 모여 있었다. 아직 어려서 추위를 많이 느끼는 것 같다. 그 옆을 지날 때는 팔을 휘둘러서 병아리들을 몰아내야 발을 디딜 공간이 생긴다. 사람이 다가가면 병아리들은 사방으로 흩어지는데 어떤 녀석들은 정확히 내 발의 착지점으로 뛰어간다. 이 녀석들은 몸이 너무 연약해서 바닥이 푹신푹신해도 밟히면 내장이 튀어나온다.

　계사 뒤쪽에서 재미있는 광경을 봤다. 뒤쪽 벽에는 대형 환풍기가 일곱 개 설치되어 있었다. 팬은 20~30초에 한 번씩 10초가량 돌아가는데 계사에 햇빛이 들어오는 건 이때뿐이다. 병아리 무리가 팬 앞에 모여 있었다. 소음과 바람 때문에 병아리들이 좀처럼 다가가지 않는 구역이었다. 작은 머리를 까딱이며 바닥을 쪼아대고 있었다. 사료가 흘렀나 싶어 살펴봤는데 바닥에 비친 햇살을 쪼아대고 있었다. 병아리들은 빛을 (정확하게 말하자면 깔짚을) 열심히 쪼아대다가 빛이 사라지면 장난감을 뺏긴 아이처럼 주위를 두리번거렸다. 병아리를 야외에서 기르면 어떨지 궁금해졌다. 별과 달 아니면 반딧불을 향해서 부리를 들이밀까?

　이제는 죽은 병아리와 자고 있는 병아리를 구분할 수 있다. 자고 있는 병아리는 꼼짝 않고 있어도 위에서 내려다보면 볼륨감이 있다. 볼록하게 털 뭉치가 솟아오른 것처럼. 죽은 병아리는 납작해 보인다. 살아 있는 병아리는 (아마도 자고 있는 동안에 계속 몸을 움직이기 때문에) 몸이 깔짚 위에 올라와 있는 반면 죽은 병아리는 그 속으로 묻혀 들어간다.

"절뚝거리는 놈들은 냉장고 집어넣을 때 다 죽여서 넣어야 해. 안 그럼 그 안에서 막 돌아다니니까."

간단한 일이 아니었다. 처음에는 제임스 본드가 하는 식으로 뒤에서 목을 잡고 비틀었는데 아무런 변화도 없었다. 다음엔 손가락으로 숨을 막았다. 병아리들은 다리를 몸 위로 끌어 올려 어설프게 날카로운 발톱으로 손을 긁어댔다. 손을 풀 수밖에 없었다. 아파서는 아니었다. 그 느낌을 참을 수가 없었다. 손가락만 한 병아리가 어떻게든 죽지 않으려고 발버둥 치는 그 느낌을. 비천할 정도로 나약한 존재들의 저항이 때로는 효과를 거두는 이유를 알 것 같았다. 그들의 저항은 피부가 아니라 양심에 상처를 남기는 것이다. 상자 안에는 그렇게 발버둥 치는 병아리들이 어림잡아도 30~40마리는 들어 있었다. 나는 냉동실 앞에 쭈그리고 앉아 이러지도 저러지도 못하고 있었다. 한참 후에 나를 찾아온 사장의 목소리에는 처음으로 짜증이 섞여 있었다.

"아, 아직도 안 넣고 뭐하고 있어?"

"그게…… 어, 그러니까……."

"시간 없으니까 그냥 놔두고 와. 아니 그걸 그대로 놔두고 오라는 게 아니라 그냥 상자째로 냉동실에 넣어두고 오라고."

　　　　　　　　　　　　　　　고기로 태어나서

"아직 살아 있는데요."

"아, 누가 몰라. 그냥 집어넣고 위에 무거운 거 아무거나 올려두고
와."

문을 닫고 돌아섰다. 냉동실에서 삐약대는 소리가 울리고 있었다.

#10월 8일(4일령)

폐사

1동-4마리/ 2동-21마리/ 3동-7마리/ 4동-9마리/
5동-41마리/ 6동-2마리/ 7동-26마리/ 8동-2마리/
9동-3마리/ 10동-3마리/ 총 118마리

병아리들이 달라졌다. 날개에 하얀 깃털이 자라기 시작했
다. 어제까지만 해도 노란색 솜털뿐이었는데 오늘은 날개 끝에 손톱만
한 깃털이 삐죽 솟아 있었다. 몸집도 점점 커지고 있다. 이틀 전만 해
도 딱 달걀만 한 노란 솜뭉치처럼 보였는데 오늘은 신체 각 부위의 구
분이 뚜렷해졌다. 전자에게 오직 머리, 몸통, 다리밖에 없었다면 지금
은 머리와 몸통 사이에 엄지손가락만 한 크기의 목이 생겼고 몸통과
다리 사이에는 도톰한 허벅지가 나타났다. 어설프게나마 닭의 골격이
드러나고 있다. 이 정도 속도면 한 달 안에 한 끼 식사에 충분한 크기로
클 것 같다.

폐사 줍기는 오전에만 하는데 대개 11시쯤 끝난다. 계사 안에 사람이 자주 들어가면 닭들이 스트레스를 받기 때문에 오후에는 반드시 할 일이 있는 게 아니면 계사에 들어가지 않는다.

오후에는 풀을 벴다. 각 계사 사이의 배수로를 따라 풀이 정글처럼 무성했다. 아저씨는 예초기 시동 거는 법만 가르쳐주더니 언제나 그랬듯이 어디론가 사라져버렸다. 떠나기 전 상상력을 자극하는 주의 사항을 알려주는 것을 잊지 않았다.

"이제부터 내 얘기 잘 들어. 풀을 깎다 보면 줄기 같은 게 감겨서 멈출 때가 있다고. 그럴 땐 무조건 시동을 끄고 떼어내야 돼. 이게 날이 멈춘 거지 모터가 안 돌아가는 게 아니거든. '어, 날 섰네' 하고 그냥 손으로 떼어내면 바로 날 돌아가면서 다쳐. 이게 힘이 좋아서 손가락 한두 개 자르는 건 일도 아냐!"

예초기는 두 부분으로 이루어져 있다. 모터와 연료통은 배낭처럼 등에 매고 칼날이 달린 긴 철봉은 두 손으로 잡았다. 시동을 걸자 25cm 길이의 두툼한 마름모 형태의 날이 회색빛 원을 그리며 맹렬한 속도로 돌아가기 시작했다. 잡초가 아니라 두개골도 가뿐하게 잘라낼 수 있을 위력이었다. 내가 날카로운 걸 얼마나 무서워하는지 아저씨가 알았다면 이런 일을 시키지는 않았을 텐데. 사장님, 제가 카나페를 안 먹는 이유는 맛 때문이 아니라 비스킷 모서리에 찔릴까 봐 그러는 거라고요!

처음에는 날을 몸에서 최대한 떨어뜨린 채 들었는데 금방 팔에 힘이 빠져서 그 상태를 유지할 수가 없었다. 칼날만큼이나 끔찍했던 건 모

고기로 태어나서

터였다. 등을 통해 전해지는 소음과 진동 그리고 기름 냄새가 너무 심해서 오토바이를 업고 다니는 기분이었다.

가장 힘들었던 건 5동과 6동 사이에서 일할 때였다. 6동은 높이가 3m쯤 되는 야트막한 언덕 아래 있었는데 경사가 심해서 풀을 베려면 날을 머리 위로 들어 올려야 했다. 힘이 빠지면 나도 모르게 팔이 떨어졌는데 결국 그러다 피를 보고 말았다. 어떻게 팔을 움직였는지 모르겠는데 갑자기 얼굴과 가슴에 핏방울이 튀었다. 너무 놀라서 아무 느낌도 들지 않았다. 〈대부〉에서 피범벅이 된 말 머리를 발견한 남자처럼 비명도 못 지르고 "어…… 어…… 어……" 하며 떨기만 했다. 무섭게 돌아가는 예초기를 벗어 던지고 아저씨를 찾아 나섰다. 어디를 베였는지 모르겠지만 곧 끔찍한 통증이 몰려오겠구나 생각하니 시한폭탄이 터지길 기다리는 것 같았다. 하지만 상처는 도무지 찾을 수가 없었다. 피도 빨간색이 아니라 보라색이었다. 내가 외계인이었나? 아니지, 그랬다면 고등학교 졸업 때 아빠가 내가 타고 온 우주선을 보여줬겠지.

덤불 속에 야생 딸기 같은 열매가 매달려 있었는데 그 즙이 튄 것이었다. 지금 생각해보면 예초기를 벗어 던질 때 다치지 않은 것이 기적 같은 일이었다. 오늘 일의 유일하게 긍정적인 측면은 CCTV 말고는 아무도 내 바보짓을 보지 못했다는 거다.

#10월 9일(5일령)

폐사

1동-11마리/ 2동-36마리/ 3동-9마리/ 4동-16마리/
6동-52마리/ 7동-27마리/ 8동-41마리/ 9동-63마리/
10동-32마리/ 총 322마리(5동 기록은 잃어버렸다)

작업은 매일 '쪼까난 놈(못난이 또는 쫄)' 골라내라는 지시
로 시작한다.

"승태야, 작은 놈들은 사정없이 잡아내. 그런 놈들은 살은 안 찌고
사료만 축내니까."

사장은 이 말이 성공을 부르는 주문인 것처럼 되풀이한다.

"못난이들 빼먹지 말고 싹 다 주워. 쬐까난 놈들 돌아다니는 게 지금
너무 많아."

"그래도 병아리들이 다 아저씨 재산인데 막 잡으면 안 되잖아요?"

"아, 그래서 그랬어? 그런 걱정할 필요 없어. 병아리를 많이 살리는
게 아니라 사룟값을 최대한 줄이는 게 내 재산이 되는 거야. 그런 생각
하지 말고 다 잡아내. 알았지?"

아저씨가 통에 병아리를 한 마리 툭 던졌다. 작지도 절뚝거리지도
않아서 뭐가 문제인지 살펴봤다. 기형으로 태어난 놈이었다. 한쪽 눈
알이 없고 부리가 뒤틀려 입을 다물지 못했다.

그에게 한 말은 물론 사실이 아니었다. 내가 '못난이'를 골라내지 않

앉던 건 죽이는 게 싫어서였을 뿐이다. 내가 동정심이 많은 사람이라는 것도, 동물을 험하게 다룬 적이 없다는 것도 아니다. 그냥 찝찝해서 싫었다. 삐약대는 병아리들을 집어넣고 냉동실 문을 닫는 건 더 싫었다. 어차피 이런 병아리들은 오래 살 것 같지도 않고 그사이에 이놈들이 먹는 사료야 별거 아니라고 생각했는데 (그게 정확히 얼마나 되는지는 모르지만) 농장주가 사료 소비에 갖는 부담감은 내가 가늠할 수 있는 수준이 아닌 것 같았다. 어찌 됐든 양계장에선 그마저도 용납할 수 없다는 게 분명해졌다.

#10월 10일(6일령)

폐사

1동-5마리/ 2동-25마리/ 3동-8마리/ 4동-10마리/
5동-25마리/ 6동-42마리/ 7동-17마리/ 8동-22마리/
9동-19마리/ 10동-24마리/ 총 197마리

일이 일찍 끝나도 씻을 생각을 하면 가슴이 답답해진다. 여기는 따뜻한 물이 나오지 않는다. 샤워는 넓이가 4인용 식탁만 한 창고 비슷한 공간에서 했다. 뭐에 쓰는 건지 모르겠지만 천장에 작은 갈고리가 여러 개 걸려 있다. 오후가 되면 금세 쌀쌀해졌고 창고는 문이 없었기 때문에 늦장을 부리다 해가 지고 샤워를 하게 되면, 거기다 바람까지 불면 뭐랄까, 자해를 하는 기분이다.

온수기를 언제쯤 설치하냐고 물으면 대답은 똑같았다.

"내가 볼일이 있어서 깜빡했네. 내일 꼭 달아줄게."

화장실에 비하면 샤워하는 곳은 양호한 편이었다. 이곳 화장실은 아저씨가 내게 보여주기를 끝까지 주저했을 만큼 상태가 좋지 않았다. 등산로에 세워놓는 플라스틱으로 만든 임시 변소였는데 문은 떨어져 나가고 없었다. (전에 일하던 사람이 술에 취해 뜯어냈다.) 근처 버스 정류장에 세워놓은 임시 변소 역시 문이 없었다. 이 근방에선 화장실에서 문짝을 떼는 게 유행인가 보다.

화장실은 짙은 파란색인데 색깔과 형태 때문에 〈닥터 후〉에 나오는 전화 부스와 비슷해 보인다. 드라마에서 주인공은 전화 부스를 통해 다른 차원의 세계로 들어간다. 어떤 면에선 이 화장실도 그렇다. 허리를 숙이고 들어가면 가장 먼저 변기 구멍 아래로 흑갈색 똥 무더기가 보인다. 딱히 그걸 보려고 해서가 아니라 구멍이 바닥의 4분의 1을 차지하고 있어서 빠지지 않고 쪼그려 앉으려면 아래를 내려다보지 않을 수가 없다. 똥 더미 위에는 하얀 구더기가 바글대고 있는데 조만간 밥상 주위를 맴돌 파리로 변신할 놈들이다.

이전 사용자에겐 구멍이 충분히 길지 않았는지 구멍 끄트머리에는 똥이 소복이 쌓여 있었다. 문이 없기 때문에 쪼그려 똥 싸는 모습이 그대로 노출될 수밖에 없다. 물론 지나다니는 사람이라야 사장이나 가끔씩 들르는 사장 가족들밖에 없긴 하지만.

고기로 태어나서

#10월 11일(7일령)

폐사

1동-2마리/ 2동-26마리/ 3동-9마리/ 4동-4마리/

5동-20마리/ 6동-23마리/ 7동-20마리/ 8동-6마리/

9동-8마리/ 10동-11마리/ 총 129마리

계사의 풍경이 크게 달라졌다. 더 이상 병아리들이 벽과 구석으로 몰려들지 않는다. 아직도 그 주위에 많기는 하지만 입주 초기처럼 가운데는 텅 비워둔 채 벽을 따라 두꺼운 띠를 이루지 않는다. 지금은 네 줄로 늘어선 급이기를 중심으로 계사 전체에 고르게 분포해 있다.

이러한 변화는 두 가지를 의미한다. 첫째, 병아리들이 이곳의 환경에 안정감을 느낀다. 둘째, 더 이상 춥지 않다. 서로의 체온을 통해 추위를 이겨낼 필요가 없게 된 것이다. 계사 내부 온도는 31~34도였다.

병아리가 긴장을 풀었다는 걸 보여주는 또 다른 행동이 있다. 며칠 전만 해도 병아리 대부분이 잔뜩 웅크린 채 잤다. 지금은 바닥에 엎드려서 다리를 쭉 뻗고 잔다. 정확히는 한쪽 다리만 뻗고 다른 한쪽은 배 밑에 깔고 있다. 두 다리 쭉 뻗고 있는 건 대개 죽은 놈들이다.

깃털 자라는 속도도 빨라졌다. 깃털 수가 늘고 길이도 길어져서 날개를 들면 부챗살처럼 펼쳐진다. 다리에 힘이 제법 붙어서 도망칠 때는 소형 RC카 속도로 달린다. 덕분에 폐사 줍기가 약간 편해졌다. 병아리가 지금보다 작고 느릴 때는 밟지 않으려고 보폭을 아주 좁게 해서 느릿느릿 걸어야 했다. 지금은 병아리들이 휘리릭 사라지니 걷기도 편하고 바닥을 살피는 것도 수월하다.

#10월 12일(8일령)

폐사

1동-2마리/ 2동-10마리/ 3동-5마리/ 4동-6마리/
5동-16마리/ 6동-15마리/ 7동-1마리/ 8동-7마리/
9동-16마리/ 10동-9마리/ 총 87마리

누군가 내게 "왜 화장실에 문이 필요한가요?"라고 물어보면 좋겠다. 그러면 오늘 아침에 있었던 일을 들려줄 생각이다. 농장에서 강아지 두 마리를 길렀는데 얘들은 사람을 무척 좋아했다. 이 녀석들은 내가 아침에 처음 숙소 밖으로 나올 때 가장 반긴다. 문 여는 소리가 들리면 집에서 달려 나와 신발을 핥고 바지를 물어뜯는데 걷기가 힘들 정도로 매달린다. 평소엔 일하는 중간에 화장실에 갔는데 오늘은 잠에서 깨자마자 신호가 왔다. 컨테이너 밖으로 나오자 역시나 강아지들이 팔짝팔짝 뛰며 쫓아왔다. 화장실에 들어가서 바지를 내렸는데 두 마리 다 안으로 들어오려 했다. 나는 손을 쓸 수가 없었다. 한 손엔 휴지를 들고 다른 손으론 잠바가 바닥에 닿지 않게 붙들고 있어야 했기 때문이다. 이놈들을 내버려뒀다간 셋이 사이좋게 똥통에 빠질 기세였다.

고기로 태어나서

급한 마음에 휴지를 흔들었다. 나는 개들을 쫓아내는 데 정신이 팔려 있어서 개가 허공에 흔들리는 휴지를 눈으로 쫓는 게 무엇을 의미하는지 제대로 이해하지 못했다. 개들이 물러서는 걸 보고 안심하려는 순간, 한 녀석이 날치처럼 뛰어오르더니 휴지를 잡아채 가버렸다.

"안 돼!"

나는 영화에서 악당 두목이 절벽에서 떨어질 때 내지르는 것과 비슷한 강렬함을 담아 소리쳤다. 그러거나 말거나 털복숭이 악마는 내 앞에서 휴지를 물고 신이 나서 뛰어다닐 뿐이었다. 그토록 절박하게 '가지 마'를 외친 건 살면서 그날이 처음이었던 것 같다. 남은 휴지는 기껏해야 포스트잇만 한 크기였다. 원래의 용도로 쓰기에는 턱없이 부족했다. 험한 꼴을 당하게 될 항문에게 '지켜주지 못해 미안해' 하고 메모를 남길 정도밖에 되지 않았다.

정신도 제대로 차리지 못한 상태에서 당한 테러에도 굴하지 않고 나는 영웅적인 용기를 발휘해 평소처럼 작업에 임했다. 오전에는 사료차가 왔다. 이런 날은 미리 첨가제를 준비해야 한다. 이곳은 해썹HACCP과 '무항생제' 인증*을 받은 농장이지만 그렇다고 닭에게 사료와 물 이

---

*   "축산물에 해당되는 인증제는 크게 동물 복지, 친환경, 품질 등의 핵심 가치에 따라 분류될 수 있습니다. 동물 복지 인증은 동물의 복지를 생각합니다. 친환경 인증은 농산물 부문과 축산물 부문으로 나눠서 살펴봐야 하는데요, 축산물 부문은 다시 유기 축산물 인증과 무항생제 인증으로 나눕니다. 한편 해썹 인증은 식품 안전을 중시하며 우수 농축산물을 의미하는 지에이피 인증은 품질을 고려합니다. 최근 도입된 저탄소 인증은 기후 변화에 따른 온실가스 저감을 중시하며

외에 아무것도 주지 않는 건 아니다. 즉, 성장 촉진제나 각종 약품을 사용하지만 친환경 성분으로 체내에 약 성분이 남지 않는다는 것이다.

"아무리 친환경도 촉진제 안 먹이면 닭이 크질 않아."

누구 말마따나 자연도 뇌물을 주지 않으면 혜택을 주지 않는 모양인가 보다.

오후에는 운 좋게 아저씨랑 길게 이야기할 기회가 생겼다. 은행에 갈 일이 있었는데 그가 근처의 농협까지 차를 태워줬다.

"육계는 키우는 거 힘들지 않아. 병아리 들여놓을 때 좀 힘들고. 해봤잖아? 그리고 폐사 줍고, 물 빼는 거 하고. 뭐 일은 그게 다야."

"그래도 키우기는 여름보다 겨울이 낫죠? 날 더우면 집단으로 폐사하는 거 많잖아요?"

"아니야. 시설만 잘 갖춰져 있으면 크게 상관없어. 오히려 폐사는 겨울이 좀 더 많지. 우리 농장은 1년 내내 꾸준해."

"그래요? 전 항상 여름이 힘들다고 알고 있었어요."

축산물에도 부여될 수 있습니다. 현재 동물 복지가 고려된 것은 '동물 복지 인증'과 '유기 축산물 인증' 정도로 볼 수 있습니다. 중요한 사실은 '친환경' 인증이라고 해서 동물들도 행복한 것은 아니라는 점입니다. 일례로 친환경 인증제에 속한 무항생제 인증을 받은 농가에서도 닭은 배터리 케이지(닭 한 마리당 평생 마리당 A4용지 2/3의 공간만 허락하는)에 키우는 경우가 허다하지요. ……2014년 기준 우리나라에서 친환경 축산물 인증을 받은 총 8,275호의 농가 가운데 98.8%인 8,178호의 농가가 무항생제 인증을 받았고 나머지 97호 농가만이 유기 축산물 인증을 받았습니다." 〈동물 복지 관점에서 바라본 축산물 인증제〉, 동물보호시민단체 카라(Korea Animal Rights Advocates) 홈페이지.

"건물이 오래되고 환풍기도 없고 좁은 데에 잔뜩 집어넣으면 그렇지. 당연히 온도 올라가면 더위 먹고 죽지. 우리는 시설도 좋고 한꺼번에 많이 안 넣어. 공간이 충분하다고. 그럼 안 죽어. 백신 뿌리고 나면 좀 죽고 그다음엔 일정하지."

"친환경 닭이면 하림에서 가져갈 때 돈을 더 많이 줘요?"

"아니야. 별 차이 없어. 마리당 50원씩 더 줘."

"그거밖에 안 줘요? 그런 거는 비싸게 팔지 않아요?"

"팔 때는 그렇지. 농장에 떨어지는 건 별 차이 없어."

"그럼 얼마나 받는 거예요?"

"마리당 한 3,000원 받아. 닭값만 3,000원 정도지. 가져가서 팔 때까지 추가로 드는 돈이 5,000원 정도 돼. 닭값보다 더 비싸."

"뭐 하는데 그렇게 들어요?"

"도계비, 운송비, 가공비, 포장비, 유통비, 뭐 돈 들어가는 데야 많지. 닭 잡는 데 마리당 350원이야. 닭 이동할 때도 킬로당 50원씩 들고. 그게 차로 하면 한 차당 24만 원씩 줘야 될 거 아냐? 그니까 닭값이 7,000~8,000원 해야 맞는 거야. 이게 한 번 길러서 싹 빠지고 나면 한 2,000만 원 정도 버는 거야.

"한 동에서요?"

"아니! 전체가! 열 동 다 빠지고 나면 2,000만 원 정도 벌어. 사람들은 이거 해서 엄청 부자 됐을 거라고 생각하는데 안 그래."

"그러니까 11만 마리 키워서 2,000만 원이 순이익이라는 거죠? 사료비, 난방비, 뭐 이거저거 다 떼고?"

"그렇지. 내 손에 딱 떨어지는 게 그 정도지."

"그럼 사료비가 얼마나 드는 거예요?"

"사료비, 병아리값 다 합쳐서 한 2억 7,000만 원. 약값이다 뭐다 이런 거까지 다 합치면 한 3억 들지."

"사료비가 어마어마하네요."

"사료비가 90%야. 그러니까 내가 매일 얘기하잖아, 못난이들 사정없이 잡아내라고. 돈을 잘 버는 게 뭐냐? 사료 조금 먹이고 빨리 살찌는 거, 그거밖에 없어. 다른 건 다 똑같아. 그래도 별 사고 없으면 꾸준히 받지. 이 농장이 한 2,000평 규모인데 이 정도 농장 시설 제대로 갖추려면 한 30억 들어."

"그렇게나 많이요?"

"그래. 30억 들었으면 몇 년을 해야 본전을 뽑겠어? 그러니까 부지런히 일해야지. 그런데 내가 사실은 농장을 하나 더 지으려고 하고 있어. 그래서 요즘 관청 쫓아다니고, 사람을 쓰는 거야. 자네가 일만 제대로 하면 이 농장을 따악 자네한테 맡기고 나는 내 일 보고 그러면 좋지."

#10월 13일(9일령)

폐사

1동-2마리/ 2동-13마리/ 3동-1마리/ 4동-3마리/

고기로 태어나서

5동-9마리/ 6동-4마리/ 7동-5마리/ 8동-3마리/

9동-10마리/ 10동-14마리/ 총 64마리

죽은 병아리가 얼마 되지 않아 폐사 줍기가 10시쯤 끝났다. 병아리들의 하체, 특히 엉덩이가 점점 두툼해진다. 깃털은 이제 날개의 3분의 2 이상을 차지한다. 꼭 병아리들이 노란색 반팔 티 안에 하얀색 긴팔 옷을 껴입은 것처럼 보인다. 머릿속은 어떤지 모르겠지만 외모는 딱 10대다. 오늘은 엉덩이에도 하얀 깃털이 살짝 솟아 있었다. 냄새는 아직 악취라고 부를 정도는 아니지만 점점 강해지고 있다. 작은 계사는 덜하지만 큰 쪽은 짠 맛이 느껴지는 짙은 노린내를 풍긴다.

아저씨는 항상 친절하다. 못난이 잡아내라는 얘기할 때만 빼고. 그간 게으름을 부린 결과가 부쩍 도드라지기 시작했는지 오늘은 폐사 줍는 동안 따라다니며 시범을 보였다.

"지금 자네가 골라냈다고 하지만 자세히 보면 저런 놈들이 계속 남아 있다니까. 여기도 그렇고 지금 쫄이 너무 많아. 저런 거 보는 족족 끄집어내. 저런 거 쌓이기 시작하면 사룟값 감당 못 해. 어디 어디 많은지 내가 다 아니까 제대로 잡아냈나 두고 볼 거야."

기억을 되짚어보니 짧게든 장황하게든 못난이를 잡아내라는 말을 듣지 않은 날이 하루도 없었던 것 같다. 사룟값이 내가 넘겨짚은 것보다 훨씬 더 절실한 문제인가 보다. 한편으론 닭들이 자라는 속도가 걱정됐다. 주먹만 한 병아리가 퍼덕대는 것도 못 견디고 놓쳐버렸는데 농구공만 한 놈들이 몸부림치는 걸 어떻게 붙잡고 있나? 그래서 생각했다. 해치우자. 조금이라도 다루기 쉬울 때 처리하자. 7동에서 목표물을 정했다. 제법 자라서 손바닥만 한 크기였는데 일어서지도 못해서 바동거리고 있었다. 왼손으로 목 아래를 잡고 오른손으로 머리를 잡고 병뚜껑을 딸 때처럼 한 바퀴 돌렸다. 손을 놓았는데 아무렇지 않아 보였다. 그래서 다시 돌렸다. 한 바퀴 돌린 다음 또 돌렸다. 그런데도 멀쩡해서 한 번 더 돌렸다.

그러자 투두둑 하고 뭔가가 끊어지는 느낌이 손에 전해졌다. 엄지손가락 한 마디만 한 병아리의 목이 절반 정도 찢겨 피가 흘렀다. 그걸로 끝인 줄 알았는데 처음에 붙잡았을 때보다 더 심하게 몸부림을 쳤다. 목이 부러졌고 피까지 흘리니 금방 끝날 거라고 생각했는데 그렇지 않았다. 목이 덜렁대는 동물이 손아귀에서 파닥대는 느낌을 참을 수가 없어 던져버렸다. 병아리는 계속 거칠게 날개를 흔들어댔다. 도무지 멈출 기색이 없었다. 목을 비튼 게 아니라 인형의 태엽을 감은 것처럼 1분, 2분이 지나도 병아리는 기계적으로 날개를 움직였다. 완전히 멈출 때까지 기다리고 있을 수 없어서 내버려둔 채 계사를 빠져나왔다.

#10월 14일(10일령)

폐사

1동-1마리/ 2동-6마리/ 3동-7마리/ 4동-11마리/
5동-7마리/ 6동-8마리/ 7동-6마리/ 8동-6마리/

9동-3마리/ 10동-7마리/ 총 62마리

지난 며칠 폐사가 많이 줄었다. 오늘도 아홉 동이 10마리 미만이었다. 내가 얘기 안 해도 아저씨는 알고 있었다.

"닭 얼마 안 죽었지? 이제 백신 놓고 나면 또 좀 많이 줄어. 이제 그 이후론 죽는 놈 거의 없어."

"백신 놓고 나면 죽는 놈들이 느는 거예요?"

"그렇지. 백신이 말하자면 아주 약한 균 아냐? 그것도 못 견딜 정도로 약한 놈은 백신 놓고 나면 다 죽는 거지. 언제나 백신 놓고 나면 폐사가 늘어."

"백신은 언제 놔요?"

"입주했을 때 바로 한 번 그리고 13일째."

"그 두 번이 다예요?"

"그렇지. 그러고 나서 얼마 안 있다 출하야."

"지금 닭은 언제 빼요?"

"자네 도착한 날이 딱 첫 날이었거든. 그러니까 그때부터 32일 있다가 빼. 닭 빼고 또 한 20일 있다가 새 닭 들어오고. 닭 빼고 계분 치우는데 4, 5일 걸리는데 그거 하고 나면 한 3, 4일 비어. 그러니까 볼일 있으면 그때 해. 자네도 하루씩 쉬는 것보다 몰아서 쉬면 편하잖아."

오후엔 예초기를 고치러 정읍 시내에 들렀는데 차 안에서 위탁 농장과 개인 농장의 차이에 대해 이야기를 나눴다.

"양계장을 30년 하셨으면 처음부터 쭉 하림이랑 하신 거예요?"

"아니. 나 위탁으로 기른 지 3년밖에 안 됐어. 그 전까진 그냥 내가 개인으로 했지."

"왜 바꾸신 거예요?"

"개인은 수지가 안 맞아. 양계장에서 큰돈 벌던 거는 10년, 20년 전 일이지. 요즘은 자기 혼자 해가지고는 못 살아남아. 사룟값이 얼만데. 요즘 개인으로 하는 사람 거의 없어. 다 위탁이지."

"위탁으로 하면 사룟값이 안 들어요?"

"그렇지. 위탁으로 하면 사료랑 병아리는 다 회사에서 공급해주는 거야. 그니까 우리는 인건비 들여서 키우기만 하는 거지"

"그러니까 사장님이 직접 사료 회사나 부화장이랑 계약해서 들여오는 게 아니라 전부 다 회사에서 보내는 걸 가지고 키우기만 하고 닭값은 생산비 뺀 걸 회사가 보내는 거란 말이죠?"

"그렇지. 그니까 큰돈은 못 받지. 그냥 봉급쟁이야. 봉급쟁이보단 조금 더 벌지."

"돈이 안 되면 왜 다들 위탁으로 들어가는 거예요?"

"얘기했잖아? 사룟값이 너무 비싸다고. 사룟값이랑 병아리값이 2억 7,000만 원이 넘어. 1년 치가 아니라 한 번 키울 때. 계사 앞에 커다란 벌크 통 있지? 그게 5톤짜리야. 우리 계사가 몇 개야? 그걸 3~4일에 한 번씩 와서 채워야 되는데 그럼 얼마나 많이 먹는 거야? 개인이 그 사룟값을 다 어떻게 감당해? 또 몰라. 값이 꾸준하면 개인으로 해도 괜찮을지. 그치만 실제로는 닭값이 폭락했다 또 갑자기 올랐다 이런 식이니 돈을 모을 수가 있나? 닭 키우는 게, 농업이 다 그렇지만 완전히 도깨비 살림이야. 엄청 터졌다가 또 폭삭 망했다가 이래. 나도 개인으로 할 때 사룟값이 팍 올라서 1, 2억씩 손해 보고 그랬어. 그러다 사룟값이 떨어지면 또 그만큼 벌기도 하고. 그니까 위탁으로 들어가는 거야. 그러면 큰돈 벌 기회는 없지만 망하지는 않으니까.

그래서 다들 어떻게든 대출받아서 건물 새로 짓고 마릿수 늘리려고 하는 거야. 이제 돈 많이 버는 방법은 한 가지밖에 없어. 많이 키우는 거. 그런데 가만 생각해보면 이게 무서운 거야. 무슨 얘기냐? 아, 생각을 해봐. 닭값이 떨어져서 마릿수를 늘리잖아? 그럼 공급이 많아지니까 또 값이 떨어져. 그래서 다시 늘리면 또 떨어지고. 이게 수지가 맞을 듯 맞을 듯하면서도 절대 안 맞는다고. 그러다 닭값 팍 떨어져서 망하고 대출금 못 갚아서 망하고 그러는 거라고."*

내게는 그의 말이 기이하게 들렸다. 조수석 위에 '농장 신축 관련 주민 동의서'가 잔뜩 쌓여 있었다.

---

* "양계 농가들은 1990년대 중반까지만 하더라도 3만 수 규모의 양계장을 하면 떵떵거리며 살 수 있다고 했지만 2000년대 중반부터는 3만 수 정도는 소농으로 취급받고 있다. 산란계의 경우 10만 수는 돼야 과거의 수익을 얻을 수 있다고 농가들은 말한다. 하지만 사육 규모를 늘리면 늘릴수록 공급 과잉으로 이어져 양계 산물의 가격은 떨어지고 만다. 양계뿐만 아니라 대부분의 농산물이 비슷한 상황이다. 이를 농업의 트레드밀agricultural treadmill 효과라 부르는데 기술의 발달로 농업 생산성이 증가해도 공급 과잉 탓에 가격이 하락해 러닝머신 위를 달리는 것처럼 다시 제자리 상황이 된다는 것이다. …… 농가들은 이런 상황을 극복하기 위해 규모를 더욱 늘리거나 신기술을 활용해 생산성을 더욱 높이려 하지만 그럴수록 공급 과잉 상황이 가중되면서 중농 및 소농은 사라지고 대형 농장만 살아남게 된다." 김재민, 《닭고기가 식탁에 오르기까지》, 시대의창, 2014.

"그렇지만 사장님도 농장 더 지으시려고 하시잖아요?"

"에이 나는 달라. 나는 노하우가 있어. 그래서 해썹도 하고 친환경도 하는 거야. 아까 점심 때 농장에 왔던 사람들 봤지? 그 사람들이 친환경 인증 검사하러 온 사람들이야."

"그래요? 저는 그냥 사장님 친구 분들인 줄 알았어요."

"친구는 무슨. 그 사람들이 닭 들어올 때마다 와. 와서 사료 가져가서 검사하고 물 가져가서 검사하고 제초제 뿌렸나 안 뿌렸나 검사해. 우리 닭고기에서 항생제 성분이 나오나 안 나오나 확인한다고. 그래서 우리는 약도 하루면 다 빠져나가는 거 아니면 안 써."

"그게 무슨 말이에요?"

"약을 쓰면 성분이 하루면 다 몸 밖으로 배출된다고. 몸에 안 남고. 우리가 쓰는 약은 전부 성분도 친환경인 것만 써."

"그런 건 회사에서 다 뭐 쓰라고 알려주는 거예요?"

"아아아아니! 다 내가 찾아보고 쓰는 거야. 그래서 골치 아프지. 문제가 없나? 성분은 뭔가? 그런 거 확인해야 되니까. 약 쓰는 게 엄청 조심해야 돼. 운동선수들 약물 검사 걸리면 작살나는 거 봤지? 우리도 그런 거랑 똑같아. 우리 닭에서 항생제 성분 나오면 인증 취소되고 벌금도 어마어마하게 나온다고. 이 사람들이 오늘은 어쩌다 우연히 내가 있을 때 온 거야. 나는 원래 이 사람들 왔다 갔는지도 몰라. 병아리 들여놓으면 나한테 연락 같은 거 없이 그냥 아무 때나 와서 가져가서 검사하는 거야."

"확실하게 하네요."

고기로 태어나서

"공무원들이 그런 건 잘해."

"깔짚은 닭 빼고 버려요?"

"아니, 그건 비료 공장에서 가져가. 공짜로. 가져가고 나면 또 400만 원 들여서 새로 깔고."

"400만 원이나 들어요?"

"생각을 해봐. 건물이 몇 갠데. 열 동에 다 깔아야 되는데. 우리는 한 번만 쓰지만 그 돈 때문에 두 번 세 번 쓰는 농장 엄청 많아."

"아저씬 왜 그렇게 안 하세요?"

"닭이 안 자라니까. 나도 예전엔 세 번까지 쓰고 그랬어. 근데 바닥이 더러우면 닭들이 병도 잘 걸리고 살도 안 쪄. 400만 원 아낀 것보다 닭들이 살 안 쪄서 입는 피해가 더 큰 거지."

"어차피 마리당 3,000원씩 받는 거니까 상관없는 거 아니에요?"

"아니야, 마리당 받는 게 아니라 다 무게 재서 킬로 수로 받는 거야. 3,000원은 평균적으로 그 정도 받는다는 거지. 깔짚 계속 쓰면 마리당 3,000원씩 안 나와. 내가 얘기 했잖아? 나는 노하우가 있다고. 이런 것도 다 내 노하우야. 나는 다른 농장이랑 달라!"

#10월 15일(11일령)

폐사

1동-1마리/ 2동-7마리/ 3동-6마리/ 4동-1마리/

5동-3마리/ 6동-1마리/ 7동-1마리/ 8동-5마리/
9동-5마리/ 10동-6마리/ 총 36마리

병아리의 꼬리 깃털이 점점 넓어지고 길어진다. 날개의 솜털이 거의 다 빠지고 이제 하얀 깃털만 남았다. 위에서 내려다보면 날개가 등을 덮은 모습이 노란색 옷 위에 짧은 하얀색 망토를 두르고 있는 것 같다. 머리에도 변화가 생겼다. 윗부리와 이마가 닿은 부분에서부터 작은 돌기가 일렬로 솟아올랐다. 이 부위가 커서 벼슬이 되는 것 같다.

내 일이 닭을 키우는 거라고 생각했는데 그거야말로 착각이었다. 이곳에서 나의 보다 구체적인 역할은 닭을 죽이는 거다. 벌크 통이 비기 전에 사료를 주문하는 것도 아저씨고, 약을 주는 것도 아저씨고, 계사 온도와 습도를 조절하는 것도 모두 아저씨다. 내가 하는 일은 폐사를 줍고 (이제는 더 이상 피할 수 없게 된) 못난이들을 도태시키는 것뿐이다.

병아리가 아무리 작아도 목이 아무리 부드럽게 찢어진다고 해도 살아 있는 동물을 죽인다는 느낌이 사라지진 않는다. 그 느낌은 목을 비틀 때가 아니라 그 녀석이 바닥에 떨어져 날개를 퍼덕일 때 찾아온다. 닭은 살아 있을 때보다 목이 끊어졌을 때 더 격렬하게 움직인다. 그 정도 힘이 있었으면 왜 내가 목을 붙잡았을 때 쓰지 않았냐고 묻고 싶을 정도로.

상품성이 낮은 동물을 죽이는 걸 '도태'시킨다고 부르는데 오늘 도태시킨 병아리 하나는 몸길이가 검지 정도여서 아저씨가 봤다면 그런 놈이 아직까지 살아 있었다는 사실에 분통을 터트렸을 만큼 작았다. 이 녀석은 너무 작아서 도태시켰을 때 목이 떨어져 나갔다. 떨어져 나간 머리가 검은 구슬이 두 개 박힌 노란색 골무 같아 보였다.

조금씩 전문 용어가 가지고 있는 마법 같은 힘을 이해할 수 있을 것 같다. 병아리들을 '처리'할 때는 죽인다, 잡는다고 하는 대신 불량품을 도태시킨다고 중얼거린다. 하자가 생긴 물건을 처리하는 거다. 이건 도태다. 도태, 도태, 도태. 어느 순간엔 정말 닭을 죽이는 것이 문서를 파쇄하거나 삼각 김밥을 폐기하는 것처럼 사무적으로 와닿을 때가 있다. 도태 대신 B52나 비활성화라는 말을 썼다면 사무적인 순간이 더 늘어났을 것이다.

#10월 16일(12일령)

폐사

1동-1마리/ 2동-12마리/ 3동-11마리/ 4동-5마리/
5동-11마리/ 6동-5마리/ 7동-5마리/ 8동-8마리/
9동-11마리/ 10동-1마리/ 총 70마리

못난이를 잡아내라는 압박이 더 심해졌다. 이제 병아리는 병아리와 닭의 중간 단계에 있는데 작거나 아직 병아리 티를 벗지 못한 놈이 눈에 띄어 더욱 신경이 쓰이는 모양이다. 그래도 이제까지는 나랑 마주칠 때 한마디 하고 말았는데 오늘은 10동 폐사를 주울 때 따라 들어와서 내가 일하는 모습을 지켜봤다.

"저기, 저런 놈들 다 잡으라니까."

사장이 다른 닭에 비해 3분의 2 정도 크기인 놈을 가리켰다. 내가 도태시키던 놈들에 비해 조금 큰 편이었는데 웅크리고 앉으면 테니스 공 크기였다.

"출하할 때 보면 쫄이 엄청 많아. 저런 놈들이 닭 뺄 때까지 살아 있었으면 사료를 엄청 먹었다는 얘기야. 그러면 우리는 그 사룟값 감당 못 해. 그니까 보는 족족 저런 쬐까난 놈들 다 잡아내 버려. 이게 자네 일 중에서 제일 중요해."

울음소리도 많이 변했다. 삐약이 아니라 끼룩이라고 표기해야 실제 소리에 가깝다. 놀라거나 흥분했을 때 이런 소리를 내는 데 많은 수가 동시에 울어댈 때는 금산의 산란계 농장에서 들었던 소음과 크게 다르지 않았다.

#10월 17일(13일령)

폐사

1동-3마리/ 2동-6마리/ 3동-7마리/ 4동-8마리/

5동-9마리/ 6동-1마리/ 7동-2마리/ 8동-3마리/

9동-3마리/ 10동-2마리/ 총 44마리

고기로 태어나서

오후에 있었던 일이다. 3동인가 4동에서 폐사를 줍고 있었다. 병아리 한 마리가 눈에 들어왔다. 용케 지금까지 나나 사장의 눈을 피해 살아남은 아주 작은 녀석이었다. 탈장 증세가 있어서 5cm 길이의 보라색 내장이 항문 밖으로 삐져나와 있었다. 내장이 빛을 받아 번들거렸다. 반짝이거나 흔들거리는 물체는 닭의 호기심을 자극하기 때문에 이런 녀석은 쉽게 공격 대상이 된다. 몸집이 두 배 정도인 병아리 두 마리가 이 녀석의 엉덩이에 달라붙어 내장을 쪼았다. 그때마다 이 '못난이'는 감전당한 것처럼 움찔거렸다. 맞서 싸운다거나 멀리 도망을 치지도 못했다. 그저 한두 발짝 옮겨갈 뿐이었다. 병아리는 출입문 근처에서 계사의 가로 변을 따라 걸었다. 못난이를 공격하던 두 놈은 몇 발자국 따라가다 돌아섰다. 하지만 곧바로 그 주위에 있던 다른 병아리들이 못난이의 엉덩이에 다시 달라붙어 내장을 쪼았다. 그런 상황은 못난이가 벽에 다다를 때까지 반복됐다. 나는 그 병아리의 얼굴을 봤다. 내 느낌일 뿐이지만 그냥 포기한 얼굴 같았다. 아무것도 소용없다는 걸 깨닫고 고행승마냥 모든 고통을 받아들이기로 한 표정 같았다.

나는 왜 그 녀석이 주저앉지 않는지 궁금했다. 다른 놈들 앞에서 내장을 흔들어대지만 않아도 쪼이지 않을 텐데. 하지만 이 녀석은 절대 앉지 않았다. 그러다 다시 벽에 다다랐다. 이제는 주저앉을까 지켜봤는데 이번엔 방향을 90도 돌려 세로 변을 따라 걷기 시작했다. 세로 변이 가로 변보다 일곱 배 정도 길었다. 도태를 시킨다면 그런 놈을 시켜야 했는데, 분명 그 편이 그 병아리에게도 덜 고통스러운 길이었을 텐데 그렇게 하지 못했다. 내장을 쪼이며 걷던 그 주먹만 한 병아리 앞에 놓인 길이 너무 길어서 이건 내 능력 밖의 일이라는 생각밖에 들지 않았다. 나는 닭한테는 휴일이 없어, 닭한테는 주말이 없어, 하고 중얼거리며 계사를 빠져나왔다.

#10월 18일(14일령)

휴일

#10월 19일(15일령)

폐사

1동-7마리/ 2동-9마리/ 3동-8마리/ 4동-10마리/
5동-12마리/ 6동-9마리/ 7동-4마리/ 8동-4마리/
9동-2마리/ 10동-2마리/ 총 67마리

이제는 더 이상 병아리가 아니다. 닭이라고 부르기엔 여전히 카리스마가 부족하지만 병아리냐 닭이냐 둘 중 하나를 골라야 한다면 단연코 닭이다. 처음 도착했을 때는 길어야 검지만 했는데 지금은 대략 17cm 정도다. 특히 날개에 눈이 많이 간다. 병아리의 날개는 등에 달린 액세서리 정도로밖에 보이지 않았지만 지금은 모든 면에서 날 개답다. 이 녀석들이 하체의 살만 조금 빼면 날 수도 있을 것 같다. 지금 닭들은 노란 솜털에서 하얀 깃털로 옷을 갈아입는 중이다. 성장 정도에 따라서 절반 이상 갈아입은 놈이 있고 이제 막 갈아입기 시작한 놈들도 있다.

성장이 빠른 닭은 가슴에도 깃털이 돋았다. 목을 따라 내려온 깃털이 가슴께에서 한 줄은 왼쪽으로 다른 한 줄은 오른쪽으로 갈라졌다. 아랫배와 항문 주위에는 털이 거의 빠져 붉은 피부가 그대로 드러났다. 다른 부위에서도 노란 솜털이 빠지고 있는데 완전히 깃털로 대체된 게 아니라서 드문드문 붉은 속살이 비친다. 시스루 의상을 입은 것 같다. 다리에도 살이 많이 붙었다. 병아리 때는 노란색 테니스공에 이쑤시개 두 개를 꽂아 세워놓은 것 같았다. 지금은 다리 굵기가 새끼손가락 정도는 된다.

계사 온도가 예전보다 많이 낮아졌다. 입주 초기에는 35도 아니면 36도였는데 지금은 20도 후반에서 30도 초반이다. 깔짚은 만 마리가 넘는 닭들이 싸는 똥오줌 때문에 어두운 빛깔의 퍽퍽한 반죽 같은 상태로 변했다. 일주일 전만 해도 아주 연한 갈색에 알알이 흩어지는 부스러기였다. 바닥 가까이 얼굴을 대보면 톡 쏘는 암모니아 향이 나고 눈이 따갑다.

풀 베기는 오늘로 완전히 끝났다. 농장 안에는 더 이상 풀 벨 곳이 없다. 그래서 오후에는 사장 집 뒤뜰의 풀도 벴다. 돌아오는 길에 어떻게 양계장을 시작하게 됐냐고 그에게 물었다.

"근데 사장님은 닭을 기르시게 된 이유가 있어요?"

"이유?"

"예. 그러니까 소나 돼지가 아니라 닭을 기르는 이유요?"

"그거야 돈이 없었으니까. 병아리는 송아지나 돼지보다 싸잖아. 처음엔 양계장 할 돈도 없었어. 그래서 개를 키우다가 돈을 좀 모아서 닭을 시작한 거지. 닭은 지금처럼 건물 짓는 데 돈이 많이 안 들었어. 요새야 최첨단으로 냉방 난방 CCTV 환풍기 다 되어 있지만 그때는 비닐하우스 하나면 됐으니까. 그때는 난방도 다 연탄 때서 키웠어. 기르는 수도 훨씬 적었지. 요즘은 기본이 5, 6만 마리지만 나 시작할 땐 하우스 세 동에 전부해서 2,500마리였어. 그런데 그것도 많다고 다들 말리고 난리도 아녔어. 그 많은 걸 어떻게 팔 거냐고. 판매도 내가 직접 했거든. 그때는 회사에서 다 알아서 해주고 그런 거 전혀 없었지. 병아리 좋은 데 없나 알아보러 다니고 사료도 좋은 거 찾아다니고 상인들 불러서 값도 내가 매기고. 지금이 편키야 편치. 그래도 그때는 일하는 게 참 재미가 있었다. 그냥 봉급쟁이 같지는 않았으니까."

#10월 20일(16일령)

폐사

1동-4마리/ 2동-5마리/ 3동-6마리/ 4동-15마리/
5동-13마리/ 6동-7마리/ 7동-7마리/ 8동-8마리/

고기로 태어나서

9동-2마리/ 10동-8마리/ 총 75마리

무리로서의 닭은 각각의 자극에 반응하는 방식이 다르다. 소리에 반응할 땐 먼저 경계한다. 이들은 작은 소리에도 아주 민감하게 반응하는데 내가 '크흠' 하며 목청을 다듬으면 마치 하늘 위에서 신이 재채기라도 한 것처럼 모든 닭이 그 자리에 얼어붙어서 꼼짝도 하지 않는다. 3초 정도 초현실적인 정적이 계사를 가득 채운다.

반면 움직임에는 도망치는 것으로 반응한다. 독수리 같은 맹금류를 경계하는 본능이라고 어설프게 해석할 수 있을 것 같은데 가만히 선 채로 팔을 흔들어 그림자를 닭의 머리 위에서 흔들면 즉시 소리를 지르며 사방으로 도망친다. 닭을(특히 무리 지어 있는) 움직이게 하려면 발로 미는 것보다 고함을 지르는 게 더 좋다. 닭들에게 둘러싸이는 게 두려운 사람이라면 몽둥이보다 부부젤라를 들고 다니는 편이 더 도움이 될 거다.

많은 수의 닭을 실제로 움직이게 하는 건 소리나 그림자가 아니라 다른 닭이다. 실제 위협을 감지하고 놀란 닭을 본 다른 닭 역시 그 위협을 경험한 것처럼 놀라며 뛰어오른다. 사람 식으로 말하자면 누군가 미친 개에게 물릴 뻔했다는 이야기를 전해, 전해, 전해 들은 사람 역시 개와 마주치면 당사자만큼이나 놀라는 것이다. 강한 자극을 주면 주름을 없애기 위해 식탁보를 펄럭일 때처럼 놀란 닭들의 물결이 퍼져나간다.

닭에겐 이런 종류의 경계심이 꼭 필요하겠다는 생각이 든다. 이놈들은 날지도 못하고 빨리 오래 달리지도 못하고 독을 품고 있는 것도 아니다. 내가 알기로 닭이 다른 동물에게 치명상을 입히는 경우는 새벽마다 양념 반 프라이드 반을 주문하는 사람들에게 당뇨와 혈관 장애를 선사할 때뿐이다. 그러니 싸고 맛있다는 것 말고는 특별할 게 없는 동물에겐 자주 깜짝 놀랄 수 있는 능력이야말로 가장 중요한 본능이다.

닭은 동료애가 강한 동물은 아니어서 도망칠 때는 다른 놈들을 밀치고 올라타고 짓밟는다. 이 녀석들이 한 달 남짓한 기간이나마 멀쩡히 살아남으려면 항생제가 아니라 소방 대피 훈련이 필요할 것 같다.

나는 항상 이 농장의 계사가 닭에게 충분히 넓다고 생각했는데 그건 입주 초기에만 사실인 것 같다. 닭이 부쩍 큰 데다 활동력까지 왕성해진 지금은 이곳도 비좁다는 느낌이 든다. 닭은 먹거나 자고 있지 않을 때는 달리기를 한다. 상체를 앞으로 쭉 내밀고 날개를 힘차게 퍼덕이는데 얼핏 보면 목도리도마뱀이 달리는 모습과 비슷하다. 달리다 멈출 때는 펄쩍 뛰어오르며 가슴으로 근처에 있는 닭을 밀친다. 그러면 상대도 같은 방식으로 응수하는데 서너 번 부딪히고 난 다음 돌아선다. 어디까지나 놀이이자 힘자랑일 뿐 어느 쪽도 공격적이지는 않다. 여기서는 케이지의 닭들처럼 서로를 쪼아대는 모습을 보지 못했다.

닭들은 대개 50~60cm 정도 달리다가 다른 닭에게 가로막힌다. 가끔씩 1.3m~1.5m 정도를 내달리는 경우도 본 적이 있는데 그건 내가 계사를 돌아다닐 때 닭들이 나를 피해 도망가면서 생긴 공간에서 벌어진 일이었다. 평상시에는 그 정도 자리가 나지 않는데 다른 닭의 방해 때문에 대여섯 발자국(닭 기준으로) 전진하기도 힘들다. 벽이나 온풍기 주위처럼 닭들이 선호하는 위치에선 다른 닭을 밀치지 않고서는 움직

고기로 태어나서

일 수 없다.

#10월 21일(17일령)

폐사

1동-7마리/ 2동-13마리/ 3동-8마리/ 4동-12마리/

5동-6마리/ 6동-4마리/ 7동-3마리/ 8동-7마리/

9동-5마리/ 10동-1마리/ 총 66마리

"내가 혹시나 해서 쫄 좀 주워봤는데 너무 많아. 8동에서
만 한 상자 반이 나왔어. 그런 건 사룻값도 안 나와. 돈 버리면서 키우
는 거야. 그런 거 보이는 족족 잡아내서 냉동실에 쟁여놔. 쫄은 한 번
만 잡고 끝나는 게 아니야. 다른 닭들 크기 못 쫓아오는 놈들은 계속 잡
아내는 거야."

　닭을 죽일 때 느꼈던 불안감, 죄책감, 찝찝함이 점점 희미해진다. 당
연히 즐겁다는 건 아니다. 하지만 그 즐겁지 않다는 것도 닭을 죽여서
가 아니라 그게 일의 일부이기 때문인 것 같다. 양동이나 장갑에 묻은
피를 볼 때 잠깐씩 멈칫거리는 것만이 2주전의 나와 지금의 나를 이어
주는 유일한 연결 고리다.

#10월 22일(18일령)

폐사

1동-3마리/ 2동-17마리/ 3동-12마리/ 4동-7마리/
5동-9마리/ 6동-9마리/ 7동-8마리/ 8동-5마리/
9동-3마리/ 10동-1마리/ 총 74마리

닭은 이제 비둘기만 해 보인다. 통통한 배를 드러내고 죽은 놈들을 보면 아직 솜털이 조금 남아 있긴 하지만 팔팔 끓는 뚝배기에 담기에 부족함이 없는 몸매다. 닭은 망자에 대한 예의를 모르는 동물이라 죽은 동료를 밟고 다니는 건 기본이고 쪼아대고 먹기도 한다. 코끼리들이 이 먹성 좋은 친구들을 봤다면 근본 없는 것들이라며 혀를 찼을 거다.

#10월 23일(19일령)

폐사

1동-7마리/ 2동-17마리/ 3동-12마리/ 4동-10마리/
5동-5마리/ 6동-9마리/ 7동-3마리/ 8동-3마리/
9동-4마리/ 10동-7마리/ 총 77마리

고기로 태어나서

12시 전에 모든 작업이 끝났다. 풀을 다 베고 나서는 매일 이렇다.

"사장님은 닭 키우시면서 어느 때가 제일 힘드셨어요?"

"뭐 다른 데도 다 비슷하지만 농장도 IMF 때가 제일 힘들었지."

"사룟값 때문에요?"

"아니, 닭 기르는 건 그때나 지금이나 비슷해. 내 말은 돈 받기 힘들었다는 거지. 회사들이 다 부도나버리니까. 닭고기 팔던 회사들이 그때 문 엄청 닫았어. 그것만 있나? 닭 팔고도 돈을 못 받는 거야. 한 번만 못 받아도 개인이 하는 농장은 휘청휘청한다고. 그때가 제일 힘들었지. IMF 때 농장 문 많이 닫았다. 그러니까 돈 많이 안 돼도 하림 같은 데랑 하려는 거지. 그래도 조금이라도 더 벌려고 하면 개인으로 하는 거고. 개인 농장은 도박이야 도박. 잘돼서 큰돈 벌던가 아니면 쫄딱 망하거나."

아저씨가 꿈꾸는 은퇴 생활의 롤 모델은 여기서 기르는 강아지들이었다.

"저놈들 팔자 좋네. 자고 싶으면 자고 일어나고 싶을 때 일어나고 놀고 싶을 때 마음대로 놀고 가고 싶은 데 마음대로 가고. 밥은 사람들이 딱딱 시간 맞춰 챙겨주고. 나도 돈 많이 벌면 저놈들처럼 살고 싶네."

"지금이라도 그렇게 쉴 수 있잖아요?"

"나는 아직 멀었지. 우리 애들이 몇인데. 큰 애는 아직 대학도 졸업 못 했어. 애들 전부 대학 졸업하고 직장 구하고 결혼해서 애 낳고 자리 잡을 때까지 계속 일해야지."

#10월 24일(20일령)

폐사

1동-3마리/ 2동-12마리/ 3동-14마리/ 4동-7마리/
5동-8마리/ 6동-9마리/ 7동-3마리/ 8동-9마리/
9동-6마리/ 10동-1 마리/ 총 72마리

계사에서 무언가 아주 진하게 발효되는 냄새가 난다. 닭은 이제 럭비공만 하다. 죽은 닭을 네 마리만 담아도 통이 묵직해진다. 눈으로 봐서 성장 속도가 실감이 나지 않을 땐 들어 올려보면 안다.

아저씨는 10시 반쯤 농장에 도착했다. 그가 계사를 돌아다니며 온도 조절하는 걸 구경했다.

"사장님, 온도는 뭘 보고 조절하세요? 뭐 매뉴얼 같은 게 있어요? 며칠이면 몇 도로 하고 또 더 자라면 몇 도로 하고 하는 식으로?"

"그런 게 어딨어? 내가 보고 그때그때 조절하는 거지. 닭이 많이 큰 계사는 온도 좀 내리고 작은 데는 올리고."

"닭이 한 25일 정도 되면 다 크나요?"

"아니, 한 달 돼야 다 크지. 그런데 그때가 제일 많이 자랄 때야. 25일부터는 하루에 100g씩 커. 날이 추우면 한 80g 정도고. 날이 추우면 살찌는 속도가 좀 줄거든. 팔리면 한 달을 꽉 채워야 돼. 오늘은 바람이 좀 부네. 그럼 또 온도도 조금 올려놔야지. 그런데 오늘은 바닥이 어떤 거 같아? 많이 마른 거 같아 아니면 축축해?"

고기로 태어나서

"축축해요. 잠깐 꿇어앉았는데 무릎이 젖었어요."

"어제보다 오늘이 더 심한 거 같아?"

"어제 오늘 차이는 잘 모르겠어요. 요즘엔 많이 축축해요"

"아직 처음이라 내가 여태까진 얘기 안 했는데 바닥 상태도 그날 보고 너무 축축하면 나한테 얘길해줘야 돼. 이제 닭 뺄 때 다가오니까 발에 무좀 생기면 안 되거든."

"닭도 무좀이 생겨요?"

"사람 같은 무좀은 아니고 바닥이 축축하고 젖어 있으면 닭발에 염증이 생기지*. 그거는 못 써. 다 버려야 돼. 그러면 그만큼 내가 받을 닭값에서 다 깎이는 거야. 그래서 바닥 상태가 중요해. 발에만 문제가 생기는 게 아니야. 닭들이 바닥에 배를 깔고 앉잖아? 그럼 배에도 염증이 생겨. 그것도 다 못 쓰는 거야."

"그런 닭은 다 버리는 거예요?"

"아니, 문제가 있는 닭은 그 부위를 잘라내는 거지. 무게 줄어드는 게 다가 아니야. 문제가 있는 닭은 다 손으로 처리해야 돼. 도계할 때 아무 문제가 없으면 한 번에 기계로 싹 다 해버린다고. 그런데 문제 있는 놈들은 따로 사람을 써서 수작업으로 손질을 해야 한다고. 그러면

---

*   "축축한 자리깃은 육계 발바닥에 궤양을 야기할 수도 있다. 자리깃의 수분 함량이 증가할수록 이들 병변은 더욱 심해지는 것으로 확인되었다. 축축한 자리깃에 지속적으로 서 있게 되면 발바닥이 부드러워지고 이러한 상태가 지속되면 점차 이들 발바닥은 쉽게 손상될 수 있어 곧 발바닥 피부염에 걸릴 가능성이 높아진다." 〈양계연구〉, 2011.4.

그 수작업 하는 데 들어가는 비용은 내가 내는 거야."

"하림이 부담하는 거 아니에요?"

"아니지. 내가 키우다가 문제가 생겨서 추가 비용이 들어간 거니까 내가 부담하는 거지. 그래서 이런 게 많이 생기면 돈이 확 줄어든다고. 내가 우리 농장은 깔짚 한 번만 쓰고 버린다고 했지? 깔짚 더러우면 닭도 잘 안 크지만 잡을 때도 돈이 엄청 깨진다고. 그런 거 생각하면 돈이 들어도 한 번만 쓰고 바꾸는 게 좋아."

"요 며칠 바닥이 너무 축축한 거 같아서 바닥 좀 말려야겠다 싶어서 환풍기를 좀 돌렸더니 닭 냄새가 우리 집까지 나더라고. 이제는 닭들이 똥을 크게 싸서 처음보다 환기도 더 세게 해줘야 돼."

"그러면 환풍기를 계속 틀어놓으면 되잖아요? 그러면 바닥이 계속 보송보송할 거 아니에요?"

"차아암. 아니지. 환풍기를 계속 틀어놓으면 온도가 내려가지. 추우면 닭이 사료를 먹어도 살이 안 찌고. 그러니까 닭 기르는 건 이게 환기 싸움이야. 환기를 얼마나 자주 하냐, 이걸로 다 결정된다고."

"매일 오셔서 점검하는 게 온도랑 환기네요. 그것 말고 또 중요한 게 있어요?"

"뭐 그게 전부지. 이렇게 보니까 닭 기르는 거 쉬울 거 같지? 이게 보이기는 쉬워 보여도 안 그래. 그날 기온에 따라 계사 온도를 어느 정도로 할 건가? 닭이 병아리 때랑 좀 컸을 때랑 맞는 온도가 다 다르다고. 환풍기는 또 얼마나 돌려야 되나? 이게 제대로 맞추기가 얼마나 힘들다고. 그러니까 내가 하루에도 몇 번씩 돌아보면서 계속 조정하는 거야. 2, 3일만 잘못해도 차이가 확 나니까. 생각을 해봐. 딱 32일 키운다고. 애네 하루가 우리 사람들 하루가 아니야. 3일이면 이놈들 평생의 10프로야. 10프로, 안 그래?"

#10월 25일(21일령)

폐사

1동-10마리/ 2동-10마리/ 3동-12마리/ 4동-5마리/
5동-7마리/ 6동-7마리/ 7동-4마리/ 8동-4마리/
9동-3마리/ 10동-3마리/ 총 65마리

아무 일 없었다.

#10월 26일(22일령)

폐사

1동-2마리/ 2동-14마리/ 3동-9마리/ 4동-13마리/
5동-7마리/ 6동-9마리/ 7동-8마리/ 8동-3마리/
9동-10마리/ 10동-9마리/ 총 84마리

아무 일 없었다.

#10월 27일(23일령)

폐사

1동-6마리/ 2동-8마리/ 3동-6마리/ 4동-18마리/
5동-17마리/ 6동-16마리/ 7동-4마리/ 8동-5마리/
9동-5마리/ 10동-6마리/ 총 91마리

오후에 하림 직원이 와서 계사를 둘러보고 갔다. 본사에서는 대개 22, 23일령일 때 점검을 나오는데 그는 사장에게 닭 자라는 속도가 이번엔 좀 느린 것 같다고 했다.

이 시점에서 닭의 체형은 거북선과 유사하다. 둥글넓적한 몸통에 조그마한 머리가 얹혀 있다. 노란 솜털은 이제 머리와 목에만 남아 있다. 몸의 나머지 부위에는 하얀 깃털이 돋았다. 아직 깃털이 촘촘하지는 않아서 붉은 피부가 그대로 드러난 부위가 많다. 전체적인 색감은 얼룩덜룩하다. 언뜻 보면 하얀 닭에게 노란 마스크를 씌워놓은 것 같다.

머리와 몸통의 비율 차이가 커서 우스꽝스럽게 보인다. 몸은 닭인데 머리는 아직 병아리다. 사람으로 표현해보자면 몸은 스테로이드를 잔뜩 주사해 풍선처럼 불린 보디빌더인데 얼굴은 아직 사춘기도 되지 않은 소년인 꼴이다. 머리는 수십 년에 걸친 품종 개량의 성과와 그동안 섭취한 성장 촉진제의 효과가 드러나는 부위가 아니기 때문에 차이가 생기는 게 아닌가 싶다. 즉, 머리는 정상적인 속도로 자라고 있는 반면 목 아래로는 자연 상태보다 수십 배 빠른 속도로 크고 있는 셈이다.[*]

#10월 28일(24일령)

폐사

1동-7마리/ 2동-15마리/ 3동-14마리/ 4동-20마리/

5동-4마리/ 6동-8마리/ 7동-5마리/ 8동-7마리/

9동-1마리/ 10동-7마리/ 총 88마리

요즘은 한가하다. 폐사 줍는 게 끝나면 추수 끝난 들판의 허수아비만큼이나 할 일이 없다. 오후에는 시내에 다녀왔다. 반찬거리를 사고 나서 거리를 돌아다니는데 왠지 음침해 보이는 남녀가 나를 붙잡았다. 내가 사람이 좋으니까 붙잡혀준 거지 다른 사람들은 본체만체 지나가기 일쑤였다. 두 사람은 서울의 길거리에서 자주 들었던 애

---

[*]   "불행히도 성장 속도의 극단적 증가는 가축의 웰빙에 심각한 악영향을 초래했다. …… 몸이 너무 빨리, 너무 비대하게 커지는 바람에 심장과 폐가 그 성장 속도를 따라가지 못해 매년 영계 수백만 마리가 도축 표준 체중에 이르기 전에 심장마비로 사망한다. …… 닭이 갑자기 픽 쓰러져 죽는 현상은 이제 너무 흔해서 급사 증후군flip-over syndrome이라는 이름까지 생겼다." 진 바우어, 앞의 책.

기, 그러니까 천국이 가까워지고 있으며 자신들과 함께하면 천국으로 들어가는 열쇠를 얻게 될 거라는 취지의 이야기를 한참 동안 늘어놓았다. 들어보니 그들의 천국이 서울보단 확실히 살기 좋은 동네 같았지만 내가 가진 믿음은 김밥과 관련 없는 천국에 발을 들이는 것을 엄격하게 금지하고 있었기 때문에 안타깝지만 따라가지 못했다.

#10월 29일(25일령)

폐사

1동-4마리/ 2동-25마리/ 3동-9마리/ 4동-17마리/
5동-7마리/ 6동-7마리/ 7동-7마리/ 8동-8마리/
9동-6마리/ 10동-6마리/ 총 96마리

오후에 닭 무게를 쟀다. 대개 25일령일 때 중량을 확인하는데 한 동에서 무작위로 60마리의 무게를 재서 평균을 낸다. 5일 도착한 닭들은 1,110g대였고 6일 도착한 닭들은 1,100g대였다.

"닭들이 지금쯤 무게가 얼마 정도 나와야 잘 크는 거예요?"

"1,500g에서 2,000g 정도 돼야지, 지금쯤."

"그러면 많이 모자라는 거네요? 그럼 어떡해요? 이제부터 성장 촉진제라도 더 먹이나요?"

아저씨가 어이가 없다는 듯 웃었다.

고기로 태어나서

"뭐? 하이구, 그게 안 그래. 첨가제 먹인다고 그렇게 자라면 닭 키워서 돈 못 버는 사람 하나도 없게. 닭이 자라는 정도가 한번 틀이 잡히면 약 먹인다고 달라지지 않아. 이런 건 병아리 때 환기를 잘못했거나 온도 조절을 잘못한 거지. 그때 평생 자라는 틀이 잡히거든. 내가 지난번에도 얘기했잖아? 닭 키우는 게 설렁설렁 돌아다니기만 하는 것 같아도 엄청 어려워. 그때그때 온도 습도 정확하게 해주는 게 엄청 까다롭다고. 그래도 우리 농장 정도로 관리하는 것도 아무나 못해. 다른 농장가 봐. 하루에 수백 마리씩 죽어난다고."

"수백 마리요? 하루에요?"

"그래. 너 이런 데 있다가 그런 데 가면 힘들어서 일 못 해. 폐사 끄집어내는 데만 하루 종일 걸린다고."

"사장님 노하우는 뭐예요?"

"내 노하우? 아, 그거는 뭐라고 말로는 설명을 못 하지. 30년 동안 닭 키우면서 손에 익은 감이지."

"그러면 팔기 적당한 무게는 얼마예요?"

"1,700g. 그나저나 무게 안 나가는 것들은 일요일 날 미리 출하해야겠다."

"그래도 돼요?"

"원래 무게 안 나가는 것들은 27일령이나 28일령' 때쯤 빼. 요놈들은 튀김 닭인데 한 1,400g이면 되거든. 요것들은 도계하면 한 1,120g 정도 남지."

"정상적으로 출하하면 생닭으로 파는 거예요?"

"그렇지. 하여간 잘 길러야지. 내 전 재산이 다 들어간 놈인데. 그래야 나도 밥 벌어먹고 살고 자네도 밥 먹고 살지."

#10월 31일(26일령)

폐사

1동-19마리/ 2동-67마리/ 3동-21마리/ 4동-21마리/

5동-14마리/ 6동-10마리/ 7동-11마리/ 8동-14마리/

9동-3마리/ 10동-10마리/ 총 190마리

갑자기 폐사가 급격하게 증가했다. 2동 같은 경우엔 평소보다 네 배 가까이 늘었다. 몇 마리 줍기도 전에 통이 무거워져서 출입문에 죽은 닭을 쏟고 다시 줍기를 일고여덟 번 반복해야 했다. 이제 닭이 1kg이 넘으니까 2동에서만 내 몸무게만큼의 닭이 죽은 거다. 오늘은 아저씨도 침착함을 유지하지 못했다.

"야, 2동 닭 폐사한 거 열 마리만 빼놔라. 닭이 너무 죽어서 수의사를 불러야지 안 되겠다."

수의사는 머리가 희끗희끗한 50대 남자였다. 그는 타성의 바다 밑바닥을 기어 다니는 게 같은 사람이어서 아무리 질문을 던져도 도무지 구체적인 대답을 얻어낼 수가 없었다.

"보라고, 닭이 지금 아랫배만 녹색으로 변했잖아? 어떤 동물이든 죽으면 내장 있는 데가 제일 먼저 썩는다고. 음식물이 아직 거기 남아 있어서."

그는 닭의 목을 갈라 본 다음 내장을 확인했다.

"기도는 깨끗하고…… 신장에 물이 좀 찼고…… 아이구 장염이네, 장염. 여기 봐. 장에 피가 나잖아. 장염이네."

"장염은 왜 생기는 거예요?"

"음…… 그냥 장염이 생긴 거야."

"예. 장염에 걸린 건 알겠는데 뭣 때문에 걸린 거냐고요?"

"병에 걸린 거지…… 닭들이."

"예, 그러니까 제 말은 병에 걸린 무슨 이유가 있을 거잖아요. 그 이유가 뭐냐고요?"

"하…… 참…… 이유는 무슨, 동물도 병에 걸려 사람처럼."

"예. 그건 알겠는데 이 닭들이 발기부전이 아니라 장염이라는 병에 걸린 구체적인 원인이 있을 거잖아요, 그게 뭐냐고요?"

"아유 그런 거 없어. 그냥 그런 거야."

그렇죠. 과학 발전의 원동력이 된 힘이 바로 그런 자세죠. 그냥 그런 거야. 청문회 나가시면 잘하시겠어요.

쓸 만한 대답은 사장에게서 들을 수 있었다.

"아, 사료가 바뀌어서 그래. 닭이 많이 자라서 사료가 달라졌거든. 먹는 게 달라지니까 민감한 놈은 탈이 나는 거지. 시기별로 사료가 조금씩 달라져."

"그럼 폐사는 대부분이 장염 때문에 생기는 거예요?"

"꼭 장염 때문은 아니고. 이유는 많아. 사료 안 맞으면 많이 죽고 또 약 잘못 쓰면 많이 죽고. 사료도 약도 아닐 때는 호흡기나 대장균 중 때문에 많이 죽지. 환기가 제대로 안 되면 그래.* 그래서 내가 닭 키우는 건 환기 싸움이라고 하는 거야. 바닥 축축한 것뿐 아니라 병이 생기고 안 생기고도 다 환기에 달렸거든."

#11월 1일(27일령)

폐사

1동-22마리/ 2동-63마리/ 3동-8마리/ 4동-13마리/
5동-15마리/ 6동-20마리/ 7동-6마리/ 8동-5마리/
9동-11마리/ 10동-11마리/ 총 174마리

폐사가 줄지 않아서 2동 닭은 먼저 뺐다.

---

* "자리깃이 젖으면 암모니아 발생이 많아지는데 10~20ppm의 농도로도 호흡기 상피 세포와 점막층에 손상을 미쳐 면역시스템이 억제될 수 있다." 〈양계연구〉, 2011.4.

#11월 2일(28일령)

폐사

1동-12마리/ 2동-X /3동-20마리/ 4동-19마리/

5동-18마리/ 6동-9마리/ 7동-19마리/ 8동-8마리/

9동-10마리/ 10동-8마리/ 총 123마리

어제는 정신이 없어서 아무것도 못 썼다. 닭이 커서 폐사를 줍는 데만 다섯 시간이 걸렸다. 어제 오후 또 오늘 오후에도 닭 무게를 쟀다. 어제 보고한 무게가 너무 적다며 회사에서 다시 확인해보라고 연락이 왔다. 나야 이 정도 크기가 적당한지 어떤지 감이 없는데 아저씨 반응을 봐선 꽤나 부족한 모양이었다.

"허따, 그놈의 닭들 징그럽게 안 크네. 사료가 시원찮아 저러는 거야. 사료를 이런 거 먹이고 어떻게 키우라는 거야. 사료가 친환경이라 그런가 영 살이 안 찌네."

6동 닭은 여전히 1,100g대였다. 그렇지만 5일에 도착한 닭들은 별다른 문제가 없었다. 3, 4, 5동 닭들은 1,500g대였는데 이 정도면 일반적인 수준이었다.

"그래도 다행이네. 이놈들도 저쪽 놈들 같았으면 목요일 날 못 뺄 뻔했어. 제때 못 빼면 그 사룟값이 다 얼마야? 어제 우리가 무게를 잘못 쟀는가 보다. 하루 사이에 이렇게 차이가 많이 나는 걸 보니 어제는 너무 앞쪽에서 쟀는가 봐."

"앞쪽에서 잰 게 왜요?"

"문 있는 쪽이 언제나 온도가 낮거든. 추우면 살이 안 쪄. 그니까 저 안쪽에 있는 놈들이랑 문 바로 앞에 있는 놈들이랑은 무게 차이가 좀 나지. 그리고 출하는 6시부터 할 거야."

"6시요? 왜 그렇게 늦게 하는 거예요?"

"그것도 엄청 일찍 하는 거야. 닭 빼는 건 원래 밤 늦게 하거나 아니면 새벽에 해."

"왜요?"

"그래야 안 기다리고 아침에 도계장 들어가면 바로 잡을 거 아냐? 지금처럼 날씨 추울 때 또 여름에 더울 때는 차 안에서 닭 많이 죽어. 그런데 어중간하게 빼봐. 그러면 차에서 하루 종일 기다려야 한다고. 그러니 새벽에 빼서 아침에 바로 잡아야지. 트럭이랑 상차반 오면 사료통이랑 급수관 있잖아, 그거 도르래 돌려서 전부 올려놔. 닭 뺄 때는 차가 계사 안으로 들어가야 돼. 그러니까 안 부딪히게 아주 높이 올려놔."

"상차반이 뭐예요?"

"닭을 차에 싣는 일만 하는 애들이 있어. 한 열댓 명. 걔들을 상차반이라 그래."

"그럼 그 사람들이랑 같이 닭 실으면 돼요?"

"아아니! 그건 걔네들이 알아서 할 거야. 너는 사료통이랑 거시기 올려놓기만 하면 돼. 처음 하는 사람은 걔네 못 따라가. 너는 그냥 그거 올려놓고 들어와서 쉬어."

고기로 태어나서

상차반은 7시, 8시가 지나고 9시가 가까워져도 도착하지 않았다. 나는 아저씨가 시킨 일을 5시쯤 해두었는데 8시쯤 아저씨가 원래대로 내려놓았다.

"이거는 미리 내리면 안 돼. 닭은 보통 도계하기 한 8시간 전부터 굶겨. 그러니까 차에 싣기 전까지는 사료랑 물을 충분히 먹여줘야 무게가 잘 나와. 상차반 애들 도착해서 차에서 내리면 그때 올려. 걔네들이 옷 갈아입고 좀 쉬었다 하기 때문에 상관없어."

9시가 지나서 닭장차가 먼저 도착했다. 짐칸에 대형 닭장이 설치된 5톤 트럭이었다. 닭장은 녹이 잔뜩 슬어 있었는데 한 칸 높이가 20cm, 가로 110cm 세로 90cm 크기였다. 이런 케이지가 좌우로 모두 120칸 있었다. 한 칸에 닭 30마리가 들어가는데 3, 4마리가 더 들어갈 때도 있다. 트럭 한 대에 닭 3,600마리가 실렸다.

상차반은 30분 정도 더 지나서 도착했다. 한국인 남자가 운전하는 승합차에서 유럽인처럼 보이는 건장한 젊은이 열댓 명이 내렸다. 모두 피부가 하얗고 검은 곱슬머리에 눈은 크고 코는 오뚝했다. 내가 도르래를 돌리고 있을 때 그들이 계사의 차량용 출입문을 열고 트럭이 들어오는 걸 거들었다.

"오라이! 오라이! 아, 아, 스톱! 핸들 이빠이! 오케이! 오라이 오라이!"

사용하는 어휘만 놓고 보자면 일본인이라고 봐야 할 것 같았다. 그들은 작업을 시작하기 전에 등을 모두 껐다. 그러자 놀라운 일이 벌어졌다. 닭들이 전부 벽으로 몰려가더니 서로 바짝 달라붙은 다음 웅크리고 앉았다. 자세뿐만 아니라 활기도 바람 빠진 배구공처럼 쪼그라들었다. 움직이거나 우는 녀석은 없었다. 상차반이 다리를 잡고 들어 올려도 푸드덕대지 않았다. 계사 안에선 사람을 제외하곤 움직임이 사라졌다. 그들은 빠르고 능숙하게 움직였는데 양손에 닭을 스무 마리 넘게 붙들고 있었다. 마치 깃털로 만든 꽃다발을 든 것 같았다. 모든 닭을 다 잡지는 않았고 작아 보이는 것들은 내버려뒀다.

트럭 한 대가 가득 차는 데 40분 정도 걸렸다. 다음 차가 대기하고 있다가 바로 들어갔다. 2동의 닭을 전부 싣는 데 세 시간 정도 걸렸다. 트럭은 농장 입구에 설치된 차량용 저울에서 무게를 확인하고 농장을 빠져나갔다.

운전을 하던 사람이 상차반 팀장이었는데 상차 작업은 하지 않았다.

"불은 왜 끄는 거예요?"

"놀라지 말라고. 닭이 몸부림치고 파닥대고 그러다 상처 나면 상품에 하자 생기는 거 아냐? 저게 다 돈인데 멀쩡히 키운 거 멀쩡히 갖고 가야지."

"도계장은 어디 있어요?"

"하나는 보령, 하나는 무안. 그런데 닭이 작아서 걱정이네."

"닭이 작으면 상차반 돈이 줄어요?"

"아니, 그게 아니라 작은 닭은 이렇게 추울 때 옮기면 도중에 얼어 죽어. 갑빠라도 하나 씌워야 되나……."

"저 사람들은 어느 나라 사람이에요?"

"이집트."

고기로 태어나서

"정말요? 그럼 일한 지는 얼마나 됐어요?"

"한 2년 반 됐을 걸. 저거 봐. 한국 사람들은 닭 안 다치게 하면서 쟤들처럼 저렇게 빨리 못해. 쟤들은 이제 완전히 프로야 프로."

"상차반은 월급이 얼마나 돼요?"

"토, 일 쉬고 200만 원. 180만 원인 애도 있고."

"나쁘지 않네요. 주말도 쉬고"

"주말 쉰다고 편할 것 같지? 안 그래. 얘네 숙소가 증평인데 자네야 일 끝나고 바로 숙소 들어가서 쉴 수 있지만 얘네들은 일 끝나고 또 차 타고 몇 시간을 가야 돼. 농장이 전국 곳곳에 있잖아. 일도 맨날 새벽에 해야 되고 차 타고 왔다 갔다 하고. 자네는 계사 들어가도 난방 다 될 때 들어가잖아? 저 친구들은 이렇게 문 다 열어두고 찬바람 맞으면서 일한다고. 이 일 힘들어. 그러니까 아무도 안 하려고 해서 외국 애들 갖다 쓰는 거 아냐."

#11월 3일(29일령)

폐사

1동-9마리/ 2동-X/ 3동-17마리/ 4동-24마리/
5동-21마리/ 6동-7마리/ 7동-15마리/ 8동-15마리/
9동-10마리/ 10동-15마리/ 총 133마리

오늘도 무게를 쟀다. 가장 가벼운 1동과 6동 닭을 내일 새벽 4시에 빼기로 했다. 이들 역시 튀김용이었다. 4동은 어제 1,500g대였는데 오늘은 1,550g이었다. 하지만 하루에 50g씩 살이 찌는 걸로는 부족하다. 아저씨 말로는 이 시기엔 하루에 80g씩 늘어야 목요일 날 1,700g을 맞출 수 있다고 했다. 반대로 잘 크는 곳은 살찌는 속도가 순조로워서 이미 1,600g대였다.

"이놈들은 좀만 더 놔두면 겁나 돈 벌겠는데 빼 간다네."

"닭 빼는 건 회사가 결정하는 거예요?"

"그렇지."

"며칠 더 키우겠다고 하면 안 돼요?"

"그게 그렇게 간단하지가 않지. 더디게 찐다고 더 키우면 거기 들어가는 사룟값이 얼마야? 그건 나도 감당 못 하고. 또 회사도 닭 빼는 일정이 다 있는데 이게 한두 시간 해서 끝낼 일이 아니잖아? 우리만 해도 닭 다 빼려면 나흘이 넘게 걸리는데 회사가 관리하는 농장이 한둘이냐? 우리가 늦어지면 다른 농장도 다 늦어지니까 그렇게 못 하지."

#11월 4일(30일령)

1동-X/ 2동-X/ 3동-18마리/ 4동-15마리/

5동-26마리/ 6동-X/ 7동-12마리/ 8동-7마리/

9동-5마리/ 10동-3마리/ 총 86마리

새벽에 1동, 6동 닭을 뺐다. 6동 닭은 1,380g으로 적정 몸무게에 간신히 다다랐다. 상차반은 모두 여덟 명이었다. 처음 봤을 때는 젊은 남자들 특유의 경계하는 태도 때문에 서먹했다. 어색했던 분위기는 의외로 쉽게 풀렸다. 내가 이 친구들 사진을 찍으려고 하자 껄껄 웃으면서 포즈를 취했다.

그들은 전자 제품에 관심이 많아서 사진기를 돌려 보며 어느 회사 제품이고 얼마인지를 물어봤다. 사진기를 내게 돌려줄 땐 구강암 환자의 입 안 사진이 커다랗게 찍힌 이집트 담뱃갑을 함께 건넸다.

이집트인들은 20대 후반에서 30대 후반 사이였다. 모두들 친구처럼 격 없이 지내는 것 같았다. 웃고 떠드는 모습이 그 나이 때 한국 젊은이들과 다르지 않았다. 컨테이너는 금세 남학생 기숙사처럼 변했다. 한 사람은 단어를 나열하는 수준이긴 했지만 한국어를 할 줄 알았다. 이집트인들 중에선 어린 편에 속하는 아주 잘생긴 남자였는데 이 친구가 한국인과 동료들 사이에서 통역을 해주곤 했다. 하지만 다른 사람들도 정확하게는 아니지만 말은 알아듣는 것 같았다.

"항궁 사람?"

그가 물었다(이름을 미처 물어보지 못했는데 그냥 하무드라고 해두자).

"예."

"어디?"

"서울."

"서?"

"서울이요. 서! 울!"

"아, 세울, 세울."

하무드는 고개를 돌려 동료를 향해 '세울'이라고 확인시켜줬다. 술잔을 돌린 것처럼 '세울'이라는 단어가 좌중을 빙 돌았다.

"와이프 있어?"

"없어요."

"나이 몇?"

나는 손가락으로 나이를 표시해 보였다.

"왜 와이프 없어? 나, 이 사람, 이 사람, 저 사람 와이프 있어. 아들 있어. 딸 있어. 와이프 왜 없어?"

설, 추석, 하다 못해 사촌 동생 결혼식도 아니고 정읍의 양계장에서 이집트 사람들에게 둘러싸여 받게 될 거라고는 상상도 해본 적 없는 질문이었다. 여럿이 모인 자리에서 왜 아직까지 결혼 안 했냐는 질문을 받는 것은 어디에서건 피할 수 없는 일인가 보다. 하무드에게 예쁜 처제가 있는지 물어보고 싶었지만 처제를 손짓으로 표현할 방법이 없어서 포기했다. 그가 다시 와이프 없냐고 묻기에 살짝 목소리를 높였다.

"와이프 없다니까요."

"아니, 여기 와이파이 없냐고? 와이파이."

"아, 와이파이요? 없어요."

식사는 어떻게 하냐고 묻자 장은 팀장이 봐서 오고 요리는 자신들이 직접 해 먹는다고 했다.

"쉬는 날 뭐해요?"

고기로 태어나서

"토요일, 목포, 나잇 클럽!"

그가 "나잇 클럽"이라고 말하자 주변에 있던 사람들이 일제히 "디스코!" 하고 외쳤다. 유쾌한 친구들이었다.

상차반은 작업에 들어가기 직전에 옷을 갈아입었는데 그 모습엔 어떤 의식을 치르는 듯한 엄중함이 있었다. 먼저 내복을 두 겹씩 껴입고 아래는 추리닝을 입은 다음 그 위에 옛날식으로 말하면 몸빼, 요즘 식으로 말하면 낙하산 바지를 입었다. 위에는 두툼한 셔츠를 입고 그 위에 후드 티를 입었는데 마스크를 쓴 다음 후드를 뒤집어썼다. 손에는 헌 양말에 구멍을 뚫어 낀 다음 코팅 장갑을 꼈다. 그러고서 부들부들 떨며 계사로 향했다.

#11월 5일(31일령)

폐사

1동-X/ 2동-X/ 3동-X/ 4동-X/ 5동-X/ 6동-X/
7동-8마리/ 8동-10마리/ 9동-X/ 10동-X/ 총 18마리

닭을 빼기 시작한 후부터는 낮과 밤이 바뀐 생활을 하고 있다. 아침에 상차반이 떠나고 폐사를 주운 다음 대충 아침을 챙겨 먹고 10시쯤 잠이 든다. 내가 닭을 싣지는 않지만 사료통을 올리고 칸막이를 치우는 일을 해야 하고 또 그것들은 미리 해둘 수 없기 때문에 작업

이 끝날 때까지 나도 깨어 있어야 한다. 게다가 상차반이 작업 중일 때는 트럭 기사들이 들어와 담배를 피우고 떠들어댔기 때문에 잘 수도 없었다.

사장은 내게 신경을 써주는 편이어서 오후에는 아무 일도 시키지 않는다. 다만 그의 관심이 아직까지도 온수기에는 미치지 않았는데 그 대가는 상차반이 가장 혹독하게 치르고 있다. 이들은 하루 중 가장 기온이 낮은 이른 새벽에, 게다가 수가 많아서 창고 안에 들어가지도 못하고 밖에서 찬물로 샤워를 한다. 몸에 물이 닿으면 불이 붙은 것처럼 몸에서 김이 솟아오른다.

내 예상과는 정반대로 폐사 줍기는 닭을 빼고 난 다음이 가장 힘들다. 각 동마다 상차반이 내버려두고 간 못난이들이 수십 마리씩 남아 있었다. 이들은 쓰레기였기 때문에 수를 세지 않았다. 어림잡아 동마다 60마리 정도는 됐던 것 같다. 이 녀석들은 죽이는 게 아니라 잡는 것부터가 문제였다. 닭들이 가득했을 때는 도망쳐도 금방 잡을 수 있었지만 계사 안이 활주로마냥 텅텅 빈 지금은 닭 한 마리를 잡으려면 수십 미터를 전속력으로 달려야 한다. 그렇게 뛰고도 놓칠 때가 허다했다. 닭들이 워낙 빨라서 손으로 붙잡는 건 어림도 없는 일이었고 적당히 가까워지면 빗자루를 던져서 닭을 쓰러뜨렸다. 한두 동 해보다가 힘도 시간도 너무 많이 들어서 출하 다 끝나고 한꺼번에 할 생각으로 계사 문만 닫아두고 나왔다.

#11월 6일(32일령)

전부 출하

많은 사람이 불평하듯이 스마트폰 때문에 사람들이 시간을 보내는 모습은 전 세계 어디서나 비슷해졌다. 정읍의 양계장+새벽의 컨테이너 숙소+이집트인 상차반+한국인 잡놈(나)의 조합도 예상외의 결과물을 내놓진 못했다. 모두가 핸드폰을 붙들고 페이스북 업데이트를 확인하거나 리암 니슨이 나오는 액션 영화를 다운받아 본다. 이들과의 만남에서 가장 이국적인 순간은 누군가 내게 육개장 사발면을 들이밀며 이 안에 돼지고기가 들어 있냐고 물었을 때였다. 내가 스프에 들어 있다고 하자 그는 잠시 망설이다가 면만 부수어 먹었다.

#11월 7일

닭 없음

닭들에게 출하는 휴거 비스무레한 경험이 아닐까 싶다. 온 세상이 어두워지면 선택받은 닭들은 공중으로 들어 올려져 반대편 세상으로 떠나버리고 지상에 남은 닭들에겐 끔찍한 최후가 다가온다. 후자의 경우엔 빗자루를 든 내가 바로 끔찍한 최후였다. 이 닭들이 지은 죄는 명백했다. 충분히 살이 찌지 못한 죄. 판매 가능한 상품이 되지 못한 죄. 비싼 사료를 낭비한 죄.

상차반이 두고 간 닭들이 계사마다 가득했다. 죄인들은 계사 모서리에 모여서 서로의 체온으로 추위를 견디고 있었다. 닭들에겐 이 모든 것이 낯설 것이다. 계사 안 가득한 냉기도, 어둠도, 굶주림도, 목마름도. 닭들에게 유일하게 익숙한 존재는 나였을 거다. 매일 아침마다 동료들의 목을 부러뜨리며 돌아다니던 커다란 인간. 이제는 미뤄왔던 일을 끝내야 했다. 먼저 패자부활전이 있었다. 사장이 몸집이 큰 놈들로만 30마리 정도 골라놓으라고 지시했다. 주위 사람들에게 나눠줄 거라고 했다. 나머지는 전부 비활성화시켰다. 무리와 떨어져 있던 놈들은 지난번처럼 빗자루를 들고 뛰어다니며 붙잡아야 했다. 구석에 몰린 닭은 도망가지 못하게 주위에 상자를 쌓아둔 다음 한 마리씩 한 마리씩 목을 부러뜨렸다. 배가 고파선지 얼이 빠져선지 닭들은 바로 옆에서 목이 떨어져 나간 닭이 푸드덕대도 아무런 반응을 보이지 않았다.

무감각한 건 나도 마찬가지였다. 10동에서부터 차례대로 작업했는데 얼마나 많은 닭을 죽였는지 모르겠다. 수백 마리는 될 것 같다. 어느 순간부터 정말 아무런 느낌도 들지 않았다. 손에 '투두둑' 하고 닭의 명줄이 끊어지는 느낌이 전해져도 정말 아무 느낌도 들지 않았다. 나무젓가락을 부러뜨릴 때만큼의 감정도 소모하지 않고 닭의 목을 비틀었다. 내 발 주위는 무도병에 걸린 것처럼 사지를 흔들어대는 닭으로 가득했다. 잠깐, 정말 찰나의 100분의 1 정도의 순간 동안 예전의 일기에 적어놓은 그런 감정들, 미안함, 불편함, 찝찝함 같은 것들이 느껴질 것 같았지만 금세 짜증과 피로에 묻혔다. 이런 식이면 사람도 죽일 수 있을 것 같았다.

"언제나 삶의 밝은 면을 보세요."

에릭 아이들, 〈언제나 삶의 밝은 면을 보세요〉

돼지고기의 경우

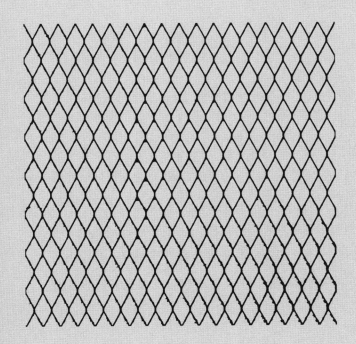

종돈장 _경기도 이천

†††††††

우리에게 시간은 전진하는 게 아니야.

회전할 뿐이지.

이곳에서의 시간은 고통을 중심으로 회전하는 것 같아.

삶을 마비시키는 부동성.

일상의 세세한 상황까지 불변의 패턴에 따라 규제하기.

_오스카 와일드, 《심연으로부터》

#1

"여기는 고기가 목적인 돼지를 기르는 곳이 아니에요."

남자가 말했다.

"소개소에서 얘기 들었죠? 종돈장이라고. 그러니까 우리는 좋은 유
전자를 가진 번식용 돼지를 기르는 거예요. 그럼 다른 농장에서 우리
암돼지를 사다가 교배를 시켜서 거기서 나온 돼지들을 고기용으로 키
우는 거지. 간단히 말해서 여기선 엄마 돼지를 길러서 파는 거야."

닭과 달리 돼지는 성장 정도에 따라 각각 다른 축사에서 사육한다.
내가 처음으로 돼지 농장에서 일한 것은 2010년 무렵이었다. 과거 양

돈장에서 나는 새끼 돼지들을 출산하는 곳인 분만사와 어느 정도 자란 돼지들을 출하시키기 전까지 살찌우는 곳인 비육사에서 일했다. (이 외에도 많은 부서가 있다.) 어느 부서에서나 나처럼 아무런 기술도 경력도 야심도 없는 직원이 하는 일은 똑같았다. 똥 치우기. 아무도 믿어주진 않았지만 양돈장에서 일한 3개월 동안 내가 치운 똥을 모두 쌓으면 국회의사당을 가득 채울 수 있었을 거라고 떠들고 다니곤 했다. 그때는 여기서 나가면 양돈장에 다시는 가지 않겠다고 다짐했었지만 기이한 운명이 나를 다시 한 번 양돈장 사무실에 앉혀놓았다.

방 안에는 수백 개의 작은 도자기 돼지 인형들과 표창장, 위촉장, 감사패 들이 가득했다. 그중에는 새마을운동에 기여한 공로로 박정희 대통령에게 받은 것도 있었다.

"아, 나는 사장은 아니고 여기 창립자예요. 지금 사장이 내 아들이에요. 걔가 영국에서 대학을 나왔는데 돼지에 대해서라면 개만큼 잘 아는 사람이 없어. 농장 일은 이제 걔가 다 알아서 하고 나는 일주일에 한두 번씩 나와서 사무 좀 보고 그러지."

"여기 키우는 돼지 수는 얼마나 돼요?"

"모돈이 300마리 정도 있지."

"그게 다예요?"

내가 조금 실망했다는 투로 대답했다.

"예전에 있었다던 농장에서 일을 제대로 안 배웠네. 모돈 수 말하면 전체 두수가 딱 나오는 거야. 모돈이 300이면 전체는 곱하기 10해서 3,000인 거지."

모돈은 어미 돼지를 가리킨다. 양돈장에선 모든 시설이나 명칭에 돼지 '돈豚' 자를 붙여서 부른다. 수컷은 웅돈, 어린 돼지는 자돈, 축사는 돈사, 돼지우리는 돈방, 이런 식으로.

"아, 그런 거예요? 그럼 여기는 종돈만 기르나요? 고기용으로 기르는 건 전혀 없어요?"

"이게 참 신기한 게 신의 섭리가 말이지…… 종교 있어요? 나는 교회 다니는데 어미가 새끼를 낳으면 어떻게 그렇게 되는지 몰라. 암놈이 50%, 수놈이 50%, 딱 이렇게 나와. 이게 어느 한쪽이 너무 많거나 적으면 문제가 생길 텐데 그러는 법이 없어. 그렇게 나온 새끼들 중에 건강하고 잘 자라서 종자로 쓰는 놈이 있고 뭐 다리에 좀 문제가 있다, 살이 잘 안 찐다, 그렇게 문제가 있는 것들은 그냥 도축장에 보내지.

예전에 분만사랑 비육사에 있었다고 그랬지? 그럼 종부사 쪽 일은 잘 모르겠네. 이제 수놈 한 마리로 예전에는 암놈 일곱 마리를 임신시켰다고. 근데 그렇게 하면 생산성이 없지. 그래서 요즘엔 수놈 정액을 체취해서 그 정액을 우리가 현미경으로 다 확인해, 문제없는지. 그래서 문제없는 놈들 걸 희석을 해서 그걸 암놈 30마리한테 집어넣어. 그렇게 임신시키는 거야."

"그럼 새끼는 얼마나 낳아요?"

"보통은 20마리면 생산성이 좋다고 하지. 그걸 산자 수라고 하거든. 우리는 그 정도론 안 돼. 우리는 산자 수가 30마리 정도는 돼야 괜찮게 보지."

"돼지가 몇 kg이면 출하하는 줄 알아? 115kg이 되면 잡는 거야. 그게 180근 좀 더 될 거야. 그렇게 기르는 데 180일이 걸려. 그런데도 우리는 165일이면 그 무게가 나와. 그런 게 다 생산율을 높이는 거라고. 180에서 165를 빼면 얼마야? 15잖아? 돼지가 하루에 사료를 3kg 먹는 다 치면 15일 동안 45kg 먹는 거지. 사료 1kg에 500원이라고 하면 얼마야? 오오 이십오, 오사 이십, 생산비가 한 마리당 2만 2,500원이 주는 거야. 이런 게 쌓이면 어마어마한 거라고. 대한민국에서 우리처럼 생산율 높은 데 거의 없어.

테스팅 스테이션이란 것도 있어. 돼지 열 마리가 있다고 쳐. 그러면 이놈들한테 똑같은 사료를 똑같은 분량만 먹이는 거야. 그래서 어떤 놈이 가장 살이 빨리 찌나, 또 그런 것들 중에서 지방이 많은 것, 살코기가 많은 것은 어떤 건가 다 측정해서 제일 좋은 종자를 찾는 거지. 그런데 지금부터 이런 건 알 필요 없고. 그런 건 이제 사장이나 부장 이런 사람들이 하고 승태 씨는 똥 치우는 것부터 할 거야 아마."

그럼 그렇지. 내가 양돈장까지 와서 똥을 치우지 않는다는 건 메시가 축구를 하지 않는다거나 브루스 윌리스가 액션 영화를 찍지 않는 거나 마찬가지인 거겠지. 웰터급 똥 치우기 챔피언 벨트는 앞으로도 내가 보관해야 되겠구만.

돈사에서 실제로 일을 하는 사람은 사장까지 포함해서 모두 아홉 명이었다. 비슷한 규모의 양돈장에 비해 세 배 정도 많은 인원이었다. 사장과 두 명의 관리자(각각 부장과 과장이었는데 부장이 30대 후반으로 과장보다 훨씬 어렸다) 밑에 여섯 명의 직원이 있었다. 세 명은 태국인으로 이름이 뿌이, 아씬, 뱀이었다. 다들 비쩍 마른 몸매에 키가 작았다. 이들 중에선 뿌이가 한국어 실력이 가장 좋았고 그래서 일도 여러 가지를 맡았다. 아쎈과 뱀은 한국말을 알아듣지는 못했지만 눈치가 빨라서 일하는 데에 아무런 문제도 없었다. 다만 평소와 다른 일을 시키려면 한참 동안 손짓까지 곁들여 설명해야 했다. 두 사람은 40대 후반의 중국인이었는데 둘 다 길림 출신의 조선족이었다.

농장은 작은 마을 끝자락에 솟은 작은 산에 자리 잡고 있었다. 주민 대부분은 인삼을 기르고 있었다. 군부대라도 되는 것처럼 높은 철조망이 농장 전체를 둘러싸고 있었다. 숙소는 길쭉한 벽돌 건물이었다. 1인 1실이었는데 작은 방 안에 이불, 전기장판, 옷걸이 그리고 채널이 바뀌지 않는 TV 한 대가 있었다. 전기장판으로 덮여 있지 않은 바닥에는 먼지가 너무 많이 쌓여 있어서 바닥에 닿았던 물건을 사용하려면 막 솥에서 꺼낸 군고구마마냥 후후 불어야 했다. 방을 이 꼴로 만들어놓은 사람들도 마찬가지였겠지만 나 역시 이곳이 내 공간이라는 느낌이 들지 않아서 청소는 하지 않았다.

#2

작업은 아침 7시 반부터 저녁 7시 반까지였다. 퇴근 시간은 정해져 있지 않았는데 물론 그건 더 늦어질 수 있다는 의미지 그 반대는 아니었다. 전날 설명을 들은 대로 6시 15분에 일어나 농장으로 들어갔다. 직원들이 출입하는 작은 철문에는 이유는 모르겠지만 커다란 해골 문양이 그려져 있었다(양돈장이 들어서기 전에 해적들이 살았던 모양이다).

다른 양돈장과 비교하자면 종돈장은 결벽증에 걸린 농장 같았다. 방역 소독 절차는 부화장보다도 철저했다. 건물 안으로 들어가면 철제 사물함이 설치된 작은 탈의실이 나왔다. 방 한쪽에는 자외선 소독기가 놓여 있었는데 농장 안으로 들어가는 모든 물건은 자외선 소독기를 거쳐야 했다. 개인 소지품은 정말 필요한 게 아니면 가지고 들어갈 수 없었다. 반입이 가능한 것은 안경과 담배뿐이었다. 전화기는 관리자들만 소지할 수 있었다. 우편물뿐 아니라 감기약도 눈을 멀게 할 듯한 보라색 광선 아래서 박멸의 시간을 보내야만 했다. 탈의실과 사무실 사이에는 1인용 샤워실이 세 칸 설치되어 있어서 잠깐이라도 사무실에 들어가려는 사람은 온몸을 씻어야 했다.

샤워실을 넘어서면 팬티부터 양말까지 농장 것을 써야 했다. 식사도 예외가 아니었다. 세끼 모두 외부 식당에서 배달받았는데 음식을 담은 통도 훈증燻蒸 소독을 거쳐야만 했다. 이 모든 것이 구제역 같은 전염병을 예방하기 위해서였는데 원칙적으로는 종돈장뿐 아니라 모든 농장이 이 정도 수준의 방역 소독을 실시해야 했다.

식사는 한쪽 상에선 태국인들과 중국인들이 다른 상에선 한국인들이 먹었는데 나는 첫날부터 사장과 부장 사이에서 밥을 먹는 영광을 누렸다. 사장은 40대 중반의 날씬한 남자였는데 쾌활함과 허세가 적당히 섞여 있는 태도 때문에 나이보다 어리게 느껴졌다.

"기술 가진 거 뭐 있어요?"

사장이 자외선 소독을 마친 이력서를 훑어보며 물었다. 농장에서는 크고 작은 수리가 끊이지 않기 때문에 용접이나 전기 배선, 미장일을 할 줄 알면 무척 유용했다. 나로 말할 것 같으면 몇 년 전에 주행 시험에서 떨어진 뒤로 운전면허 따는 것도 포기하고 있었다. 내가 가진 기술은 '처럼'이나 '같은' 유의 단어들을 이용해서 별다른 관련 없어 보이는 대상들을 용접해서 이어 붙이는 것뿐이었다. 농장을 묘사하는 데는 도움이 됐지만 수리하는 데는 아무런 쓸모도 없었다. 혹자는 이런 기술을 가진 동물들이 앵그리 버드와의 서식지 경쟁에서 밀려나 현재는 멸종 위기에 직면해 있다고 평가하기도 한다. 어쨌거나.

"없는데요."

"지금까지 뭐 적성에 맞는 일 있었어요?"

"예…… 뭐…… 그냥……."

사장이 그럴 줄 알았다는 듯 고개를 끄덕이며 말했다.

"그게 아니에요. 그런 거 없어요. 세상에 적성에 맞는 일 같은 거 없어요. 그런 거 다 영화나 드라마에 나오는 거고. 실제로는 뭔 줄 알아요? 내가 지금 하는 일이 내 적성이 되게 하는 거예요. 내가 적성을 따라가는 게 아니라 내 적성이 나를 따라오게 하는 거, 그게 성인으로 살아가는 법이에요. 아, 그랬으면 좋겠다고 생각하면 뭐해, 나는 지금 여기 있는데. 나 영국에서 대학 다녔는데 그게 돼지랑 아무 상관없는 거였어요. 그런다고 내가 돼지 못 키워요? 아니에요. 대한민국에서 나만큼 돼지 키우는 사람 없어요."

나는 어느 부서건 일손이 모자라는 곳을 찾아가 거들었는데 대개 임

고기로 태어나서

신사였다. 임신사는 임신이 가능한 돼지들, 즉 모돈을 수용한 곳이었다. 예전에 일했던 농장에서 유일하게 들어가 보지 못했던 곳이라 내부가 꽤나 궁금했다.

임신사만큼 공장 같아 보이는 곳도 없었다. 이곳에서 단일 돈사로는 임신사가 가장 컸는데 처음 눈에 들어온 것은 머리 위를 가로지르는 파이프와 두툼한 철봉을 구부려 만든 케이지였다. 양돈장에선 이렇게 모돈을 가둬놓는 케이지를 스톨stall이라고 부르는데 폭 70cm, 높이 1m 20cm, 길이 1m 90cm였다. 스톨 안에선 모돈이 눕거나 일어서는 것 말고는 아무것도 할 수 없었다. 폭이 기껏해야 어른 팔 길이 정도였기 때문에 돼지들이 고개를 돌려 뒤를 돌아보는 것도 불가능했다. 몸을 30도 정도만 돌려도 철봉에 막혔다. 그런 스톨 수백 개가 대여섯 줄로 건물을 가득 메우고 있었다. 이곳의 돼지들이 할 수 있는 것은 자다가 일어나 파이프에서 흘러나오는 사료를 먹고 살이 찌는 것뿐이었다.

"모돈은 그러면 출산을 몇 번이나 하나요?"

"지금 그걸 모돈 회전율이라고 하는데 일반 농장은 1년에 2회 정도 돼. 근데 우리는 1년 2.4회야. 대개 출산을 일곱 번 정도하면 노산이라고 해서 산자 수가 줄어. 그럼 생산성이 떨어지지. 무슨 말이냐 하면 간단하게 얘기해서 모돈이 사료 먹는 거에 비해서 낳는 새끼 수가 더 적은 거야. 그래서 7산하면 그걸로 끝이지. 그러니까 보통 한 3년 키운다고 봐야지. 키우려고 하면 10년이라도 키우지. 그치만 그런 건 우리가 전부 손해 보고 키우는 거니까 그렇게는 안 하지. 어디도 그렇게는 안 해."

임신사와 분만사의 모돈은 모두 이런 구조의 스톨에 갇혀 있었다. 반면에 어린 돼지나 고기로 쓰는 비육돈은 커다란 우리에 수십 마리씩 풀어놓은 상태로 사육했다. 이런 우리를 농장에서는 돈방이라고 부른다. 돈방 크기는 농장마다 제각각이었지만 스톨의 크기는 어느 양돈장이나 동일하다. 돈방도 비좁지 않은 건 아니지만 그래도 그 안에 있는 돼지들은 할 수 있는 건 뭐든지 할 수 있었다. 엎드렸다, 드러누웠다, 걷다, 뒷걸음질 치다 빙글빙글 돌기도 하고 다른 돼지들을 베고 잠이 들었다 귀나 꼬리를 물며 싸우기도 하고 펄쩍펄쩍 뛰어오르기도 했다. 그에 비하면 모돈들은 갇혀 있다기보다는 온몸을 꽁꽁 묶인 채로 3년을 보내는 거나 마찬가지인 것 같았다.

스톨을 사용하는 이유는 사람들이 필요 이상으로 잔인해서가 아니라 (때로는 잔인함의 다른 이름이기도 한) 효율성 때문이었다. 모돈은 자돈이나 비육돈과 달리 집단으로 다룰 수가 없었다. 모돈을 작업하려면 한 마리 한 마리를 개별적으로 다뤄야 했다. 고기용 돼지에겐 개별적인 이력이란 게 별 다른 의미가 없다. 태어나서 6개월이 지난 후까지 살아 있으면 도축장으로 보낼 뿐이다. 반면 모돈은 각각의 품종에서부터 시작해서 사용한 약품, 건강 상태, 출산 횟수, 그동안의 산자 수, 유산 유무, 마지막 출산일, 임신 확인 날짜, 분만 예정일 등등까지 확인할 수 있어야 했다.

스톨은 돼지에게 주사를 놓아야 할 때 굉장히 편리했다. 돈방에서 주사를 놓을 때는 몇 사람이 돼지를 몰고 관리자가 돼지 엉덩이를 쫓아다니며 주사 바늘을 꽂았다. 스톨에서는 그냥 일으켜 세우기만 하면 됐다. 무엇보다도 임신사의 가장 중요한 업무인 인공수정을 하려면 돼지를 한참 동안 꼼짝 못 하게 만들어야 했다.

인공 수정 작업은 이렇게 진행된다.
1. 웅돈을 모돈들이 볼 수 있는 곳으로 옮겨놓는다.
2. 모돈들을 일으켜 세우고 주입대를 생식기 속으로 밀어 넣는다. (주입대는 길이 50cm 정도의 플라스틱 관인데 끝에 둥글고 말랑말랑한 꼭지가 붙어 있다.) 주입대는 20cm 정도 남을 때까지 넣는다.
3. 정액 봉지를 주입대에 연결시킨다.
4. 작업자는 봉지를 들어 올린 채 모돈의 엉덩이에 걸터앉는다.
5. 15분 정도에 걸쳐 봉지 안의 용액을 천천히 짜서 넣는다. 이때 돼지가 주저앉으려고 하면 엉덩이를 쳐서 일으켜 세워야 한다.

"애네들이 실제로 흥분을 했을 때 수정될 확률이 높아져. 그래서 수컷 앞에 데려다 놓고 엉덩이에 걸터앉는 거야. 더 잘 느끼라고."
사장이 덧붙였다.
모돈은 분만 예정일이 가까워지면 임신사에서 분만사로 옮겨졌다. 거기서도 (이번에는 새끼 돼지들의 안전을 위해서라는 이유로) 스톨에 갇힌 채 출산을 하고 3주가량 젖을 먹인 뒤 다시 임신사로 옮겨졌다. 이렇게 옴짝달싹할 수 없는 스톨에 갇혀 영문도 모른 채 임신했다 새끼를 낳았다 임신했다 새끼를 낳았다 임신했다 새끼를 낳다가 죽는 것이 모돈의 운명이었다.* 보통 돼지들이 살찌는 기계라면 모돈은 새끼 낳는 기계였다.

　스톨 안의 돼지들은 지루해 보였다. 어떤 돼지들은 철봉을 씹어대고 있었고 또 어떤 돼지들은 계속해서 빈 사료통을 머리로 들이박았다. 한두 번 하고 마는 게 아니라 수십 분이 지나도록 멈추지 않았다.** 쿵쿵 대는 소리 때문에 노이로제에 걸린 기분이었다. 돼지는 영리하기가 개 못지않다지만 여기에 있는 녀석들은 뇌가 있는지 확인할 방법이 없었다. 만약 지구가 관만큼 좁았다면 인간도 이성을 뽐낼 기회를 얻지 못했을 거다. 모돈이 자유롭게 움직일 수 있을 때는 임신사와 분만사를 오갈 때뿐이었는데 왕복 20분이 채 되지 않았다. 일반적인 모돈의 회전율이 1년에 2회라고 하면 이들은 1년에 40분만 걸어 다닐 수 있다는 뜻이다.

---

*　생후 210일부터 교배를 시작해 3년 정도 임신과 출산을 반복하다 도축된다.

**　이렇게 동물이 보이는 '지속적이고 반복적이지만 아무 목적이 없는 행동'을 정형 행동이라고 부른다. 돼지는 지능이 높고 지루한 걸 못 참는다. 동물학자들은 정형 행동이 사회성이 높거나 지능이 높은 동물이 고립되거나 외부 자극이 결핍된 환경에 감금되었을 때 나타나는 정신 장애에 의한 행동 장애라고 설명한다. 주로 동물원의 동물에게서 자주 발견되는데 공장식 축산 시설 속의 돼지에게도 이런 정형 행동을 발견할 수 있다. 유럽연합은 2003년 2월부터 회원국의 모든 돼지에게 의무적으로 가지고 놀 수 있는 장난감(공이나 천장에 매달아놓은 쇠사슬 같은 것)을 제공하도록 하고 있다.

#3

둘째 날 아침에는 황당한 일이 있었다.

"야 한승태! 너 일루 와봐!"

사장이 소리쳤다.

"너, 니가 여기서 제일 고참이야? 니가 제일 나이 많아?"

"예?"

나는 샤워를 마치고 사무실로 들어서고 있었다.

"왜 인사 안 해? 여기 있는 사람들이 너보다 어려?"

"아니에요. 인사 다 했는데…….”

"무슨 인사를 해? 내가 다 듣고 있었는데."

사장은 계속 고함을 질렀다.

"인사했어요. 물어보세요."

"내가 다 봤는데 뭘 물어봐, 인사 똑바로 해! 너 초등학교 안 나왔어?"

동네방네 광고하듯 인사를 하지 않으면 이 야심찬 영국 유학파의 성에 차지 않는 모양이었다. 나는 이 남자가 멍청한 부잣집 유학생들에게 졸업장을 주기 위한 목적으로 존재한다고 알려져 있는 국제관계학과 전공이었을 거라고 추측하는 걸로 분을 삭였다.

이곳의 관리자들은 유난히 말을 거칠게 하는 편이었다. 용 과장은 인근에 사는 50대 남자였는데 태국인들에게 일을 시킬 때는 욕을 쓰지 않는 경우가 거의 없었다. 다만 한국인을 대할 때는 화는 내도 쌍시옷이 들어가는 단어는 쓰지 않았다. 나는 내가 혜택을 누릴 수만 있다면 어떠한 특혜에도 반대하지 않으려고 하지만 용 과장의 친절은 조금도 고맙지 않았다. 사장은 용 과장만큼 험한 말을 입에 달고 살지는 않았다. 그는 잘 웃고 직원들과 잡담하는 것도 좋아했다. 하지만 그럴 필요가 있다고 생각해서인지 이렇게 정기적으로 군기를 잡았다.

분만사의 새끼 돼지들에게 백신 주사를 놓을 때였다. 아씬과 내가 돈방에 들어가 자돈을 잡아서 들어 올리면 사장이 목에다 주사를 놓고 등에는 빨간 스프레이로 표시를 했다. 잠깐 움직였을 뿐인데도 굵은 땀방울이 뚝뚝 떨어졌다.

"둘이서 하니까 좀 빨리하네. 돼지 혼자서 잡으려고 하면 밑빠진 독에 물 붓기라니까. 잡으려고 하면 저쪽으로 싹 다 빠져나가 버리고 그쪽으로 가면 또 저쪽으로 죄다 빠져나가고. 내가 거들고 싶어도 주사기 들고 뛰어다닐 수도 없고."

돼지들은 사람에게 붙들리자 겁에 질려 설사를 해댔다. 옷이 누런 똥으로 축축해졌다. 좁은 돈방 안에서 동선이 엉키면서 사장이 주사기로 내 팔을 푹 찔렀다. 상처에서 피가 빨간 실처럼 흘러내렸다. 내가 놀라서 "어…… 어…… 어……" 하자 사장이 눈치챘다.

"어, 여기 왜 그래?"

"바늘에 찔렸어요."

"정말? 아 조심 좀 하지, 알았어, 내가 내려가서 소독해줄게……. 아 뭐해? 빨리 돼지 잡아!"

겉으로 표현하진 못했지만 걱정이 됐다. 물론 상처는 크지 않았다.

하지만 바이러스나 세균이 크기 때문에 위험한 건 아니지 않은가? 주사 바늘이 이미 수십 마리의 돼지들 몸속을 드나들었기 때문에 나는 더욱 초조했다. 결국 한 시간이 지나서야 처치를 했다. 사장은 돈사에 소독약이 없어서 사무실까지 내려가야 하는 걸 무척이나 귀찮아했다.

"안 죽어, 안 죽어. 피 살짝 나는 것 가지고…… 한승태 씨 이제 보니까 아주 귀여운 구석이 있어."

주사 바늘 때문에 문제가 생기는 건 뉴욕이나 암스테르담으로 이민을 간 후라고 생각했는데……. 문득 의료 폐기물 더미 속에서 주운 주사기로 이 국제관계학과 졸업생의 팔을 살짝 찔러보고 싶어졌다. 아, 그렇게만 할 수 있었다면 이 야심만만한 사업가가 깨물어주고 싶을 만큼 귀여워지는 모습을 볼 수 있었을 텐데.

길게 봤을 때 내가 겪은 일은 사소한 축에 속했다. 이곳에는 청소 도구가 제대로 갖춰진 게 없었다. 고무장갑도 없어서 아씬은 똥 치울 때 사용했던 쓰레받기와 통을 맨손으로 뽀득뽀득 소리가 나게 씻었다. 말라붙은 찌꺼기는 손톱으로 긁어내면서. 폐 질환에 걸릴 위험도 다분했다. 여느 양돈장과 마찬가지로 이곳도 먼지가 심했는데 환기 상태가 가장 나쁜 곳은 후보사였다. 이곳은 종돈 기준을 만족시킨, 말 그대로 후보 돼지들을 모아둔 곳이었다. 임신사는 바닥에 구멍이 뚫려 있어서 배설물이 밑으로 빠지게끔 되어 있었지만 후보사는 아니었다. 당연히 매일같이 똥오줌을 치웠지만 어째선지 심각할 정도로 공기가 탁했다. 후보사에 들어가면 암모니아 때문에 공기가 산성을 띠고 있다는 느낌이 들었다. 와사비를 기체화시킨 것처럼 눈이 맵고 숨을 쉬면 목 안이 싸해졌다. 후보사 청소에는 손이 많이 갔다. 먼저 똥을 치우고 톱밥을 뿌려서 오줌을 빨아들인 다음 긁어냈다. 이 부분이 중요한지 아썬은 연신 "노 워터 노 워터" 하고 소리쳤다. 후보사 안에선 30분 정도가 지나면 눈물이 날 정도로 눈이 따가웠다. 그런데도 모두가 마스크 없이 일했다. 내가 사장에게 마스크나 장갑은 없냐고 묻자 여기 사람들은 걸리적거리는 게 싫어서 그런 것 없이 일한다는 대답이 돌아왔다.

"그래도 마스크는 있어야 하지 않아요? 먼지도 엄청 많은데."

"내가 여기서 10년 넘게 일했지만 마스크 같은 거 한 번도 써본 적 없어. 회장님도 40년 넘게 여기서 일하셨지만 마스크 한 번 안 쓰고 아무 문제 없으셔. 70살 먹은 노인도 쌩쌩한데 젊은 사람이 뭐가 걱정이야."

이곳은 인간이란 존재가 결코 병들지도 쇠약해지지도 않는다는 가정 아래 운영되는 것 같았다. 인간의 불로장생을 믿는 사람과 마주치는 건 흥미로운 경험이지만 양돈장처럼 배설물과 바늘이 널려 있는 곳에서 마주쳤을 땐 조금 섬뜩해진다.

#4

셋째 날은 시작부터 심상치 않았다. 이날은 추석 연휴가 시작되는 날이었다. 사장과 용 과장은 오후에 고향으로 떠나고 연휴 기간 동안엔 김 부장이 남아 있기로 되어 있었다. 이 때문에 평소보다 오전에 해야 할 일이 많았지만 정작 작업을 시작한 건 9시 반이 지나서

고기로 태어나서

였다. 샤워실에 물이 나오지 않아서 아무도 들어갈 수가 없었다. 그래서 관리자 모두가 서두르긴 했지만 용 과장은 정도가 지나쳤다.

"이 개새끼야! 빨리 빨리 안 해!"

"이 씨발 놈아! 너 그따위로 일하면 니네 나라로 쫓아내 버린다!"

"저 새끼들 또 다 알면서 못 알아듣는 척한다. 게을러 터져가지고. 저 쌍놈의 새끼들."

이제는 태국인들도 익숙한지 무덤덤해 보였다. 하지만 나는 그렇게 태연할 수가 없었다. 내가 빤히 쳐다보자 그가 별거 아니라는 듯이 말했다.

"내가 무슨 나쁜 뜻이 있어서 그러는 게 아니야. 사근사근 웃으면서 농담 따먹기나 하면서 일 시키면 나도 편하고 좋지. 그런데 그렇게 하면 일이 안 돼. 소리 안 지르면 아무것도 안 돼. 여기서는 욕 안 하고 소리 안 지르면 그날 일 그날 못 끝내."

어렸을 적부터 귀에 익은 설명이었다. 집에서 학교에서 대학에서 군대에서 일터에서. '저것들은 좋게 얘기하면 들어 처먹지를 않아.' 정말 그럴까? 일을 제대로 하려면 정말 거친 말이 필수적일까? 명령을 내리는 사람들은 하나같이 저렇게 말하니 정말 그럴지도 모르겠다. 하지만 이런 경우는 명령을 내리는 사람뿐 아니라 그 명령을 따라야만 하는 사람들 이야기도 들어볼 필요가 있을 것 같다. 일터에서의 폭언 문제에 누구보다 공감하는 부류는 (조금 의외일 순 있겠지만) 배우들이다. 그들 자신이 무대나 촬영장에서 빈번하게 모욕적인 말과 행동에 시달리기 때문이다. 그런 사실은 비밀이랄 것도 없어서 미국의 뮤지컬 잡지를 보면 거의 모든 인터뷰에 가장 끔찍했던 오디션 경험이 무엇인지 묻는 질문이 포함되어 있는 걸 확인할 수 있다.

나는 오래전에 스티븐 파스퀄이라는 배우의 인터뷰에서 용 과장 같은 사람들이 진지하게 고민해봐야 할 이야기를 읽었다. 그는 열심히 노래를 부른 뒤 폭언을 당하고 터무니없는 이유로 오디션 장에서 쫓겨난 경험을 들려준 뒤 이렇게 덧붙였다. (할 수만 있다면 한국의 모든 일터마다 붙여두고 싶다.)

"It is easy to do your job, any job without being jerk. It's simply a choice." (쓰레기처럼 굴지 않고 일을 하는 건 어려운 일이 아니다. 어떤 일이든 말이다. 그건 단지 선택의 문제일 뿐이다.)

짐작건대 '좋게 얘기하면 들어 처먹지를 않는' 이유는 좋게 얘기한다는 그 사람들이 궁극적으로 원하는 것이 복종이기 때문일 것이다. 복종은 좋은 말로 이끌어낼 수 없는* 거의 유일한 것이니 그들은 애시당초 방법을 잘못 선택한 셈이다.

그날 아침 나는 임신사에 배정받았는데 이때 처음으로 혼자 남겨졌다. 내가 할 일은 임신사의 똥을 치우는 것이었다. 임신사 바닥에는 길쭉한 구멍이 일정한 간격으로 뚫려 있어서 스톨 안에 굴러다니는 똥덩어리들을 구멍 속으로 밀어 넣기만 하면 됐다. 첫날 임신사에 들어섰던 순간부터 사진 찍을 기회를 노리고 있었는데 모든 조건이 맞아떨

---

* 복종은 폭력적인 방식을 통해서만 이끌어낼 수 있는 것이지요.

어졌다. 나는 아이팟을 꺼냈다. 아침에 숨겨 들여온 것이었다. 샤워를 마치고 소독기 안에 있던 물건들을 챙기는 건 신참인 내 일이었다. 아저씨들 담뱃갑 밑에 놔뒀다가 집어 들었더니 아무도 눈치채지 못했다. 출입문을 끊임없이 힐끔거리며 사진을 찍었다. 임신사의 전체적인 모습, 스톨 안에 갇혀 있는 모돈, 누워 있는 돼지, 서 있는 돼지, 철봉을 물고 있는 돼지, 주입기, 정액 봉지 등등. 하지만 아이팟이 워낙 옛날 모델인 데다가 자연광이 없어서 선명한 사진은 없었다.

내가 혼자 있었던 건 20분 정도였는데 김 부장이 들어오더니 사장님이 잠깐 보자고 한다는 말을 전했다.

"한승태 씨 주머니에 있는 거 꺼내요."

온몸이 화끈거렸다. 아이팟을 보자 사장의 표정이 일그러졌다. 그가 화를 꾹꾹 눌러 담은 목소리로 말했다.

"이게 뭐예요? 전화기 못 가지고 들어가는 거 얘기 못 들었어요?"

그는 아이팟을 스마트폰이라고 생각했다. 그것이 내가 빠져나갈 구멍 같았다.

"죄송합니다. 제가 급한 전화가 올 데가 있어서."

"여기 아저씨들은 전화기가 없어서 안 들고 오는 줄 알아요?"

"소독은 다 했습니다."

그것이 내가 할 수 있는 최선의 변명이었다. 이 말은 사장의 화를 돋우기만 했다. 물론 사장이 화를 내는 건 지극히 당연한 일이었다.

"아니, 이 사람아! 지금 그게 중요한 게 아니지. 여기는 다 따라야 할 규칙이 있는데 당신 맘대로 이런 식으로 하면 어쩌자는 거야?! 나도 이 전화기 이 농장 안에서만 쓰는 거야. 나도 이거 밖으로 안 가지고 나가. 여기 김 부장, 용 과장 전화기도 다 이 안에서만 쓴다고. 당신이 뭔데 전화기를 마음대로 들고 들어와? 아직 들어온 지 이틀밖에 안 된 주제에. 다른 사람들은 무슨 전화할 데가 없어서 그러는 줄 알아? 그리고 사진은 왜 찍어? 어? 사진 왜 찍었어?"

나는 국회 청문회의 오랜 전통을 따라 기억이 나지 않는다고 대답하고 싶었지만 그러기엔 너무나도 방금 전 일이었다.

"대답해봐요. 사진 왜 찍었어요?!"

이런 상황에 대비해서 나 나름대로 준비해뒀던 말은 머릿속에서 사라진 지 오래였다.

"어…… 그게…… 그러니까…… 어…… 그냥…… 기념으로……."

내가 생각해도 멍청한 대답이었다. 사장은 고개를 살짝 비틀며 이를 가는 듯한 표정을 지었다. 이마에는 굵은 핏줄이 튀어나왔다.

"내가 10년이 넘게 일했지만 당신 같은 사람 처음 봐. 아니 그렇게 생각이 없어요? 정 급한 일이 있으면 미리 얘기를 하던가, 아 도둑놈처럼 뭐하는 짓이에요? 몰래 사진이나 찍고!"

"아니 이런 걸 왜 찍어! 어? 왜 찍어 이런 걸? 이런 건 또 왜 찍었어?"

그가 사진을 한 장 한 장 지우며 소리쳤다.

"우리 농장이 대한민국에서 몇 안 되는 곳이에요! 그리고 우리 농장의 특성이란 게 있는데 이런 거를 당신 맘대로 찍고 이러면 안 되지. 이거는 아주 중대한 범죄 행위야! 그거 알고서 이런 거야?! 경찰 한 번 불

　　　　　　　　　　　　고기로 태어나서

러볼까? 이게 70억짜리 농장이야! 당신 70억 있어? 쇠고랑 한번 채워
볼까?"

나는 연신 고개를 조아리며 용서를 빌었다. 죄송합니다, 잘못했습니
다, 죄송합니다, 한 번만 용서해주십쇼, 다시는 안 그러겠습니다, 죄
송합니다……. 나는 그 자리에서 해고당했다. 그는 나를 앞세우고 산
을 내려갔다. 아무도 나를 쳐다보지 않았다. 나는 짐을 챙긴 다음 곧바
로 농장을 떠났다.

서툰 행동 때문에 그걸로 모두 끝나버렸다. 이후로도 종돈장 일은
구하지 못했다. 요즘도 나는 양돈업계 블랙리스트에 내 이름이 올라
있는 모습을 상상하곤 한다. 내가 관찰한 것들은 어느 양돈장에서나
볼 수 있는 것뿐이었으니 종돈장을 찾아간 일은 실패했다고 봐야 맞을
것 같다. 해고만 당하지 않았다면 가슴 벅차 오른다고 표현했을 만큼
눈부신 날이었다. 땡볕을 맞으며 터벅터벅 이천 시내를 향해 걸었다.
차로는 20분 거리였는데 걸어서 가니 두 시간이 넘게 걸렸다. 버스를
기다릴 수도 있었겠지만 누구와도 마주치고 싶지 않았다.

사장의 마지막 말이 머릿속을 맴돌았다. 이거는 아주 중대한 범죄
행위야, 쇠고랑 한번 채워볼까? 사유지에서, 허락도 없이, 거기다 방
역 절차까지 어기며 사진을 찍었으니 나도 잘한 건 없죠. 당연한 얘깁
니다. 그렇지만 동물을 옴짝달싹할 수 없는 스톨에 평생 가둬놓는 사
람과 그걸 사진으로 찍은 사람 중에서 경찰은 사진 찍은 사람을 범죄
자로 취급한다는 얘기죠? 그거 재밌네요. 아주 재밌어요. 배꼽이 빠질
정도로 재밌어요.

자돈 농장 _충청남도 강경

††††††

돼지는 비명 빼고는 전부 쓸데가 있다.

_업튼 싱클레어, 《정글》

#1

농장은 기차역에서 차로 15분 정도 떨어져 있었다. 이곳은 규모가 작은 편에 속했고 다른 농장들처럼 마을에서 멀리 떨어진 산속이 아니라 민가에서 멀지 않은 곳에 자리 잡고 있었다. 농장에는 모돈이 250마리 정도 있었다. 일반적인 경우라면 전체 두수가 (모돈 수의 10배인) 2,500마리였겠지만 여기는 자돈만 기르는 곳이었기 때문에 그 절반에 못 미쳤다. 고기로 쓰는 돼지는 6개월 동안 기르는데* 자돈 농장에서는 돼지를 생후 3개월까지만 기르고 비육 농장으로 출하시켰다. 그러면 비육 농장에서 나머지 3개월 동안 살을 찌운 뒤 도축장으로

고기로 태어나서

보낸다.

돼지 사육이 자돈 농장, 비육 농장으로 나뉘는 것은 양계업에 산란계와 육계 농장이 별도로 존재하는 것과는 이유가 다르다. 산란계와 육계는 각각의 용도가 다르기 때문에 사육 기간, 방식, 환경도 서로 다르다. 하지만 자돈과 비육돈의 용도는 똑같이 고기다. 따라서 자돈 농장의 돼지나 비육 농장의 돼지나 모두 같은 방식으로 같은 환경에서 사육된다. 다만 건축비, 생산비 부담 때문에 최근 이렇게 전후 과정을 별도 시설로 분리하는 경우가 늘어나는 추세다. 아직은 출산부터 출하까지 모두 처리하는 전통적인 형태의 농장이 더 많다고 한다.

자본금이 부족한 농장들이 시설비, 사료비, 인건비 때문에 이런 형태를 선호하는데 사육 기간이 짧기 때문에 자금 회전이 빠르다는 이점이 있다. 사육 측면에서는 장점이 거의 없다. 오히려 보통은 출하할 때만 한 번 겪을 뿐이던 장거리 차량 이동을 돼지들이 어릴 때부터 겪기 때문에 부상, 폐사 발생률이 높아진다. 가축 전염병을 전파할 수도 있기 때문에 돼지에게는 득보다 실이 더 많았다.

이곳 역시 비용 문제 때문에 반쪽짜리 농장을 선택했다.

"지금 여기가 돈이 거의 없으니까 자돈만 하는 거야. 자돈 한 마리 출하하면 14만 원 받는다고. 여기 땅도 있겠다 돈만 있으면 다 키워서

---

* 돼지는 15~20년까지 살 수 있는 것으로 알려져 있다. "Since these animals are known to have life expectancy of 15~20 years ……." 위키피디아의 'Domestic pig' 항목.

팔지. 큰 돼지들은 사료도 엄청 먹거든. 사장이 사룟값도 그렇고 인건비도 그렇고 감당을 못 하니까 자돈만 키우는 거지."

농장장이 설명했다. 그는 건장한 50대 후반의 남자였는데 얼굴은 햇볕에 그을린 듯한 캐러멜색이었다. 말은 퉁명스럽게 했지만 실제로는 꽤 다정한 사람이었다.

사장은 언제나 '이거 누가 그랬어?' 하고 따지는 듯한 얼굴의 50대 중반 남자였다. 농장장의 설명에 따르면 그는 대형 사료 회사에서 밀린 사룟값 받아내는 일을 오랫동안 했고 몇 년 전에 아내의 돈으로 양돈장을 시작했다. 멀지 않은 곳에 사장 소유의 농장이 하나 더 있다고 했다. 그는 대전에 살았고 농장에는 일주일에 두세 번 들렀다. 아무리 오래 머물러도 그는 농장장이나 팀장하고만 이야기했고 나나 쌍남에게 말을 거는 법은 없었다.

쌍남은 30대 중반의 캄보디아인이었다. 작은 키에 몸집이 탄탄했다. 그는 눈썹이 짙고 이목구비가 뚜렷한 미남이었다. 발음이 쉽지 않은 캄보디아 이름은 사라지고 언제부턴가 그냥 '쌍남'이라고만 불리고 있었다. 그는 한국말은 서툴렀지만 어차피 우리가 하는 일은 똥 치우기가 거의 전부였기 때문에 깊이 있는 대화를 나눌 수 없다 해도 문제될 건 없었다.

팀장은 농장의 유일한 여자 직원이었는데 농장장의 아내였다. 남편이 농장 운영 전반을 맡고 아내가 분만사 업무를 맡았다. 팀장은 지위에 걸맞게 똥 치우는 일은 하지 않았다. 그녀는 남편과 비슷한 나이에 몸매가 호리호리하고 피부가 뽀얬다. 피부 관리에 굉장히 신경을 써

고기로 태어나서

서 작업 중일 때도 썬캡을 벗지 않았다. 그녀는 틈만 나면 아들 자랑을 하느라 나를 귀찮게 했지만 양돈장에서는 그런 얘기를 듣고 있는 것도 나쁘지만은 않았다.

농장은 지름이 50m쯤 되는 원을 이루고 있었다. 도로와 맞닿은 북쪽에는 차량용 출입구와 숙소가 있었다. 농장 중앙은 텅 비어 있었고 숙소 맞은편에는 분만사 두 개, 임신사 두 개가 다닥다닥 붙어 있었다. 임신사에서 서쪽 방향을 따라 후보사, 자돈사, 분뇨장, 인큐베이터가 자리 잡고 있었다. 주위를 둘러보고 있는데 쌍남이 다가와 말을 걸었다. 그가 내게 처음 한 말, 가장 많이 한 말, 떠나기 전 마지막으로 한 말은 "힘들어"였다.

"아저씨 여기 일해? 여기 똥 치우기 힘들어. 다른 농장 똥 다 밑으로 빠져, 여기 다 퍼."

"얼마 받아? 여기 힘들어. 다섯 사람 왔다 갔어. 캄보디아 사람, 항궁 사람, 네팔 사람."

그는 나와 똑같이 월급 150만 원에 휴일은 한 달에 이틀이었다. 식사는 각자 직접 해 먹어야 했다. 쌀과 김치는 사장이 제공하기로 되어 있었는데 막상 숙소에 들어가 보니 조미료밖에 없었다. 사장이 농장장에게 내가 도착할 거라는 사실을 알려주지 않았다. 첫날 저녁은 농장장 부부와 함께 먹었다. 우리는 근처의 추어탕 음식점으로 갔다. 두 사람 다 돼지라면 지긋지긋하다며 외식을 해도 돼지고기는 먹지 않는다고 했다.

부부의 대화 주제는 똥물 시험 결과였다. 시에서 농장 자체적으로 정화 처리한 폐수를 논에 비료 대신 살포할 수 있도록 허가를 내주는데, 그러려면 일정한 기준을 통과해야 했다. 이걸 통과하면 폐수 처리 비용 수백만 원을(농장 규모에 따라 비용은 늘어날 수 있었다) 아낄 수 있었다.

"내가 보니까 아무래도 불합격할 것 같은 거야. 시커먼 건더기까지 둥둥 떠다니고 그래서. 그런데 아가씨 둘이 와서 똥물을 가져가는데 더럽다고 지들이 직접 안 하고 내가 담아주면 그걸 받아가기만 한단 말이야. 그래서 갖다 주기 전에 거기다가 수돗물을 막 탔지. 그러니 좀 낫데. 갈색 비스무리하게 되고. 그래도 이게 될지 어떨지 모르겠어."

그 말을 들었을 땐 몰랐지만 쌍남은 똥물 뿌리는 작업 때문에 농장에서 도망칠 생각을 하고 있었다. 그는 농장에 불만이 많았다.

"농장장 새끼 돼지 사료 안 챙겨. 다 내가 챙겨. 농장장 기계 (핸들 잡는 손짓을 하며) 이거만 해. 새끼 돼지 굶어 죽어. 어떡해? 근데 아저씨 신경 안 써. 농장장 생각 안 좋아. 생각 많이 안 좋아. 농장장, 팀장 똥 안 치워. 돼지 500마리 출하 다섯 시간 걸려. 그리고 나 또 똥 치워. 힘들어."

"다른 데 똥 다 빠져. 여기만 이렇게 해. 여기 CCTV 많아. 사장님 봐. 못 앉아. 여기 다섯 사람 일 못 해. 그만뒀어. 승태 내일 가, 여섯 사람, 나 가, 일곱 사람."

"다른 농장 똥 이렇게 안 치워. 밥도 주고 새벽에 자. 그리고 150. 여기 안 좋아, 일 많이 시키고 돈 조금 줘."

쌍남과 가까워지는 건 그렇게 어렵지 않았다. 내가 쌍남이 했던 말을 반복하면 그는 얼굴을 들이밀며 격하게 고개를 끄덕였다.

"맞아, 맞아, 여기 힘들어, 그런데 쌍남 결혼했어요?"

"했어."

"아이도 있어요?"

"있어, 둘. 아들, 딸."

"몇 살이에요?"

"아들 일곱 살, 딸 세 살. 나 내년 가 캄보디아. 아들 많이 보고 싶
어."

쌍남이 다른 무엇보다 싫어하는 일이 똥물 뿌리기였다. 그가 농장에
도착하고 며칠 안 됐을 때 3일 동안 똥물을 뿌렸는데 그때가 가장 힘들
었다고 했다. 그러나 운명은 이 지친 캄보디아인의 편이 아니었던지
농장장이 과감하게 희석시킨 똥물은 액비(액체 비료) 사용 허가 판정을
받았다. 농장장은 당연하다는 듯 그 일을 쌍남에게 시켰다. 이틀이면
끝날 거라고 했던 작업은 5일이나 계속됐다.

3일째 되는 날 아침이었다.

"쌍남, 오늘 하루만 더 똥물 뿌리러 가."

농장장이 말했다.

"안 해!"

쌍남이 단호하게 외쳤다.

"아 하루만 더 가."

쌍남은 등을 돌린 채 대답하지 않았다.

"그럼 니가 좀 갔다 올래?"

그렇게 해서 셋째 날부터는 내가 똥물을 뿌렸다. 쌍남이 외국인이 아니었다면 아마도 첫날부터 내가 했을 일이었다.

급하게 아침을 먹고 나와 보니 이미 녹색 똥차가 도착해 폐수장의 똥물을 끌어올리고 있었다. 나는 쌍남과 함께 트럭에 플라스틱 호스를 실었다. 지름 12cm에 길이는 5m, 7m 등등 제각각이었다. 호스 표면에는 옅은 갈색 똥물이 말라붙어 있었다. 그제야 쌍남은 조금 누그러졌다.

"똥물 뿌리는 거 다른 사람 하루 11만 원 받아. 일 똑같이 해. 왜 돈 달라? 사장님 약속 달라. 이거 두 번 하고 끝난다고 약속했어. 그런데 왜 또 해? 다른 사람 똥물 뿌려, 참(간식) 있어. 우리 없어. 일 다 끝나면 수고했어요, 우리 없어. 이 일 힘들어. 전전이 전전이 해. 조금 조금 슈어 슈어."

첫 번째 논은 넓이가 1,200평이었고 그다음 논은 900평이었다. 아직 농사를 시작하기 전이라 사방이 허허벌판이었다. 밑동만 남은 벼들이 반듯하게 늘어서 있었다. 작업은 건장한 50대 남자와 함께 했다. 그는 쌍남이 말한 것처럼 일당 11만 원을 받는 일용직 노동자였다.

똥물은 액비라는 명칭이 어색하지 않을 정도로 양호한 상태였다. 빛깔은 에스프레소에 가까웠는데 악취는 거의 나지 않았다. 코를 가까이 대보면 불쾌한 냄새가 나긴 했지만 못 견딜 정도는 아니었다. 액비로 사용하는 똥물은 기본적인 폐수처리를 마친 후에 미생물을 넣고 5일 이상 발효시킨 것이었다. 미생물을 넣기 전에는 검은빛에 악취가 나지만 넣은 후에는 갈색으로 변하면서 냄새도 많이 줄어들었다.

똥물을 뿌리기 전에 먼저 호스부터 연결해야 했다. 길이가 짧은 것은 앞쪽으로, 가장 긴 것은 트럭에 연결했다. 모두 이어놓으니 70m 정도 될 것 같았다. 아저씨가 호스를 잡고 나는 다음 호스의 연결 부위 옆에 섰다. 트럭 기사가 펌프를 작동시키자 호스가 멀리서부터 떨려오는 게 보였다. 잠시 후 호스 끝에서 유전이 터진 것처럼 갈색 액체가 뿜어져 나왔다.

똥물을 뿌려보면 소방관들이 얼마나 힘들게 일하는지 아주 조금은 이해하게 된다. 일단 호스를 잡는 것부터 고되다. 호스가 두꺼워서 손아귀에 들어오지도 않고 똥물에 젖어서 미끄럽고 재질 때문에 잘 휘어지지도 않았다. 무엇보다도 수압 때문에 팔 힘만으로는 호스를 오래 붙들고 있을 수 없었다. 조금이라도 체력을 아끼려면 호스를 다리 사이에 끼우고 적당히 뒤로 물러나 호스 끝이 살짝 아래로 처지게끔 잡아야 했다.

똥물을 뿌릴 때는 바람을 주의해야 했다. 호스를 끌고 다니지 않으면서 액비를 멀리까지 보내려면 호스를 높이 들어 올려야 하는데 이때 어느 방향으로든 바람이 세게 불면 작업자도 똥물을 뒤집어쓸 수밖에 없었다. 처음 양돈장에 발을 들여놓을 때 똥을 만질 각오면 충분하리라 생각했는데 역풍을 맞으며 액비를 뿌려보니 그 정도로는 부족하고 똥물을 맛볼 각오까지 해야 한다는 걸 깨달았다.

마지막에는 기사가 "밟아!" 하고 외쳤다. 똥물이 떨어질 때쯤엔 수압이 최고조에 이르기 때문에 두 사람이 호스를 밟고 서 있어야 했다. 호스는 살아 있는 짐승처럼 격렬하게 몸부림을 치는데 가스가 완전히 빠져나오고 나서야 멈췄다. 그냥 붙들고 있는 데만도 온몸의 힘을 쏟아부어야 했다. 이때는 입으로 설사를 내뿜는 아나콘다의 등에 올라 로데오를 하는 것 같은 기분이 들었다.

논의 도로 쪽 가장자리에는 똥물을 뿌리지 않았는데 그 자리에 모를 심기 때문이었다. 크기마다 조금씩 다르긴 했지만 대개 논 하나를 똥물로 적시는 데 네다섯 시간이 걸렸다.

우리는 하루에 대략 트럭 11~13대 분량의 똥물을 뿌렸다. 5일째에야 폐수장이 바닥을 드러냈다. 나는 허벅지 안쪽에 알이 배겨서 며칠 동안 어기적대며 걸어야 했다. 어째서 쌍놈이 똥물 얘기만 나오면 흥분했는지 알만 했다.

#2

분만사의 돼지들을 보고 있으면 오래전에 읽은 사형수들의 이야기가 떠올랐다. 그들 대부분은 사형 선고를 받은 사람처럼 보이지 않을 정도로 편안하게 식사를 하고 책을 읽고 대화를 나누며 생활했다. 단 매일 아침, 교도소의 일과를 시작하는 순간만 제외하고. 문제의 교도소는 집행이 확정되면 아무런 사전 예고 없이 당일 아침 죄수가 잠에서 깨자마자 계획을 통보하고 교수대로 끌고 갔던 것이다. 작가는 해가 뜨고 처음으로 순찰을 나온 교도관의 발소리를 사형수들이 부들부들 떨며 들었다고 적었다. 그 소리가 그대로 통로를 지나쳐

가기를, 그러지 않을 거라면 제발 다른 놈팽이의 감방 앞에서 멈추기를 간절히 기도하면서.

자돈들이 자신의 운명을 이해했다면 사람들이 새벽에 돈사에 들어섰을 때 비슷한 기도를 올렸을 것이다. 팀장은 돈방을 둘러보며 지나치게 야위었거나 제대로 걷지 못하는 돼지가 있으면 바로 도태시켰다. 이런 돼지들은 크기가 20~30cm 정도였는데 옅은 분홍빛 피부 아래 갈비뼈가 드러날 만큼 살이 없었다. 다리에 이상이 있는 경우 크기나 살찐 정도에 상관없이 즉시 도태시켰다.

자돈을 죽이는 방법은 도태라는 표현이 거창하게 느껴질 만큼 단순했다. 다리를 잡아서 들어 올려 바닥에 패대기치면 끝이었다. 그리고는 발로 툭 쳐서 배수로에 빠뜨렸는데 이렇게 한다고 돼지가 죽지는 않는다. 아무리 작고 연약한 돼지라고 해도 일격에 죽지 않았다. 입과 코로 피를 쏟아내고 발버둥을 치면서도. 돼지의 숨이 끊어지는 건 분뇨장에 버려지고 추위와 허기 속에서 몇 시간을 보낸 다음이었다.

팀장은 내가 농장을 돌아다니면서 만난 사람들 중 가장 모성애가 강한 사람이었기 때문에 더 흥미로웠다. 그녀는 작업 중에도 틈만 나면 자식들 얘기를 들려주고 내가 안쓰럽다며 일주일에 한두 번씩 반찬이나 국을 만들어주기도 했다. 게다가 그녀는 숙소에서 작은 몰티즈 한 마리를 기르고 있었다. 그런 팀장이 (비쩍 마른 몰티즈보다 100배는 더 귀여워 보이는) 자돈을 아무런 동요 없이 죽이는 걸 보면 일이란 것이 사람을 얼마나 무뎌지게 만드는지 짐작할 수 있었다.

도태의 이유는 육계와 같았다. 평균만큼 체중이 늘지 않는 가축은 사룟값만 한 값어치가 없기 때문이었다(제대로 걷지 못한다는 것은 필연적으로 살이 더디게 찐다는 것을 의미했다). 다행히 누구도 내게 도태시키는 일을 맡으라고 하지는 않았다. 그들이 정확하게 본 것인데, 나는 어떤 돼지가 건강하고 그렇지 않은지 구분할 만한 안목이 없었다. 그런 사람들이 양돈장에서 하는 일은 하나뿐이었다. 팀장이 죽음의 천사 역할에 충실할 동안 나는 돈사의 똥을 치웠다.

　돈사 안에는 언제나 후끈거리는 열기와 악취가 가득했다. 분만사는 유달리 천장이 낮고 어두워서 굴에 들어간 것 같았다. 분만사는 가로 7m 세로 25m 정도 크기였다. 가운데 폭이 1.2m쯤 되는 통로를 사이에 두고 돈방이 두 줄로 늘어서 있었다. 돈방 구석에는 보온등이 설치되어 있는데 이것은 난방 목적으로 사용하는 커다란 전구로 자돈들은 대개 이 아래 모여서 잔다. 돈방은 한 개 기준 가로 1.5m 세로 1.9m였다. 돈방 한가운데에는 스톨이 설치되어 있고 모돈은 그 안에 갇혀 있었다. 임신사에서 사용하는 것과 같은 크기였다. 스톨과 마찬가지로 분만사의 돈방도 어느 농장이나 크기가 동일했다.
　분만사에서 모돈을 이렇게 좁은 공간에 집어넣는 이유는 임신사와 비슷하다. 분만 유도제 같은 주사를 놓기 편해서다. 출산 중에 문제가 생기면 작업자가 직접 모돈의 생식기 속으로 팔을 집어넣어 새끼 돼지를 꺼내야 하니 말이다. 어느 정도는 자돈의 안전을 위해서도 필요했다. 분만사 돈방처럼 좁은 공간에 여러 마리의 자돈들이 돌아다니다 보면 모돈이 앉거나 누울 때 밑에 깔릴 수 있었다. 하지만 이렇게 모돈

　　　　　　　　　　　　　　　　　　고기로 태어나서

의 움직임을 제한해도 가끔씩 모돈의 엉덩이나 배 밑에 깔려 죽는 자돈이 나왔다. 자돈이 소리를 지르지만 어째선지 모돈은 여기에 아무런 반응을 보이지 않아서 이럴 때는 사람이 쳐서 일으켜 세워야만 했다.

모돈은 12시간 간격으로 하루 두 번 사료를 줬다. 첫 끼가 새벽 6시였는데 밥때가 됐다는 걸 귀신같이 알아차려서 새벽에 사람이 돈사에 들어오면 식사 예감에 사로잡힌 수십 마리의 돼지들이 일제히 자리에서 벌떡 일어섰다. 신병들로 가득한 내무반에 4성 장군이 들어서도 이 정도 절도 있는 동작을 볼 수는 없었을 거다. 모돈은 어깨 높이 1.2m에 길이가 작은 것은 1.5m, 큰 것은 1.8m였다. 모돈 바로 옆에 서면 발육이 부진한 코끼리가 이런 느낌이 아닐까 싶을 정도로 크게 느껴진다. 자돈, 특히나 태어난 지 얼마 되지 않은 새끼는 온몸이 어미의 입 안에 들어갈 수 있을 만큼 작다.

이곳 분만사는 반자동화 구조였다. 자동화라고 하면 컨베이어 벨트와 불꽃을 튀기는 로봇 팔을 떠올리게 되지만 양돈장에서는 단지 똥을 처리하는 방식에 관한 이야기일 뿐이다. 양돈장의 자동화 시설은 돈방 바닥에 작은 구멍이 뚫려 있어 배설물이 그 아래로 떨어지게 되어 있는 구조를 가리킨다. 이렇게 쌓인 배설물을 기계를 이용해 분뇨장으로 배출시킬 수 있으면 완전 자동화, 사람이 삽으로 긁어내게 되어 있는 것은 반자동화라고 불렀다. 재래식은 바닥에 별도의 설비가 없는 콘크리트 돈방이다. 반자동화는 말만 그럴듯할 뿐 재래식과 별다른 차이가 없었다.

이곳은 돈방이 콘크리트 바닥보다 50cm 정도 위에 설치되어 있었다. 돈방 바닥은 작은 구멍들이 촘촘하게 뚫린 플라스틱 판이었다. 구멍이 작기 때문에 똥을 쌌다고 바로 아래로 떨어지는 게 아니라 그 위에서 돼지들이 뛰고 뒹굴면서 똥을 밀어 넣는 것이었다. 그래서 돼지들의 몸에는 언제나 똥이 잔뜩 묻어 있었다. 돈사에 들어서면 먼저 호미로 모돈이 싼 똥을 긁어낸다. 모돈의 똥은 커피색에 조약돌만 한 덩어리들이 뭉쳐져 커다란 공 모양을 이루고 있었다. 이것은 크기가 구멍에 비해 커서 하나하나 사람이 끄집어내야 했다. 자돈의 똥은 갈색에 크기가 새끼손가락만 했는데 구멍을 통과하고 나면 마파두부를 으깬 것 같은 모습으로 변했다. 똥을 치울 때는 긁개를 사용했다. 이것은 기다란 막대기 끝에 직사각형의 철판을 붙인 것으로 양돈장에서 흔하게 볼 수 있는 도구였다.

모돈의 똥을 전부 빼내고 나면 긁개로 돈방 아래 쌓인 똥을 치웠다. 돈방의 구조상 작업을 하다 보면 얼굴이 돼지 엉덩이 앞에 오는데 그 때문에 모돈이 오줌을 싸면 몇 분 동안 손을 놓고 기다려야 했다. 기력이 떨어지겠다 싶을 만큼 굵은 오줌 줄기가 지루할 정도로 오랫동안 쏟아졌다. 수문을 개방했다고 표현해야 그 광경의 장대함을 온전히 담을 수 있다.

돈방과 통로 사이에는 깊이 15cm 폭 25cm의 배수로가 파여 있는데 똥은 여기에 떨어뜨렸다. 배수로에는 언제나 오줌이 찰랑였기 때문에 옷에 똥물을 묻히지 않으려면 각별히 조심해야 했다. 똥을 긁어내는 것까지 끝내면 분뇨장에서 외바퀴 수레를 가져와 똥을 실었다. 배수로에는 폐사했거나 사산한 자돈, 탯줄, 출산을 마친 모돈이 배출한 태반

고기로 태어나서

도 버려져 있었다. 똥을 치울 때는 이런 것들도 함께 버려야 했다. 내장이니 어쩔 수 없는 거겠지만 탯줄이나 태반은 무척 미끄러워서 삽으로 퍼내려면 굉장한 순발력이 필요했다. 하지만 이 검붉은 생체 조직은 내가 아무리 재주를 부려도 금세 삽을 빠져나가 사방에 똥물을 튀기며 배수로로 떨어지곤 했다.

똥이나 폐사한 돼지 등등을 모두 실은 다음엔 빗자루로 오줌을 쓸어내렸다. 분만사 청소에서 이때 가장 스트레스를 받았다. 수년 전에 일했던 양돈장에서도 똑같은 문제가 있었는데 배수구가 배수로보다 조금 높은 위치에 있어서 오줌을 쓸어내리려고 하면 계속 통로로 넘쳐흘렀다. 그래서 청소를 끝내고 나서 오히려 이전보다 더 더러워졌다는 좌절감만 쌓였다.

양돈장에서는 똥 치우는 것을 두고 '돈사를 관리한다'고 말하는데 임신사도 마찬가지였다. 다만 임신사는 재래식이었기 때문에 바닥을 긁어내기 위해선 누워 있는 돼지들을 모두 일으켜 세워야 한다는 것만 다를 뿐이었다.

임신사는 종돈장과 내부 구조가 동일했다. 규모는 종돈장에 비해 훨씬 작았다. 관리하는 방식은 같았지만 작업 자체는 임신사가 훨씬 더 성가셨다. 임신사는 통로가 너무 좁아서 도무지 깨끗하게 관리할 수 없었다. 통로 폭이 1m 될까 말까 했다. 배수로의 똥을 퍼서 수레에 담으려고 하면 삽이 좌우의 스톨에 걸려서 번번이 똥물을 쏟을 수밖에 없었다. 꼭 정글짐 속에서 삽질을 하는 것 같았다. 똥을 흘리지 않으려면 태극권을 연마하듯 천천히 움직여야 했는데 힘이 들어서 속도를 유지할 수 없었다.

분만사와 임신사에서 똥을 치울 때는 돼지만큼이나 예사롭게 쥐를 볼 수 있었다. 이 녀석들은 모돈의 똥 속에 섞인 사료 찌꺼기를 먹고 있었다. 돼지들이 먹다 흘린 멀쩡한 사료도 있었는데 어째선지 이 똥 더미에 대한 애착을 버리지 않았다. 그것이 쥐에게는 루왁 커피 같은 별미인 모양이었다.

쥐들은 사람을 전혀 무서워하지 않았다. 크기가 성인 남자의 주먹 두 개만 했는데 쥐들이 배수로에 모아둔 똥 더미에 몰려 있으면 삽으로 툭툭 쳐서 몰아내야 했다. 이때도 사람을 피해 도망간다기보다 '저 친구 또 시작이네' 하는 분위기였다. 돈사 안에선 대수롭지 않은 일이었지만 비슷한 크기의 쥐를 숙소에서 발견했다면 과연 맨정신으로 도망이나 칠 수 있을지 알 수 없었다.

쥐가 있는 곳에는 고양이도 있기 마련인데 다행히 고양이는 쥐보다는 조심스러워서 돈사 안으로 들어오지는 않았다. 하지만 이 녀석들도 사람을 우습게 보기는 마찬가지여서 언제나 돈사 입구 근처에 긴장감이라고는 전혀 찾아볼 수 없는 자세로 앉아 있었다. 얼마나 여유 있어 보이던지 잠시 후에 앞발을 스윽 들어 올리며 자장면이라도 한 그릇 주문할 것 같았다.

인큐베이터와 자돈사는 완전히 자동화되어 있어서 사람이 똥을 치울 필요가 없었다. 인큐베이터는 일반적인 건물이 아니라 난방과 단열에 초점을 맞춰 개조한 컨테이너 돈사였다. 이곳의 특징은 가만히 있어도 땀이 쏟아질 만큼 덥다는 거였다. 분만사의 온도는 20도 후반에 맞춰져 있는 반면 이곳은 30도 중반이었다. 어미젖을 뗀 자돈들은 분만사를 떠난 다음 차례로 인큐베이터와 자돈사에서 각각 한 달가량 살을 찌운 뒤 비육 농장으로 떠났다.

"분만사에선 모돈이 새끼를 키우는 거야. 그러니까 온도도 모돈에 맞추는 거지. 돼지가 모돈 정도 크기가 되면 너무 더워도 안 되거든. 그런데 돼지가 어미 품을 떠나면 그때부턴 지들이 알아서 커야 돼. 그런 데는 엄청 따뜻해야지."

후보사는 모돈으로 사용하기 위해 선별해둔 돼지를 모아둔 곳이었는데 재래식 구조였다. 이곳에는 모돈이 (팀장의 말을 빌리자면) '몸을 푸는' 돈방이 있었다. 넓지는 않았지만 자유롭게 걷고 움직일 수 있었다. 출산을 마친 모돈은 여기서 며칠을 보내다 다시 스톨로 돌아갔다. 맞은편에는 수컷의 돈방이 있었다. 수컷은 모두 네 마리였는데 이들은 정액을 채취할 목적으로 기르고 있었지만 이전 농장장의 결정으로 정액을 구입해서 쓰기로 한 뒤부터 그냥 놀고먹기만 했다. 수컷 돈방 관리는 똥꾼으로 인정받기 위한 최종 관문이었다.

"수컷은 성질이 고약하니까 그냥 막 들어가면 안 돼. 내가 들어간다는 걸 알려주면서 천천히 들어가. 그리고 모돈들처럼 저리 비키라고 툭툭 치고 그러면 절대 안 돼. 얘네들은 가만 안 있어. 머리로 들이받아. 들어갈 때는 계속 돼지한테 말을 걸어. 사람하고 얘기하듯이. 아니면 노래를 불러도 되고. 니가 거기 들어가는 걸 익숙하게 만들어야 너를 공격 안 해. 수컷한테 받치면 반 병신 돼. 진짜 제대로 받히면 다 큰 남자도 붕 떠서 날아가. 농담 아냐. 나 농장 일 하면서 수돼지한테 밟혀서 병신 된 사람 여럿 봤어."

걱정 마세요. 농장장님. 수컷 돈방 치우는 건 저도 경험이 있답니다. 어렸을 때부터 우리 형 방 청소는 제가 했거든요.

암컷도 다 자라면 엄청 크지만 수컷과는 느낌이 전혀 다르다. 몸길이는 수컷이 조금 더 긴 정도였지만, 몸통의 둘레가 수컷 쪽이 훨씬 더 두꺼웠다. 모돈에 비하면 수컷은 체중 조절에 실패한 백곰이 털을 바짝 깎은 것처럼 보인다. 돼지들은 사람이 돈방에 들어가면 장화나 삽을 냄새 맡고 씹으며 호기심을 보인다. 모돈은 쉽게 뿌리칠 수 있다. 그런데 수컷들은 힘이 세서 뿌리칠 수가 없다. 내가 들어가면 경고 조로 으르렁대는데 꼭 UFC 챔피언이 버티는 링에 오르는 기분이다. 나는 어디까지나 경기장 바닥을 닦으러 올라간 것뿐이었는데 챔피언이 나를 도전자로 오해하고 있는 게 아닌가 걱정됐다. 바닥에 볼링공만 한 똥이 굴러다니지만 않았다면 무릎을 꿇고 큰절이라도 올리고 싶었다.

#3

쌍남은 월급을 받자마자 도망갔다. 어느 날 근무가 끝나자 그가 나를 구석으로 끌고 갔다.

"나 오늘 일 끝나. 나 가. 이거 사장님, 농장장 말하면 안 돼. 나 다른 농장 가. 거기 170에 밥 줘. 내 친구 있어. 여기 농장, 시간 생각 없어.

밥 먹을 때도 일해."

"어딘데?"

"왕주."

"정말 오늘 가?"

"가. 어제 월급날 사장님 돈 줘. 농장장 말하지 마."

"걱정하지 마, 말 안 해. 고생했어. 조심히 가."

쌍남은 그렇게 떠났다. 우리는 일주일 정도 같이 일했는데 그 기간 대부분을 각자 똥물 뿌리러 돌아다녀서 이야기를 나눌 기회는 많지 않았다.

쌍남의 표정이 생각난다. 나나 다른 한국인과 말할 때 매번 떠올랐던 얼굴. 코를 향해 얼굴 근육 전체가 몰려든 모습이었는데 뭐라고 해야 할까, 아직 완성되지 않은 구체적인 표현의 중간 단계에 있는 얼굴처럼 보였다. 오랫동안 삽질을 하면 손에 굳은살이 배기듯이 말과 문화가 다른 나라에서 오래 일한 사람의 얼굴에는 그런 엉거주춤한 표정이 남는 듯싶었다. 우리는 한국어가 너무나도 익숙하기 때문에 상대방의 첫마디만 들어도 대화의 전체적인 흐름을 파악할 수 있다. 덕분에 그에 걸맞은 표정이란 게 출발 신호를 들은 육상 선수마냥 튀어나온다. 하지만 쌍남은 그럴 수 없었을 것이다. 그는 상대가 하는 말을 끝까지 듣고 나서 자신이 이해한 몇 개의 단어를 가지고 전체의 의미를 추측해야 했을 것이다. 그다음 자신의 반응을 한국식 위계질서에 적당하게 다듬어야 했을 것이다. 잠깐 찡그리기 위해서든 웃어 보이기 위해서든 그는 매번 그렇게 지난한 과정을 거쳐야 했을 것이다. 일시정

돼지고기의 경우

지 버튼을 누른 듯한 그 표정은 내가 만난 이주노동자들의 얼굴 속에 빠짐없이 박혀 있었다.

농장장은 쌍남이 사라지자 오히려 반가워했다.

"쌍남이 이 새끼, 관리를 너무 대충해. 적어도 사람이 다닐 수 있게는 해야지. 통로에 똥이 막 굴러다니는데도 그걸 치웠다 그러고. 주사도 얼마나 험하게 놨는지 자돈사 가면 목 부은 돼지 천지야. 그거 다 쌍남이가 놓은 거야. 뭐 시키면 못 들은 척 멀뚱멀뚱 서 있기만 하고. 잘됐어. 그 새끼 안 그래도 계속 그런 식으로 일하면 쫓아낼라 그랬어."

쌍남에게 그렇게 불만이 많았다는 걸 나는 이때 알았다. 나는 농장장 부부가 다른 사람을 좋게 얘기하는 걸 들어본 적이 없다. 나도 예외는 아니었을 거다. 하지만 그들은 대놓고 싫은 소리를 하지는 않았고 나는 함께 일하는 사람들에게 그 이상의 예의를 바라지 않았다. 쌍남에 대한 험담은 두고두고 되풀이됐는데 결론은 매번 같았다. 국산품을 애용하자.

"하여간 다른 건 몰라도 사람은 한국 사람 써야 돼. 쌍남이 걔 한 달에 딱 10만 원 써. 그리고 나머지는 다 자기네 나라 보내고. 자본 유출이 별거야? 그런 식으로 우리 돈 외국으로 보내는 애들이 한국에 얼마나 많겠어? 그것 다 한국에 써봐, 금세 경기 좋아지지."

농장장에게는 아니었지만 내게는 쌍남이 없어진 것이 큰 타격이었다. 둘이서 치우던 똥을 이제는 혼자서 치워야 했다. 어느 날 세어보니 하루에 실어낸 똥이 수레로 18대였다. 이 농장에서는 하루를 세 개 시간대로 나눠서 근무했다. 새벽 근무는 6시에서 7시 반, 오전 근무는

고기로 태어나서

9시에서 12시, 오후 근무는 1시 반에서 5시 반까지. 쌍남이 떠나고 나서는 각 시간대마다 근무가 끝나고 나서도 30분씩 더 작업해야 했다.

덕분에 나는 돼지를 사랑하는 일이 치즈버거나 탕수육을 사랑하는 것보다 훨씬 더 어렵다는 사실을 깨달았다. 하루 종일 먹고 싸는 것 말고는 아무 일도 할 수 없게 만들어놨으니 돼지들로서는 어쩔 수 없는 일이겠지만 고장난 아이스크림 기계마냥 쉴 새 없이 똥을 싸대는 엉덩이를 보고 있으면, 특히나 날이 저물어갈 때는 울컥 울음이 쏟아질 것 같았다.

"여기가 무슨 회사 맨치로 딱딱 시간 맞춰줄 수 있나? 일이 조금 더 있음 더 하고 또 별로 없으면 덜하고 유도리 있게 하는 거지."

농장장이 말했다. 그가 사장에게 외국인은 필요 없다고 하는 바람에 새 직원은 아예 뽑지 않았다. 혼자서 일해보니 어째서 쌍남이 그렇게 불평이 심했던 건지, 또 어째서 돈사가 그렇게 더러울 수밖에 없었던 건지 이해할 수 있었다. 부부 중 어느 쪽도 똥 치우는 일은 하지 않았고 나 역시 체력이 무한한 게 아니었기 때문에 해결책은 하나뿐이었다. 나는 '통로에 똥이 굴러다니는데도 그걸 치웠다'고 하고 숙소로 돌아왔다.

#4

농장장은 열렬한 믹스 커피 애호가였는데 그가 커피를 즐기는 방식의 멋진 점은 절대 혼자 마시지 않는다는 거였다. 그는 내 일을 거들어주지는 않았지만 자신이 쉬고 있을 때 나 혼자 일하게 놔두지도 않았다. 농장장이 커피 마시는 시간은 농장 전체의 휴식 시간이었다. 그리고 그 시간은 농장장이라는 인물에 대한 학습 시간으로 이어지곤 했다.

"그러면 너 노가다는 좀 해봤냐?"

"아니요. 농장장님은 해보셨어요?"

"그럼 젊었을 때 엄청 했지. 그때 내 일당이 35만 원이랬어."

"일당이요? 무슨 일 하셨는데요?"

"내가 용접했거든. 평소 때는 35만 원 받지. 머구리복 입고 잠수해서 할 때는 60만 원도 받아."

"쭉 돼지만 키우신 거 아니에요?"

"아니야. 진짜 내 인생 말로 다 못 해. 내가 얘기했나? 나 삼청교육대 갔다 왔다고?"

"정말요? 왜요? 왜요?"

"기다려봐, 내가 다 얘기해줄 테니까. 하여간 졸업하고 양돈장을 하나 맡아서 일하고 있었는데 내가 한 성질 하거든. 그래서 어떤 사장 새끼 하나를 아주 작살을 내버렸다고. 내가 그 새끼를 정화조에 처넣고 아예 문을 잠가버렸어."

"왜 그러신 건데요?"

"그 새끼가 근처의 다른 양돈장 사장이었는데 지네 농장에서 나온 똥물 때문에 동네 사람들이 뭐라고 하니까 그게 우리 잘못이라는 거

고기로 태어나서

야. 나도 처음엔 좋게 이야기했는데 쌩 지랄을 하면서 달려드니까 열딱지가 확 나버렸지. 그러고 나니 사람들이 가만 있나? 양돈협회 뉴스에도 실렸어. 내 사진까지 함께. 그러니 농장 같은 데서 나를 쓰려고 하질 않잖아? 나이도 한창 땐데 그때가 어디 보자, 지금보다 20년도 더 전이니까 아직 30대였을 때였지. 내가 그 일 터지고 몇 년을 놀았어. 이쪽에서 일을 구할 수가 없잖아? 돈은 떨어지고 애들은 크고 그래서 그때부터 노가다를 뛰었어. 울산으로 갔지. 거기가 공장도 많고 그러니까. 그렇지만 일자리가 매일 있는 것도 아닌데 하루 6만 원 벌어서 어디다 써. 그러다 하루는 일 끝나고 태화강 지나가는데 저 앞 건물에 특수 용접 훈련생 모집 이렇게 써 있는 거야. 그래서 그거 배워가지고 자격증을 땄지."

"그런데 삼청교육대는 어쩌다 가신 거예요?"

"5.18 때 내가 광주로 가려고 했다가 붙잡혔어. 쇠빠이쁘랑 화염병이랑 트럭에 숨겨 들여보냈어. 호로를 씌워서 갔으니까 그건 못 잡았지. 그리고 나랑 친구들이랑 광주로 들어가려고 기차를 탔는데 전부 다 송정리에서 경찰한테 잡혔지. 지금 생각해보면 우리가 생각이 없어도 한참 없었지. 거기를 무슨 엠티 가는 것도 아니고 기차 타고 슥 들어가려고 했으니까. 경찰이 우리를 기차에 태워서 다시 서울로 보냈어. 내가 그때 데모한다고 쫓겨 다니고 수배당하고 말도 아니었어. 숨어 다니는 게 너는 그런 거 모르겠지만 진짜 사람 피를 말린다."

"수배당하셨을 땐 어디 숨어 계셨어요?"

"명동성당에도 있다가 절에도 있다가. 김수환 추기경도 그때 알게 됐지. 예전에 김수환 추기경한테서 전화가 온 거야. 소록도 운동회 하는데 같이 가자고. 그래 갔지. 거기는 놀러 왔다 그래야지 구경 왔다 그러면 바로 쫓겨나. 처음 가본 사람은 겁나서 제대로 앉지도 못해. 눈썹도 없고 코도 문드러져서 여기 구멍만 딸랑 두 개 뚫려 있고 그렇거든. 거기 있는 사람이 손가락도 없는 손으로 막걸리 한잔 마시라고 건네고 그런 데야 거기가."

"여하튼 어느 날은 우리 아부지가 나 있던 데로 오신 거야. 나 찾아와서 나 붙들고 엉엉 우셨지. 니깟 놈이 정치를 알면 뭘 안다고 그러냐고, 내가 이 꼴 보려고 너 서울로 대학 간다고 했을 때 소 잡아서 잔치 했겠냐고. 그래서 자수했지."

"내가 그때 일로 교도소 갔다가 긴급조치 9호 해제되고 교도소에서 나오니까 호로 씌운 트럭이 하나 서 있는 거야. 거기서 군인이 하나 오더니 점잖게 담배 주면서 고생했다고 많이 힘들었냐고 그러면서 잠깐 얘기 좀 들을 게 있어서 그런데 같이 좀 가자고 그러는 거야. 그래 탔지. 트럭 딱 출발하니까 갑자기 이 새끼가 씨발 놈아 대가리 깔아 이러면서 개머리판으로 목 여기를 확 내리치는 거야. 삼청교육대를 그렇게 끌려갔지. 내가 거기서 4개월 있었어. 두들겨 맞기도 엄청 두들겨 맞고. 밥도 안 줘. 밥을 한 사람당 얼마나 주냐면 농담이 아니라 딱 한 숟갈 정도만 주는 거야. 그리고 뭐라 그러냐면 자 이 식사는 너희 부모님들이 고생하셔서 지은 쌀로 만든 밥이다 감사히 먹도록 식사 시작. 이 '시작' 말을 해야 숟가락을 들어 올릴 수 있는데 딱 들어 올리는 순간 식사 끝 이러는 거야. 그러면 아무리 배고파도 당장 내려놔야 돼. 노인

고기로 태어나서

들 이런 사람들은 너무 배가 고프니까 그걸 입에 넣는다고. 그럼 조교들이 달려들어서 두들겨 패. 또 뭘 하나면 한밤에 자고 있는데 들어와선 침상 밑에 쥐새끼 실시 이러는 거야. 그럼 잠이고 뭐고 당장 밑으로 들어가야 돼. 내가 맷집이 좋아서 맞는 건 견디겠는데 잠 안 재우는 건 못 참겠더라고. 두들겨 맞고 말지 잠 못 자게 하는 건 정말 힘들어.

거기 조교들이 아무것도 없거든. 명찰도 없고 군번도 없고 그냥 군복에 빨간 모자에 워커 신고 있어. 그때 우리가 이를 갈았지. 살아서 나가서 저 새끼들 사회에서 마주치면 내가 저 새끼들 아주 잘근잘근 씹어 먹어버린다고. 그런데 그 안에서도 우리끼리 싸워. 이 새끼들이 거기서 사람들을 나눠. 전라도 경상도. 그래서 경상도 애들은 전라도 조교가 맡고 전라도 애들은 경상도 애들이 맡아. 그럼 또 전라도 놈들이 어땠느니 경상도 놈들이 어땠느니 하면서 그 안에서 파벌이 생기는 거야.

이 새끼들이 얼마나 악랄하냐면 한번은 보지 구경 간다 이러는 거야. 그 근처에 삼청교육대에 끌려온 여자들도 있었거든. 걔네들이 강가에서 홀딱 벗고 목욕하고 있었는데 우리 보고 다리 위에서 그걸 보라는 거야. 그러더니 자 모두 바지 내린다 실시, 좆 잡는다 이러는 거야. 그거 보며 딸딸이치라고. 그게 명령이었어. 이게 사람이 할 짓이냐? 얼마나 추악하냐? 나라가 멀쩡할 때나 군인이 있는 거지. 나라가 개판이면 군인 경찰이 어디 있어? 그냥 방아쇠 당기는 손가락이지."

#5

 분만사에서 일하는 사람은 비명 소리에 익숙해져야 한다.

돼지에게는 송곳니가 아래위로 8개 있는데 이것들이 모돈의 젖을 상하게 할 수 있기 때문에 어렸을 때 잘라버린다. 또한 돼지들은 스트레스를 받으면 다른 돼지의 꼬리를 씹는 습성이 있는데 이때 꼬리에 생긴 상처를 통해 질병에 감염될 수 있기 때문에 이빨을 자르면서 꼬리도 바짝 자른다. 스트레스는 닭과 마찬가지로 고밀도의 사육 환경에서 오는 것이다. 야생 돼지에게는 이런 문제가 발생하지 않는다.

 분만사 작업은 팀장이 맡아서 했고 나는 거들기만 했다. 그녀가 가위와 약품이 든 통을 들고 돈사로 들어가면 나는 플라스틱 바구니를 얹은 수레를 끌고 그녀를 뒤따랐다. 먼저 돈방별로 자돈을 꺼내 바구니에 던져 넣었다. 이때 돼지들을 조심스럽게 다루겠다고 생각하면 일을 할 수 없다. 돈방 자체가 바닥보다 높은 데다 내 키까지 더해져서 돼지를 바구니에 살짝 내려놓으려고 하면 한참을 꾸물거려야 했다.

 "아이구 돼지를 그렇게 잡으면 어떡해? 돼지 처음 잡아봐? 그러면 일 못 해. 그냥 집어 던져. 하나하나 바구니에 내려놓으려고 하지 말고 그냥 막 집어 던져."

 내가 돼지를 던지면 팀장이 자돈을 한 마리씩 들어 올려 꼬리를 잘랐다. 이때는 특수한 장비를 사용했다. 전지 가위처럼 생겼는데 날이 짧고 가운데 열선 장치가 있어서 꼬리를 자르고 절단면을 바로 지질 수 있게 되어 있다. 꼬리 자르기는 금방 끝난다. 돈사 안이 비명으로 가득

고기로 태어나서

차기 시작하는 건 이빨을 자를 때부터다. 이때는 한 손으로 돼지의 목을 잡고 엄지손가락을 입 안에 넣어 강제로 입을 벌린다. 다른 손엔 니퍼(날에 피와 좁쌀 같은 이빨 조각들이 잔뜩 달라붙어 있다)를 들고 이빨을 잘랐다. 돼지들은 치과 수술에 대한 포유류 공통의 공포심을 드러내며 절대 입을 벌리려고 하지 않는다. 이럴 때는 두 손으로 온 힘을 다해야 간신히 입을 벌릴 수 있었다. 기껏해야 내 손바닥만 한 몸 크기를 생각하면 그 힘이 비현실적으로 느껴질 정도다. 돼지가 계속 입을 벌리고 있도록 하기 위해선 엄지손가락을 입 안에 넣어야 하는데 태어난 지 며칠밖에 안 된 새끼지만 깨무는 힘이 무척 세서 손가락이 문틈에 끼인 것처럼 아팠다.

돼지와 엄지손가락의 고통을 조금이라도 빨리 끝내려면 서둘러 이빨을 잘라내야 하는데 그게 수월치 않았다. 돼지의 두툼하고 쭈글쭈글한 입술이 이빨을 감추고 있었다. 니퍼 끝으로 조심스럽게 이빨을 드러내도 돼지가 몸부림을 치면 원래대로 돌아가 버렸다. 이빨이 아직 길지 않아서 입술이나 혀를 베지 않으려면 이때도 한참을 꼼지락거려야 했다. 그런 상태로 시간이 지체되면 돼지도 지쳐서 꺼억꺼억대며 숨넘어가는 소리를 냈다.

"너 진짜 돼지 처음 잡아보냐? 그렇게 조심해서 어떻게 일할라 그래? 딱 잡고 입 딱 벌린 다음에 딱딱딱딱 끊어내. 베이고 이런 거 신경 쓰지 마. 그리 안 함 일 못 해!"

농장장의 말대로였다. 비명을 고통의 표현이라고 생각하면 작업을 할 수 없었다. 손가락을 그 작은 입 안으로 밀어 넣는 것 때문에, 니퍼로 이빨을 잘라내는 것 때문에 돼지들이 소리를 지르는 것이라고 생각하면 자연스럽게 손에서 힘이 빠지고 니퍼는 돼지 입에서 멀어졌다. 결국 비명은 비명 아닌 것이 되어야 했다. 아무도 받지 않으려는 전화벨 소리처럼 의미 없는 소음이 되어야 했다. 전화선 반대편에서 누군가 다급하게 도움을 구할지도 모른다는 가능성은 배제되어야 했다. 작업을 끝내고 나면 자돈의 입에는 피가 흥건했다.

비명에도 차이가 있었다. 사람이 잡아 들 땐 비명이라기보다는 여유롭게 도움을 청하는 느낌으로 운다. 꼬리를 자를 때는 이보다 강렬하지만 잠깐 운다. 자돈들이 가청 주파수의 한계치에 다다를 만큼 소리를 지를 때는 거세할 때다. 거세를 하는 이유는 카스트라토 합창단을 만들기 위해서가 아니라 '웅취'라고 부르는 수컷 특유의 비린내를 줄이고 육질을 부드럽게 하기 위해서다. 꼬리나 이빨 자르기는 돼지를 위해서 필요할 수 있다고 항변해볼 여지가 조금은 있지만 거세는 오직 고기의 맛을 좋게 하려고 실시한다.

거세는 농장마다 조금씩 차이가 있지만 대개 생후 일주일 안팎으로 실시했다. 이곳에선 이빨 자를 때 거세도 함께 했다. 이빨을 자른 후 엉덩이를 확인해 암컷만 돈방에 집어넣는다. 수컷은 뒷다리를 옆구리에 붙도록 바싹 당겨 잡으면 항문 아래가 볼록 튀어나온다. 작업을 쉽게 하려면 고환이 선명하게 튀어나오도록 손에 힘을 줘야 하는데 이때 힘 조절을 못 하면 거세에서 끝나지 않을 수도 있었다.

"너무 꽉 누르면 안 돼. 그러면 내장 튀어나와. 내장 튀어나오면 끝이야."

팀장은 튀어나온 부위를 11자로 자른 다음 고환을 잡아 뜯어냈다. 붉은색과 보라색이 섞인 이 작은 살덩어리는 피자 치즈처럼 길게 늘어났는데 돼지의 비명 소리가 최고조에 이를 때는 바로 이 순간이었다. 자돈은 호두만 한 입을 쩍쩍 벌리고 돈사 밖에서도 들을 수 있을 만큼 소리를 질러댔다. 거세를 마친 자돈은 소독약을 바른 다음 해부학적으로 한결 더 가까워진 자매들 곁으로 돌려보냈다.

작업을 끝낸 후엔 소리로 만든 몽둥이로 흠씬 두들겨 맞은 느낌이었다. 한쪽에선 멀쩡한 장기를 뜯어내고 있는데 당신은 겨우 귀가 아팠다는 것밖에는 할 말이 없냐고 묻는다면 그렇다고 대답할 수밖에 없을 것 같다. 만약 돼지가 가시에 찔렸다거나 계단에서 굴렀다면 이런저런 식으로 얼마나 아팠을 거라고 추측해볼 수 있었을 것이다. 하지만 나는 마취도 하지 않고 외과 수술을 당하는 것이 어떤 것인지 모른다. 그게 얼마나 고통스러울지 나는 짐작도 할 수 없다. (그럴 수만 있다면 평생 모른 채로 살고 싶다.)

"마취 안 하고 그냥 잘라내요?"

"이 많은 걸 언제 마취하고 있어? 그냥 하는 거지. 괜찮아."

야전병원에서나 들을 수 있을 법한 비명 소리가 울려 퍼지는 동안 우리는 다정하게 잡담을 나눴다.

"내가 강원도에서 살다가 결혼하면서 경상도로 왔는데 무슨 말인지 하나도 못 알아먹겠는 거야. 그때는 또랑에서 빨래를 하는데 나보고 '처자야 사분 좀 도' 이러는 거야. 무슨 말인지 알겠어? 그게 무슨 말이냐면, 처자가 아가씨야. 그리고 그때 말로 빨랫비누를 사분이라고 불

렸어. 그러니까 '아가씨 빨랫비누 좀 빌려줘' 한 거지. '딸딸이 가 온
나'는 알겠어? 딸딸이가 쓰레빠야. 내가 개그맨들이 TV에서 그 얘길
하는 걸 보고 얼마나 웃었나 몰라. 그게 완전 경상도 토박이말이거든.
아하하하."

#6

　　자돈의 비명이 동적이라면 모돈의 비명은 지극히 정적이
었다. 모돈은 발톱으로 비명을 질렀다. 1동 분만사의 출입문 바로 앞
에는 출산 예정일이 한참 지났는 데도 새끼를 낳지 않은 모돈이 있었
다. 이 돼지는 누워만 있었다. 사료가 나와도 일어서질 않았다. 팀장
이 밥을 먹이려고 엉덩이를 때리면 다리가 잘려나가기라도 하는 것처
럼 소리를 지르면서도 일어서질 않았다. 출산을 앞둔 모돈 중엔 몸이
무거워 누워만 있는 녀석들이 꽤 있었기 때문에 별다른 관심을 기울이
지 않았다. 그런데 어느 날 아침에 보니 뒷발이 피투성이였다. 그제야
돼지의 발톱이 이상하다는 걸 눈치챘다. 발톱 길이가 30cm도 넘을 것
같았다. 돼지의 발톱은, 그러니까 굽은 보통 각지고 뭉툭한데 이것은
길기만 한 게 아니라 끝으로 갈수록 점점 뾰족해지면서 안쪽으로 말려
들고 있었다. 밤사이에 사료를 먹으려고 일어서다가 발톱이 부러진 것
같았다. 팀장이 스프레이형 지혈제를 뿌렸는데 은색이어서 처치를 마
치고 나니 마치 돼지에게 기계로 된 발을 이식시키려다 중단한 것처럼

　　　　　　　　　　　　　　　　　고기로 태어나서

보였다.

"얘는 왜 이런 거예요? 기형이에요?"

"그게 아니야. 체형이 잘 잡힌 애들은 저렇게 안 길어지거든. 원래는 돼지 발굽이 여자들 뻑구두 신은 것처럼 뒤가 올라가게 되어 있는데 체형이 잘못 잡힌 애들은 길게 자라서 사람이 안 잘라주면 저렇게 돼."

"뭘로 잘라요?"

"발톱 삭제기라고 있어."

"삭제기요? 대단한 기계인가 봐요."

"기계 아니야. 그냥 칼이야. 철근 끊을 때 쓰는 커터 있지? 그거야. 그런데 삭제기는 날이 외국 건데 부드러워. 그래야 돼지들이 안 아프게 자르지. 농장장이 주문했으니까 곧 올 거야. 그럼 진정제 좀 놔주고 깎아야지."

이 사건 이후로 돼지들의 발톱을 주의를 기울여 보게 됐는데 그 돼지 하나만의 문제가 아니었다. 전체 모돈의 10분의 1 정도가 비정상적으로 발톱이 길었다. 팀장은 체형 때문이라고 했는데 그게 전부는 아닐 거라는 생각이 들었다. 내가 관찰한 결과로는 오직 스톨에 갇혀 사는 모돈의 발톱만 길어졌다. 다 자란 돼지라고 해도 일반적인 돈방에서 생활하는 경우에는 발톱에 별다른 문제가 없었다. 이러한 차이는 문제의 원인이 사육 환경에 있을 수 있다는 사실을 암시하는 듯 보였다.

인간과 마찬가지로 돼지 역시 시간이 흐를수록 발톱이 자란다. 하지만 야생의 돼지는 인위적으로 발톱을 '삭제'하지 않아도 언제나 일정한 크기를 유지하는데, 걷고 뛰고 땅을 파헤치는 동안 발톱이 자연스럽게 마모되기 때문이다. 이는 소나 말도 마찬가지다. 돈방에서 사육하는 돼지들도 (안이 좁아서 뛰어다니는 건 어렵지만) 얼마든지 걸어 다닐 수 있다. 돼지들이 많아서 마음껏 뛰어다니기에는 비좁은 공간이지만 돈방 돼지의 발톱이 너무 자라서 움직이지 못하는 경우는 없었다. 하지만 스톨 안에 갇혀 있는 모돈은 동사가 필요 없는 삶을 산다. 스톨이 허용하는 폭 안에선 '뒤돌아보다'라는 말도 필요 없다. 모돈이 취할 수 있는 자세는 일어서거나 눕는 것뿐이다. 게다가 모돈은 언제나 임신 중 아니면 출산 중이기 때문에(임신과 출산 역시 내가 짐작조차 해볼 수 없는 종류의 고통이다) 움직이려는 욕구도 현저하게 떨어진다. 모돈은 밥 먹을 때가 아니면 자리에서 일어나는 법이 없는데(어떤 돼지들은 오줌도 누운 채로 눈다) 그러는 사이 발끝에선 사슴뿔이 자라는 것이다.*

#7

농장장도 모돈들의 상태를 꽤나 심각하게 받아들였다. 하지만 발톱과는 상관없었다.

---

* 동물원의 코끼리도 비슷한 고통을 겪고 있다. 야생 코끼리는 물과 먹이를 찾아 하루에 17km를 이동한다. 하지만 동물원의 우리는 이러한 운동량을 감당하기에는 턱없이 좁다. 동물원 코끼리들은 운동 부족과 과체중, 딱딱한 콘크리트 위에서의 생활 등의 이유로 관절염과 발 염증에 시달린다. 이는 심각할 경우 코끼리의 목숨을 빼앗기도 한다.

　　　　　　　　　　　　　고기로 태어나서

"지금 여기 돼지들 엉망이야. 성적이 너무 안 좋아. 순 똥돼지들이라 산자 수도 엉망이고 인큐베이터나 자돈사가 봐도 돼지들 살이 올라오질 않아. 이래서 모돈이 정말 중요한 거야. 양돈장이란 게 전부 모돈에서 시작하는 거라고. 여기는 지금 새끼 태어나도 절반 이상이 사산이고 한두 마리만 딸랑 살아남는 돈방도 수두룩해. 지금 모돈한테 문제가 있어도 한두 개 있는 게 아니라고. 그래서 내가 우리 수의사 후배한테 얘기하니까 자기가 죽은 새끼랑 모돈 피 검사해주겠다고 여기 농장에 오겠다는 거야. 내가 사장한테 그 얘길 했더니 얼굴이 칠색팔색이 돼서 난리를 치는 거야. 아 그런 걸 왜 남한테 보여주냐고 절대 안 된다고. 그래서 걔가 요 문 앞까지 왔다 그냥 갔어."

"아이고, 아이고. 진짜 병신에도 등수가 있다더니 그런 게 있으면 오픈을 해서 원인을 알아내야지. 하여간 이 인간은 안 돼. 나이도 먹을 만큼 먹은 인간이 왜 저렇게 멍청하지."

"근데 수의사들도 제대로 확정적으로 이야기를 안 해. 딱 이것 때문이라고 그랬다가 또 귀찮은 일 말려들지 모르니까. 그냥 뭐 이것저것 복합적으로 왔다 이런 식으로 말하지."

"아, 그래도 외부 연구소에 오픈을 해서 원인을 밝혀내야 농장에 미래가 있지. 지금처럼 이래서 지금 새끼 나중에 출하할 때 되면 돈방이 텅텅 빌 텐데 그땐 어떡한대?"

"사장이 지금 자기네 농장 무슨 병 걸렸다 소문날까 무서워서 조사를 못 하게 하는 거야. 그런데 이게 단순히 산자 수 줄어드는 거에서 끝나는 게 아니야. 지금 돼지가 발정이 오지 않아서 수정할 수가 없어.

사산이 많아서 그러는 거야. 그래서 모돈이 엉망이면 농장 전체가 엉망이 되는 거라고. 이게 다 연결이 되어 있는 거야."

"사산이랑 발정 안 오는 거랑 무슨 상관이에요?"

"돼지가 사산이 많으니까 새끼가 얼마 없잖아? 새끼가 없으니까 젖을 얼마 안 먹지. 원래대로 하면 새끼들이 바글바글해서 젖을 죄다 빨린다고. 그래야 모돈 몸 안 호르몬이 싹 다 배출되는 거야. 그게 다 배출이 돼야 임신이 가능한 상태가 된다고. 그런데 지금은 그게 안 되니까 수정을 시키려고 해도 되지를 않는 거야. 게다가 여기는 9산, 10산도 있어. 세상에 10산까지 기르는 놈이 어딨어? 이러니 성적이 나올 리가 있나. 원래는 7산, 많아도 8산이면 도태시킨다고. 노산돈은 싹 다 정리해 버려야 돼. 내가 보기엔 7산도 많아. 6산 넘은 것들은 싹 다 도태시켜야 돼. 노산돈은 성적도 안 좋고 사료만 잡아먹어."

"노산돈이 뭐예요?"

"7산 넘은 것들. 얘네들은 약해서 새끼도 잘 못 낳아. 너도 봤지? 분만사에 새끼 안 낳고 누워만 있는 것들. 노산돈은 예정일 전에 분만 유도 주사 놔서 날짜 맞춰 낳게 한다고. 그런데 주사 놔도 안 낳는 것들은 새끼가 어미 뱃속에서 다 죽은 거야."

"그런 건 그럼 어떻게 해요? 계속 뱃속에 남아 있는 거예요?"

"아니, 아바론이라고 약이 있어. 그걸 써서 새끼를 녹여서 밖으로 빼내. 지금 1동 가보면 아바론 써야 될 거 한둘이 아냐."

"지금 사장도 죽을 맛일 걸. 성적이 좋건 나쁘건 사룟값, 약값은 다 들어가지. 또 우리 월급 줘야지. 원래 농장에 이런 문제가 있으면 사료

고기로 태어나서

회사에서 제일 먼저 와 봐. 일단 사료가 첫 번째니까. 그런데 여기는
사료 회사에서 코빼기도 안 보이잖아? 어떤 농장이든 농장장 바뀌면
사료 회사에서 제일 먼저 인사하러 온다고. 근데 여기는 오지도 않아.
왜 그런 줄 알아? 미수금이 엄청 쌓였거든. 사룟값 물릴 대로 물려 있
으니까 지들은 신경 쓸 거 없는 거야. 그러다 농장에서 사료 회사 바꿔
봐. 그럼 바로 내용 증명서 만들어가지고 여기 돼지들 수 싹 다 세서 압
류해버려. 지금 여기가 돈이 그만큼 밀렸어."

"여기 모돈이 특히나 안 좋은 게 왜 그러냐 하면, 모돈은 외부에서
품종 좋은 걸로 사다 쓴다고. 근데 여기는 사장이 돈 아낀다고 지네 농
장에서 몸집 좀 큰 걸로 그냥 갖다 써서 그러는 거야. 사장이 이번에도
똥돼지들 중에서 골라 쓰려고 해서 내가 제발 후보돈 좋은 걸로 사서
쓰라고 얘기했는데 이 새끼가 돈 줄이는 데만 혈안이 된 인간이라 들
어먹을지 모르겠어. 내가 지금 사산된 거 사진 보여주면서 얘기하니까
이번엔 좀 알아먹는 것도 같긴 한데 어찌 될라나."

농장장의 설득이 통했는지 후보돈 20마리가 들어왔다. 종돈장 담당
자는 직접 방역복까지 챙겨 입고 왔는데 돼지들은 트럭 기사에게 맡겨
두고 자신은 영업을 뛰는 데 여념이 없었다.

"농장장님, 정액을 더 이상 주문 안 하시던데 혹시 다른 데서 주문하
시나요?"

"어, 그렇게 됐어."

"저희 정액이 무슨 문제라도 있었나요?"

"정액을 열다섯 두 열여섯 두를 샀으면 서비스로 몇 개 끼워주고 그

러는 거지. 내가 그렇게 좀 해달라고 하니까 그 직원이 왜요, 아 왜요
이래! 싸가지가 없어."

"아, 그러셨구나. 제가 자리 비운 사이에 새 직원이 뭘 모르고 그런
것 같은데 제가 다음부터는 제 재량으로 챙겨드릴 테니 꼭 좀 다시 생
각해주십쇼."

그는 한참 동안 농장장 비위를 맞추다가 떠났다.

"아까 그 새끼들 다 헛소리야. 요즘 정액 다 그 정도 산자 수 나와.
그게 실력이 없어서 못 키우는 거지. 내가 계속 이런 식이면 거래처 옮
긴다고 하니까, 아 사장님 맘대로 하래, 싸가지 없는 새끼들. 그 새끼
들 수컷 자지 털어서 얼마나 벌려는 거야?"

후보돈이 새로 들어왔다고 사장에 대한 평가가 조금이라도 호의적
으로 변한 건 아니었다. 어느 날 저녁, 부부에게 장문의 팩스가 도착했
다. 부동산 가압류 신청서였다. 사장이 운영하는 다른 농장 농장장 소
유의 땅과 아파트가 압류 대상으로 올라와 있었다. 듣고 보니 복잡한
사연이 있었다. 문제의 농장장은 3년을 일하고 그만두기로 했는데 사
장이 퇴직금과 마지막 두 달분의 월급을 주지 않았다는 것이다. 그러
자 농장장이 돼지 몇 마리를 팔아버렸고 사장이 그를 절도로 고소하고
3,000만 원을 배상하라며 부동산 가압류 신청서를 제출한 것이다.

"그런데 이 서류를 왜 농장장님한테 보낸 거예요?"

"지가 답답하면 그런 일이 있었다고 얘기하지 이걸 우리한테 그것도
한밤중에 팩스를 보내냐고. 뻔하지. 너들도 걸리면 가만 안 둔다, 겁주

는 거야. 이 새끼가 이 근방에서 소송 거는 걸로 유명하더라고. 이 사람 말고 여기 있던 예전 농장장도 소송 걸고 수의사도 소송 걸고 이전 사료 회사도 소송 걸고. 근처에서 돼지 키우는 사람 중에 이 새끼 모르는 사람이 없어. 무슨 문제 생기면 변호사 시동부터 걸고 보는 놈이라고."

이 일은 농장에 몇 가지 변화를 가져왔다. 부부의 험담 대상이 쌍남에서 사장으로 바뀌었다. 두 번째 변화로 쉬는 시간이 길어지고 퇴근 시간은 빨라졌다. 농장장은 일할 마음이 싹 사라졌는지 아침에는 7시 반이 채 되기도 전에 들어가 버렸다. 물론 나도 꼭 데리고 갔다. 내가 아직 할 게 남았다고 해도 신경 쓰지 않았다. "됐어. 이따 해."

세 번째로 돼지를 더 이상 돼지라고 부르지 않게 됐다. 부부는 돼지를 몰 때 사장 이름을 외치기 시작했다. "무성아 가자! 똥 그만 싸고 가자! 아 빨리 좀 가자. 무성아, 이놈아 똥 냄새 그만 맡고 어여, 가자. 이랴 이랴!"

#8

3월 말엔 감기에 걸렸는데 며칠 동안 찬물에 샤워를 한 게 화근이었다. 보일러가 고장 나서 다른 방법이 없었다. 해가 지면 너무 추워 몸에 냉수를 끼얹으면 심장이 멎을 것 같았다. 돈사 안에 먼지가 많아 씻는 걸 소홀히 할 수 없었는데 샤워를 끝마치면 추위 때문에 정신이 몽롱해졌다. 그런 사정은 다른 사람들도 마찬가지여서 팀장이 사장에게 불평을 했더니 오히려 사장은 화를 냈다.

"보일러 안 돌아가면 쓸데없이 가스비 안 나가고 좋은 거지, 아 그런 일 있음 알아서 해결해요. 나 붙잡고 그런 것까지 해결해달라 그러지 말고."

어쨌거나 이 사람은 내가 선호하는 부류의 고용주였다. 그만둘 때 미안한 마음이 전혀 들지 않는 그런 사람. 사장이 보일러 수리를 거부했기 때문에 대신 농장장이 돼지 꼬리를 설치했다. 전기 열선 가열기였는데 열선이 둥글게 말려 있는 형태 때문에 돼지 꼬리라고 불렀다. 돼지 꼬리 덕분에 다시 따뜻한 물을 쓸 수 있게는 됐지만 여기에도 문제가 있었다. 이 기계는 다이얼이 고장 나서 온도 조절이 되지 않았다. 언제나 최고 온도까지 뜨거워졌다. 너무 뜨거워서 물이 맹렬하게 화를 내고 있는 느낌이었다. 그것도 화가 아주 단단히 나서 똥 먼지 따위를 씻어내는 데 사용될 의사가 전혀 없는 것 같았다. 어쩔 수 없이 적당히 냉수를 섞어 화를 가라앉혀야 했다.

육체적으로 무척 힘든 시기였다. 아침에 일어나는 일은 특히 힘들었다. 6시는 나 자신과 시계를 의심하게 만드는 시각이었다. 벌써 6시가 됐을 리가 없어, 이건 꿈이야, 시계가 고장 난 거야. 1, 2분 간격으로 자다 깨기를 반복하다가 마침내 침대에서 일어났을 때에는 조금씩 뒷걸음질 치다가 벼랑에서 떨어지는 기분이었다.

감기는 목에서 시작해 코를 거쳐 온몸으로 번져갔다. 차곡차곡 쌓여가는 콧물에 질식할 것 같아서 코를 들이마시면 콧물이 얼마나 질기고

고기로 태어나서

탄력 있던지 꼭 세발낙지를 코로 삼키는 것 같았다.

　밥이라도 잘 먹었으면 좀 나았겠지만 내가 만든 음식은 환자가 아니라 사나흘 굶은 사람도 입에 대고 싶지 않을 것 같은 맛이었다. 특히나 내가 끓인 된장국은 그릇에 담아놓으면 이걸 냄비에서 꺼낸 건지 분만사 배수로에서 건져 올린 건지 분간이 가지 않았다. 먹으면 입 안 가득 '충격과 공포'가 전해졌다. 어째서 바로 먹을 수 있는 재료만 넣어서 만든 음식에서 이따위 맛이 날 수 있는 건지 이해가 가지 않았다. 꿀꺽 삼키고 나면 세상에 종말이 다가오고 있다고 믿게끔 만드는 맛인데 도널드 트럼프가 미국 대통령으로 당선됐다는 뉴스를 음식으로 표현한 것 같았다.

　이때는 좋은 음식의 힘이 어떤 것인지 실감할 수 있었다. 팀장은 내가 아프다는 걸 알고 북엇국을 한 솥 끓여줬다. 내가 만든 요리와 비교하는 것이니 당연한 일이겠지만 정말 맛있었다. 후루루 들이마시니 온몸의 긴장이 탁 풀리면서 뭐라고 해야 할까, 영혼을 온천탕 속에 담근 것 같았다.

　내 요리 실력이 얼마나 형편없는지는 그다음 벌어진 일로 분명해졌다. 후보사 건물에 창은 뚫려 있었지만 유리는 없었다. 여름에는 뚫린 채로 내버려뒀고 겨울에는 단열을 위해 창에 두툼한 스티로폼을 끼워뒀다. 낮 기온이 많이 오르면서 그것을 빼내기로 했다. 그런데 창틀과 스티로폼에는 파란색 쥐약이 두껍게 뿌려져 있었다. 스티로폼을 빼내자 쥐약이 안개처럼 돈방을 가득 메웠다. 쥐약이 바닥에 내려앉자 호기심 많은 돼지들이 킁킁대며 냄새를 맡다가 핥아 먹기 시작했다. 바닥 전체를 덮고 있었기 때문에 제지하려고 해도 소용이 없었다. 그동안 먼지와 똥물이 그랬던 것처럼 일정량은 얼굴에 뚫린 구멍들을 통해 내 몸 안으로 들어왔다. 양돈장에서 일하려면 똥물을 맛볼 각오면 충분하다고 생각했지만 그것 역시 섣부른 판단이었다. 양돈장에서 일하려면 쥐약을 맛볼 정도의 각오는 있어야 했다. 쥐약 맛을 평가하자면 의외로 전혀 쓰지 않았다. 시큼하면서도 텁텁한 맛이 났는데 라면 스프 같지는 않았지만 그래도 내가 끓인 국보다는 맛있었다.

#9

　　쌍남이 농장을 떠나기 전에 있었던 일이다. 아저씨가 저녁을 사주겠다며 쌍남과 나를 불렀다. 우리는 농장에서 10분 정도 걸어가면 나오는 추어탕 가게로 들어갔다. 종업원이 컵과 물수건을 놓고 갔다. 나는 이런 자리면 어김없이 발현되는 막내 본성에 따라 물을 따르고 수저와 젓가락을 챙겼다. 부부는 서로 집안 얘기를 나누고 나는 쌍남에게 궁금했던 것들을 물어봤다. 가족들이랑 통화는 자주 하냐, 예전에는 어디서 일했냐, 한국에 친구들은 많냐 등등. 나는 막연하게 내가 이 중에서 제일 어릴 거라고 생각하고 있었는데 쌍남은 나를 형님이라고 불렀다. 내 추측으로는 나를 정말 형이라고 생각한 게 아니라 그냥 한국 남자를 모두 뭉뚱그려서 형님이라고 부르는 것 같았다. 이런 경우가 많았다. 쌍남과 같은 사람들에게 한국 남자는 사장님 아니면 형님이었다.

팀장이 갑자기 쌍남을 돌아보며 물었다.

"잠깐만 쌍남아, 니가 올해 몇 살이지?"

쌍남이 대답했다. 그리고 팀장이 말했다.

"그럼 승태 씨랑 동갑이네. 쌍남아 니가 형이라고 안 불러도……."

그때 농장장이 물을 엎었다.

"아이고! 왜 그래요!"

농장장이 고개를 들지 않은 채 읊조렸다.

"어허, 거 쓸데없는 소리 하지 마. 그냥 놔둬."

음모를 꾸미는 것처럼 낮고 묵직한 목소리였다.

돌아가는 길이었다. 농장장이 슬쩍 옆으로 다가왔다. 쌍남은 저 앞에서 쓰레빠를 끌며 걸어가고 있었다.

"아까 밥 먹을 때 우리 마누라가 쓸데없는 소리를 해서 가만히 있으라고 한마디 해줬어. 쌍남이한테 만만히 보이면 안 돼. 쟤가 우리한테는 그냥 예, 예, 하는 것처럼 보여도 속으로는 다 재고 있다고. 자기보다 아래다 싶으면 지는 딱 손 놓고 다 너한테 하라고 해. 한국 사람한테는 평소처럼 하면 되지만 쟤네한테는 좀 막 해도 돼. 부를 때도 형이라고 하지 말고 '야'라고 해. 무거운 거 들고 그럴 때면 니가 먼저 이거 해, 저거 해 하고 시켜. 쌍남이가 저래 보여도 머리가 좋은 놈이라고. 처음부터 이렇게 안 해두면 나중에 니가 쟤 수발들어야 돼. 우리 마누라한테도 앞으로 그런 얘기 꺼내지 말라고 할 테니까 나중에라도 쌍남이가 너보고 야, 너 왜 나한테 형이라고 안 해, 뭐 그런 얘기하면 아 그거 팀장이 잘못 들은 거라고, 내가 너보다 나이 많다고 그렇게 해. 그리고 나 없을 때 쌍남이가 너보고 이것저것 시키면 나는 농장장 말 듣지 니 말은 안 듣는다고 얘기 해. 그리고 나한테 말을 해. 그럼 내가 아주 혼꾸녕낼 테니까."

결국 차별은 혐오로 시작해서 사랑으로 완성된다. '다른' 존재에 대한 혐오와 '우리 편'에 대한 사랑. 농장장이 어떤 식으로 남에게 비춰지든 간에 그가 나에 대한 호의에서 그렇게 행동했다는 데에는 의심의 여지가 없었다. 우리는 겨우 3일 전에 알게 됐을 뿐이지만 그에게는 그것이 '같은' 한국 사람에 대한 도리였다.

차별에 구체적인 형태를 제공하는 것은 혐오지만 그것에 끈질긴 생명력을 부여하는 것은 사랑이다. 게다가 그런 사랑을 통해 얻은 이익을 거절하겠다고 할 수 있는 사람이 몇이나 있겠는가? 대부분의 사람들은 평등의 원칙에 공감하지만 자신이 혜택을 누릴 가능성이 명백한 경우엔 노골적으로 차별을 요구하기도 한다. 문제를 어찌해볼 도리가 없을 정도로 복잡하게 만드는 것도 이런 지점이다.

사람들에게 그들의 혐오가 잘못되었다고 말하면 입을 삐죽거리고 속으로는 딴소리를 할지언정 고개를 끄덕이는 시늉이라도 하지 않을 수 없다. 반면에 그들의 사랑이 잘못되었다고 말하면 감당할 수 없을 만큼 거센 항의가 터져 나온다. 뒤틀리고 날이 서 있긴 하지만 그것 역시 사랑임에는 틀림없기 때문이다.

고기로 태어나서

돼지를 다른 돈사로 옮기는 걸 '이유'시킨다고 한다. 이유는 자돈의 경우가 수월했다. 자돈은 작고 날렵해서(개나 고양이처럼 빠르다) 바닥에 내려놓고 몰 수 없어서 전부 리어카에 실어 옮겼다. 돈방 안에 들어가 이 녀석들을 붙잡는 것도 쉬운 일은 아니었지만 그 뒤의 과정을 생각하면 차라리 이편이 나았다.

모돈을 옮길 때에는 준비할 것이 많았다. 자돈을 옮길 때보다 많은 인원이 필요했는데 몰아야 할 방향 이외의 모든 통로를 막아야 했다. 이곳처럼 인원이 충분치 않은 곳에서는 길쭉한 철판 같은 것으로 건물 사이의 틈을 막았다. 돈사 맞은편은 공터여서 철판 같은 물체를 댈 수 없었다. 여기에는 농장에서 '갑빠'라고 부르는 기다란 방수천을 빨래처럼 쭉 늘어놓았다. 돼지는 경계심이 많은 동물이라 사물을 이용해 인위적인 경계를 만들어놓으면 그 형태나 강도가 아무리 허술해도 넘어서려고 하지 않는다. 모든 돼지들이 천을 씹어대지만 한 마리도 그 아래로 통과해 가려고 하지는 않았다.

내가 플라스틱 삽을 들고 스톨의 머리 쪽에 서면 농장장은 엉덩이 쪽에 있는 문을 열고 통로에서 기다렸다. 처음엔 삽으로 툭툭 치며 "이랴, 가자" 하고 소리쳤다. 돼지는 천천히 뒷걸음을 치는데 이때 뒷다리가 바로 통로를 디디면 다행이지만 배수로에 빠지면서 몸이 휘청거리면 깜짝 놀라며 되돌아왔다. 돼지는 어떤 이유에서든 이렇게 되돌아오면 다시 내몰기는 더더욱 어려워진다. 그러면 돼지의 머리를 내리치는 삽에도 점점 힘이 들어가게 된다. 머리에는 살이 없기 때문에 삽 끝이 딱, 딱, 뼈에 닿는 게 느껴지지만 다른 방법이 없다.

"뭐하냐? 빨랑빨랑 내보내. 하루 종일 할래?"

그러면 내가 소리친다.

"야, 가자고! 좀 가! 가! 가! 가라고 좀!"

내가 욕을 하면서 삽을 휘두르면 돼지가 화답하듯 "꾸에에에엑" 소리를 질렀다. 스톨이 비좁아서 돼지가 아무리 고개를 돌려도 삽을 피할 공간은 없다. 간신히 돼지를 다시 뒷걸음치게 만들어서 몸이 3분의 1 이상 밖으로 나오면 농장장이 돼지 꼬리를 잡아당겼다. 돼지의 머리가 출입문 방향으로 가도록 하기 위해서였다. 통로가 좁아서 돼지가 스톨 밖으로 완전히 빠져나오면 돌려세울 수 없다. 하지만 이러한 조치는 역효과를 낳을 때가 더 많아서 놀란 돼지가 먼젓번처럼 다시 스톨 안으로 되돌아가게 만들었다. 이런 과정이 서너 번 반복되면 내가 아무리 힘을 써도 돼지를 내보낼 수가 없었다.

이리저리 용을 써도 소용이 없으면 농장장이 마대 자루에 톱밥을 조금 담아왔다. 그는 케이지 위로 올라가서 자루를 돼지 머리에 씌웠다. 돼지의 시야를 가리면 흥분을 가라앉힐 수 있었다. 그러나 이 방법도 결과가 신통치 않기는 마찬가지였다. 돼지가 몸부림을 치는 데다가 머리가 커서 제대로 집어넣을 수가 없었다.

"아, 이 좆 같은 새끼가 왜 이렇게 고집을 부려!"

농장장은 마지막 수단으로 넘어갔다. 그는 짧게 자른 PVC 호스로 돼지의 눈을 찔렀다. 돼지의 몸에서 사람의 완력으로 즉각적인 항복을

고기로 태어나서

받아낼 수 있는 부위는 눈알뿐이었다. 돼지는 성대가 찢어질 듯이 비명을 지르면서 뒷걸음질을 치는데 이때는 주춤거리는 법도 없다.

돼지가 모든 형태의 경계에 조심스럽게 반응하는 것은 단점으로 작용했다. 돼지들은 스톨이나 돈방에서 나가지 않으려는 것처럼 건물 밖으로 나가는 것도 새로운 건물 안으로 들어가는 것도 싫어했다. 앞서 벌였던 실랑이를 모든 문턱 앞에서 되풀이해야 했다. 소리를 지르고 욕을 하고 막대기를 휘두르고…… 선두에 있던 돼지가 멈춰 서서 길이 막히면 뒤따르던 돼지들은 그 자리에 멈추는 게 아니라 되돌아온다. 그러면 다시 작업이 난장판이 됐다. 돼지들을 돌려세우려고 뛰어다니다 보면 이 동물이 본능에 따라 행동할 뿐이라는 걸 이해하고 있어도 화가 머리끝까지 치솟았다.

"가라고 좀! 가! 가! 가! 제발 좀 가!"

한번은 두툼한 막대기가 두 동강 날 정도로 휘둘렀다. 그래도 돼지는 소리만 지를 뿐 꼼짝도 하지 않으려고 했다. 그러자 팀장이 다정하게 충고를 건넸다.

"돼지 팰 때는 등 말고 옆구리를 쳐. 등은 뼈 때문에 딱딱해서 반드시 부러져. 막대기도 나무로 된 거 말고 PVC가 좋아. 이게 탄성이 좋아서 절대 안 부러져."

모돈이 이유할 때 겪는 곤욕을 자돈은 출하할 때 겪었다. 출하는 내가 일하는 동안 한 번 있었는데 이날 자돈 350여 마리를 뺐다. 출하는 정오부터 시작하기로 되어 있었다. 트럭이 도착하기 전에 해놔야 할 일이 있었다. 자돈사를 돌며 또래에 비해 몸집이 작은 돼지들을 한 방으로 옮겼다. 이 녀석들은 다음 출하 때나 내보낸다. 녀석들은 한 가지 눈에 띄는 특징이 있었다. 목 언저리가 혹이 난 것처럼 부어 있는 돼지가 많았다.

"쟤네들 목은 왜 저런 거예요?"

"저거 다 쌍남이가 주사 놓은 거야. 똥 치우는 일은 하기 싫고 주사 놓는 건 힘 별로 안 드니까 그거 한다고 쫄래쫄래 다니면서 막 꽂은 거야. 주사 놓을 때 주사기 안의 공기를 완전히 다 안 빼면 저렇게 붓고 곪아. 지금 여기 저런 돼지들투성이야."

출하는 12시 15분쯤 도착했다. 자돈사는 돈사 입구에 곧바로 트럭을 대면 돼지를 실을 수 있게끔 설계되어 있었다. 그 덕분에 일을 아주 간단하게 끝낼 수도 있었건만 당시 축산 농가들을 휩쓸고 있던 구제역의 공포 때문에 사장은 출하 차가 농장 안으로 들어오지 못하게 했다. 그것 때문에 사장과 농장장은 전날 한참 동안 실랑이를 벌였다. 농장장은 사장이 이미 알고 있는 사실을 늘어놨다. 이런 차들은 농장을 한 군데라도 다녀오면 반드시 안과 밖을 소독한다. 또 우리 농장에 들어올 때도 소독한다. 사료 차도 매주 들락날락하지 않는가? 사장은 설득당하지 않았다. 그는 농장 트럭에 돼지를 실은 다음 농장 근처의 농협 창고 주차장에서 출하 차로 돼지들을 옮겨 싣도록 했다.

자돈사에서 돼지를 뺄 때는 돈방이 커서 여러 사람이 필요했다. 돈방의 크기는 농장마다 제각각인데 이곳 자돈사 같은 경우는 가로 세로 각각 5m에 입구 폭은 70cm 정도였다. 이 안에 생후 3개월 돼지 40여

고기로 태어나서

마리가 있었다. 이 정도 크기의 돈방에서는 혼자서 돼지를 밖으로 내몰 수 없다. 사람이 쫓아가면 그저 돈방을 단체로 빙글빙글 돌 뿐이다. 먼저 이유할 때 쓰는 긴 방수천으로 돈방을 절반으로 나눈 다음 입구로 향하는 길을 열어 적은 수를 여러 번에 걸쳐 나눠 내보냈다. 돼지들은 돈방 문 앞에서 되돌아서기 일쑤였다. 이런 경향은 입구가 좁을수록 더 심했다. 그럴 때마다 막대기를 휘둘러 돼지들을 방 밖으로 내쫓았다.

이날은 사장이 다른 농장의 직원을 한 명 데리고 왔는데 돼지 농장 일을 꽤 오래 했다는 이 남자는 광분한 듯 돼지들을 몰아세웠다. 농장장도 나도 돼지들을 때리는 일에서 자유롭지 않았지만 이 친구에 비하면 얌전한 편이었다. 그는 막대기를 머리 뒤로 쭉 뻗었다가 힘껏 내리쳤다. 막대기를 휘두를 때마다 휘파람을 부는 것처럼 휙휙대는 바람 소리가 날카롭게 울렸다. 그와 동시에 막대기가 돼지 등에 짝짝짝 들러붙는 소리가 따라서 울렸다. 막대기가 소용없으면 발로 돼지 엉덩이를 뻥뻥 차댔는데 작은 폭풍이 몰아치는 것 같았다.

나는 이 남자의 행동을 혐오하는 듯 지켜보면서도 제지하지 않았다. 이 미치광이를 내버려두면 퇴근 시간이 지나서까지 똥을 치울 일은 없을 것 같았다. 농장장은 사장 같은 시원찮은 인간이 어디서 저런 인재를 구해 왔는지 신기해할 따름이었다.

"일 똑소리 나게 하네. 승태야 젊은 놈이, 너도 저렇게 좀 해봐."

자돈사는 통로의 폭이 1.3m, 길이가 15m 정도 됐는데 안이 돼지로 빼곡하게 찼다. 행렬 뒤의 돼지들을 아무리 때려봤자 그 여파가 앞으로 2~3m 정도밖에 전달되지 않았다. 다시 이 해결사가 나섰다. 통로에는 발 디딜 틈이라곤 없었기 때문에 양손으로 벽을 짚고 돼지의 등을 밟고서 문 쪽으로 갔다. 그리고 한 번에 몰 수 있는 만큼씩 행렬을 잘라 건물 밖으로 내몰았다. 이런 식으로 돼지를 돈사에서 트럭으로 옮긴 다음 농장 밖에서 트럭의 짐칸과 짐칸을 서로 맞대고 다시 출하 차로 내몰았다.

어떤 기준으로 봐도 그날 우리가 돼지를 몰던 방식은 끔찍했다. 비명 소리가 작업 시작부터 끝까지 끊이질 않았다. 돼지의 몸에는 1자 생채기가 가득했고 귀는 하도 잡아당겨서 보라색으로 변해 있었다. 하지만 그 당시에는 그게 잘못됐다는 생각이 들지 않았다. 나는 지쳐 있었고 그저 돼지들이 말을 안 들어서 일을 힘들게 만들고 있다는 생각뿐이었다.

트럭에 오르길 기다리는 돼지 한 마리는 항문에 벌건 멍게 같은 것을 달고 있었다. 자세히 살펴보니 뒷다리의 허벅지 안쪽으로 피가 말라붙어 있었다. 탈장한 돼지였다. 나는 이 일과 무관하다고 말하고 싶지만 분명 아니었을 거다.

한 가지 덧붙이자면 모든 농장이 이렇게 돼지를 험하게 다루는 건 아니다. 예를 들어 종돈장에서는 돼지를 때리는 법이 없었다. 그들의 운영 방식이 특별히 인도적이어서가 아니라 사장이 돼지 한 마리 한 마리를 대단히 값비싼 재산으로 대했기 때문이었다. 그는 이 점을 직원 모두에게 수시로 주지시켰다.

"돼지 상하면 니가 물어내."

고기로 태어나서

가장 말단이었던 태국인 직원조차 이유할 때 내게 "돼지 킥 노노" 하고 주의를 줄 정도였다. 여기선 돼지를 몰 때 막대기를 쓰는 일도 없었고 언제나 사료 포대를 돌돌 말아서 사용했다. 당연히 시간은 오래 걸렸지만 별로 힘들지 않았는데 종돈장은 비슷한 규모의 일반 양돈장에 비해 인원이 세 배 정도 많았다. 세 명이 이유를 하는 동안 나머지 여섯 명이 다른 작업을 했기 때문에 돼지를 빨리 옮겨놓고 다른 일을 해야 한다는 압박감도 없었다. 종돈장 같은 경우엔 돈사 대부분이 자동화되어 있다는 점도 돼지들을 험하게 다루지 않는 데 도움이 됐던 것 같다. 거기서는 빨리 끝마치고 가서 똥을 치워야 한다는 압박감이 없었다.

돼지를 귀한 재산으로 여기는 점은 이곳 사장도 마찬가지였다. 이 남자에게선 긍정적인 점을 찾아내기가 정말 어려웠지만 이것 하나만큼은 인정해야 할 것 같다. 어쨌든 그도 돼지를 때리지는 못하게 했다. 출하는 두 시간 반 정도 걸렸는데 마지막 트럭이 떠나자 농장장이 말했다.

"지난번엔 8시 반에 시작해서 밥도 안 먹고 1시 반에 끝났어. 사장이 돼지 때리지 말라고 포대 갖고 살랑살랑 흔들면서 하라는 거야. 아, 씨발 돼지를 안 때리고 어떻게 몰아? 진짜 그때는 어느 천 년에 다 옮기나 했다. 정말 진이 다 빠졌다."

아이러니한 건 그런 사장이 믿고 데리고 온 직원이 누구보다 심하게 돼지들을 때렸다는 거다. 사장은 자신이 보는 앞에선 절대 돼지를 때리지 못하게 했지만 그가 돌아가면 그것도 끝이었다. 관리자가 구체적으로 반복해서 주의를 주지 않으면 직원들은 대개 돼지를 때렸다. 그들이 특별히 악랄해서가 아니라 그렇게 해야 힘이 덜 들고 조금이라도 빨리 일을 끝낼 수 있기 때문이었다. 나도 그게 잘못됐다는 건 알고 있었지만 빨리 끝마치고 쉬고 싶다는 생각에 무시해버렸다.

#11

나는 이곳에서 한 달을 못 채우고 해고당했다. 돼지와는 아무런 상관도 없는 일 때문이었지만 재미있는 이야깃거리 정도는 되는 듯해서 여기 적어두려고 한다.

사장은 출하 다음 날 농장에 들렀다. 농장장은 그가 온 이유를 이렇게 분석했다. "출하할 때 오면 일꾼들 음료수라도 하나 사줘야 되니까." 이유야 무엇이든 사장은 일이 끝난 후에도 농장을 떠나지 않았다. 나는 샤워도 마치고 빨래까지 돌린 다음 저녁을 차리고 있었다. 갑자기 사장이 문을 벌컥 열고 들어왔다.

"잠깐 좀 따라와 봐. 장화 신고. 금방 끝나. 축사 들어가는 거 아냐."

수동적 공격 성향의 대가답게 나는 한참을 밍기적거리다 숙소를 나섰다. 우리는 정화조로 갔다.

"저 아래 내려가서 부품 좀 몇 개 건져 와."

내 반응을 말하기 전에 정화조가 어떤 상태인지 설명해야 할 것 같다. 정화조는 모두 세 개의 수조로 이루어져 있었다. 하나의 크기는 가로 4m, 세로 5m, 깊이 5m 정도였다. 수조를 하나씩 거치면서 똥물의 탁한 정도가 줄어들었다. 사장이 가리킨 수조는 분뇨장과 연결된 첫 번째 수조로 돈사의 똥오줌이 그대로 들어와 쌓이는 곳이었다. 이곳은 펌프에 문제가 생겨서 똥물을 빼낸 상태였다. 대신 시꺼먼 똥찌꺼기가 허벅지 높이까지 차 있었다. 나는 사다리를 세워놓은 정화조 아래를 내려다봤다. 사장이 회수해 오길 원하는 부품은 똥 속에 파묻혀서 보이지도 않았다.

"지금 저길 내려가라고요?"

아무리 대충대충 해도 곱게 끝날 수 있는 일이 아니었다. 장갑은 물론이고 장화 속으로도 똥이 들어올 게 뻔했다.

"몇 개 안 돼. 아, 별것도 아닌 데 왜 그래."

그 순간 이 남자의 뻔뻔함에 짜증이 폭발했다. 나는 일을 찾아서 하지는 않지만 그렇다고 지시받은 일을 단순히 힘이 든다거나 더럽다는 이유만으로 거부한 적은 없다. 하지만 이때는 다르다고 생각했다. 근무가 끝난 지 한참 후였고 저녁 밥상을 앞에 두고 앉아 있던 사람을 불러낼 만큼 급한 일도, 그의 설명처럼 가뿐하게 끝날 일도 아니었다. 이 작업의 시작 조건은 말 그대로 똥통 속에 빠지는 것이었다.

"지금은 못 해요. 내일 하세요."

나는 대답을 기다리지 않고 돌아섰다.

"하…… 저게……."

그러거나 말거나 나는 숙소를 향해 성큼성큼 걸어갔다.

"아우 씨발, 저걸 진짜……."

사장이 내 뒤를 따라오며 욕을 해댔고 나도 틈틈이 씨발대며 걸어갔는데 문제는 사장이 내가 욕하는 소리를 들었다는 거다. 소동은 그렇게 시작됐다. 나는 조금만 진정했으면 할 수 있었을 행동, 즉 내가 왜 화가 났고 어째서 그의 요구가 지나친 것인지 설명하지 않았다. 대신 아무 의미 없고 유치한 화풀이로 상황을 순식간에 최악으로 몰고 가버렸다. (내 장기 중에 하나다.) 누군가 이다음부터 일어난 일은 자업자득일 뿐이라고 해도 할 말이 없다.

"야! 야! 너 거기서! 거기 안 서! 너 이 씨발? 지금 뭐라 그랬어? 이게 어따 대고 욕을 지껄여?"

"나 혼자 떠드는 것도 잘못이에요? 사장님은 욕 안 했어요?"

(대화의 유치한 수준에 대해 사과드린다.)

"야 이 새끼야, 내가 일꾼한테 가서 잠깐 뭣 좀 주워 오라고 한 게 잘못이야?"

"시간 지났어요. 아까 일 끝났다고요. 일꾼 일꾼 하시는데 내가 무슨 머슴인 줄 알아요? 다 씻고 밥 먹으려고 하는 사람 불러내더니 사다리 타고 내려가서 똥통에서 뒹굴다 오는 게 어디 잠깐 뭣 좀 가지고 오는 거예요?"

"시간? 야 이 새끼야, 아직 해가 쨍쨍한데 무슨 놈의 시간 타령이야!"

"우리는 새벽 6시부터 일했어요. 일 시작한 지 12시간이 넘었다고요. 사장님은 6시에 뭐하고 계셨어요? 그렇게 별거 아니면 직접 장화 신고 내려가서 직접 해보세요."

　　　　　　　　　　　　　　　고기로 태어나서

내 마지막 말이 사장을 광기의 영역으로 몰고 가버렸다. 그는 내 뺨을 치려는 듯 양손을 휘둘렀다. 내가 뒷걸음질 치며 피하자 옆에 있던 대나무를 집어 들었다. 농장장이 빨랫줄을 걸어놓을 용도로 잘라놓은 것이었다. 그는 뾰족한 대나무 끝으로 왜구라도 공격하듯 내 가슴을 찔러댔다. 처음엔 툭 건드린 정도였지만 여러 차례 거듭할수록 강도와 자신감이 강해졌다.

"이 새끼 내가 아주 좋게 봤는데 순 호로새끼 아냐? 야 이 새끼야 너는 니 애미 애비한테도 그딴 식으로 말하냐?"

사장이 대나무를 집어 들고 나서부터는 겁을 집어먹고 대꾸를 해도 사장이라는 호칭을 붙이는 걸 잊지 않았다. (나는 이렇게 예의범절이 몸에 밴 사람이다.)

"야 꺼져! 이 호로새끼! 너 같은 거 필요 없으니까 당장 꺼져!"

"아 갈 테니까 지금까지 일한 거 돈 줘요."

"돈 줄 테니까 당장 꺼져 이 새끼야!"

그는 내 멱살을 잡고 끌고 가기 시작했다. 놀라울 정도로 힘이 셌다. 다리에 힘을 주고 버텨봤지만 걸음걸음마다 무너지며 끌려갔다. 숙소에 가까워질수록 불안해졌다. 침대 위에 카메라가 놓여 있었다. 농장을 평화롭게 떠나는 것은 불가능해 보였다.

"가요. 갈 테니까 놔요. 아 내 발로 갈 테니까 놓으라고요."

이 남자가 어떤 식으로 반응할지 알 수가 없어서 몸에 손을 대지는 않았다. 지금 생각하면 이날 내가 잘한 일은 그거 하나뿐이었다.

"이 씨발 호로새끼! 너 같은 새끼 내 농장에 1초도 못 놔둬. 짐 챙겨서 당장 꺼져, 지금 당장 꺼져!"

그는 방문을 열고 나를 집어 던졌다. 나는 장화를 신은 채로 뒹굴었다. 아프다는 것도 잊고 짐부터 챙겼다. 미친놈마냥 사진은 뺏기면 안 돼, 사진은 안 돼 하고 중얼대면서 뭐든지 손에 잡히는 대로 배낭에 쑤셔넣었다. 이 일이 얼마나 빨리 벌어진 것이냐 하면 밥하기 전에 돌린 빨래가 아직 세탁기에 남아서 돌아가고 있었다. 밖으로 나오니 팀장이 다가왔다.

"어여 가. 어여."

그녀도 겁에 질린 기색이 역력했다. 사장은 숙소 앞에 앉아 나를 노려보고 있었다. 농장장은 우리와 멀찍이 떨어진 곳에 쭈그려 앉아 핸드폰만 들여다보고 있었다.

"돈을 받아야지 가죠."

내가 속삭였다. 그녀가 종이와 펜을 건넸다.

"계좌번호 적어줘. 내가 꼭 받아서 보내줄게. 걱정하지 말고 어여 가. 하이고 사람이 이리도 숭악하다 숭악해. 어여 가, 어여."

사장의 마지막 말은 "니 돈은 소개비 떼고 준다"였다.

사장 앞에선 큰소리를 쳤지만 농장을 빠져나오자 다리가 후들거렸다. 나는 계속 어깨 너머를 힐끔거리며 걸었다. 전날 돼지를 옮겼던 농협 창고에 다다라서야 긴장이 풀렸다. 갑자기 울음이 터져 나왔다. 나는 주차장 한가운데 주저앉아 의성어를 한 가득 써야만 재현 가능한 그런 방식으로 울었다. 인간이 자신의 모습을 가장 정직하게 바라볼 수 있을 때는 낯선 사람들 앞에서 엉엉 소리 내어 울 때다. 스스로에 대

고기로 태어나서

한 환상과 인생에 품은 터무니없는 기대가 증발하고 나서야 우리는 있는 그대로의 자신과 마주하게 된다. 마치 바짝 마른 우물의 바닥을 내려다보듯이. 내가 그 우물 안에서 본 것은 중학생마냥 사소한 감정 조절 하나 제대로 못 해 일자리마다 쫓겨나는, 그러면서 언젠가는 대단한 책을 쓸 거라는 망상에 사로잡힌 삼십대 중반의 백수였다. 나는 기차역을 향해 걷기 시작했다. 마을을 벗어날 때쯤 농장장과 팀장으로부터 번갈아 전화가 왔다.

"승태야 어디냐? 아직 서울 안 갔지? 우리 마누라가 보니까 너 목에 뻘겋게 상처 크게 났다더라. 너 그거 사라지기 전에 빨리 병원 가서 진단서 끊어. 그리고 그거 들고 가서 경찰에 신고해. 그거 폭행죄로 신고하면 합의금 백만 원은 받아."

"진단서요? 근데 전 여기 병원이 어디 있는지도 모르는데요?"

"병원이 어디 있냐면…… 아, 지금은 늦어서 강경에는 문 연 데가 없을 테고, 너 그럼 택시 타고 익산으로 가. 익산에서 병원 가면 거긴 늦게까지 해. 가서 사장한테 맞았다 그러고 진단서 끊어 달라 그래. 그럼 금방 끊어줘."

나는 익산까지 갈 택시비도 없었고 또 합의금을 얼마를 주건 사장과는 두 번 다시 마주치고 싶지 않았다. 게다가 나 역시 켕기는 구석이 무궁무진한 사람이라 막상 일이 커졌을 때 어떤 식으로 발전할지 알 수 없었다.

"저는 근데 그렇게까지 할 생각은 없어요. 병원 신세져야 할 만큼 맞은 것도 아니고."

"아 승태 씨는 그 새끼한테 그렇게 얻어맞은 게 억울하지도 않아? 그 꼴을 당하고도 그냥 가만히 있을 거야? 승태 씨도 돈 필요하잖아? 그 정도 상처면 합의금으로 백만 원은 무조건이라니까. 그것도 상처가 남아 있을 때 해야 돼. 며칠 지나서 부은 거 다 가라앉으면 아무 소용없어."

두 사람은 어서 빨리 경찰에 신고하라며 성화였는데 정작 내가 듣고 싶었던 말, 즉 기차역까지 태워주겠다는 말은 끝내 나오지 않았다. 기차를 기다리고 있을 때 사장이 가한 최후의 일격이 도착했다. 돈이 입금됐다는 문자가 왔다. 75만 원이었다. 내가 계산한 것보다 적은 금액이었다.

"일당 5만 원에 20일 동안 일하고 소개비 15만 원 빼면 85만 원입니다. 10만 원 더 보내주세요."

곧바로 대답이 왔다.

"근무 시작 다음 날 익산 홈 플러스에서 부식 장 봐준 것 10만 원 공제됩니다(농장장에게 확인함)."

쌀, 김치 사준 건 빼고 준다는 말이었다. 서울에서 쓴 근로계약서에는 쌀과 김치를 제공한다고 적혀 있었다. 게다가 쌀 20kg 대부분은 그대로 남아 있는 상태였다.

"부식 제공한다고 듣고 왔습니다. 그리고 쌀 김치는 그대로 숙소에 있습니다."

다시 문자를 보냈다.

"먹다 남은 거 누가 먹습니까? 가져가세요. 식사는 본인 부담이라고

　　　　　　　　　　　　고기로 태어나서

분명히 얘기했고 쌀 김치 약속한 적 없습니다."

다시 한 번 눈물이 핑 돌았다. 돈도 돈이었고 분하고 억울한 것도 그렇지만 가장 나를 비참하게 만든 것은 그의 말투가 한두 시간 전에 멱살을 붙들고 호로새끼를 외치던 사람이라고는 믿을 수 없을 만큼 정중했다는 거다. 조금이나마 화를 가라앉히고 진정해서일까? 그랬을지도 모른다. 하지만 나는 다른 이유가 있을 거라고 생각했다. 그는 일대에서 소송으로 유명한 사람이었다. 농장장은 그가 "문제 생기면 변호사 시동부터 걸고 보는 인간"이라고 표현했는데 이 일도 소송의 가능성을 염두에 두었을 것이다. 그러니 여차하면 법정에서 증거물로 쓰일수 있는 휴대폰 문자에 조금 전 일어났던 폭행의 흔적을 남기고 싶지 않았을 것이다. 이 사람은 이렇게 철저하구나, 나는 생각했다. 나나 쌍남 같은 사람은 절대 이런 사람을 이길 수 없겠구나.

이 개새끼! 이 씨발 놈! 가만 놔두면 안 되겠어. 신고해야겠어. 나는 결심했다. 먼저 부부가 얘기한 상처를 확인했다. 나는 개찰구 앞에 세워진 커다란 거울 앞에 섰다. 목에 길쭉하게 찢어진 상처가 있었다. 멱살을 잡혀 끌려다니다가 생긴 것 같았다. 상처 주위가 빨갛게 부어 있었지만 만지면 따끔한 정도일 뿐 큰 상처는 아니었다. 하지만 여전히 피가 흐르고 있었고 경찰도 피가 흐르는 상처를 무시하지는 않을 것 같았다. 나는 농장장에게 전화를 걸었다.

"농장장님, 전데요. 제가 생각해봤는데 신고해야 될 것 같아서요. 그래서 그런데 저 익산까지 좀 태워주시면 안될까요?"

곧이어 농장장이 가한 최후의 일격이 도착했다.

"아, 그래. 그래. 신고해야 된다니까. 그래, 익산까지 가야지. 지금 거기 병원이 다 닫았을 테니까…… 익산까지 어디 보자…… 그런데, 아 그런데 승태야. 사실은 내가 지금 찜질방에 가는 중이야. 그래서 내가 너를 데려다주지는 못할 것 같아. 그리고 승태야. 아직은 우리가 이 새끼 밑에서 월급 받아먹고 사는 처지라 경찰한테 가서 뭐 증인하고 이런 거는 못 할 거 같아. 내가 운전 중이라 길게 애길 못 하겠다. 신고 잘 하고 조심히 가라."

그게 내가 농장장과 나눈 마지막 대화였다. 화가 나지 않았다면 거 짓말이겠지만, 오래가지도 않았다. 농장장이 꼭 나를 도와줘야만 하는 의무가 있는 것도 아니었으니까. 일자리를 잃는 것이 삼청교육대보다 더 무서운 일이었나 보다. 그 대화를 끝으로 사장을 신고하겠다는 생각도 사라져버렸다. 농장장이 도와줬어도 결국 신고는 못 했을 거다. 혹시나 하는 마음에 목에 난 상처를 사진으로 찍었다. 아무리 렌즈를 들이대도 상처가 심각하게 보이게끔 찍을 수가 없었다. 기껏해야 손톱에 조금 세게 긁힌 정도로밖에 보이지 않았다. '어째서 테크놀로지는 인간의 고통을 작아 보이게끔 만드는가?' 하는 고상한 주제로 명상에 빠져들려는 순간 전날 찍은 사진들을 넘겨 보기 시작했다. 테크놀로지에는 아무런 문제도 없었다. 심각하게 상처를 입은 건 내 자존심이지 몸이 아니었다. 사진에는 트럭에 실리기 직전의 돼지들이 찍혀 있었다. 전부 상처투성이였다. 내 상처가 빨간 실 한 줄을 손가락 길이로 잘라 목에 붙여놓은 것 같다면 돼지들 몸에 난 상처는 두툼한 두께였고 온몸에 빼곡했다. 그 상처들을 쭉 보고 있었고 그것들을 남기는

고기로 태어나서

데 일조하기도 했지만 내 목에 붙은 실 한 가닥을 보기 전까지는 그것들이 상처라는, 피부에 남은 매질 자국이라는 생각조차 들지 않았다.

자돈사에서 폐사한 몸집이 제법 컸던 돼지를 촬영한 오래된 동영상 파일이 있었다. 죽은 지 시간이 꽤 지난 후여서 배가 잔뜩 불러 있었다. 화면은 빵빵해진 돼지의 배 주위를 비추고 있었다. 그런데 다른 돼지들이 번번이 화면을 가렸다. 잠시 후 화면 아래서 보라색 고무장화가 튀어나와 돼지들을 걷어차기 시작했다.

"아, 좀 비키라고, 저리 좀 비켜!"

내 목소리였다.

"꺼져 이 새끼야! 꺼지라고 좀. 쌍!"

화면 속 목소리가 사장의 목소리와 너무 비슷하게 들려서 끝까지 볼 수 없었다.

비육 농장 _강원도 횡성

††††††

사자는 제 몸이 얼마나 비대한지
뽐내도 괜찮지만
돼지나 양에게 두툼한 살집은
좋은 징조가 아니다.

_루쉰, 〈황화〉

#1

돼지들이 두툼한 빵 조각 사이에 끼워지기 전까지 지내는 곳이 비육 농장이다. 자돈 농장을 떠난 돼지들은 여기서 3개월간 살을 찌운 다음 도축장으로 보내졌다(비육은 짐승을 살찌운다는 뜻이다). 처음 내가 찾아간 곳은 경기도 양주의 양돈장이었는데 아직 공사 중이었다. 건설 인부는 일당이 비싸기 때문에 농장 직원으로 고용한 다음 건설 작업을 시키고 있었다. 돼지가 없는 양돈장에서 일하는 건 내 계획에서 심하게 벗어나는 일이었기 때문에 다른 농장을 찾아보기로 했다. 다음으로 찾아간 곳은 횡성에 있는 양돈장이었다.

고기로 태어나서

이곳은 출산을 포함한 사육의 모든 과정을 처리하는 일반적인 형태의 양돈장이었다. 앞에서 설명한 것처럼 전체 6개월의 사육 기간을 절반으로 나누어 처음 3개월은 자돈 농장, 이후 3개월은 비육 농장에서 기르는 것은 사육 방식이 달라서가 아니라 경영상의 이점 때문이다. 종돈장, 자돈 농장, 일반적인 양돈장에서 돼지들을 도태시키고 자돈의 이빨과 꼬리를 자르고 거세시키는 방식은 동일하다. 내가 보고 싶었던 것은 자돈이 출하할 때까지 성장하는 모습이었기 때문에 크게 고민하지 않고 횡성에 가기로 결심했다.

농장은 버스 터미널에서 차로 20분 거리에 있었다. 사장이 마중을 나온 덕분에 몇 만 원은 들었을 택시비를 아낄 수 있었다. 그는 60대 후반의 작고 통통한 남자였다. 비슷한 나이대로 보이는 아내도 함께 있었는데 두 사람 다 다른 사람을 대하는 태도가 무척이나 조심스러웠다. 마을로 들어선 차는 논과 과수원 그리고 드넓은 옥수수 밭을 지나 야트막한 산 아래에서 멈췄다. 강원도답게 사방이 산으로 둘러싸여 있었다.

사장이 직원들을 불러 나를 소개시켰다. 강 부장은 마흔일곱 살에 집은 춘천이었는데 15년째 이 농장에서 일하고 있었다. 강 부장의 업무는 강경의 농장장과 팀장이 하는 일을 합친 것이었다. 그는 농장의 전반적인 시설 관리와 보수 그리고 분만사 업무를 맡았다. 분만사 작업은 사모님이 도와줬다. 사장은 현장 일은 모두 강 부장에게 맡기고 자신은 서류 작업만 했다.

이 씨 아저씨는 예순다섯 살에 고향은 길림이었다. 그는 오른쪽 무룡이 좋지 않아서 절뚝거리며 걸었다. 마침 퇴근 시간이어서 나는 이 씨 아저씨를 따라 숙소로 갔다. 숙소는 분만사 뒤에 있었는데 그 사이에 작은 텃밭이 하나 있었다. 강 부장과 이 씨 아저씨가 그곳에 상추, 가지, 고추, 호박 따위를 길러서 반찬으로 쓰고 있었다. 숙소는 샌드위치 판넬로 지은 건물이었는데 나 같은 뜨내기들이 들락날락 거리는 숙소가 언제나 그렇듯 눕고 밥 먹는 자리를 빼고는 바닥에 먼지가 두툼하게 쌓여 있었다. 부엌에는 테이프로 문을 닫아둔 냉장고가 있었다. 그 옆에는 쌀과 밀가루 그리고 아저씨가 중국에서 가져온 각종 조미료가 쌓여 있었다. 화장실 벽에는 곰팡이가 잔뜩 피어 있어서 검은색 페인트를 뿌려놓은 것처럼 보였다. 어떻게 들어왔는지는 모르겠지만 화장실 안에 귀뚜라미들이 돌아다니고 있었다. 거미로 분류해도 될 만큼 크고 털이 수북한 놈들이었다. 그가 급하게 국을 끓였다.

"쌀은 여기서 공급해주고 채소나 고기는 자기 돈으로 사야 돼."

그는 이곳에 온 지 1년째였는데 일이 힘에 부치다며 올해까지만 일하고 중국으로 돌아갈 생각이라고 했다. 그는 나와 똑같은 조건으로 일하고 있었다. 월급 150만 원에 한 달에 휴일 이틀. 그 달부터 월급은 10만 원 올려주기로 약속된 상태였다. 가로 세로 2m 정도 크기의 방 안에는 톱밥 부스러기가 잔뜩 낀 담요와 옷걸이뿐이었다. TV는 아저씨 방에 있었고 그는 8시가 되기 전에 잠들었기 때문에 볼 수 없었다. 멍하니 방 안에 누워 있자니 마치 환하게 불을 밝힌 우물 속에 던져진 기분이었다. 전체적으로 보자면 사람답게 사는 건 어떤 것인가를 고민하게 만드는 생활환경이었다.

고기로 태어나서

#2

　　이곳에서는 3,000마리의 돼지를 길렀다. 사육 두수로만 따지자면 이천 종돈장과 비슷했다. 대신 직원 수는 3분의 1이었다. 돈사는 모두 일곱 동이었다. 분만사가 한 동, 임신사가 한 동, 인큐베이터가 한 동, 자돈사가 한 동, 비육사가 세 동이었다. 돼지는 각각의 돈사에서 한 달가량 머무르고 다음 돈사로 이동했다. 임신사를 제외한 돈사에는 돼지가 머무는 순서대로 번호를 붙였다. 분만사가 1동, 인큐베이터가 2동, 자돈사가 3동 그리고 비육사가 차례대로 4~6동이었다. 따라서 돈사의 번호는 그 안에 수용된 돼지들의 월령 수와 일치한다고 보면 됐다. 돼지들이 6동에서 마지막 한 달을 보내고 나면 몸무게가 115~120kg 정도인데 이 정도가 도축에 적당한 무게였다.

　　농장은 숲이 울창한 산 한 자락을 차지하고 있었다. 건물들은 높은 언덕을 사이에 두고 2열로 늘어서 있었다. 언덕 아래에는 차례대로 분만사, 임신사, 인큐베이터, 자돈사가 있었고 언덕 위에는 4, 5, 6동 돈사가 있었다. 그리고 각 열의 끄트머리에는 분뇨장이 설치되어 있었다.

　　농장에 도착한 지 얼마 안 됐을 때 이 씨 아저씨가 하는 얘기 때문에 살짝 긴장했다.

　　"힘들지? 여기 온 사람들마다 다 그래. 여기는 일이 끊이지 않고 계속 있거든. 앉아 쉬지도 못해. 앉아서 쉬면 금방 뭐라 그래. 여기 일하러 왔지 쉬러 왔냐고. 나야 이제 나이도 많고 또 나는 할 일 알아서 찾

아서 하니까 암 말 안 하지만 50살, 60살, 이런 사람한테는 앉아서 쉬
고 있으면 대번 뭐라 그래. 전에 있던 사람도 아이고 힘들어서 못하겠
다고 그만둔다 그러는 걸 내가 그러지 말고 같이 함 해보자, 그래 달래
가지고 한 반 년 있었어. 나도 5월 달에 갈라 그랬는데 사장이 1년만
더 해달라고 그래서 남아 있는 거야."

　이건 아저씨가 내가 못 미더워서(충분히 그럴 수 있는 일이다) 말하자
면 기합을 넣으려고 한 말이었다. 사장 부부와 강 부장 모두 정말 친절
한 사람들이었다. 강 부장과 사모님은 각각 나를 따로 불러내서 힘들
면 얼마든지 쉬었다 해도 좋으니까 절대 무리하지 말라고 당부했다.
내가 쉬고 있을 때 마주친 적이 몇 번 있었지만 그걸 문제 삼은 적도 없
었다. 강 부장은 내가 매일 제시간에 술에 취하지 않은 채로 출근하는
것만으로도 만족했고 이 일은 이렇게 해야만 하고 저 일을 저렇게 해
야만 한다는 식으로 귀찮게 굴지 않았다.

　사장 부부는 모든 면에서 강경의 그 벼락 맞을 인간과는 극단적인 대
비를 이뤘다. 두 사람 다 나보다 40살 정도 위였지만 언제나 "식사는
하셨어요?", "지내는 건 힘들지 않으세요?" 하고 존댓말을 썼다. 우리
가 필요한 물건이 있다고 하면 뭐든지 그날 오후에 가져다줬다. 이웃
농장에서 따온 옥수수나 토마토, 야채 같은 것들을 반찬으로 쓰라며
가져다주기도 했다. 은행이나 장을 보러 시내에 갈 일이 있으면 사장
이 직접 차로 근처까지 데려다줬고 내리기 전에는 데리러 올 테니 볼
일 다 보면 택시 타지 말고 꼭 자신에게 전화하라며 신신당부하곤 했
다. 한번은 이 씨 아저씨가 쉬는 날 서울 가는 막차를 놓쳐서 사장이 왕

복 한 시간 거리인 원주터미널까지 데려다주기도 했다. 내가 첫 번째 휴일을 보내기 위해 서울로 간다고 하자 5시 30분에 출발하는 차를 타야 늦지 않게 저녁을 먹을 거라며 그날 작업을 4시 반쯤 끝내줬다. 그날 사장의 차 뒷좌석에는 옥수수가 가득 든 비닐봉지가 놓여 있었다.

"저거 부모님 가져다드려요. 아들이 강원도에 있는 농장에서 일하는데 돼지를 잡아 가진 못해도 신선한 채소 뭐 이런 것 정도는 가져다드려야지."

사장님, 말씀은 고맙습니다만 저희 어머니는 제가 기아자동차에서 일하고 있는 걸로 알고 계신답니다. 어쩌다 보니 그렇게 됐어요.

물론 월급이나 휴일은 다른 농장과 다르지 않았지만 이들은 자신이 고용한 사람들을 경계하고 감시해야 할 대상으로 여기지 않았다. 이런저런 작업장에서 일을 하다 보면 고용주나 관리자들이 직원들을 자신들과 같은 팀이 아니라 최대 이윤 확보의 걸림돌 정도로 대한다는 인상을 자주 받게 되는데 이곳에선 그런 모습을 거의 찾아볼 수 없었다. 월급이 같다고 해도 노동자에게 그것은 하늘과 땅 차이다.

강 부장은 월급 300만 원에 휴일은 우리와 같은 이틀이었지만 사정이 생기면 그 이상 빠질 수 있었다. 그는 얼마 전 돼지를 몰다가 넘어져서 뼈가 부러지는 부상을 당했다. 그래서 왼쪽 팔을 제대로 움직이지 못했다. 그는 사장 부부가 같이 일하기 좋은 사람들이라며 계속 이곳에서 일할 생각이었다. 아내와 군 입대를 기다리고 있는 아들은 춘천에 살고 있었고 그는 휴일에만 집에 들렀다.

사장은 서울 출신이었는데 농장을 운영한 지 23년째라고 했다. 그는 자신이 "예전에 잠깐 쉬고 있었을 때" 먼 친척의 권유로 양돈장을 시작했다고 했다. 그간의 내 경험에 비춰봤을 때 중년 이상의 남자가 "잠깐 쉬었다"고 하는 건 사업이 망했다는 말의 완곡어법이었다.

"내가 시작은 50마리로 했어요. 지금은 돈사가 일곱 개잖아요? 처음에는 지금 분만사랑 임신사, 그 두 동밖에 없었어요. 이제 그걸 가지고 조금씩 키워가지고 지금 정도로 만든 거지. 농장 시작하고 8년 동안은 나 혼자 일했어요. 2주나 한 달에 한 번 집에 가서 밑반찬 가져다가 나 혼자 밥해 먹고 또 일하고 그렇게 살았지. 그때는 정말 힘들었지. 새벽에 나가서 자정 넘어 들어오고 그랬으니까. 8년 동안. 그때는 돼지에 대해서 아무것도 몰랐거든. 뭐 돼지가 아픈 것 같으면 수의사 찾아가고 또 다른 농장도 찾아가서 물어보고 책 사다가 공부도 하고 그러면서 나 혼자 배운 거예요. 새끼 태어나면 어떻게든 한 마리라도 더 살리려고 밤새 붙어 있고 그랬지. 힘들어도 그렇게 해야 됐어요. 아 애들 공부시켜야지. 그때는 집사람도 서울에 있었어요. 애들도 다 학교 다니고 있었으니까. 8년 지나고 이제 애들 다 크고 해서 그때부터 내려와서 같이 사는 거지. 우리 애들 대학 보내고 장가보내고 다 돼지 판 돈으로 한 거예요. 이 일 제대로만 할 줄 알면 내 가족 먹여 살리는 건 어렵지 않아요."

고기로 태어나서

#3

    작업은 새벽 4시 20분에 시작했다. 눈을 뜨는 건 힘들었지만 일은 많지 않았다. 한여름이었지만 새벽이고 산속이라 바깥 공기는 싸늘했다. 이 씨 아저씨는 농장을 쭉 돌며 돈사의 불부터 껐다. 해가 지면 돼지들이 밤중에도 쉽게 사료를 먹을 수 있도록 돈사의 불을 켜두는데 이것을 새벽 근무 시작하면서 껐다.

  이곳은 자동화 시설이 완전히 갖추어져 있어서 똥을 치우기가 무척 수월했다. 분만사에서만 하루 두 번 똥을 실어냈고 나머지 돈사에서는 바닥의 구멍으로 똥을 밀어 넣기만 하면 됐다. 분만사 역시 자동화 시설이 있었지만 이곳은 구멍 크기가 작아서 모돈의 똥은 따로 걷어내야 했다. 하지만 강경 같은 반자동은 아니었다. 통로도 넓어서 삽질할 때 거치적거리는 것이 없었다. 분만사의 돈방은 모두 54개였는데 다 치우는 데 20분 정도밖에 걸리지 않았다. 새벽 근무는 5시가 되기 전에 끝났다.

  오전 근무는 7시 45분에 시작해서 12시까지, 오후 근무는 1시부터 5시까지였는데 퇴근 시간은 해가 길어질수록 조금씩 늦춰졌다. 모돈에게 사료를 주는 시간 때문이었다. 날이 너무 더우면 돼지들이 밥을 먹지 않아서 온도가 내려갈 때까지 기다려야 했다. 분만사 작업은 강 부장이 사모님과 함께 처리했기 때문에 나는 근무시간 대부분을 이 씨 아저씨와 함께 자돈사와 비육사(4, 5, 6동)에서 보냈다. 농장에 따라서는 4, 5동은 육성사라고 부르고 6동만 비육사라고 부르는 곳도 있었지만 이는 명칭의 차이일 뿐 시설이나 사육 방식에 차이가 있는 건 아니다.

아침에는 3동부터 6동을 쭉 돌며 죽은 돼지가 없는지 확인하고 폐사한 돼지는 돈사 밖으로 옮겨났다. 3개월짜리 돼지까지는 혼자 힘으로 들어 올릴 수 있지만 4동 돼지부터는 무거워서 차가 필요했다. 일단 돈사 밖으로 옮길 땐 길쭉한 갈고리를 사용했다. 이걸 죽은 돼지의 입 안에 걸고 질질 끌고 간 다음 차에 실었다. 6동 돼지는 몸무게가 100kg이 훌쩍 넘는다. 그래서 이때는 2~3m마다 멈춰 서서 한참을 쉬어야 했다. 기껏해야 몇 십 미터를 움직였을 뿐이지만 5동이나 6동에서 폐사한 돼지를 옮겨놓으면 온몸이 땀으로 푹 젖었다. 죽은 돼지는 분뇨장의 똥 더미 속에 집어넣어 썩혔다.

폐사 처리 다음에 할 일은 똥 치우기였는데 강경에 비하면 지극히 간단했다. 이곳의 자동화 비육사는 돈방 하나당 사료통과 급수 니플이 두 개씩 설치되어 있었다. 콘크리트로 된 바닥의 절반은 막혀 있고 나머지 절반에는 길이 1m 폭 5cm의 길쭉한 구멍이 일정한 간격을 두고 뚫려 있다. 따라서 청소할 때는 플라스틱 삽으로 평평한 바닥에 쌓여 있는 똥을 구멍이 있는 쪽으로 밀어내기만 하면 됐다. 3동과 4동은 유난히 더러웠다. 이 시기의 돼지들은 설사가 잦았고 똥 자리를 잡지 못해서 돈방 전체에 걸쳐 똥오줌을 싸질러났다. 4동 돼지들은 똥 더미 위에서 하루 종일 뒹굴다 보니 흑돼지마냥 까맣게 변해 있는 경우가 많았는데* 이는 어느 정도 청소 방식 때문이기도 했다. 비육사에서는 청소 상태가 그다지 중요하지 않았다. 삽으로 밀어낼 수 있는 건 밀어냈지만 밤사이에 굳어버려서 바닥에 달라붙어버리면 플라스틱 삽으로는

고기로 태어나서

떼어낼 수가 없었다. 이런 방은 내버려뒀다. 그러다 보니 어느 순간부터는 굳이 삽을 댈 필요도 없을 만큼 바닥이 굳은 똥으로 꽉 찼다.

돼지가 본능적으로 먹는 곳과 배설하는 곳을 구분하는 청결한 동물이라는 설명을 자주 들었지만 비육사의 돼지를 실제로 보고 있으면 그런 말이 좀처럼 현실감 있게 다가오지 않는다. 어쩌면 이는 돼지들의 잘못이 아닐지도 모르겠다. 위와 같은 본능은 효과적일 수 있을 때에 의미 있는 것이다. 다시 말해 돼지들이 원하는 만큼 충분한 거리를 둘 수 있을 때 먹는 곳과 배설하는 곳을 구분한다는 말이다. 돼지들이 돈방 구석에서 똥을 싸고 그 자리에서 최대한 멀리 떨어지려고 해도 네다섯 걸음 정도 걸어가면 벽으로 가로막힌다. 그것도 돈방 안에 다른 돼지가 거의 없을 때나 그렇고 평소에는 다른 돼지들에게 가로막혀서 그렇게 '멀리' 이동하지도 않는다.

돈방의 크기와 수용 두수는 동마다 달랐는데 돼지가 클수록 돈방 크기도 조금씩 커졌다. 정리해보면 이렇다.

3동: 가로 2.3m 세로 2.9m / 14마리
4동: 가로 2.6m 세로 3.2m / 15마리
5동(큰 칸): 가로 2.8m 세로 3.8m / 15마리

---

* 돼지는 땀샘이 퇴화(코와 항문에만 있다)해서 몸이 쉽게 뜨거워진다. 그래서 야생의 돼지는 체온을 떨어드리기 위해 진흙에서 목욕을 자주한다. 만약 물이나 진흙을 주변에서 찾을 수 없으면 배설물을 몸에 발라서라도 열을 식힌다. 덴마크에서는 돼지들에게 목욕을 위한 진흙 수렁을 제공하도록 규정하고 있다.

5동(작은 칸): 가로 2.1m 세로 3.8m / 12마리

6동: 가로 3m 세로 3.8m / 14마리

 돈방 수는 각 동마다 조금씩 차이가 있었지만 대개 34~40개 사이였다. 5동의 경우 돈방이 큰 곳과 작은 곳으로 나뉘어 있었다(농장에서 가장 비좁고 붐비는 곳이 5동 작은 칸이었다). 전체 38개의 돈방 중 22개가 크고 10개가 작았다(나머지는 환돈방이었다). 작은 방에서는 어떤 자세를 취하든 어디에 자리를 잡든 다른 돼지들 두세 마리와 몸이 닿았다. 이런 곳에서는 청소 자체가 무의미했는데, 돼지들에게 가로막혀서 삽을 움직일 수 있는 공간이 없었다.

 제대로 청소를 하려면 돼지들을 빼낼 때까지 기다려야 했다. 우리가 실제로 하는 일은 청소보다 훨씬 과격했다. 이때는 그동안 대충대충 똥을 치운 대가를 치러야 했다. 우리는 돈방 청소기라고 부르는 기계를 사용했다. 얼핏 보면 운동장에 선 그리는 기구처럼 생겼는데 앞쪽에 크고 넓적한 날이 부착되어 있었다. 작동시키면 날이 빠른 속도로 앞뒤로 움직이면서 바닥에 들러붙은 똥을 떼어냈다. 이렇게 바닥에 들러붙은 똥을 똥따까리라고 불렀는데 바닥의 절반 이상을 뒤덮고 있었고 두께는 5cm가 넘었다. 워낙 단단해서 쇠 삽으로 찍어도 잘 부서지지 않았다. 돼지들이 똥 위에서 눕고 뒹굴면서, 말하자면 똥을 압착시킨 결과였다. 실제로 따까리를 떼어내 보면 옆면의 결이 합판과 비슷했다. 따가리는 돼지가 클수록 넓고 두터웠다.

 청소기에는 농구공만 한 모터가 달려 있었고 날의 너비는 30cm가

고기로 태어나서

넘었지만 이런 기계로도 똥따까리를 한 번에 떼어내지 못했다. 껍질을 벗기듯 한 꺼풀씩 깎아냈는데 바닥부터 한 번에 떼어내려고 하면 기계를 10cm도 전진시키지 못했다. 돈방 하나를 끝내고 나면 기계의 진동이 몸에 남아서 다리가 후들거렸다. 청소보다는 철거라고 불러야 어울릴 작업이었다.

#4

　　　다른 사람들이 아무리 친절했다고 해도 이 씨 아저씨가 요리를 해주지 않았다면 일주일이나 버텼을지 모르겠다. 중국 남자들은 하나같이 요리를 잘했고 누가 시키거나 부탁하지 않아도 먼저 하려고 했다. 이 씨 아저씨는 그중에서도 내가 만나 본 최고의 요리사였다. 이 정도 실력을 가진 사람이 주방이 아니라 돈방에서 일한다는 게 이상할 정도였다.

　아저씨가 만들어준 음식은 내 생활의 활력소였다. 그의 중국요리는 기름이 둥둥 떠다니는 모양에도 불구하고 굉장히 맛있었다. 내가 가장 좋아했던 건 언 두부였다. 아저씨는 두부를 사 오면 냉동실에 넣고 깡깡 얼렸다(한국에서는 두부를 이런 식으로 조리하지 않는다). 두부는 얼면 수분이 빠져나가고 표면에 구멍이 숭숭 뚫리면서 스펀지 같은 모습이 된다. 대신 식감은 질기지도 무르지도 않게 딱 적당히 졸깃졸깃한데 이것을 고기나 야채와 함께 볶아서 먹었다. 두부에 기름과 양념이 적당하게 배어들어 고소하면서 짭짤한 맛을 냈는데 내가 먹어본 어떤 두부 요리보다 맛있었다.

목요일은 만두 먹는 날이었다. 이날은 분만사의 모돈과 자돈을 이유시켰는데 체력 소모가 가장 심한 작업이었다. 일이 힘들면 그만큼 좋은 음식을 먹어야 한다는 게 아저씨의 신념이었다. 그리고 만두가 이곳에서 구할 수 있는 재료로 만들 수 있는 최고급 요리였다. 물만두를 만들 때도 찐만두를 만들 때도 있었는데 나는 내 주먹만 한 크기로 빚은 찐만두를 더 좋아했다. 만두를 먹을 때 항상 강 부장도 불러 함께 저녁을 먹었다. 강 부장은 빈손으로 오는 법이 없었다. 언제나 자신이 만든 요리를(그의 특기는 해시 브라운처럼 바삭하게 구운 감자전이었다) 준비해 왔다.

중국요리의 특징은 밀가루 피의 비중이 그것이 감싸 안은 다른 재료들만큼이나 크다는 거다. 한국에서는 만두피가 무척 얇아 만두소에 방해가 되지 않는 선까지만 두꺼워질 수 있다. 동래 파전 같은 경우엔 더 극단적이어서 이때 피는 음식이 입 안에 들어갈 때까지 주재료들을 묶어두는 역할 이상은 할 수 없을 만큼 얇다. 꼭 파와 고기 위에 하얀색 시스루 드레스를 입혀놓은 것 같다. 반면 중국요리에선 피가 입 안에서 풍미를 만들어내는 당당한 일원 중 하나여서 만두를 먹든 전을 먹든 따로 밥을 먹지 않아도 될 만큼 두껍게 만들었다. 아저씨가 만든 부침개는 두께가 피자와 비슷했다.

새벽 근무가 끝나고 다시 방에 누우면 부엌에서 떠들썩하게 요리하는 소리가 들려왔다. 소나기가 내릴 때처럼 쏴아 하며 무언가가 기름

고기로 태어나서

솥에 들어가는 소리였다. 방문 틈으로 흘러 들어오는 냄새를 맡으며 오늘은 또 아저씨가 뭘 만들어주시려나 생각하고 있을 땐 순간이긴 했지만 이 생활도 얼마든지 할 수 있을 것 같았다.

"츠빤!"

밥 먹자는 말이었다. 내가 훌륭한 식사에 보답하는 길은 설거지를 하는 것과 그의 모국어로 맛있다고 해주는 것뿐이었다.

"아저씨, 흐어취(맛있다)!"

"그래, 흐어취. 많이 먹어."

"에, 또 그리고 채소가 맛있다가 뭐였죠?"

"차이 씨앙!"

"예. 오늘 아주 차이 씨앙 하네요."

가장 기억에 남는 음식은 만두도 언 두부도 아니었다. 하루는 아저씨가 밀가루 반죽을 부탁했다. 만두를 만들려고 하나 생각했는데 그게 아니었다. 그는 점심을 먹고 나서 꽃빵을 만들기 시작했다. 크기가 역시나 주먹만 했는데 내 도시락용이었다. 다음 날이 휴일이어서 나는 그날 작업이 끝나면 서울로 갈 계획이었다. 그는 내가 버스에서 먹을 저녁을 만든 것이었다.

"아저씨 괜찮아요. 시내 가서 뭐 사 먹으면 돼요."

"증첸 루우샹 룽라."

"예?"

"길에서 돈 다 잃는다. 이게 그런 말이야. 애써 번 돈 돌아다니면서 뭐 먹고 차표 사고 그런 데 다 쓰면 일한 거 무슨 소용이야? 안 그래? 내가 싸줄 테니까 가방에 넣어놨다가 버스에서 먹어."

나는 가족들한테도 그런 세심한 친절을 베풀어본 적이 없었기 때문에 무척 당황스러웠다.

아저씨의 요리 솜씨는 여러 가지로 감탄스러웠는데 어떤 음식도 낭비하는 법이 없었다. 덕분에 우리 식탁에는 매일같이 새로운 요리가 올라왔다. 마치 아저씨가 남은 음식들과 끝말잇기 시합을 하는 것 같았다. 시금치볶음에 좀처럼 젓가락이 가지 않자 아저씨는 그걸 잘게 다져 만두소로 받아쳤다. 버리기는 좀 아깝다 싶게 남은 수제비는 아저씨가 만든 춘장 속에서 일종의 동양식 크루통으로 변했다. 그런 식으로 감자고기조림은 고등어조림으로 또 미역국으로 변했다. 매번 원래 조리법에는 없는 양념과 재료가 끼어들어 익숙하면서도 생소한 맛을 냈다. 물론 모든 시도가 성공적이었던 건 아니었다. 고등어조림의 패잔병들을 모아 만든 미역국은 냄새와 빛깔 모두 위험하리만치 개밥을 연상시켰다. 하지만 대부분의 경우 우리 부엌에서 벌어지던 이종교배는 생물학자의 실험실보다는 성공률이 높았다.

다만 아저씨가 만든 음식의 맛을 온전하게 음미하기 위해선 요리하는 모습을 보지 않는 것이 중요했다. 그는 식당을 운영했으면 위생 규정 위반으로 영업정지 처분을 수십 번 받았을 법한 방식으로 요리했다. 요리하기 전에 심지어 방금 전까지 똥을 치웠다고 해도 비누로 손을 닦는 법이 없었고 칼도 세제로 씻지 않았다. 언 고기는 서늘한 데서 녹여야 맛이 산다면서 꼭 화장실에 놔두고 해동시켰다. 내가 아무리 구슬려도 도무지 비누로 손을 씻게 만들 수가 없었다. 오히려 이런 말

　　　　　　　　　　　　고기로 태어나서

로 간담을 서늘하게 할 뿐이었다.

"똥 가루가 좀 들어가야 구수하니 맛이 나지."

그는 길림에서 열아홉 살 때부터 철도 공무원으로 일했는데 38년 동안 근무하고 지금은 퇴직한 상태였다.

"나는 내년에 돌아갈 거야."

"왜요?"

"왜긴, 비자 끝나니까 가야지."

"중국 돌아가시면 집은 있으세요?"

"아 당연히 있지. 길림 철도청에서 준 아파트 한 채 있어. 거기 집 크고 좋아. 중국은 땅덩어리가 넓어서 집들이 다 크다고. 여기 숙소 네 배야. 이제 중국의 세계가 될 거야. 땅 넓어, 인구 많아, 못할 게 뭐가 있어?"

"중국은 어디가 살기 좋아요?"

"어디가 좋고 그런 거 없어. 돈이 있으면 어디든 다 살기 좋고 돈 없으면 어디든 괴롭지."

#5

과거 소련의 죄수들은 '에땅'을 가장 두려워했다고 한다. 에땅은 이송이란 뜻인데 강제수용소에서 다른 강제수용소로 옮겨 갈 때 쓰는 말이었다. 에땅은 수용소에서 빈번하게 이루어지는 일이었고 실제로 새 수용소가 나은 곳일 수 있었는데도 죄수들은 처음 가는 곳을 더 무서워했다고 한다. 삶의 목적을 모두 잃고 이제 살아남는 것밖에 남지 않은 사람에게 익숙했던 환경을 떠난다는 것은 그만큼 두려운 일이었다.

이곳에서 내 주요 업무가 바로 돼지들을 '에땅'시키는 것이었다. 돼지는 대략 한 달 주기로 돈사를 옮겼는데 동물이 지닌 가장 기본적인 본능 때문에 '에땅'을 강제수용소 죄수만큼이나 두려워했다. 이렇게 사육 중에 이동이 잦은 것이 닭과 돼지의 차이점이다. 앞에서 본 것처럼 육계는 병아리 때 들어간 계사에서 출하 때까지 지낸다. 닭에 비해 돼지의 이동이 잦은 이유는 돼지가 성장 시기 별로 다른 종류의 시설을 필요로 하기 때문이다. 돼지는 닭처럼 알에서 깨어날 수 없다. 모돈은 사람의 도움을 받아 새끼를 낳아야 하고 또 모유를 먹여야 한다(모유를 충분히 먹었는지 여부는 이후 성장 정도에 큰 영향을 미쳤다). 따라서 돼지에게는 분만사처럼 어미와 새끼가 함께 지낼 수 있는 공간이 필요하다. 자돈이 어느 정도 자라면 모돈은 임신사의 스톨로 돌아가고 자돈은 인큐베이터로 간다. 어미 곁을 떠난 직후 돼지의 건강은 가장 취약한 상태라서 이때 돼지들을 반드시 따뜻하게 해줘야 한다. 인큐베이터는 난방에는 뛰어났지만 컨테이너형 건물이라 크기가 작다. 또 바닥이 플라스틱이라 돼지들이 자라면 그 무게를 감당할 수가 없다. 그래서 그다음에는 콘크리트로 지은 돈사로 옮긴다. 비육사로 옮긴 다음부터는 튼튼한 것 말고는 다른 특성을 필요로 하지 않는다. 그래서 4~6동은 내부 구조가 동일하다. 그러면 왜 이때부터는 닭처럼 한곳에

고기로 태어나서

서 쭉 지내게 할 수 없을까? 실제로 한곳에서 지내는 농장도 많다. 그런 곳에서는 자돈사를 떠난 돼지들이 한 동에서 3개월을 보낸 뒤 도축장으로 떠난다. 하지만 이곳의 돈사 관리 방침은 월령 수가 같은 돼지들을 한 동에 모아 두는 것이다. 4개월 된 돼지는 4동에, 6개월 된 돼지는 6동에, 이런 식으로 말이다.

이곳 돼지들은 6개월 생애 동안 출하까지 포함해서 전부 6번 '에땅'을 겪었다. 첫 번째 에땅은 생후 21일째 되는 날 이뤄진다. 이동에 대한 두려움이 가장 큰 시기다. 어미와 떨어지기 때문이다. 분만사에서 돼지를 옮길 때는 모돈을 먼저 빼냈다. 모돈을 몰 때 행렬이 끊어지지 않도록 하는 것을 명심해야 한다. 돼지는 문턱을 넘거나 다른 건물 안으로 들어갈 때 무척 예민해지는데, 앞서가는 돼지가 들어가면 별다른 의심이나 저항 없이 따라간다. 만약 돼지가 냄새를 맡는다든가 똥오줌을 싸느라 뒤처져 있다가 혼자 문 앞에 서면 이미 그 너머에 돼지들이 있다고 해도 의심이 완전히 풀릴 때까지 절대 움직이지 않는다. 모돈은 6동 돼지보다 훨씬 커서 세 사람이 매달려도 움직이게 할 수 없었다. 모돈을 뒤에서 밀어보면 사이드 브레이크가 걸린 중형차를 미는 것과 비슷한 무력함을 맛보게 된다. 이럴 때는 모돈이 스스로 움직일 때까지 기다리든가 앞에 가는 돼지를 다시 데려와 뒤따라가게 만들어야 한다.

모돈이 전부 빠져나간 다음에는 새끼 돼지들을 통로로 내몰았다. 한 어미에게서 태어난 새끼 돼지 전체를 한 '복'이라고 부르는데 한 번에 적을 때는 7복, 많을 때는 12복을 옮겼다. 대개는 열 마리 안팎이었다.

돈방에서 쫓겨난 새끼 돼지들은 모돈이 있는 돈방(자신의 어미가 아니어도 상관없다) 앞으로 모여든다. 비록 자돈들이 할 수 있는 건 고작 모돈의 거대한 엉덩이를 올려다보는 것뿐이지만 그들은 마치 고아가 크리스마스 파티가 벌어지는 집 안을 훔쳐보듯 철창 너머를 바라본다.

준비가 끝나고 사람들이 행렬 뒤에서 고함을 지르고 사료 포대를 흔들면 돼지들은 겁에 질려서 날뛰기 시작한다. 새끼 돼지들의 울음소리는 새들이 지저귀는 소리와 비슷해서 돈사 전체에 짹짹대는 소리가 가득 찬다. 분만사 돈방의 철창은 폭이 5cm 정도인데 사람이 다가가면 새끼들은 모돈이 있는 돈방의 철창 사이로 얼굴을 들이민다. 돼지들은 그렇게 하면 정말 안으로 들어갈 수 있다고 생각하는 것처럼 머리로 철창을 들이받는다. (만약 사람이 그렇게 부딪쳤다면 코를 사이에 두고 11자 형태의 멍이 생겼을 것이다.) 그러면 돈방 안의 돼지들이 호기심에 이끌려 철창으로 다가온다. 그들은 불운한 형제자매들의 냄새를 맡고 코를 핥아대는데 덕분에 독특한 광경이 만들어진다. 돈방 밖의 돼지들은 출구까지 늘어선 수많은 철창 틈마다 얼굴을 들이밀며 한 칸씩 옆으로 밀려나고 돈방 안의 돼지들은 그들을 따라 움직이는데 마치 떠나는 열차를 쫓아가며 작별 인사를 나누는 가족처럼 보인다. 물론 이 경우엔 아무도 고향에 남지 않는다. 단지 이번 기차에 실리느냐 다음 주 기차에 실리느냐의 차이만 있을 뿐이다.

자돈을 몰 때 합판이 유용하게 쓰였다. 돈사마다 통로 폭에 맞춰 잘라둔 기다란 합판이 있었는데 이걸로 행렬의 끝을 막고 사료 포대를 흔들면 돼지들이 조금씩 앞으로 움직였다. 어느 정도 자란 돼지들은 일단 돈방 밖으로 나오면 떠나온 곳에 미련을 품지 않지만 새끼 돼지들은 끊임없이 되돌아가려고 한다. 합판이 없으면 돼지들을 통제할 수가 없다. 돼지를 몰 때는 언제나 행렬 맨 뒤, 즉 사람 바로 앞에 선 돼지들이 가장 많이 맞았다. 앞에 선 돼지들이 움직이지 않으면 행렬 전체가 멈추는데 이 녀석들을 다시 움직이게 하려면 결국 뒤의 돼지들을 재촉하는 수밖에 없다. 우리는 돼지의 엉덩이가 벌겋게 달아오를 정도로 내리쳤다. 그러면 돼지는 되돌아가는 길을 표시해두려는 듯 묽은 똥을 점점이 떨어뜨리며 떠밀려갔다. 전체 이동 거리는 길어봐야 30~40m지만 2동에 가까워지면 몇몇 돼지들은 너무 기진맥진해서 꼼작하지 못했다. 이런 녀석들은 마지막에 들어서 옮겨야 했다.

새 돈방에 도착한 돼지들은 '꾸우우 꾸우우' 하는 소리를 냈다. 돼지들은 오직 이 시기에만 이런 울음소리를 냈다. 실제로 들어보면 굉장히 애처롭고 구슬픈 음색을 띠고 있는데 거창한 상상력을 발휘하지 않아도 이 녀석들이 어미를 부른다는 걸 알 수 있었다.

"좀 더 놔뒀다가 이유시키면 안 되나요?"

"이게 딱 3주 동안 어미 젖 먹이고 옮기는 거거든. 니 말처럼 막 한 달 두 달 이렇게 먹이면 좋은데 그럼 새끼들이 막 커져서 모돈이 너무 시달려서 안 돼. 또 다른 모돈이 새끼 낳게 돈방도 계속 자리를 비워줘야 되고."

새끼 돼지들은 2, 3일이 지나도록 '꾸우우' 소리를 내며 드러누워 있는 돼지들의 배를 들춰댔다. 마치 그 아래 어미 돼지가 숨어 있을 거라고 생각하는 듯이. 갑작스럽게 어미와 떨어지는 경험은 돼지들에게

(사람으로 치면) 트라우마를 남기는 듯싶었다. 어린 돼지들이 보이는 가장 흔한 행동은 젖을 찾는 것이었다. 자돈은 습관적으로 다른 돼지의 배를 뒤집고 젖을 빨았다. 모돈이 아닌 돼지의 젖은 손톱만 해서 빨기는커녕 입에 집어넣기도 어려웠다. 젖 빨기는 아주 맹목적이어서 상대가 자신보다 몸집이 작아도 상관없이 진행됐다. 한번은 폐사한 지 며칠이 지나서 퍼렇게 부풀어 오른 자돈의 젖을 서너 마리의 다른 돼지들이 물고 있었다. 이런 행동은 시간이 지날수록 줄어들기는 했지만 완전히 사라지지는 않았다. 6동에서도 같은 행동을 보이는 돼지들이 있었다. 돼지들의 배를 보면 벌건 생채기가 여러 개 있는 걸 확인할 수 있었다. 상처들은 젖을 찾는 다른 돼지들 때문에 생긴 것이었다.

새 돈방에 도착하면 돼지들은 물부터 찾았다. 길어봐야 20분 정도 걸은 것뿐이지만 돼지들은 마라톤을 끝낸 것처럼 헐떡거렸다. 수분을 보충한 돼지들은 새로운 장소를 탐색하기 시작했다. 바닥의 전면을 코로 꾹꾹 밀고 다니며 냄새를 맡았다. 다음은 벽이었다. 2동 같은 경우는 벽에 철판을 붙여놨는데 돼지들의 코가 닿는 높이까지는 거울로 써도 될 만큼 반질반질한 반면 그 위는 갈색 때가 두텁게 붙어 있었다. 그것마저 마무리하면 감방 동료들에게 관심을 기울였다. 가장 먼저 서로 엉덩이 냄새를 맡아본 다음 꼬리나 귀를 잘근잘근 씹었다. 이런 과정을 모두 마친 다음에야 사료를 먹든가 엎드려 잠을 청했다.

다만 돼지가 크면 이렇게 평화롭게 끝나지 않는 경우가 발생하기도 했다. 이 시기엔 서로에 대한 탐색이 싸움으로 이어지기도 했다. 싸움은 언제나 서로 다른 돈방에 있던 돼지들이 섞이게 됐을 때 발생했다.

고기로 태어나서

이동이 끝나면 돈사 곳곳에서 비명이 터져 나왔다. 하지만 이런 경우들을 돼지들이 싸웠다고 말하기는 어려울 것 같다. 서로 싸우는 돼지들은 그냥 싸우기만 하지 소리를 내진 않는다. 비명을 지르는 건 한쪽이 일방적으로 당할 때다. 돼지들은 싸울 때 귀나 목덜미를 집요하게 물어댔다. 무엇 때문에 돼지들이 이토록 흥분했는지는 알 수 없었다. 아저씨 설명에 따르면 이런 돼지들은 딱히 상대를 해치려는 의도가 있어서가 아니라 워낙 지루하다 보니 약한 돼지가 소리를 지르고 몸부림을 치는 것에 흥분해서 공격을 멈추지 않는 것이라고 했다. 이럴 때는 우리가 아무리 둘을 떼어놓아도 소용없었다. 어느 한쪽을 다른 돈방으로 옮긴 후에나 비명을 그치게 할 수 있었다.

비육사의 돼지를 옮기는 일은 조금 수월했다. 어느 정도 자란 돼지는 움직이고 싶은 욕구가 강해서 일단 돈방 밖으로 쫓아내면 경주하듯 통로를 내달렸다. 내가 일을 시작한 날은 금요일이었는데 이날은 5동의 돼지를 6동으로 보내는 날이었다. 출하가 매주 있었기 때문에, 즉 매주 텅 비는 돈방이 생겼기 때문에 에땅을 매일 해야 했다. 금요일에 5동의 돼지를 옮기고 나면 토요일에는 4동의 돼지를 5동으로 일요일에는 3동의 돼지를 4동으로 월요일에는 2동의 돼지를 3동으로 옮겼다. 화요일에는 출하를 하고 농장을 소독했고 수요일에는 자돈에게 주사를 놨다. 마지막으로 목요일에는 분만사의 모돈은 임신사로, 자돈은 2동으로, 분만 예정일이 다가온 임신사의 모돈을 분만사로 옮겼다.

다시 첫날로 돌아가서, 5동으로 들어가는데 아저씨가 나를 불러 세웠다.

"너 돼지 몰 줄 알아?"

"그냥 모는 거죠. 뭐 특별한 방법이 있어요?"

"돈방에 들어갈 때 조심해야 돼. 사람이 들어가서 왁 하고 겁을 주면 돼지들이 겁먹고 구석에 대가리 처박고 안 나가려고 한다고. 살짝 들어가서 사료 포대 같은 걸로 살살치면서 몰면 잘 나가는데 겁먹고 구석에 대가리 처박으면 안 나가. 비육돈은 힘이 세서 밀어도 소용없어."

나는 통로에서 기다리고 아저씨가 돈방으로 들어갔다. 강경에서처럼 기다란 방수천으로 무리가 흩어지지 못하게 막은 다음 돼지들을 내몰았다. 돼지들이 3분의 2 정도 빠져나오면 내가 먼저 돼지들을 몰고 갔고 아저씨가 남은 돼지들을 빼내서 뒤따랐다. 돼지를 몰 때 크기에 따라 방식이 조금씩 달라졌다. 어린 돼지들은 무리 뒤에 바짝 붙어서 몰았다. 되돌아오는 돼지들이 있어도 아직 작아서 내 힘으로 막을 수 있었다. 반면에 5, 6동 돼지들은 무리에서 1, 2m 떨어져서 몰았다. 이 돼지들은 사람이 민다고 밀릴 무게가 아닐뿐더러 바짝 붙어 있다가는 되돌아오거나 뒷걸음질하는 돼지들 때문에 쓰러질 수도 있었다. 이런 돼지들은 사료 포대로 눈을 가리거나 소리를 질러서 통제해야지 완력으로는 한 마리도 뜻대로 움직일 수 없다. 강 부장이 다친 것도 출하할 때 6동 돼지들 뒤에 붙어 있다가 물러서는 돼지들에게 밀려서 넘어졌기 때문이었다.

마지막 돈방에서 작업할 때였다. 유달리 겁이 많고 고집도 센 돼지

　　　　　　　　　　　　　고기로 태어나서

가 두 마리 있었다. 아무리 애를 써도 내보낼 수 없었다. 문 바로 앞까지 갔다가 곧바로 몸을 돌려 되돌아오기를 여러 차례 반복했다. 아저씨는 아무 말 없이 돈사 밖으로 나가더니 어딘가 불길해 보이는 물건을 어깨에 메고 돌아왔다. 손에는 길이가 80cm 정도 되는 쇠 봉을 들고 있었는데 손잡이에는 검은색 절연 테이프가 둘둘 감겨 있었다. 봉에 연결된 검은 선은 아저씨가 메고 있는 성경책만 한 검은 가방 속에 들어가 있었다. 돼지는 봉에 살짝 닿자마자 비명을 질렀다. 전기 충격기였다. 돼지는 모서리에 머리를 처박고 있다가 봉에 닿으면 몸서리를 치며 달아났다. 하지만 그것도 돼지를 방 밖으로 내몰지는 못했다. 돼지는 한두 발짝 물러났다가 금세 몸을 돌려 구석으로 돌아왔다. 봉으로 찌르는 부위가 점점 머리 방향으로 올라가고 몸에 닿아 있는 시간도 길어졌다.

"나가라 좀! 나가!"

'꾸에에에에엑!' 아저씨가 돼지 목에 쇠 봉을 대고 꾹 누르자 돼지는 산 채로 껍질을 벗기는 것처럼 비명을 질렀다. 그래도 소용없었다. 돼지는 아저씨를 피해 뛰어가다가도 문 앞에 다다르면 유령이라도 본 것처럼 즉시 되돌아왔다.

"야! 문에서 떨어져! 저기 뒤로 가 있어. 니가 근처에 있으니까 돼지가 겁먹고 안 나가잖아!"

그는 전기 충격기를 들고 10분 가까이 뛰어다녔지만 한 마리도 빼내지 못했다. 우왕좌왕하던 사이 돈방을 빠져나갔던 다른 돼지 한 마리가 되돌아와서 빼내야 할 돼지는 모두 세 마리가 됐다. 아무것도 모르는 사람이 봤다면 우리가 돼지를 옮기는 게 아니라 돼지의 비명을 녹음하고 있는 것처럼 보였을 것이다. 간신히 작업을 끝내고 아저씨에게 물었다.

"저런 거 써도 돼요?"

"나는 원래 저런 거 안 썼어. 전에 있던 농장에서도 처음엔 나는 쓸 줄 모른다고 하고 안 썼어. 아무리 짐승이라도 불쌍하잖아. 근데 어쩔 수 있나. 옮겨야 하는 돼지는 많은데 말은 안 듣고 하루 종일 그것만 하고 있을 수도 없고. 5동 돼지들은 고집이 세서 지지는 거 안 쓰면 말을 안 들어. 나는 딱 이때만 쓰고 다른 때는 안 써."

아저씨 말은 어느 정도 사실이었다. 전기 충격기는 5동에서만 썼고 그보다 어린 돼지를 몰 때는 사료 포대를 사용했다. 그는 여름에는 전기 충격기를 그나마 덜 쓰는 편이라고 했다. "지금은 여름이라 잘 나오는 거야. 겨울에는 진짜 죽자고 안 나와. 겨울엔 전기 침 써야 돼. 날이 추우니까 안 움직이려는 거야. 그럴 때는 전기 침으로 아무리 지져도 안 나와."

전기 충격기는 돼지들의 마지막 에땅에도 등장했다. 출하 시간은 매주 화요일 새벽이었다. 강 부장은 수시로 6동을 돌아다니며 체중이 적당해 보이는 돼지의 등에 락카로 표시해뒀는데 출하 전날 아저씨와 내가 이런 돼지들을 따로 모았다. 출하 트럭은 5시가 조금 지나서 도착했다. 출하할 때는 강 부장이 전기 충격기를 들었다. 아저씨가 돼지들을 돈방 밖으로 내몰면 내가 건물 밖으로 몰고 갔고 그걸 강 부장이 이어받아 트럭에 태웠다. 출하대가 짐칸보다 높아서 돼지들이 차에 타려면

고기로 태어나서

30~40cm 정도 아래로 뛰어내려야 했다. 돼지들은 이렇게 뛰어내리는 걸 돈방 밖으로 나가는 것만큼 무서워했다. 이때 강 부장이 전기 충격기를 꺼내 들었다. 그가 전기 충격기로 주춤대는 돼지들의 엉덩이를 찔렀다. 돼지들은 쿵쾅대며 트럭 안으로 뛰어들었다.

출하 트럭은 특수 설비가 되어 있어 위아래로 나눠 돼지들을 실을 수 있었다. 그런 식으로 한 차에 80여 마리가 들어갔다. 짐칸에 돼지들이 워낙 빽빽하게 들어차서 차가 급정지를 하더라도 넘어질 걱정은 안 해도 될 것 같았다. 출발하기 전에 돼지들에게 물을 충분히 뿌려뒀다. 이동 중에 돼지가 더위를 먹지 않게 하기 위해서였다. 언제나 새벽에 돼지를 빼는 것도 같은 이유에서였다.

강 부장도 전기 충격기에 대해 방어적인 태도를 보였다. "돼지들이 말만 잘 들으면 나도 저런 거 안 쓰지. 내가 지금 어깨를 다쳐서 힘을 쓸 수가 없어. 나도 어쩌다 가끔씩 정말 힘들 때만 써."

나중에 사장과 단 둘이 이야기할 기회가 생겼다.

"돼지 몰 때 전기 충격기를 자주 쓰나요?"

"요즘은 자주 쓰지. 돼지가 많을 때 힘으로만 하려면 너무 힘드니까. 그걸 쓰면 돼지가 깜짝깜짝 놀라면서 앞으로 가잖아. 그럼 힘이 좀 덜 들거든. 그치만 그걸 또 너무 세게 쓰면 돼지들이 스트레스 받으니까 적당히 써야지. 이치적으로 돼지가 말은 못 해도 아프긴 아플 테니까."

"그런데 그런 건 나라에서 못 쓰게 하지 않아요?"

"아니야. 나라에서 못 쓰게 하고 그런 거 없어. 법적으로는 사용하는

데 아무 문제없어.* 그냥 편의상 쓰는 거지."

"그런데 제가 보니까 트럭 기사님도 쓰시던데요?"

"그렇지. 기사도 도축장 가서 돼지 내려야 되잖아. 돼지들 트럭에 태우는 것도 힘들지만 내리는 건 더 힘들다고. 돼지가 한두 마리도 아니고. 그러니까 거기 도착해서 쓰는 거지. 그치만 쓰는 게 문제는 없어."

사장처럼 온화한 사람이 전기 충격기로 돼지를 찌르는 모습이 잘 그려지진 않았지만 그렇다고 이 씨 아저씨나 강 부장이 조금이라도 폭력적이거나 거친 사람인 것은 아니었다. 그들에게 전기 충격기는 돼지라는 상품을 다루는 방식의 하나일 뿐이었다. 여기에 이곳 돼지 삶의 아이러니가 숨어 있었다.

강경의 사장은 (이런 식으로 야비하게밖에 표현할 도리가 없는데) 돈밖에 모르는 인간이었다. 그에게는 사람보다 상품이 더 중요했다. 그는 우리가 절대 돼지를 때리지 못하게 했다. 상품에 흠집이 생기면 안 되니까. 그가 감시하는 동안뿐이긴 했지만 어쨌거나 농장의 원칙은 그랬다. 하지만 횡성의 사장은 사람을 물건처럼 대하지 않았다. 그가 물건처럼 다루는 것은 돼지뿐이었다. 그는 진심에서 우리가 너무 힘들게 일하는 걸 원치 않았기 때문에 돼지를 때리는 것도 전기 충격기를 쓰는 것도 막지 않았다. 전자는 법적 책임을 피할 수만 있다면 누구든지 두들겨 팰 수 있는 사람이었지만 돼지에게 생채기 하나 생기지 않게

---

* 동물보호법 제9조(동물의 운송)는 다음과 같다. "5. 운송을 위하여 전기電氣 몰이 도구를 사용하지 아니할 것."

고기로 태어나서

했다. 후자는 뺨을 얻어맞으면 자기가 뭘 잘못했나부터 고민할 사람이었지만 돼지에게 전기 충격 주는 걸 마다하지 않았다.

고대 로마의 귀족들은 이성의 노예들이 보는 자리에서 옷을 갈아입는 걸 대수롭지 않게 여겼다고 한다. 성적으로 문란해서가 아니라 그들에게 노예는 인간이 아니었기 때문이다. 나는 횡성의 양돈장에서 보았던 일들도 같은 논리로 이해한다. 그건 그들이 폭력적이어서가 아니라 동물은 물건이라고 믿기 때문이라고 말이다. 어느 과학자의 말을 바꿔서 표현해보자면 생명관에 상관없이 좋은 사람은 동물을 아끼고 악한 사람은 동물을 학대한다. 그런데 좋은 사람이 동물을 학대하는 경우, 그것은 대부분 동물은 물건이라는 믿음 때문에 가능한 일이다.

#6

이 씨 아저씨 덕분에 숙소 생활은 불편할 일이 거의 없었다. 내가 하는 일은 설거지뿐이었는데 언젠가는 그것마저도 직접 하려고 했다. 장은 아저씨가 보고 쓴 돈의 절반을 내가 냈는데 2주에 2만 5,000원 정도 들었다. 그는 그럴 필요가 전혀 없는데도 내게서 돈 받는 걸 무척 미안해했다. 내가 밥 먹기 전에 "잘 먹겠습니다" 하고 말하면 손사래를 치면서 "아, 돈 내고 먹는 건데 잘 먹긴 뭘 잘 먹어. 입에나 좀 맞으면 다행이지" 하고 대꾸하곤 했다. 아저씨는 아침 점심 저녁할 것 없이 고량주 두세 잔을 반주로 마시면서 음식을 먹었기 때문에 식사 시간이 나보다 두 배 이상 길었다. 나는 방으로 돌아갔다가 나중에 설거지를 했는데 내가 아저씨에게 돈을 건네고 며칠 동안은 그것마저도 직접 하려고 해서 그릇을 빼앗아야 했다.

살가운 마음 씀씀이와 대조적으로 그는 열렬한 사형제 찬성론자였다. 사형은 아낌없이 시행해야 한다는 것이 아저씨가 가진 거의 유일한 사회적, 정치적 의견이었다. 그는 어떤 주제의 대화도 사형이 꼭 필요하다는 주장으로 마무리하는 재주가 있었다.

"아저씨 북경 오리 드셔보셨어요?"

"그럼 먹어봤지. 그게 중국말로 '뻬이징 카오야'라고 그래. 또 맛있는 게 '케이룽 카오야'. 그것도 베이징 카오야 비슷한 건데 도시가 달라. 철령이라는 도시가 있는데 중국어로 케이룽이야. 거기서 만든 오리지. 근데 뻬이징 카오야는 큰 식당에 가서 먹어야 돼. 작은 식당 같은 데는 죽은 닭, 농장에서 내다 버리는 닭 있잖아? 그런 거 가져다 파는 데도 있어. 한국에선 그런 거 못 쓰게 돼 있잖아? 중국에선 그런 거 몰래 갖다 팔고 그래. 죽어가지고 구더기 허옇게 생긴 그런 것들 말이야. 그런 거 쓰다가 걸리면 중국에선 총살이야. 십 년 전에도 몇 놈 총살당했어. 먹는 거 가지고 장난치는 놈들은 뽄을 보여줘야 된다고 그래서. 중국에서 총살을 어떻게 하는 줄 알아? 죄수 손 묶고 입에 마스크 씌운 다음에 트럭에 태우고 시내를 한 바퀴 빙 돌아, 사람들 보라고. 죄수들 태운 차 앞뒤를 기관총 차로 막고 같이 돌아. 그리고 이제 산으로 가서 총살을 하지. 나도 가서 한 번 봤어. 산에 가면 죄수들 꿇어앉혀 놓고 경찰, 군인이 얼굴 하나도 안 보이게 다 막고 헬멧 쓰고 색깔 안경 쓰고 마스크 끼고 장갑 끼고 바로 뒤에서 머리 뒤에 대고 땅 쏘지. 총소리도 크지 않아. 그럼 앞으로 골이 팍 튀어나와. 그리고 그냥 소리도 못 내고 팍 고꾸라지지. 그걸 세 사람이 해. 죄수 하나 죽이는 걸, 군인 세 사람이 한다고. 한 번에 안 죽을 수도 있잖아? 그럼 하나 쏘고 그다음에 한 번 더 쏘고 마지막으로 한 번 쏘고. 금방 끝나. 그럼 가방에 담아가지고 트럭에 싣고 가서 화장하는 거지. 한국은 법이 물러. 한국에선 서너 사람 죽여도 총살 안 맞잖아? 중국에선 사람 목숨 뺏은 놈은 무조건 총살이야. 중국은 총살할 때 쓴 총알값, 화장비도 죄수한테 받아. 총살 맞기 전에 가족한테 가서 니 가족이 이리이리해서 총살당한다, 거기에 쓰는 총알값, 화장비 얼마 내라. 그렇게 해야 돼. 그래야 사람 목숨 귀한 줄 알지."

"한국 오셔서 구경은 좀 다니셨어요?"

"구경은 무슨, 일해야지. 근데 내가 한국 와서 그거 보고 엄청 놀랐어. 한국 사람 시위 많이 해. 나 그거 보고 엄청 놀라서 사진 찍고 그랬어. 중국은 백성들이 공산당 반대한다고 시위하면 땅크 갖고 밀어버려. 시위 못 해. 중국은 민족은 많은데 당은 하나야, 한국은 민족은 하난데 당은 여러 개야. 맞아? 그런 게 좋아. 그거는 한국이 잘하는 거야. 근데 한국 정치원들 그거 하나 잘 못해. 사형을 안 시켜. 중국은 법이 세지. 중국은 사람 죽이잖아? 재판받아서 유죄라고 하면 바로 사형이야. 1, 2년 기다릴 것도 없어. 한국도 그렇게 해야 돼."

아저씨가 사형 다음으로 좋아하는 것은 트로트였다. 숙소에서는 언제나 성인가요 방송을 배경음악처럼 틀어뒀다. 그가 매주 빼놓지 않고 시청하는 프로그램도 〈전국 노래자랑〉이었다. '송해 오빠'에 대한 충성심은 국적도 초월하는 듯 아저씨는 일요일만큼은 1시 반이 가까워져서 방송이 완전히 끝난 다음에야 일하러 나갔다. 그는 김용임이라는 가수의 열렬한 팬이었다(애창곡은 그녀가 부른 〈부초 같은 인생〉이라는 노래였다). 요리하는 그의 고개를 프라이팬에서 돌릴 수 있는 사람은 이 세상에서 김용임 한 사람뿐이었다. 한 가지 재미있었던 건 아저씨가 어떤 사람들이 국민 가수 칭호를 듣는지에 굉장히 민감했다는 점이다.

"설운도가 국민 가수, 기야 아니야?"

내가 알 정도의 가수라면 누구나 알 법한 사람이라는 생각에 그렇다고 대답했다.

"그럼 주현미는 국민 가수야?"

"예…… 국민 가수죠."

이런 식으로 현철, 나훈아, 송대관, 하춘화도 나에게 국민 가수로 인정받았다.

"그럼 김용임이는 국민 가수야? 아니야?"

"누군지 잘 모르겠는데. 국민 가수 아니에요."

순간 그의 목소리가 높아졌다.

"어? 왜! 그 여자가 노래를 얼마나 잘하는데! 노래 1등이야, 1등. 요새 그 여자만큼 노래 부르는 사람 없어."

"아 안 돼요! 노래만 잘 부른다고 국민 가수가 되는 게 아니라고요."

왠지 모르게 내 역할에 몰입해서 오디션 심사위원처럼 말해버렸다.

고기로 태어나서

"아, 한국 사람 귀가 두꺼워. 노래 잘 몰라. 그럼 내가 말한다. 김용임이 이제 국민 가수 될 거야. 그 여자가 노래 1등이야. 그런데 국민 가수 되면 나라에서 돈 좀 받나?"

중앙정부의 통제력 차이 때문인지 아저씨는 국민 가수라는 것이 계관시인처럼 국가로부터 공식적인 인정을 받는 지위라고 생각했다.

"아니요. 안 받아요."

"그럼 국민 가수도 세금 내나?"

"그럼요. 당연히 내죠."

"그런데 국민 가수는 어떻게 되는 거야? 뭐 시험 같은 걸 보나?"

"그게 말이죠. 국민 가수 선정 위원회가 1년 동안 노래 잘하는 사람을 심사해서 〈전국 노래자랑〉에서 발표를 해요. 송해 아저씨가 직접."

"아 송해, 그래 송해라면 믿을 만하지. 그 사람이 잘하겠네. 알았어. 내가 딱 봐서 김용임 국민 가수 안 되면 한국 사람들 노래 모르는 거야."

#7

돼지들이 에땅만큼 두려워하는 게 한 가지 더 있었는데, 바로 주사였다. 돼지를 옮기지 않는 화요일과 수요일에는 농장 공동 작업을 했다. 화요일에는 돼지에게 주사를 놓고 수요일에는 돈사 소독을 하고 인큐베이터의 똥물을 뺐다.

주사를 놓을 때도 돼지를 옮길 때와 비슷한 혼란이 발생했다. 2, 3, 4동의 돼지가 대상이었는데 주로 호흡기 질환, 구제역, 콜레라 예방 주사였다. 주사는 강 부장과 이 씨 아저씨가 놓고 나는 거들기만 했다. 내가 먼저 돈방에 들어가 돼지들을 구석으로 몬 다음 기다란 합판으로 흩어지지 못하게 막았다. 두 사람은 돼지의 목이나 엉덩이에 주사를 놓고 락카로 표시한 다음 합판 너머에 내려놓았다.

　주사를 놓을 때면 두려움과 태평스러움이 돈방을 반으로 갈랐다. 당연히 두드러지는 쪽은 두려움이었다. 돼지에 대해서 내가 한 가지 착각한 것은 돼지도 개처럼 사람을 자주 보면 경계심을 풀 거라고 생각했던 점이다. 돈방에 사람이 들어가면 돼지들은 어떻게든 더 멀리 달아나지 못해 안달이었다. 특히 주사를 맞을 때 보이는 반응은 광적이라고 부를 수 있을 정도였다. 사람들이 손을 뻗기 시작하면 돼지들은 앞에 있는 돼지를 머리로 들어 올리고 그 아래로 파고들거나 다른 돼지의 등을 타고 넘어가려고 한다. 그렇게 돼지들이 서로를 밟고 올라서려다 보면 벽에 돼지들로 이루어진 커다란 덩어리가 솟아오르는데 가장 깊숙한 곳에서 끔찍한 비명이 터져 나온다. 맨 밑에 깔린 돼지가 지르는 소리다. 문제의 돼지는 한참을 꿈틀대고 나서야 간신히 그곳에서 빠져나온다.

　시간이 지날수록 분위기는 점점 히스테릭해진다. 겁에 질린 돼지들은 똥오줌을 싸기 시작하는데 서로 뒤엉켜 있기 때문에 머리, 등 가릴 것 없이 똥이 묻는다. 주사를 맞은 돼지는 '꽥' 소리를 지르며 주저앉거나 펄쩍 뛰어오른다. 접종이 끝난 돼지를 합판 너머에 내려놓으면 아무 일 없었다는 듯 걸어 다니는데 너무 순식간에 차분해져서 비현실적으로 보일 정도다. 그 돼지가 합판 반대편에서 벌어지고 있는 소동의 일부분이었다는 증거는 머리 위에 왕관처럼 얹고 있는 검녹색 똥뿐이다.

우리들 중 누구도 유능한 소아과 의사가 갖추어야 할 재능, 즉 바늘 앞에서 겁먹은 아이를 진정시키는 기술이 없었다. (얌전히 주사를 맞으면 돈가스를 사주겠다고 할 수도 없었다.) 다른 모든 작업과 달리 이것만은 불필요하게 고통스러운 것이 아니라는 점을 이해시킬 방법도 없었다. 다만 돼지가 자랄수록 점점 무뎌져서 모돈이나 5, 6동 돼지들은 주사를 맞아도 뭉툭한 꼬리를 한두 번 흔드는 것 이상의 반응은 보이지 않는다.

때 이르게 새끼를 어미와 떼어놓는 것처럼 주사 역시 돼지에게 사라지지 않는 흔적을 남겼다. 목이나 엉덩이에 혹을 달고 있는 돼지들이 여럿 있었는데 작은 건 탁구공, 큰 건 사과만 했다. 주사기 안의 기포를 완전히 빼지 않고 주사를 놓으면 맞은 부위가 부어올랐다.

"요즘 목 부은 게 너무 많네. 왜 이러지? 이렇게 많은 적이 없었는데. 아저씨, 부은 데는 주사 놔도 소용없어요. 반대쪽에 놓으세요."

강 부장이 말했다.

"양쪽이 다 부었는데."

"그럼 부은 데 밑에 놓으세요."

두 사람이 주사 놓는 걸 지켜보니 범인은 이 씨 아저씨란 걸 금방 알 수 있었다. 강 부장은 주사를 놓기 전에 간호사들이 하는 것처럼 주사

용액을 살짝 뿜어냈지만 아저씨는 주사기로 약을 빨아들인 다음 곧바로 목에 찔렀다. 작업 시작하기 전에 강 부장이 주의를 줬고 나도 옆에서 "아저씨 기포요, 기포" 하고 덧붙였지만 그때뿐이었다. 엉덩이에 혹이 난 돼지가 드문 것도 어느 정도는 아저씨 덕분이었다. 엉덩이에 놓는 주사는 콜레라 백신이었는데 이 약은 강 부장만 다뤘다. 하지만 엉덩이에 놓는 주사는 기포를 제거하는 것과는 다른 위험이 있었다. 콜레라 백신은 4동 돼지가 맞았는데 이 시기 돼지들은 설사를 많이 해서 무척 지저분했다. 4동 돼지에게 주사를 놓는 것은 똥 묻은 기저귀를 입은 아이 엉덩이에 주사를 놓는 것과 마찬가지였다. 강 부장이 자주 하는 말이 있었다.

"이거 순 똥투성이라 찌를 자리가 없네."

하루는 작업이 끝나고 혹이 난 돼지들은 어떻게 하냐고 물었다.

"어떻게 하긴 뭘?"

"뭐 치료 같은 거 안 해줘요?"

"저런 건 따로 치료 안 해. 두세 달 있다 잡아먹을 건데 뭐. 대신 목이 부은 건 값이 많이 깎이지. 저런 부위는 팔 수 없어. 도축장에서 잘라내서 버려. 저기가 비싼 부위거든. 목 삼겹살 사람들이 좋아하잖아? 저기가 거기야."

수요일에는 인큐베이터의 똥물을 퍼냈다. 여름만 아니면 매주 하지 않아도 되는 일이었다. 이때는 돼지들에게 한국이 유엔에서 선정한 물 부족 국가라는 사실을 이해시킬 수 있다면 좋을 것 같았다. 돈사

고기로 태어나서

가 30도를 넘으면 선풍기를 틀었지만 바람이 바닥에 직접 닿는 구조가
아니었기 때문에 돼지의 체온을 즉각 떨어뜨리지는 못했다. 그 때문
에 더워지면 수도 주변이 무척 붐볐다. 한두 마리가 수도에 코를 처박
고 물이 계속 흘러나오게 하면 다른 돼지들이 그 아래 머리를 집어넣
고 흘러내리는 물을 맞았다. 또 물이 직접 닿지 않아도 그렇게 물이 흘
러내리는 소리를 듣는 것이 고온으로 인한 스트레스를 줄이는 데 도움
이 된다고 했다. 이 자리는 워낙 경쟁이 치열해서 어떤 돼지도 독차지
하진 못했다. 10분에서 15분 간격으로 다른 돼지들이 머리를 들이밀
며 있던 놈들을 쫓아냈고 잠시 후 그들도 그런 식으로 밀려났다.

돼지가 물을 많이 쓰면 우리가 고달팠다. 이곳의 인큐베이터는 똥물
을 배출시킬 때 사람의 힘이 필요했기 때문이다. 그런데 너무 금방 찼
다. 다른 곳과 마찬가지로 여기도 기계로 똥물을 빼냈지만 모터가 시
원치 않은 데다가 컨테이너의 평형도 맞지 않았다. 그래서 먼저 플라
스틱 바닥 판을 뜯어내고 갈퀴로 똥물 속을 쑤시고 찔러서 덩어리를
으깼다. 그다음엔 이 씨 아저씨와 내가 내려가서 삽으로 똥물을 배출
구 쪽으로 밀어 올렸다. 장화 속으로 똥물이 넘어올 듯 말 듯 차 있어서
움직이는 것이 쉽지 않았다. 똥물은 아주 걸쭉한 파스텔 톤의 커피색
이었다. 휘저으면 바닥에 가라앉았던 찌꺼기가 올라오면서 삽의 움직
임을 따라 갈색, 회색 선을 그었는데 똥물을 가지고 초대형 라떼 아트
를 만드는 것 같았다.

똥물은 적어도 내가 보기엔 회복 불가능할 정도로 탁했기 때문에 이
것을 어떤 동물 또는 식물이 섭취 가능한 액체로 돌려놓을 수 있다면

그 원리가 무엇이건 초자연적인 힘이 존재한다고 믿어도 좋을 것 같았다. 쭉 밀어 올리면 벽에 닿은 똥물이 튀어 오르는 바람에 냄새에는 신경 쓸 겨를도 없었다. 삽질하고 똥물 피하고 삽질하고 똥물 피하는 걸 두 시간이 넘게 반복해야 했다. 작업하는 내내 잔뜩 긴장한 상태로 있기 때문에 위로 올라오면 똥따까리를 떼어냈을 때보다 더 힘이 빠졌다.

우리가 이것보다 싫어했던 일은 3동 벌레 잡기였다. 이 씨 아저씨도 이 일만큼은 진저리를 쳤다. 양돈장에 바퀴벌레가 흔한 게 이상한 일은 아니었지만 3동은 유난히 수가 많았다. 아직 어린 돼지들이라는 이유로 매주 한 번씩 이곳에서만 벌레를 잡았다. 시작하기 전에 우리는 원통형 마스크와 모자로 눈 주위를 빼고는 피부가 드러나지 않게 했다. 이때는 소독약이 아니라 불을 사용했다. 토치를 대형 부탄가스통에 연결해서 썼다. 아저씨가 토치를 잡고 내가 가스통을 끌며 뒤따랐다. 3동 같은 경우는 길쭉한 직육면체 형태의 사료통이 통로 쪽 벽에 기대어 세워져 있었다. 먼저 통로를 따라 이동하며 사료통 뒤에 자리 잡은 벌레들을 잡고 나서 돈방 안으로 들어가 바닥과 벽 천장에 붙은 벌레들을 잡았다. 바퀴벌레는 엄지손가락 한 마디 정도 크기에 광택이 나는 옅은 갈색이었다.

내가 사료통을 들추는 즉시 아저씨가 토치를 들이댔는데 벌레들이 재빨라서 흩어지기 전에 불태워야 했다. 겁이 많은 나는 사료통을 내던지다시피 하며 뒷걸음질을 쳤다. 불길은 2미터 정도 떨어진 곳에서도 열기를 느낄 수 있을 만큼 강했다.

고기로 태어나서

벌레 잡는 광경을 제대로 묘사하려면 호러 작가들의 필력을 빌려야 한다. 바퀴벌레들은 사료통 밑과 뒤에 빼곡하게 자리 잡고 있었는데 움직이기 시작하면 파이 껍질 부스러기가 살아서 돌아다니는 것 같았다. 벌레는 불길이 30cm 정도 근처로만 다가와도 오그라들며 움직이길 멈췄다. 불길에 직접 닿은 것들은 폭죽처럼 '탁탁탁' 소리를 내며 터졌다. 역한 냄새와 함께 곳곳에 갈색 덩어리가 수북이 쌓였다. 마치 불길이 죽은 바퀴벌레들을 토해내는 것처럼 보였다.

돈방의 문과 벽에는 지름 3cm의 철봉을 많이 썼는데 조그만 구멍이 뚫려 있었다. 철봉 내부를 바퀴벌레들이 막사로 쓰고 있었는지 철봉이 달아오르자 그 안에서 바퀴벌레들이 쏟아져 나왔다. 수가 너무 많아서 누런 녹물이 뿜어 나오는 것 같았다. 이럴 때는 바닥을 딛고 서 있는 것 말고는 어디에도 몸이 닿지 않도록 해야 했다. 바퀴벌레는 뜨겁지 않은 곳이면 어디든지 기어올랐는데 우리 몸이 무너져가는 빌딩을 탈출하는 마지막 헬리콥터라도 되는 것처럼 필사적으로 달라붙었다.

천장과 벽에 있는 벌레를 잡을 때가 더 힘들었다. 이쯤 되면 작업에 정신을 집중하기 어려웠다. 돈사는 내부 온도가 35도 이상으로 올라가면 경보가 울렸다. 사방에서는 정말 불이 난 것마냥 사이렌이 빽빽대며 울리고 온몸에선 땀이 삘삘 쏟아졌다. 그게 다가 아니었다. 불길을 피해 도망치는 바퀴벌레들이 머리 위에서 후두둑 떨어져 내렸다.

이때는 땀이 흘러내리는 촉감에도 신경을 곤두세웠다. 위에서 아래로 움직이는 것은 땀방울이었지만 다른 방향으로 움직이는 것은 바퀴벌레였다. 옷 속에 바퀴벌레가 들어갔을 땐 가스통을 내팽개치고 뛰쳐

나가 옷부터 털었다. 책이고 월급이고 다 때려치우고 당장 짐을 싸서 떠나고 싶었지만 그럴 수가 없었다. 안에서 아저씨가 여전히 일을 하고 있었다. 한 손으론 자기 몸무게만큼이나 무거운 가스통을 끌고 다른 한 손으론 시뻘건 불꽃을 토해내는 토치를 들고서. 아저씨는 내게 빨리 들어오라는 말 한마디 하지 않았다. 아저씨 몸에도 언제나 두세 마리의 바퀴벌레가 기어 다니고 있었지만 그는 작업이 완전히 끝난 다음에야 옷을 털었다. 내게 일 좀 똑바로 하라는 말은 하지 않았다. 그 침묵 때문에 다음부터는 어디에 벌레가 달라붙어도 끝까지 기다릴 수밖에 없었다.

그렇게 작업을 끝내고 나면 무한에서 3,000을 뺀 정도의 벌레들이 남았다.

수컷 돼지는 뒷모습으로 따지면 단연코 농장에서 가장 우스꽝스러운 존재였다. 종부에 쓰는 돼지들은 당연히 거세를 하지 않았는데 고환 그러니까 흔히 말하는 불알이 정말 컸다. 고환은 엉덩이보다 더 붉은빛을 띠고 있는데 각각의 크기가 잘 익은 멜론만 했다. 수컷이 주저앉아 있으면 그 거대한 불알 때문에 엉덩이 밑에 분홍색 쿠션을 깔고 있는 듯 보였다. 이 녀석들이 하는 일은 암컷에게 발정이 왔는지 확인하는 것이었다. 발정이 오면 수컷이 암컷의 등에 올라타려고 하는 반면 그렇지 않으면 별다른 관심을 보이지 않는다.

"모돈은 출산하고 나서 얼마나 쉬었다가 다시 임신시키는 거예요?"

"한 달? 새끼 낳고 21일 있다가 이유시키잖아? 그러고 나서 한 엿새

고기로 태어나서

있다가 다시 임신시켜."

"그렇게 빨리요? 뭐 한두 달 쉬게 해주는 거 아니에요?"

이 씨 아저씨가 설명했다.

"야, 한두 달은 택도 없어. 돼지는 21일마다 발정이 온다고. 한 달에 한 번씩 꼭 발정이 와. 그래서 매달 발정 검사하고 수정시키는 거야. 그래야 되는데 요즘은 날이 더워서 재발이 많아. 그러면 짜증나지."

"뭐가 재발됐다는 거예요?"

"발정이 또 왔다고. 그러니까 수정을 시켰는데 임신이 안 되니까 발정이 또 온 거야. 그리고 두 번이나 세 번 이상 발정이 안 오는 놈들은 바로 도축장으로 보내. 세 번 발정이 안 왔다는 건 세 달 동안 공짜 밥 먹었다는 거 아냐? 그러니까 바로 도태시켜야지."

"사룟값 때문에 도태시키는 거예요?"

"그럼. 너라면 안 그러겠어? 찻값보다 수리비가 많이 나오면 폐차 시켜야지. 사룟값이 얼마나 든다고. 돼지 키워서 부자되는 사람도 많고 망하는 사람도 여럿이라. 그런 거 많이 봤다. 여기만 해도 한 달에 작은 거, 큰 거 다 합쳐서 사룟값만 9,000만 원이라. 그니까 돈이 남고 안 남고는 사룟값에 달린 거야. 발정도 안 오는 모돈은 바로바로 빼내 야지. 그놈들이 먹는 게 사료가 아니라 우리 돈이야 돈."

모돈의 죽음에는 두 가지 종류가 있었다. 새끼를 낳다가 죽는 것, 새 끼를 낳지 못해 죽는 것.

어느 날 아침 임신사 앞에 봉고 트럭 한 대가 서 있었다.

"오늘 무슨 일 있어요?"

"오늘 새끼 못 낳는 거 판다. 재발한 거 네 마리랑 저번에 유산한 거 한 마리."

예정일이 가까워지기도 전에 아직 몸의 형태가 만들어지지도 않은 벌건 살덩어리를 쏟아놓는 돼지가 있었다. 그런 돼지는 어려도 즉시 도태시켰다. 유산한 돼지에게 두 번째 기회는 없었다.

"돼지 한 마리가 얼마나 해요?"

"120kg짜리가 한 50만 원. 봄에는 얼마 안 나가. 40만 원 정도. 한 마리 팔면 사장한테 8만 원 남아. 많으면 10만 원. 사룟값, 약값, 전기 값 등등 다 빼고 남는 게 그거야."

"그럼 저런 모돈은 얼마나 해요?"

"얼마 안 해. 한 25만 원."

"왜요? 크기가 거의 두 세 배잖아요?"

"저런 건 고기로 못 먹어. 너 먹어봤어? 저런 건 질겨서 씹지도 못해. 모돈은 생고기로는 팔 수 없게 돼 있어. 저런 건 갈아서 소시지 만드는 데 쓰지. 새끼 한 번만 낳은 거, 이런 건 맛있어. 근데 두 번만 낳아도 고기가 질겨서 못 먹어."

분만사에서 모돈이 죽은 경우도 한 번 있었다. 예정일이 한참 지나도록 새끼를 낳지 못하고 있던 돼지였다. 강 부장이 분만 유도제를 주사해도 소용없었다. 며칠 후 새벽에 보니 옆으로 누운 채 죽어 있었다. 나, 이 씨 아저씨, 강 부장이 매달렸지만 건물 밖으로 옮기는 것부터 힘에 부쳤다. 꼬리는 너무 짧고 다리는 너무 두꺼워서 손으로 잡을 만한 부위가 없었다. 이리저리 해도 안 돼서 입에다 밧줄을 걸고 뒤에

고기로 태어나서

서 끌어당겼다. 돼지의 몸을 통로 쪽으로 돌려놓는 데만 30분 이상 걸렸다. 돼지가 너무 무거워서 바퀴 달린 판을 밑에 깔고 끌었다. 하지만 판에 비해 돼지의 몸통이 넓어서 절반 이상 땅에 닿았다. 분만사 중간 쯤부터 문까지 기껏해야 10m 정도의 거리를 세 사람이 끄는 데 역시 30분 정도 걸렸다. 태어나서 평생 스톨에 갇힌 채 새끼만 낳다가 죽은 돼지였지만 불쌍히 여기는 사람은 없었다. 옮기는 게 너무 힘들어서 나부터도 신경질만 날 뿐이었다.[*]

#8

어떤 농장에서나 마찬가지였지만 작업이 충분히 익숙해진 다음에야 일거리가 아닌 돼지를 볼 수 있었다. 이상하게도 그 시점의 경계는 발톱이었다. 발톱에도 주의를 기울일 수 있는 대상은 한 마리의 동물이었지만 그렇지 못할 때는 그저 어서 빨리 해치워야 할 일거

[*] 돼지 스톨 금지 국가는 다음과 같다. 스웨덴(금지), 영국(금지), 유럽 연합 28개국(2013년부터 금지), 캐나다(신규는 2014년부터 금지), 미국(플로리다 주 2008년까지 단계적 폐지, 캘리포니아 주 2008년부터 단계적 폐지, 애리조나 주 2013년부터 금지, 콜로라도 주 2018년까지 단계적 폐지, 메인 주 2011년부터 금지, 미시건 주 2009년부터 단계적 폐지, 오하이오 주 2010년부터 단계적 폐지, 오레곤 주 2012년부터 금지, 로드아일랜드 주 2012년부터 단계적 폐지), 뉴질랜드(2015년까지 단계적 폐지), 호주(태즈메이니아 주 2017년까지 단계적 폐지, 수도 특구 2014년부터 금지). 〈공장 대신 농장을〉 캠페인 홈페이지.

리일 뿐이었다.

가장 먼저 눈에 들어온 발톱은 뿔처럼 삐죽하게 솟은 모돈의 발톱이었다. 강경보다는 상태가 심하지 않았지만 비정상이라고 부르기엔 충분했다. 대부분 길이가 10~15cm로 전체 모돈의 10% 정도가 이런 상태였다. 이걸 보면서 기형의 주요 원인이 운동 부족이라는 생각은 더 강해졌다. 이상이 생긴 돼지들은 임신사와 분만사의 스톨에 갇혀 있는 경우뿐이었다. 일반적인 돈방에서 지내는 돼지들에게도 건강 문제가 있었지만 발톱만큼은 멀쩡했다.

또 하나 오직 분만사에서만 발견할 수 있는 것은 모돈에게 깔려 죽은 새끼 돼지다. 이런 일은 마주 달리던 트럭이 중앙선을 넘어 덮쳐오는 것처럼 그냥 일어나는 일이어서 예방할 방법이 없다. 새끼가 어미의 엉덩이에 깔려 죽었다고 하면 병적인 농담처럼 들리지만 모돈의 몸집을 보면 이상할 것도 없다. 노산돈의 크기는 어마어마해서 사진으로는 이 동물의 거대함을 온전히 담아내기가 어려울 정도다. 큰 경우 몸길이만 해도 1.8m 이상이고 달리는 모습은 마치 어뢰가 뒤뚱대며 뛰어가는 것 같다. 그에 비해 갓 태어난 새끼의 몸길이는 20cm 정도다. 어미가 항공모함이라면 새끼는 종이배다.

나는 이런 경우를 세 번 봤다. 그중 마지막이 기억나는데, 발견했을 땐 이미 새끼가 죽은 뒤였다. 밤중에 일이 벌어진 모양인지 새벽에 똥을 치우다 발견했다. 모돈 엉덩이 밑으로 작은 몸뚱아리가 삐죽 튀어나와 있었다. 서둘러 모돈을 일으켜 세울 필요도 없을 정도로, 머리가 보이지 않는 자돈의 몸은 낙엽처럼 아무런 움직임도 없었다. 머리가

고기로 태어나서

깔린 상태여서 일이 벌어졌을 때 주변에 사람이 있었다고 해도 아마 죽었을 것이다. 다른 두 경우에는 하반신이 깔린 것이어서 울음소리를 듣고 사람이 도와줄 수 있었다.

반복해서 이야기하지만 스톨은 누웠다 일어서는 것 말고는 아무것도 할 수 없을 만큼 비좁은 데다 출산 직전 아니면 직후였던 모돈들의 몸은 굉장히 무거웠다. 이유는 모르겠지만 모돈은 새끼 돼지들의 비명 소리에 별다른 반응을 보이지 않았다. 오직 사람이 엉덩이를 때려야만, 때로는 아주 세게 여러 번 쳐야만 일어났다.

비록 압사의 위험을 품고 있지만 새끼 돼지들에게 어미의 몸은 세상 그 자체였다. 일단 자돈에게 어미의 몸은 식당이었다. 돼지가 태어나서 눈도 뜨지 못한 채 처음으로 하는 일은 입으로 어미의 몸을 꾹꾹 눌러가며 젖을 찾는 것이었다. 5분 전에 태어났을 뿐인 새끼 돼지들도 젖에 굉장히 욕심을 부렸다. 이들 사이에 서열이 정해지면 가장 힘센 돼지는 젖 서너 개를 차지하고 자기가 빨지 않는 젖도 다른 돼지가 입을 대면 물어서 쫓아낸다. 어떤 돼지는 옆구리를 어미 배에 바짝 붙여서 다른 돼지들이 젖에 입을 대지 못하게 막기도 했고 뒤늦게 젖을 빨려고 달려들던 돼지는 다른 돼지들 머리 위로 몸을 던져 모두가 젖을 놓치게 만들기도 했다. 간혹 가다 어처구니없는 실수를 저질러서 스스로의 생존 확률을 떨어뜨리는 녀석도 있었다. 이 녀석은 어미의 항문 아래 뾰족하게 튀어나온 생식기를 물고 있었다. 그곳을 통해 배출되는 액체는 당연히 오줌이었다.

어미의 몸은 놀이터였다. 배가 부른 돼지들은 "산맥처럼 드러누운"

어미의 몸을 구석구석 탐험하며 놀았다. 기껏해야 손바닥만 한 새끼들에게 어미의 몸은 모서리를 돌 때마다 다른 모습을 드러냈다. 이들은 그 면면을 냄새 맡고 맛보며 놀았다. 좀 더 활동적인 녀석들은 푹신푹신한 배 위를 트램펄린 삼아 뛰어다녔다.

놀다 지친 돼지들에게 어미는 잠자리이기도 했다. 날이 어두워지면 새끼들은 어미의 앞다리와 배 사이에 서로의 몸을 포개고 잠들었다. 돼지들은 일렬로 늘어서는 것보다 침대 위에 마구잡이로 던져놓은 옷들마냥 뒤엉키는 편을 더 선호했다. 이런 상태를 더 편안하게 느끼는 것 같았다. 기온이 높은 날에는 쿠션이 좋은 배 위에서 낮잠을 자기도 했다.

이 시기의 돼지에게는 이후에 찾을 수 없는 활력이 있었다. 뭐랄까? 어떤 자연스러운 즐거움이 있었다고 할까? 돈방에 수십 마리씩 모아놓은 돼지들은 습관적으로 먹고 쌀 때가 아니면 무료함에 못 이긴 듯 발작적으로 돈방을 뛰어다닐 때(최대가 서너 발자국 정도다) 가장 활기가 있었다.

시간이 지나면 울음소리에도 차이가 있다는 걸 알게 된다. 가장 자주 듣는 건 돼지들이 놀랐을 때 내는 소리다. 짧게 '컹, 컹' 거리는데 개 짖는 소리와 흡사하다. 돈사에 사람이 들어서는 걸 먼저 발견한 돼지들이 이런 소리를 낸다. 경계하라는 의미를 지닌 소리 같았다. 자고 있던 돼지들도 이 소리가 들리면 몸을 일으켜 소리가 나는 곳을 주시했다.

또 자주 들을 수 있었던 건 낮게 '꾸르릉'대는, 사람이 코골 때 내는 것과 비슷한 소리였다. 아마도 '꿀꿀꿀'이라는 의성어가 이 소리를 표현한 것이지 싶다. 이것은 특별한 맥락 없이 평상시에 내는 소리다. 크기가 작기도 하지만 다른 돼지들이 아무런 반응을 보이지 않는 걸로 봐서는 고양이들이 '가르릉'대는 것처럼 편안할 때 내는 소리인 것 같다.

이것과 가장 대비되는 것은 몸을 꼼짝할 수 없을 때 내는 소리다. '꾸에엑' 하는 소리를 머리가 멍할 정도의 크기로 내지른다. 좁은 틈에 끼거나 다른 돼지에게 깔려서 몸을 꼼짝할 수 없을 때 이런 소리를 냈는데 신체에 직접적인 공격이 가해질 때 내는 소리보다 더 처절했다.

돼지들이 입으로만 소리를 내는 것은 아니다. 방구는 이성이나 영혼으로 뀌는 게 아니기 때문에 그 소리는 사람이나 돼지나 별다른 차이가 없다. 특히나 방구 소리가 우렁찬 5, 6동을 돌아다니면 내 발걸음을 따라 뿡뿡대는 소리가 이어지기 일쑤였다. 눈을 감고 들으면 돈방 안에서 우리 형이 소파에 드러누워 엉덩이를 긁적이고 있는 게 아닐까 싶을 정도였다. 아마도 포유류에겐 단 하나의 방구 소리만 있는 모양이다.

#9

숙소에 새 식구가 들어왔다. 이 친구도 근무 시간 대부분을 돈방에서 보냈지만 일하는 데는 아무런 도움도 되지 않았다. 아저씨와 내가 땀을 쏟으며 따가리를 떼어내고 있는 동안 사료만 훔쳐 먹을 뿐이었다. 물론 이걸 가지고 당사자를 비난하는 건 무리다. 아무리 사람이랑 한집에 살아도 쥐는 쥐일 뿐이니까.

　문제의 새 식구는 화장실 벽을 뚫고 들어왔다. 샌드위치 판넬의 철판이 떨어져 나간 틈으로 쥐가 들어왔다. 아저씨가 먼저 쥐구멍을 발견했다. 그는 숙소의 모든 짐을 밖으로 옮기고 쥐를 잡아야 한다며 소란을 피웠다. 나는 귀찮기도 했고 설마 쥐가 방 안을 돌아다닐까 싶어서 신경 쓰지 않았다. 역시나 그가 호들갑을 떤 것뿐이었다는 확신이 들 때쯤 쥐와 마주쳤는데 마침 샤워하던 중이어서 더 놀랐다. 쥐는 화장실 벽을 따라 달려가서 세탁기 뒤에 숨었는데 나는 옷도 안 입고 뛰쳐나왔다. 쥐의 몸통이 엄지만 한 길이였다. 그것보다 훨씬 큰 쥐를 돈방에서 볼 때는 아무렇지 않았지만 숙소에서 그것도 벌거벗은 채 마주하니 놀랐다기보다 공포스러웠다. 우리는 세탁기를 들어내고 욕실을 뒤졌지만 쥐를 찾지 못했다. 아저씨는 창고에서 쥐덫을 가져왔는데 놀랍게도 목적이 나와는 전혀 달랐다.

　"잡아서 구워 먹어야지."

　"예?"

　"맛있어. 너도 맛 봐."

　"그걸 정말 드신다고요?"

　"그럼. 대가리 꼬리 떼어내고 내장 빼내고 깝떼기 벗겨서 참기름 발라 구워 먹으면 기름이 잘잘 흐르는 게 고소해. 삼겹살보다 더 맛있어. 근데 쥐가 좀 커야 맛있는데. 니가 본 건 쪼만해서 먹을 수 있을지 모르

　　　　　　　　　　　　　　고기로 태어나서

겠다."

"중국에선 쥐고기도 팔아요?"

"아니, 시장에서 그걸 어떻게 팔아? 잡혀가게. 시골에서 가을 되고 추수 끝나면 논밭에 쥐구멍이 있단 말이야. 그 안에 쥐들이 겨울 나려고 나락을 잔뜩 모아 뒀어. 그걸 찾아내서 몇 마리씩 잡아먹지. 쥐고기가 돼지고기보다 맛있어. 꼬소한 게 쥐고기가 몸에 좋아. 쥐는 곡식밖에 안 먹거든. 사람이 먹는 것만 먹으니까 고기도 사람 몸에 좋지."

아저씨는 쥐고기를 구울 불판까지 마련했다. 그가 우리가 먹을 음식을 만드는 부엌에서 쥐고기 바비큐를 만드는 모습을 보고 싶진 않았기 때문에 나는 마음을 바꿔 문제의 쥐가 잡히지 않기를 바랐다.

쥐는 이틀 후에 잡혔다. 쥐구멍 주변에 끈끈이를 여러 장 깔아뒀는데 그중 하나에 달라붙어서 끽끽대고 있었다. 다행히 고기로 쓰기엔 너무 작았다. 그 녀석은 농장에 상주하는 고양이들의 밥이 되었다. 그런데 놀랍게도 우리가 잡은 것은 이제껏 학계에 단 한 번도 알려진 적이 없는 희귀한 종류의 쥐였다. 이 쥐는 숨이 끊어진 후부터 몸집이 급격한 속도로 성장하기 시작했다. 처음 잡았을 때는 꼬리를 제외하면 엄지만 한 크기였는데 이 씨 아저씨가 강 부장에게 얘기할 때는 손바닥만 하게 커져 있었다. 그랬던 것이 사장 부부에게 자랑을 할 때쯤에는 팔 길이만 하게 자라서 그놈을 잡을 때 아저씨와 (그의 둔한 조수인) 나 역시 〈내셔널지오그래픽〉에 소개될 법한 사투를 벌인 걸로 되어버렸다. 아저씨의 무용담을 들어줄 사람들이 대여섯 명만 더 있었다면 그 쥐는 닌자 거북이들에게 가라테를 가르칠 수 있을 만큼 커졌을 거다.

아저씨의 혀 위에서 커진 것은 죽은 쥐만이 아니었다. 어느 트로트 가수의 명성 역시 소리 소문 없이 부풀어 오르고 있었다. 여느 때처럼 성인가요 방송을 틀어놓고 저녁을 먹고 있는데 김용임이 무대에 올랐다. 아저씨는 평소에 흥이 많은 사람은 아니었지만 이때는 담배 때문에 걸쭉해진 목소리로 노래를 따라 불렀다. 〈부초 같은 인생〉이었다.

"내 인생 고달프다. 울어본다고 누가 내 맘 알리요. 어차피 내가 택한 길이 아니냐. 웃으면서 살아가 보자. 천년을 살리요. 몇백 년을 살리요. 세상은 가만 있는데 우리만 변하는 구려. 아, 아, 부초 같은 우리네 인생, 아, 우리네 인생."

곧이어 〈사랑의 밧줄〉이 나왔다.

"밧줄로 꽁꽁, 밧줄로 꽁꽁 단단히 묶어라. 내 사랑이 떠날 수 없게 사랑의 밧줄로 꽁꽁 묶어라. 당신 없는 세상은 나 혼자서 아무것도 할 수가 없네."

아저씨가 갑자기 무언가 생각난 듯 TV를 가리키며 소리쳤다.

"김용임, 저거 이번에 국민 가수 됐어. 내가 알아봤어. 김용임 국민 가수 맞아!"

나는 웃음을 참으며 물었다.

"그래요? 어디서 들으셨어요?"

"얼마 전에 버스 타고 가는데 뉴스에서 나왔어. 김용임 국민 가수 됐다고. 김용임 국민 가수 맞아. 확실해!"

고기로 태어나서

#10

농장에서의 삶은 누가 비용을 부담하느냐에 따라 낭비와 절약의 극단을 오갔다. 세탁 세제는 우리가 직접 사서 쓰는 것이었기 때문에 세탁기가 절반 이상 차기 전까지는 빨래를 돌리지 않았다. 작업복을 하루만 입고 빨려고 하면 아저씨에게 혼났다. 그런 식으로 하면 세제 감당 못한다면서. 반면에 에어컨은 일하러 나간 사이에도 계속 틀어뒀다. 숙소의 전기세는 농장에서 부담했고 우리는 퇴근하고 돌아와서 방 안이 다시 시원해질 때까지 기다리고 싶지 않았다.

하지만 농장에서 가장 심하게 낭비되는 것은 돼지의 삶 자체였다. 돼지의 고통은 오로지 돼지만의 몫이었기 때문에 누구도 그 대가를 걱정하지 않았다. 비육사에는 보통 돈방보다 작은 크기의 방이 두 개씩 설치되어 있었다. 이걸 환돈방이라고 불렀는데 병든 돼지들을 모아 두는 곳이었다. 환돈방에는 컴퓨터 그래픽으로 만들어낸 것처럼 보이는 기괴한 모습의 돼지들이 있었다. 5동 돼지 한 마리는 왼쪽 앞 다리에 커다란 혹이 달려 있었는데 크기가 배구공만 했다. 이 녀석은 돈방 구석에 웅크리고 앉아만 있을 뿐 좀처럼 움직이지 않았다. 혹을 자세히 보려고 일으켜 세워봤는데 걸음을 옮길 때마다 관절쯤 매달린 혹이 위태롭게 출렁거렸다. 이 녀석은 매번 몇 발짝 못 움직이고 주저앉았다. 어떤 돼지는 배에 혹이 생겨서 걸으면 혹이 바닥에 질질 끌릴 정도였다.

혹보다 흔한 문제는 눈병이었다. 눈동자 흰자가 전혀 남아 있지 않을 정도로 눈알이 새빨갛게 변한 돼지들이 여럿 있었다. 드물게는 눈알을 감싸고 있는 붉은 속살이 부풀어 올라 눈알을 덮은 경우도 있었다. (어쩌면 눈 상태보다도 이것이 더 비극적인 사실인지 모르겠는데) 빨간 눈의 돼지들이 제대로 볼 수 있는지 어떤지 알 수가 없었다. 돈방이 좁고 다른 돼지들로 북적거려서 이들이 주변 사물을 판별해서 움직이는지 이리저리 떠밀려 다니다 우연히 사료통이나 수도 앞에 다다른 것인지 알 수가 없었다.

비육사 돈방에서는 돼지가 똥 더미 위에서 뒹굴었다. 그러면서 오물이 눈에 들어갔을 수도 있고 아니면 아저씨 설명처럼 배설물에서 발생하는 가스 때문에 눈에 이상이 생긴 것일 수도 있다. 돈방은 벽으로 둘러싸여 있었기 때문에 머리가 바닥 가까이 놓이는 돼지에게 암모니아가 우리가 감지할 수 있는 것 이상의 영향을 미쳤을 수도 있다.

관절에 혹이 달려 있던 돼지는 몇 주 후 어느 정도 정상적인 움직임을 되찾았다. 혹이 터져 있었다. 혹은 원래의 3분의 1 정도 크기로 쪼그라들어 있었고 피와 고름을 잔뜩 쏟아낸 것처럼 벌건 얼룩이 묻어 있었다. 누군가 치료를 한 것이 아니라 저절로 터진 것이었다. 무대응 기조는 다른 돼지들에게도 마찬가지였다. 그런 상태로 한두 달 지내다 죽으면 죽는 것이고 살아남으면 출하 트럭에 집어넣을 뿐이었다. 내 눈엔 환돈방은 아무런 의미 없는 공간으로 보였지만 아저씨는 그 나름대로의 역할이 있다고 설명했다.

"딱히 치료를 해주는 것도 아닌데 따로 모아 둘 필요가 있어요?"

"아니, 안 해주긴 왜 안 해줘? 필요하면 여기 모아 둔 돼지들 주사도 놓고 다 해. 저런 건 뭐 주사를 놓는다고 낫는 게 아니니까 내버려두는 거지. 저런 놈들은 그냥 튼튼한 놈들 사이에 내버려두면 힘센 놈들이 가만 안 놔둔다고. 그러면 스트레스 받아서 하루이틀 있다 죽어. 이렇게 모아 두면 물어뜯는 놈이 없어서 끝까지 살지. 시달리지 않으니까 밥도 많이 먹고."

"그런데 저런 돼지들을 다 도축해도 돼요?"

"그럼 다 하지. 대신 저렇게 다리나 어디든 문제가 있으면 그 부위는 잘라내서 버려. 도축장에 가면 이런 거 조사하는 사람들이 있어서 저런 건 다 버리지. 버린 무게만큼 빼고 돈을 받는 거야. 그러니까 저런 게 많으면 돈이 확 줄지."

이곳에서 가장 심하게 '낭비당하고' 있던 돼지는 4동 환돈방에 있었다. 이 녀석은 돈방 한가운데 옆으로 드러누워 꼼짝하지 않았다. 몸길이가 1m쯤 됐는데 갈비뼈가 드러날 정도로 바싹 말라 있었다. 사람이 건드리면 불에 덴 것처럼 소리를 지르며 바동댔지만 목 아래로는 움직임이 거의 없었다. 4동에는 얼마나 머물렀는지, 환돈방으로 옮겨온 게 언제인지 알 수 없었다. 다만 이런 상태로 지낸 지 꽤 오래됐다는 건 짐작할 수 있었다. 몸 크기가 4동의 다른 돼지보다 조금 큰 편이었다.

"4동 환돈방에 있는 돼지 있잖아요? 그건 왜 그런 거예요? 다리 다쳤어요?"

"아아니. 그건 다리가 문제가 아니라 뇌에 이상이 생긴 거야. 사람으로 치면 뇌졸중 같은 거지."

"그런 건 치료 안 해요?"

"아 사람도 못 고치는데 돼지를 어떻게 고쳐? 여기선 그런 거 신경 못 써. 아픈 돼지가 얼마나 많은데, 그런 거 신경 쓰면 돼지 못 키워."

"불쌍하네요."

"아, 불쌍할 게 뭐 있어, 저래도 잡아먹히는 거고 이래도 잡아먹히는 건데. 저러다 죽으면 죽는 거고 살면 사는 거고. 뭐 지들 팔자지."

문제의 돼지는 자신의 '팔자'를 바꿔보려고 '초돈적'으로 노력했다. 이것은 내가 양돈장에서 목격한 가장 놀랍고 처절한 일이었다. 처음에는 나도 이 돼지에게 별다른 관심을 보이지 않았다. 강 부장의 설명이 없었다고 해도 마찬가지였을 거다. 양돈장에서 돼지들의 운명에 체념하게 되는 건 일상적인 일이었으니까. 그런데 매일 그곳을 지나칠 때마다 눈에 띄는 것이 있었다. 매번 돼지가 누워 있는 위치가 조금씩 달라져 있었다. 어느 날은 수도 아래, 며칠 후엔 사료통 앞에, 또 며칠 후엔 그 중간쯤에. 돼지는 지렁이처럼 꿈틀거려서 사료통과 수도를 오가고 있었다. 두 지점 사이의 거리는 1.3m 정도였지만 한 번 오가는데 2, 3일은 걸리는 것 같았다. 이런 속도에 비하면 지렁이는 치타처럼 빠르다고 해야 할 거 같다. 그렇게 고생하며 기어가도 소득은 별로 없었다. 이 돼지는 다른 돼지들이 물을 마시거나 장난칠 때 튀는 물이나 바닥에 흘린 사료 부스러기를 조금 입에 대는 정도로 만족해야 했다. 나는 시간이 날 때마다 4동에 들러 이 녀석에게 사료와 물을 먹였다. 먼저 조그만 컵에 물을 받아 마시게 한 다음 사료를 입 안에 넣어줬다. 내가 조심스럽게 먹일 때도 먹지 못하고 흘리는 양이 더 많았기 때문에 아직까지 굶어 죽지 않고 살아 있는 게 신기했다. 하루에 최소 두 번은 챙

고기로 태어나서

겨주려고 애썼다. 한 번 먹이는 데 20분은 걸렸기 때문에 그 이상 시간을 내기가 어려웠다. 이 녀석에게 밥을 먹일 때면 강 부장의 고양이가 떠올랐다.

하루는 그가 새끼 고양이 한 마리를 데리고 왔다. 창고 구석에 숨어 며칠 동안 울어대던 녀석이었는데 길을 잃은 것인지 어미가 버린 것인지 알 수 없었다. 강 부장이 데리고 오지 않았다면 아마도 굶어 죽었을 것이다. 크기는 손바닥만 했고 회색 줄무늬가 있는 귀여운 새끼 고양이였다. 그는 나무 상자로 집을 만들어주고 안에는 두툼한 천을 깔아줬다. 사료도 직접 사 왔는데 고양이가 아직 어린 탓인지 건식 사료는 좀처럼 입에 대지 않았다. 그때부턴 이 씨 아저씨가 나섰다. 그가 밥에다가 생선이나 고기 부스러기를 버무려서 주면 남기지 않고 먹었다. 강 부장이 부탁을 한 것도 아니었는데 그는 고양이 밥을 준비하는 것부터 먹이는 것까지 도맡아서 했다. 그가 고양이를 대하는 태도는 무척 정성스러웠다. 밥을 먹일 때면 고양이 집 앞에 의자를 끌어다놓고 고양이가 접시를 다 비울 때까지 자리를 떠나지 않았다. 큰 고양이들이 밥을 뺏어 먹지 못하게 하기 위해서였다. 고양이에게 그토록 정성을 들이는 두 사람을 보고 있으면 도대체 차이를 만드는 지점이 정확히 어디일까 궁금해졌다.

새끼 고양이가 차곡차곡 살을 찌워가는 동안 돼지는 점점 더 앙상해졌다. 내가 해줄 수 있는 건 언제나처럼 틈날 때 들러 얼마 안 되는 물과 사료를 떠먹이는 것뿐이었다. 문득 이 돼지는 쓰러진 이후로 한 번도 몸을 돌려본 적이 없을 거라는 생각이 들었다. 내가 몸을 뒤집자 바닥에 눌려 있던 쪽은 욕창이 생긴 것처럼 벌겋게 부어 있었고 눈은 찌 그러져 뜨지도 못했다. 이 녀석은 그런 식으로 20일 정도 더 버티다 죽 었다. 이 녀석의 마지막 에땅에는 평소 같은 소란도 비명도 없었다.

　이날은 강 부장이 쉬는 날이어서 죽은 돼지를 아저씨와 나 단둘이 분 뇨장까지 옮겨야 했다. 기다란 쇠갈고리를 입 속에 걸고 끌었다. 무게 때문에 대여섯 발자국을 옮기기 전에 갈고리가 볼을 찢고 튀어나왔다. 분뇨장에 도착하니 땀이 뻘뻘 쏟아졌다. 마침내 죽은 돼지를 똥 더미 위에 던져놓고 아저씨가 갈고리를 내팽개치며 소리쳤다.

　"썅 간나 새끼! 뒈질라믄 내일 뒈지지!"*

---

*　양돈 동물 복지 축산 인증제는 2013년부터 시작됐다. 동물 복지 양돈 농장에선 모돈이나 임신돈을 옴짝달싹할 수 없는 스툴 안에 가둬놓고 기를 수 없다. 이빨 자르기와 꼬리 자르기는 원칙적으로 금지한다. 다만 피해가 심할 경우 수의사의 소견이 있을 때 제한적으로 실시할 수 있다. 야생 돼지는 깨어 있는 시간 대부분 을 코로 땅을 파헤치며 먹을 것을 찾는 데 쓴다. 동물 복지 농장에서는 돼지들이 이러한 행동 욕구를 충족시킬 수 있도록 짚, 나무 조각, 톱밥, 가죽 끈 같은 보조 물을 제공한다. 이렇게 물고 씹을 수 있는 장난감을 주면 돼지의 공격성이 감소 한다. 거세에 있어서는 비외과적 방법으로 웅취를 제거할 것을 권장하지만 금지 하지는 않는다.

　　　　　　　　　　　　　　　　　　　　고기로 태어나서

"언제나 죽음의 밝은 면을 보세요."

에릭 아이들, 〈언제나 삶의 밝은 면을 보세요〉

개고기의 경우

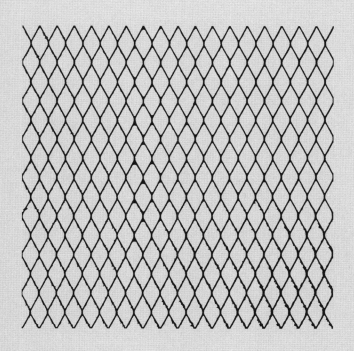

첫 번째 개 농장_경기도 포천

†††††††

그래서 너희는 아주 오랫동안
어두운 그림자 속에 머물러 있었지.
사람들은 최선을 다해 되도록
너희 존재를 생각하지 않으려 했단다.
_가즈오 이시구로, 《나를 보내지 마》

#1

개들 앞에 서자 숨이 헉 멎었다.

수십 개의 케이지가 두 줄로 늘어서 있었다. 개들이 일제히 악을 쓰듯 내지르는 소리 때문에 정신을 차릴 수가 없었다. 개가 케이지 안에서 날뛰기까지 하면서 수백 개의 북을 마구잡이로 두들기는 소리까지 더해졌다. 부화장의 컨베이어 벨트 돌아가는 소리도 시끄러웠지만 개 농장보다는 나았다. 기계 소리는 규칙적이라 머리가 아파도 그 안에서 어떤 리듬을 찾을 수가 있지만 개 짖는 소리는 마구잡이로 터져 나와서 긴장을 멈출 수가 없었다.

고기로 태어나서

개들의 어깨 높이가 1m는 넘어 보였다. 짧은 갈색 털에 귀는 축 늘어졌고 눈과 입 주위는 검었다. 소리만으론 내가 겁을 먹지 않을 거라고 생각했는지 날카로운 이빨을 드러내며 짖어댔다. 동물 보호소를 찾은 커플들이 입양하고 싶을 만한 외모는 결코 아니었다. 개들이 뛰면 뛸수록 케이지에서 뿜어져 나오는 털 먼지도 심해져서 꽃가루가 날리는 것처럼 보였다.

케이지 하나에 개가 한 마리씩 들어 있었지만 두 마리인 경우도 있었다. 케이지 내부 공간은 개 한 마리가 제자리에서 빙글빙글 돌 수 있을 정도였다. 케이지의 앞과 뒤, 바닥은 철창으로, 양쪽 벽은 샌드위치 판넬로 막혀 있었다. 지붕에는 슬레이트를 올려놓고 벽돌 같은 것으로 눌러놓았다. 잔뜩 녹이 슨 철창에는 누런 털이 엉겨 붙어 불투명한 막을 씌워놓은 것 같았다. 어떤 케이지는 샌드위치 판넬의 철판이 삭아서 뾰족한 모서리가 안으로 향한 채 말려 있었다. 이런 케이지 속의 개는 다른 개들처럼 제자리에서 돌지도 못했다.

케이지는 땅바닥보다 90cm 정도 위에 설치되어 있었다(이런 식의 케이지를 '뜬장'이라고 부른다). 그 아래는 땅을 파고 U자형 플라스틱 관을 깔아뒀다. 개들이 배설을 하면 그 위로 떨어지게 되어 있었는데 마지막으로 청소를 한 게 언제였는지 똥이 원뿔 형태를 이루며 케이지 바닥에 닿을 듯 말 듯 쌓여 있었다. 똥 무더기의 꼭짓점이 개의 엉덩이를 향하고 있었는데 마치 자신이 나온 곳이 어디인지 가리키는 것 같았다. 똥은 회색에 연두색을 조금 섞은 빛깔이었다. 똥 더미 위에는 눈이 내린 것처럼 구더기가 덮여 있었다.

똥에서 나는 건지 개에게서 나는 건지 알 수 없었지만 노린내 같은 악취가 코를 찔렀다. 소음뿐 아니라 냄새가 이렇게 심한 곳은 금산의 산란계 농장 이후 처음이었다. 다행히 그때보다 조금 나았던 건 여기가 실내는 아니었다는 점이다. 개 농장에는 축사라고 부를 만한 건물이 없었다. 철제 케이지들이 흙바닥 위에 세워져 있을 뿐이었다. 물론 개들로선 다행스러운 일이 아니었을 거다. 눈, 비, 햇살이 케이지 안으로 그대로 들이닥쳤으니까.

"너, 개 무서워하냐?"

사장이 물었다. 나는 케이지에서 멀찍이 물러서 있었다.

"예…… 아니요…… 그게……."

"아, 등치도 큰 놈이 뭐 개를 무서워해? 봐. 겁먹을 거 하나도 없어."

그는 손을 철창 사이로 쓱 밀어 넣었다. 내 눈에는 무모해 보이는 행동이었다. 놀랍게도 개는 손을 물어뜯지 않았다. 손가락을 핥고 냄새를 맡으면서 꼬리를 흔들 뿐이었다. 그가 개의 목덜미를 어루만지자 몸을 문 쪽으로 쭉 내밀기도 했다.

"개 무서워할 것 없어. 기본적으로 개는 사람을 잘 따른다고. 개가 물잖아? 그럴 때가 있어. 개가 물고 비틀면 크게 다치는 거지만 그렇게까지 하는 개는 잘 없어. 대개 물고 입을 빼서 물러난다고. 그건 뭐냐 하면 다가오지 마라, 거기 멈춰라, 그 얘기 하는 거야. 그러니까 개한테 뭘 해야 할 때는 항상 천천히 하라고. 이빨 있는 동물이잖아? 조심해야지. 니가 개를 쓰다듬으려고 하면 손을 확 뻗지 말고. 나는 전문가니까 괜찮아. 나는 이 개들을 새끼 때부터 봐서 다 나를 엄청 따른다

고기로 태어나서

고. 그런데 너처럼 처음 보는 사람이 와서 갑자기 손을 홱 뻗으면 놀라서 무는 거야. 그러지 말고 천천히 다가가. 개가 너를 보고 준비할 수 있게. 저 인간이 손을 뻗어서 나를 만지려고 하는구나, 생각할 수 있게. 너 다른 사람이 이렇게 옆구리를 만지려고 하면 너도 모르게 힘이 들어가잖아? 개도 그렇게 하는 거야. 근데 여기는 룰이 있어. 사람을 문 개는 도태야. 한 번이라도, 나이가 어려도, 사람을 물면 잡아."

"그럼 개는 보통 얼마나 키우다 잡아요?"

"1년에서 1년 반. 대개 1년 반 지나기 전에 잡아. 그래, 지금 이런 거 좋아. 그렇게 궁금한 게 있으면 그때그때 물어봐서 일을 빨리 배워봐. 앞으로 내가 하는 일을 너한테 가르칠 생각이야. 밥 주고 똥 치우는 건 다 하는 거고. 정말 중요한 건 번식시키고 이런 것들이야. 이거 제대로 안 하면 농장 망해. 뭐 그런 건 나중 일이고 일단은 개랑 친해져야지. 앞으로 니가 할 일은 그냥 개장 사이를 왔다 갔다 하는 거야. 개들이 니 냄새에 익숙해지게 하라고. 쇠창살을 한번 슥 문지르고 가. 그럼 개가 와서 니 냄새를 맡아. 개는 뭐든지 처음에 다가갈 때 냄새부터 시작하는 거야. 니 냄새가 익숙해지면 그때부터 너랑 가까워질 수 있는 거지. 그리고 우리 안에 있는 개를 만질 때는 아까 내가 한 것처럼 손을 펴서 집어넣지 말고 창살에 그냥 손등이나 주먹을 대. 개가 너를 공격하는 게 아니라 그냥 놀고 싶어서 물 때가 있어. 그럴 때 손등을 대면 그냥 이빨로 살짝 긁고 마는 거야. 개를 대할 때 명심할 건 딱 하나야. 개를 미워하지 말고 그렇다고 개한테 정도 주지 말고. 얘네는 그냥 일거리다, 이건 일감이다. 그렇게만 생각해."

사장은 50대 후반의 잘생긴 남자였다. 갈색 피부는 젊은 여성만큼이나 매끄러웠다. 말과 행동 모두 친절했지만 한 가지, 계속해서 자신을 3인칭으로 부르는 점이 불안하게 느껴졌다.

"사장이 너한테 신경을 써줄 테니까 오래 좀 있어봐. 사장이랑 얘기를 하면 배울 게 많이 있을 거야. 그 기회를 잘 활용해봐. 너 개 잡아본 적 없지?"

"예…… 어…… 없죠, 당연히. 지금 개를 잡아요?"

"아, 한 마리 잡아야 하는데, 그건 뭐 니가 지금부터 할 건 아니고. 일단 개랑 좀 친해지고 나서 그때 하면 돼. 개 잡을 때는 나는 그냥 직업인이다, 이건 일이다, 그 생각만 해. 나는 직업인이다, 이건 일일 뿐이다 하고. 내 말 명심해, 개 미워하지 말고 정도 주지 말고."

그는 나를 다른 직원들에게 데려다주곤 사라져버렸다. 그는 나를 자신의 조카라고 소개했다. 아마도 내가 유일한 한국인이었기 때문에 베푼 호의였던 것 같다. 사장 또래의 봉휘 아저씨는 길림 출신의 중국인이었고 수리얀은 40대 초반의 태국인이었다.

두 사람은 한창 '짬'을 가는 중이었다. 음식 쓰레기 말이다. 나는 고무장화에 고무장갑을 끼고 두꺼운 비닐 재질 앞치마를 둘렀다. 음식쓰레기 국물이 튀어서 마스크도 꼭 써야 했다. 이들이 작업장이라고 부르는 곳은 높이가 3m쯤 되는 둔덕의 끄트머리에 있었다. 콘크리트 바닥에 비닐하우스 골격이 세워져 있었지만 비닐은 전부 뜯어지고 없었다. 바닥에는 단층처럼 깊은 틈이 갈라져 있었는데 밥알과 야채 부스러기가 잔뜩 끼어 있었다. 한쪽에는 200리터짜리 파란색 플라스틱

고기로 태어나서

통들이 놓여 있었다. 통 안에는 짬이 꼭대기까지 차 있었다. 짬이야말로 어떤 면에서는 개보다 더 중요한 개 농장의 주인공이었다. 농장 운영의 모든 것이 짬 수급에 달려 있었다.

봉휘 아저씨가 철판으로 벽을 두른 네모난 공간에 통을 쏟아부었다. 사람들이 작업대라고 부르는 공간이었다. 높이 40cm, 가로 1.2m, 세로 1.8m 크기였다. 네 통을 부으면 그 안이 음식 쓰레기로 가득 찼다. 그다음엔 작업대 끝에 뚫려 있는 투입구로 음식 쓰레기를 밀어 넣었다. 투입구 아래에는 대형 분쇄기가 설치되어 있었다. 밥, 생선 대가리, 김치, 야채 부스러기 등등이 분쇄기를 통과하자 연어 빛깔의 걸쭉한 액체로 변했다. 이것은 '저장통'이라고 부르는 지름 1.6m 높이 2.3m의 거대한 철통에 담겼다.

이 불길해 보이는 주황색 액체가 짬밥, 개들이 먹는 사료였다. 사방에서 한여름에 음식 쓰레기통을 열었을 때 나는 시큼한 냄새가 진동했다. 또 파리는 얼마나 많던지……. 공기 속에 까만 건더기들이 떠다니는 것 같았다. 이 음식 썩는 냄새는 1년 365일 사라지지도 줄어들지도 않았다. 농장에서 이 냄새를 피할 수 있는 곳은 케이지 주변뿐이었다. 개로 인해 생긴 악취가 음식 썩는 냄새를 덮어버렸다.

나는 삽을 들고 수리얀이 하던 일을 이어받았다. 음식 쓰레기 속에는 공깃밥 뚜껑, 소주 병뚜껑, 맥주 병뚜껑, 그릇, 빨대, 숟가락, 젓가락 같은 것들이 섞여 있었다. 이런 것들은 갈기 전에 빼내야 했다. 어떤 통 안에는 음식 쓰레기가 수십 개의 비닐봉지 안에 담겨 있었다. 이런 것들은 하나하나 찢어서 내용물만 쏟고 비닐은 버려야 했다. 정리를 끝내면 작업대 안에 내가 질겁하며 싱크대 수채통에서 끄집어내던 것들이 발목이 잠길 정도로 가득 차 있었다.

짬을 가는 일은 잠들었던 오감을 깨우는 일이었다. 쿵쿵대는 기계 소리, 음식 썩는 냄새, 얼굴로 튀어 오르는 쓰레기 국물, 그리고 음식 쓰레기들의 현란한 색감까지. 밥, 김치, 생선 대가리, 파 줄기, 양배추 잎, 뭉개진 카스텔라, 크림 스파게티, 토마토 스파게티, 한 입 베어 문 어묵, 이빨 자국이 그대로 남아 있는 돈가스, 뼈만 남은 양념 치킨, 라면 찌끄러기, 부서진 두부, 밀가루 반죽, 가래떡 덩어리, 사과 심, 배 심, 포도 껍질, 파인애플 줄기 등등 음식 쓰레기는 음식 그 자체만큼이나 다양했다. 작업대는 물감을 섞는 데 쓰는 팔레트처럼 자연에 존재하는 모든 색깔이 뒤섞여 있었다. 영감에 목마른 화가라면 개 농장에서 일을 해보는 게 도움이 될지도 모르겠다.

5시쯤 음식 쓰레기를 수거한 트럭이 도착했다. 이렇게 갈기 전의 음식 쓰레기를 '생짬'이라고 불렀다. 통 안에는 발효 리소토처럼 보이는 생짬이 가득 차 있었다. 그때부터 7시까지 계속 짬을 갈다가 산을 내려왔다. 사장은 우리가 퇴근하기 전에 잠깐 들렀다. 그가 말했다.

"이게 이래 보여도 영양소도 골고루 들어가 있고 동물한테 좋아."

내가 아니라 온 세상에 들으라고 하는 말 같았다.

농장은 포천에서 차로 30분 정도 떨어진 산속에 있었다. 전화기에 '통화권 이탈'이라고 표시되는 지역이었다. 숙소는 무척 넓었다. 문을 사이에 두고 둘로 나뉘었는데 한쪽은 사장과 김 실장이 썼고 반대쪽은 나를 포함한 직원들이 썼다. 우리가 쓰는 공간은 넓긴 했지만 대부분

고기로 태어나서

을 거실 겸 부엌이 차지하고 있었고 방도 세 개뿐이라 나에게는 별다른 도움이 되지 않았다. 수리얀과 봉휘 아저씨가 각각 한 방을 썼고 야간에 음식 쓰레기를 수거해오는 김 기사가 한 방을 썼다. 그는 오후 늦게 나가서 새벽에 돌아왔기 때문에 우리와 마주칠 일이 거의 없었다.

나는 그나마 조금 더 큰 봉휘 아저씨 방에서 지내기로 했다. 그가 쓰는 1인용 침대 옆에 사람 하나 누우면 딱 맞는 공간이 전부였다. 이런 방에서 지내는 건 두 사람이 같은 공책에 일기를 쓰는 것이나 마찬가지다. 사생활이란 게 있을 수 없었다. 그런 면에서 조금 다행이었던 것은 일이 힘들어서 사생활을 유지할 만한 여유도 없었다는 거다. 마구잡이로 짐을 정리하고 나서는 이렇게 외진 농장에 도착한 첫날 밤이면 어김없이 찾아오는 감상적인 기분에 사로잡혔다. 지긋지긋한 고시촌을 떠나온 것을 기뻐하는 동시에 그리워하는 식으로. 창문을 열자 신림동에선 결코 볼 수 없는 광경이 펼쳐졌다.

농장 앞에 자리 잡은 저수지에서는 개구리 떼가 울고 있었다. 그 너머에선 한껏 자란 벼들이 어둠 속에서 흔들리고 있었다. 어디선가 바람이 불어와 하늘을 덮고 있던 구름을 흩어놓았다. 그러자 달이 치렁치렁한 앞머리를 쓸어 넘긴 것처럼 뽀얀 이마를 드러냈다. 저수지 속에도 달이 떴다. 둥근 달은 연인을 기다리며 거울 앞을 떠날 줄 모르는 여인처럼 자신의 윤기 흐르는 얼굴을 비추는 저수지 상공을 벗어나지 못했다. 그리고 다시 한 번 바람이 불어왔는데 그 속에는 시큼한 음식 쓰레기 냄새가 강하게 배어 있었다. 내가 살던 골목길에 가득했던 냄새, 고양이가 물어뜯어서 옆구리로 밥알과 김치 쪼가리를 쏟아내던 노란 비닐 봉투에서 나던 냄새, 누가 버렸는지를 두고 사람들끼리 삿대질을 하고 고함을 지르게 만들던 봉투에서 나던 바로 그 냄새가 말이다. 냄새로만 따지자면 나는 집을 떠나지 않은 셈이었다.*

#2

작업은 7시에 시작했다. 아침에 할 일은 개밥 주기였는데 그걸 마치는 데도 오전 시간 전부를 써야 했다. 이때는 짬밥을 그대로 주는 게 아니라 닭발을 갈아서 넣었다. 작업장 옆에 대형 냉동 창고가 설치되어 있었다. 한 칸에는 닭발이 다른 칸에는 소시지가 들어 있었다. 영하의 온도로 보관해도 닭발 칸을 열면 시큼한 냄새가 코를 찔렀다. 닭발이란 게 원래 그렇지만 뼈와 껍질뿐이었다. 노란색을 유지하

---

* "이정미 의원과 카라는 식용 개 농장 실태를 파악하기 위해 환경부로부터 가축 분뇨 처리 시설 신고 의무가 있는 개 농장의 자료를 받아 분석했다. …… 가축 분뇨 처리 시설 신고 의무가 있는 개 농장은 최소 2,826개가 있는 것으로 확인됐다. 이들 개 농장에서 사육되는 개는 78만 1,740마리, 한 곳 당 평균 사육 두수는 273마리였다. 산속이나 외진 곳에서 사육되거나 신고되지 않은 중소 규모 개 농장까지 포함하면 개 농장의 규모는 더 클 것으로 보인다. 이 의원과 카라는 '통계로 잡히지 않은 개 농장을 고려하면 연간 100만 마리 이상의 개들이 식용으로 유통되고 있을 것'이라고 추정했다. 하루에만 2,740마리의 개가 도축되는 셈이다. 특히 전국적으로 1,000마리 이상을 사육하는 공장식 기업형 개 농장만도 77개(2.7%), 500마리 이상은 422개(14.7%)에 달했다." 〈한국일보〉, 2017.6.22.

고 있는 것이 3분의 2 정도, 나머지는 녹색이나 검은색으로 변해 있었다. 닭발 네 상자를 갈아서 커다란 고무통에 담았다.

봉휘 아저씨와 내가 닭발을 가는 동안 수리안은 창고에서 '밥차'를 가지고 왔다. 이것은 리어카만 한 크기의 전동차였다. 커다란 물탱크가 부착되어 있어서 그 안에 개밥을 담았다. 먼저 밥차 안에 닭발 간 것을 몇 삽 퍼 넣었다. 그리고 나서 밥차 안에 물을 부었다. 물은 탱크의 절반 정도까지 채웠다. 이제는 짬밥을 넣을 차례였다. 봉휘 아저씨가 밥차를 몰고 둔덕 아래로 향했다. 저장통은 높이 1.5m 정도의 받침대 위에 있었다. 저장통은 녹이 심하게 슬어 붉은빛을 띠었지만 받침대는 그을음으로 덮여 있었다. 아래에는 타다 남은 장작 쪼가리들이 쌓여 있었다.

"이건 뭐예요?"

내가 장작을 가리키며 물었다.

"여기 일 힘들어."

봉휘 아저씨가 엄숙하게 선언했다.

"그게 다 우리 일이야. 저장통 안에 프로펠라처럼 빙글빙글 돌아가는 거 봤지? 짬밥은 그냥 놔두면 굳어. 그래서 굳지 말라고 속에서 저렇게 저어주는 거야. 지금은 여름이니까 굳기만 하지 겨울엔 얼어, 추워서. 그래서 저 아래에 장작불도 피워야 돼. 한 씨 말고 여기 온 사람이 셋이야. 셋 다 며칠 일하다 힘들다고 가버렸어."

그가 힘겹게 자동차 핸들만 한 바퀴를 돌려서 저장고 배출구를 열었다. 잠시 동안 정적이 흐른 뒤 꿀렁대는 소리가 가까워졌다. 곧이어 주황색 액체가 쏟아져 나왔다. 짬밥의 모습과 냄새를 보고 맡으면 도저히 먹을 수 있는 음식처럼 느껴지지 않는다. 내가 호들갑을 떤다고 생각하는 사람도 있을 것 같다. 비교적 최근까지도 집에서 기르는 개는 가정에서 먹다 남은 음식으로 길렀다. 하지만 사람들이 어렴풋이 떠올리는 과거의 개밥과 농장에서 사용하는 개밥은 전혀 다르다. 농장에서 사용하는 짬밥이 어떤 모습인지 보고 싶다면 여러분이 직접 가정에서 만들어보면 된다.

준비물: 김치찌개 약간, 밥 조금, 음식물 쓰레기봉투에 든 음식 쓰레기(실수로 들어간 머리카락이나 휴지는 제거하지 않는다), 먹다 남은 치킨, 요구르트.

1. 김치찌개와 밥을 믹서에 넣는다(음식물 쓰레기 중 가장 흔한 것은 역시 김치와 밥이다).
2. 음식물 쓰레기봉투의 내용물을 그대로 믹서에 넣고 간다(이것은 대용품이 아니라 우리가 짬을 갈 때 사용하는 것과 똑같은 재료다).
3. 먹다 남은 치킨 중 뼈만 골라내고 믹서에 넣고 다시 간다.
4. 3번의 결과물에 요구르트를 넣고 잘 섞어준다(요구르트는 짬밥을 만들 때 발효를 돕기 위해 사용하는 미생물 용액의 대용품이다).

하지만 이것만으로는 실제 개밥에 비해 지나치게 향기로울 수 있다. 모든 조건을 비슷하게 하려면 4번의 액체를 상온에서 3, 4일 정도 보관해야 한다.

  농담 좋아하는 사람들이 '5초의 규칙'이라고 부르는 것이 있다. 음식이 땅에 떨어져도 5초 안에 주우면 섭취에 아무런 문제가 없다고 간주하는 것인데(나처럼 교양이 충만한 부류는 3초가 마지노선이라고 주장한다) 물론 위생적인 면에서 아무런 근거도 없는 이론이다. 하지만 여기에서는 5초의 규칙을 사료 제조에 아주 과도하게 적용하고 있었다. 여기는 5초가 아니라 50시간의 규칙, 필요하다면 5일의 규칙도 적용하고 있는 듯 보였다. 음식물 쓰레기는 보통 일주일에 한 번 수거해 왔다. 그 덕분에 여름철이면 짬밥에 아주 특별한 재료가 더해졌다. 한 번은 밥알이 긴 행렬을 이루어 움직이는 게 보였다. 삽질을 너무 열심히 해서 헛것이 보이는 건가 싶었는데 자세히 보니 구더기였다. 구더기떼가 좀 더 느긋하게 식사를 즐길 수 있는 곳을 찾아 대이동 중이었다. 하지만 누구도 그걸 문제 삼지 않았고 문제 삼을 환경도 아니었다. 내가 보기엔 통 안에 든 것들 중에서 그나마 구더기가 가장 신선한 재료였다.
  케이지는 산 아래부터 작업장까지 이어지는 경사로 왼편에 8열로 늘어서 있었다. 오르내리는 길이 울퉁불퉁해서 밥차는 봉휘 아저씨 아니면 수리얀이 몰았다. 나는 한쪽 끝에 작은 갈고리가 박힌 막대기를 들고 앞장섰다. 사람이 다가오는 걸 눈치챈 개들이 흥분하기 시작했다. 케이지가 흔들거리면서 뿌연 털 먼지가 날렸다. 우리가 통로에 들어서면 흥분은 더 심해졌다. 어떤 개들은 케이지를 넘어뜨리기라도 할 것처럼 앞발로 문을 두드렸다. 나로서는 이 녀석들이 사람을 반가워하는 것인지 아니면 잡아먹고 싶어 하는 것인지 분간이 되지 않았다.

개밥 그릇은 부탄가스 통을 세로로 자른 것이었다. 눕혀놓으면 작은 구유 같았다. 개들이 뛰어다니면서 그릇을 자주 뒤집었기 때문에 갈고리를 써서 돌려놓는다. 이편이 하나하나 문을 열어 손으로 하는 것보다 시간을 아낄 수 있었다. 설령 손으로 하는 편이 시간도 노력도 적게 든다고 해도 나는 절대 그러고 싶지 않았다. 나는 그 개 밥그릇을 도저히 참을 수가 없었다. 이곳에서 사용하는 다른 도구와 마찬가지로 밥그릇 역시 철기시대 유물마냥 잔뜩 녹이 슬어 있었다. 안에는 전날 먹다 남은 짬밥이 회색으로 변해 있었다. 밥을 다 먹은 경우에는 먹을 수 없는 것만 남아 있었다. 뼛조각, 조개껍데기 때로는 잘게 쪼개진 병뚜껑이나 단추, 건전지가 들어 있기도 했다.

하지만 정말 속을 뒤집어놓는 것은 똥이었다. 어떤 개는 밥그릇 안에 똥을 쌌다. 만약 개들이 형편없는 식사와 대우에 항의하는 뜻으로 그러는 것이라면 지나치게 자기 파괴적인 행동이었다. 왜냐하면 우리의 역할은 최선을 다했을 때조차 그릇을 엎어 한두 번 터는 게 전부였기 때문이다. 수분이 적은 똥은 별다른 흔적을 남기지 않고 떨어졌지만 설사는 그릇의 안쪽 면을 따라 흘러내리기만 할 뿐 완전히 제거할 수가 없었다. 그리고 언제나 그래왔다는 이유로 똥 범벅이 된 밥그릇에 그대로 짬밥을 부었다.

거들떠보기나 할까 싶은 내용물이었지만 실제로 개들은 그릇에 머리를 박고 정신없이 짬밥을 먹어댔다. 닭발 덕분인지 아니면 사장 말처럼 영양소가 골고루 들어 있기 때문인지 알 수 없었지만 마른 개는 없었다. 대부분 적당하게 살집이 있었다. 몸집은 다들 큰 편이었다. 어깨 높이는 1m, 길이 1.3m 정도에 머리는 럭비공만 했다. 종견, 즉 교배용 수컷은 더 커서 높이만 1.3m를 넘었다. 이런 개들은 키 1.7m 정도의 성인 남자가 케이지 안에서 기어 다니는 듯한 위압감을 줬다.

이빨을 드러내고 짖지 않는 개의 모습을 보니 이들의 외모에 대해서 좀 더 호의적인 평가를 내릴 수 있을 것 같았다. 축 늘어진 눈꼬리와 입술 때문에 순해 보이기도 하고 우둔해 보이기도 했다. 억울하게 생긴 늑대 같다고 해야 할까? 약삭빠른 토끼나 생쥐에게 매일같이 이용당할 것 같은 관상이었다.

다 자란 개들일 때는 별 문제 없었지만 강아지사에서 밥을 줄 때엔 심하게 긴장됐다. 여기서는 생후 6개월 이하를 강아지라고 분류했는데 명칭만 강아지일 뿐 실제론 다 자란 진돗개만큼이나 컸다. 강아지까지는 한 어미에게서 태어난 새끼들 전부를 하나의 케이지에서 길렀다. 생존율에 따라서 한두 마리뿐인 곳도 대여섯 마리나 되는 곳도 있었다. 강아지사의 식사 시간이 위험한 이유는 이 시기의 개가 특별히 공격적이어서가 아니라 산란계의 경우처럼 하나의 케이지 안에 여러 마리의 개가 있기 때문이었다.

강아지들 사이에도 이미 서열이 있었다. 예를 들어 여섯 마리가 있는 케이지에 밥을 부어주면 서열이 가장 높은 개가 먼저 밥을 다 먹고 나서 '넘버 2'나 '넘버 3'가 그릇에 다가갔다. 만약에 이 순서를 지키지 않는 개가 있으면 즉시 응징을 가했다. 이런 싸움이 가장 격렬하게 벌어지는 건 소시지를 줄 때였다. 사장의 엄명에 따라 개에게는 짬밥에 갈아 넣는 닭발 이외엔 고기를 주지 못하게 되어 있었다. 고기에 맛을 들이면 짬밥을 먹지 않기 때문이었다. 예외는 강아지들이었다. 빨리 살을 찌우기 위해서 이 시기에만 가끔씩 소시지를 먹였다. 평생 음식 쓰레기만 먹은 개도 좋은 음식이 어떤 것인지는 구분할 수 있는 모양이었다. 개들이 너무 흥분해서 그릇에 고기를 붓기가 힘들 정도였다. 대장 개가 고기를 먹기 시작하면 나머지 개들은 입을 그릇에 들이밀었다 뺐다 하면서 안절부절못했다. 순서를 지키지 않으려는 낌새를 풍기는 개가 있으면 대장 개가 먹는 걸 멈추고 낮게 으르렁거렸다. 상대가 이 경고를 무시하고 가까이 다가오면 바로 몸을 돌려 상대의 목덜미를 물고 흔들었다. 대개는 공격당한 쪽이 '깨갱' 하고 울며 바닥에 드러누워 배를 드러냈지만 가끔씩 맞서 싸울 때도 있었다.

"아, 뭐해. 한 씨, 말려야지."

봉휘 아저씨가 소리쳤다.

"어…… 어떻게요?"

내가 부들부들 떨며 물었다. 그가 직접 나섰다. 그도 그런 상태에서 문을 열지 않을 만큼의 분별심은 있었다.

"야! 야! 그만! 그만!"

그는 막대기로 케이지를 힘껏 후려쳤다. 그는 개들이 반응을 보일 때까지 케이지를 때려댔다. 강아지사는 천막 안에 있어서 소리가 울리기까지 했다. 가만히 있던 다른 개들까지 따라 짖고 날뛰기 시작했다. 소리를 지르거나 케이지를 두들겨도 소용없을 땐 다른 방법이 없었다.

고기로 태어나서

막대기로 개들을 푹푹 찔렀다. 처음엔 그냥 밀어내는 수준으로 나중엔 신체적인 타격을 입힐 수 있을 만큼 세게 찔렀다. 그렇게 하지 않으면 약한 쪽이 피를 질질 흘리며 쓰러질 때까지 멈추지 않았다.

"개들끼리 싸워서 죽이기도 하나요?"

"그럼. 개는 개고기 잘 먹어. 싸우다 죽인 걸 지들끼리 잡아먹을 때도 있어."

종견도 밥을 먹다가 싸울 때가 있었지만 강아지에 비하면 절도가 있었다. 종견들은 1년 반이면 잡는 다른 개와 달리 서너 살짜리도 많았다. 이들은 거대한 몸집에도 불구하고 어쩌면 그 거대한 몸집 때문에 좀처럼 움직이질 않았다. 밥을 부어줘도 시큰둥했다. 종견 케이지에는 교배를 시키기 위해 암컷을 집어넣은 경우가 많았는데 이들은 몸 크기가 종견의 60~70% 수준이었다. 이때도 밥을 먹다가 수컷이 암컷의 목을 물 때가 있었다. 하지만 어린 개들이 그러는 것처럼 공격적이지는 않았고 스윽 다가가 이빨로 상대의 목을 살짝 누르는 정도였다. '까불면 알지?' 하고 경고 하는 느낌이었다. 종견 중에는 비육장의 돼지들처럼 눈이 벌겋게 부은 개들이 많았다.

"종견들 눈은 왜 그런 거예요?"

"이 개들은 나이가 많다고. 그래서 눈꺼풀이 자꾸 처지는 거야. 눈을 감아도 완전히 안 감겨. 그러니까 그 사이로 먼지가 들어가서 부은 거야."

사장이 설명했다.

밥이라고 불러도 될까 싶은 밥이었지만 그것도 넉넉하게 주지는 않는다.

"밥은 조금씩 줘야 돼."

봉휘 아저씨가 주의를 줬다.

"왜요? 많이 있잖아요?"

"지금 개들이 살이 많이 쪄서 사장이 밥 조금만 주라고 그랬어."

"살이 많이 찌면 좋은 거 아니에요?"

"아니야. 개는 살이 많이 찌면 연애를 안 하려고 해서 안 돼."

여기서는 교배시키는 걸 연애라고 표현했다.

눈치 보지 않고 밥을 넉넉히 줘도 되는 곳은 분만사뿐이었다. 분만사라는 이름은 내가 붙인 것이었고 여기 사람들은 그냥 '새끼 낳는 곳'이라고 불렀다. 여기에는 임신했거나 새끼를 낳은 지 얼마 지나지 않은 개들이 모여 있었다. 이곳 역시 강아지사처럼 천막 안에 케이지가 설치되어 있었다. 이곳은 농장에서 유일하게 전기 설비가 갖춰져 있어서 전등과 선풍기가 있었다. 다른 케이지에 비해 따뜻하긴 했지만 환기가 되지 않아서 털이 날아가질 않았다. 언뜻 보면 분만사 통로에 갈색 카펫을 깔아놓은 것 같았다.

케이지는 분만사가 가장 컸는데 종견 케이지의 두 배 정도였다. 바닥의 절반은 철창이었고 나머지 절반은 콘크리트였다. 콘크리트 바닥은 갓 태어난 새끼들이 편하게 움직이기 위한 용도였다. 평평한 바닥을 밟는 건 오직 이 시기에만 누릴 수 있는 특혜였다. 많은 개들의 경우 발바닥의 말랑말랑한 부분이 발갛게 부어 있었다. 오랫동안 철창 위에

고기로 태어나서

서 지낸 탓이었다.

개 농장에서 그나마 사육 방식의 어떤 체계가 느껴지는 곳은 여기뿐이었다. 각 케이지 앞에는 작은 플라스틱 판이 걸려 있었다. 거기에는 출산 횟수, 시기, 태어난 강아지 숫자 등이 기록되어 있었다. 수십여 개의 케이지 중에서 실제로 임신을 했거나 새끼를 낳는 건 두 마리뿐이었다.

"개들 연애시키는 건 사장이 하는데, 사장이 여기 개 농장만 하는 게 아니라 요새 뭐 돼지도 기른다, 닭도 기른다 하면서 다른 농장을 하고 있어. 그래서 여기에 있지를 않아. 여기는 개들이 새끼 안 낳은 지 꽤 됐어. 그래서 한 씨를 데리고 온 거야. 그거 따로 시키려고."

봉휘 아저씨가 말했다. 그의 말대로 비어 있는 케이지가 많았다. 사장은 개 1,000마리를 기르고 있다고 했는데 내가 세어보니 670여 마리 정도가 있었다.

밥 주는 건 11시가 훌쩍 지나서 끝났다. 밥차를 네 번 정도 채워야 했다. 마지막엔 짬밥이 3분의 1 정도 남았다. 남은 것은 양동이에 부어 저장통에 집어넣었다. 다 쓴 밥차는 겉과 속을 물로 깨끗이 씻어 창고에 옮겨놓았다. 오전 근무의 남은 시간엔 생짬을 담았던 통을 씻었다. 점심시간은 12시 반부터 2시까지였다.

더위 때문에 오후 근무는 유난히 힘들었다. 작업장 주변에는 햇빛을 가려줄 만한 시설이 전혀 없었다. 해가 질 때까지 땡볕을 그대로 받으며 일해야 했다. 잠깐이나마 열기를 식힐 수 있는 건 고기를 꺼내러 냉동 창고에 들어갈 때뿐이었다. 다행히 사장이나 관리자라고 부를 만한 사람이 없어서 지치면 눈치 보지 않고 쉴 수는 있었다. 농장에 도착하고 얼마 되지 않았을 때에는 괜한 걱정에 사로잡히기도 했다. 양돈장이나 양계장처럼 관리를 하려면 할 일이 너무 많아 보였다.

"밥은 하루에 몇 번 줘요?"

"아침에 한 번. 아까 준 게 오늘 밥 끝이야."

봉휘 아저씨가 대답했다.

"그럼 물은요?"

개 농장의 케이지에는 닭이나 돼지의 경우처럼 수도가 연결되어 있지 않았다. 나는 밥차에 물을 담아 하나하나 부어주는 모습을 상상했다.

"짬밥에 물 탔잖아? 물은 따로 안 줘."

"여름에도요?"

"오후에도 할 일이 얼마나 많은데. 물 부어줄 시간 없어."

"그럼 똥은 언제 치워요?"

"그건 지금 신경 안 써도 돼. 똥은 1년에 두 번 치워. 봄에 한 번. 가을에 한 번. 그때 트럭 불러서 이 밑에 쌓인 거 싹 다 치워."

내가 본 건 지난 3개월간 쌓인 것이었고 이후로도 그 정도의 기간 동안 더 쌓여야 했다.

오후에는 닭발과 소시지를 갈았다. 아저씨 말대로 사장은 양계장과 양돈장도 운영하고 있었다. 닭과 돼지에게는 닭발과 소시지 간 것을 짬밥에 섞어 먹였다. 하루에 200리터짜리 통 10~12개 분량을 갈았다.

"닭발이랑 소시지는 어디서 사 오는 거예요?"

고기로 태어나서

"이거 다 공짜로 가져오는 거야."

"닭발하고 소시지 둘 다요?"

"그래. 공장에서 못 쓰는 건 쌓이면 우리 보고 와서 가져가라 그래. 그 사람들도 버리려면 돈 드니까 서로 좋은 거지. 그러니까 여기가 장사가 되는 거야. 다 돈 주고 먹이려면 사룟값만 얼마야?"

가축에게 돈을 들여 밥을 먹이는 건 이곳의 경영 철학에 어긋나는 모양이다. 사장은 오후 늦게 나타나 트럭에 고기 간 것과 짬밥을 싣고 닭과 돼지를 향해 떠났다. 짬밥을 빼내면 그만큼 채워 넣어야 했기 때문에 일이 끊이질 않았다. 20통을 빼내면 저장통의 3분의 2 정도가 비는데 다시 가득 채우려면 서너 시간 짬을 갈아야 했다. 짬을 갈지 않아도 되는 건 생짬이 떨어졌을 때뿐이었다. 나는 운이 좋은 편이었다. 내가 개 농장에서 일했던 7월과 8월은 짬 수거 업계의 전통적인 비수기인 학교 방학 시기였다.

농장에는 짬을 수거해 오는 직원이 두 명 있었다. 주간은 김 실장이 야간은 김 기사가 맡았다. 김 기사는 5시쯤 작업장에 올라와 3.5톤 트럭에 통을 가득 싣고 떠났다.

"기사님, 이 차는 짬을 어디서 가져오는 거예요?"

"이거는 서울로 가지. 종로 명동 쪽 술집이랑 음식점 쭉 돌아."

"그럼 이거 수거해주고 돈 받는 거예요?"

"그럼 받지."

"얼마나 받아요?"

"많이 나오는 데는 많이 받고 적게 나오는 데는 적게 받고. 백화점

같은 데는 많을 때 한 달에 400~500만 원 나와. 그런데 그것도 그렇게 많은 게 아니야. 여기서 이 차 끌고 서울 왔다 갔다 하려면 하루에 기름 값만 7, 8만 원 들어."

"기사님은 그럼 몇 시쯤 일이 끝나세요?"

"일찍 끝내려면 2시에도 끝내지. 그치만 제대로 돌면 4시는 돼야 끝나. 근데 요즘 짬이 별로 없어. 휴가철이라."

김 기사가 떠날 때쯤 김 실장이 농장으로 돌아왔다. 그는 주로 포천 일대의 음식점을 돌았는데 일주일에 며칠은 서울로 가기도 했다. 우리 일은 김 실장이 가져온 짬을 갈아서 저장통을 가득 채운 다음에야 끝났다. 7시 전에 퇴근하는 경우는 드물었다.

짬을 갈 게 많지 않을 때는 케이지를 수리했다. 비바람에 그대로 노출되어 있어서 손봐야 할 케이지가 많았다. 어느 날은 뒤편의 철창이 절반쯤 떨어져 나간 케이지를 고쳤다. 내가 케이지 안으로 들어가서 낡은 철창을 붙들고 있는 동안 수리얀이 새 철창을 이어 붙였다. 그 안에 있자니 우연한 기회에 인류의 아주 못사는 친구 집을 찾아간 것 같은 기분이 들었다. 어머, 너 그동안 이런 데 살았니? 철창은 살짝만 닿아도 황갈색 녹이 묻어 나왔다. 고개를 숙이니 방 주인이 싸놓은 똥 무더기가 갈색 털에 덮여 있는 게 보였다. 그 주변에는 종류와 수를 헤아릴 수 없을 만큼 많은 벌레들이 우글거렸다. 눈을 감고 귀를 기울이자 온몸의 모공들이 제발 나가자고 애원하는 소리가 들렸다.

고기로 태어나서

#3

이곳에서도 요리는 중국인인 봉휘 아저씨가 맡아서 했다. 그는 한국에 온 지 1년이 넘었는데 이곳에서 일한 건 9개월째였다. 그는 작고 왜소한 체격이었지만 무한에 가까운 체력을 지니고 있었다. 봉휘 아저씨의 팔은 육체노동자의 전형적인 모습을 하고 있었다. 옷으로 가려지지 않는 부위는 짙은 갈색이었지만 그 위는 하얬다. 경계선이 얼마나 뚜렷한지 마치 팔목 아래는 중동 사람의 팔을 이식해놓은 것 같았다.

모두가 샤워를 하고 식탁에 앉으면 8시가 넘었다. 그는 고량주를 유리컵에 가득 부어 한 잔 마신 다음에야 밥을 먹었다. 그것도 아저씨 기준으로는 조금에 해당하는 양이었다. 그가 마시는 술은 '베이징 알궈토'였는데 북경의 두 번째 술이라는 의미라고 했다. 중국 기업답지 않게 야심이 부족한 상표였지만 그는 무척 좋아했다.

"속이 뜨듯해야 밥이 넘어가지. 이게 60도짜리라고. 이거면 한 통에 한 달 가지. 한국 술은 도수가 낮아서 비용이 많이 들어. 근데 한국에서 파는 중국술은 못 믿겠어. 중국술은 꼬소한 맛이 나는데 여기선 그런 맛이 없거든."

아저씨는 엉뚱하고 다정한 사람이었다. 그는 숙소에선 뭐든지 자신이 하려고 했지만 일터에선 가끔씩 농땡이를 피웠다. 그는 가끔씩 사장이 선물로 준 낚싯대를 가지고 근처 저수지에서 붕어를 낚곤 했는데 일하다가도 낚시할 때 쓸 지렁이를 잡는다며 땅을 파헤치고 다녔다.

한번은 그러다가 말벌에 쏘여서 며칠 동안 방어전을 끝마친 복싱 챔피언 같은 얼굴을 하고 다녔다. 나는 금세 봉휘 아저씨가 좋아졌다.

"나는 좋아하는 게 네 가지야. 음악, 낚시, 견투, 장기. 내가 피리를 아주 멋들어지게 분다고. 시간 나면 언제 한번 들려줄게. 우리 동네에서 피리 하면 나 모르는 사람이 없었어."

그는 술기운이 돌기 시작하면 불콰해진 얼굴로 중국에서 살던 시절 이야기를 들려줬다.

"내 원래 이름은 박정희야. 우리 아버지가 회계 놀음을 하셨는데 내가 12살 땐가 중국에서 사청 운동이 와가지고 아버지가 맞으셨어. 사청 운동이 뭐냐면, 사회의 네 가지를 깨끗이 한다, 그래서 뭐 교육 세금 이런 걸 가지고 잘못하는 사람들을 찾아내서 벌주는 거야. 그때 사람들이 와서 그러는 거야. 아니 박정희는 남조선의 독재자인데 그걸 아들 이름으로 한 저의가 뭐냐? 저의 같은 게 뭐 있어, 그냥 우리 집안이 회자 돌림이라 그랬던 것뿐이지. 그것 때문에 우리 아버지가 여기 끌려다니고 저기 끌려다니고 엄청 고생하셨지. 그래서 그때 이름을 바꿨던 거야. 그래서 내 지금 이름이 박봉휘, 중국말로 하면 '퍄오 삥 쉬이'야."

"그래서 풀려나셨어요?"

"그럼. 우리 아버지야 잘못한 게 없으니까. 나중에 또 회계 놀음 하셨지. 우리 아버지가 이제 여든여섯인데 아직도 건강하셔. 글씨도 얼마나 잘 쓰신다고. 제사 지낼 때 대학 나온 애들 와도 우리 아버지만큼 못 써. 우리 아버지가 붓글씨는 정말 머엇지게 잘 쓰시는데……."

고기로 태어나서

저녁을 먹고 나면 나는 방에 엎드려서 일기를 썼다. 아저씨는 늦어도 10시 반이면 잤기 때문에 불을 끄기 전까지 다 쓰려면 서둘러야 했다. 그는 내가 일기를 쓰는 걸 두고 언제나 '학습한다'고 말했다.

"너 또 학습하는구나. 그래, 학습해야지. 모택동이 뭐라 했냐, 하루라도 학습을 쉬면 류소기를 따라갈 수가 없다 그랬어. 물론 나중엔 류소기를 쳤지. 안 그럼 자기가 위험해지니까……. 그럼 나도 학습을 좀 해볼까?"

아저씨도 자신만의 학습을 게을리하지 않았다. 그는 방으로 들어오면 네모난 돋보기안경을 쓰고 요리책을 펼쳤다.

"나는 틈날 때마다 이 요리책 봐. 이걸 보면서 여기는 이런 야채를 쓰고 여기는 이런 양념을 쓰는구나 하면서 공부를 하지. 내가 요리하는 걸 좋아해. 사람이 잘 살려면 첫째가 먹는 거야."

그러고는 주역을 해석하는 얼굴을 하고 게살 아보카도 샐러드의 조리법을 '학습'했다.

수리얀은 식사가 끝나면 곧장 방으로 들어가서 나오지 않았다. 그는 큰 눈에 눈썹이 짙은 미남이었다. 다른 사람과 눈이 마주치면 방긋 웃는 버릇 때문에 나이보다 어려 보였다. 언뜻 보면 홍콩의 영화배우 양조위를 떠올리게 하는 얼굴이었다.

그는 한국말을 전혀 할 줄 몰랐다. 우리 일이라는 게 워낙 단순하다 보니 말이 안 통해도 작업하는 데는 영향이 없었지만 누구와도 제대로 된 대화를 나누지는 못했다. 내가 손짓 발짓을 섞어서 여기 오기 전엔 무슨 일을 했냐고 묻자 용케 알아듣고 일본에서 일했다고 일본말로 대

답했다. 딱히 나나 봉휘 아저씨가 알아들을 거라고 기대하고 한 말은
아닌 것 같았다. 내가 아는 얼마 안 되는 일본어를 이어 붙여 대꾸하자
그는 신이 나서 말을 쏟아내기 시작했다. 하지만 내 일본어 실력은 짧
다고 하기에도 부족했고 어째선지 그런 사정은 수리얀도 마찬가지였
다. 때문에 우리의 대화는 산문보다는 시에 가까웠다. 그렇지만 시라
는 게 그렇듯 무슨 의미인지 알 수 없을 때가 종종 있었다. 수리얀이 가
장 먼저 알고 싶어 했던 건 사장의 이름이었다.

"샤쪼노 나마에와(사장님 이름은)?"

내가 이름을 알려주자 수첩에 적어달라고 하더니 몇 번이고 따라 읽
었다.

"일본에선 무슨 일 했어요?"

"요세츠 츠꾸르 밧쇼데(열쇠 만드는 곳에서)."

"결혼했어요?"

"시때 나이. 카노죠모 나이(안 했어. 여자 친구도 없어)."

"일본 어디서 일했어요?"

"나리타 치카이데(나리타 근방에서)."

"부모님은 태국에 계세요?"

"마마다께(엄마만)."

"그럼 돈은 전부 부모님한테 보내세요?"

"젠부. 타이니 아따라시 하우스. 마마노 타메니(전부. 태국에 새 집.
엄마 위해서)."

"새 집 다 지었어요?"

고기로 태어나서

"마다, 마다. 이쯔니 오와리 와까라나이. 하우스 오와루 모도루. 아나따모 오까네 젠부 마마니(아직, 아직. 언제 끝 몰라. 집 끝나면 돌아가. 당신도 돈 전부 엄마한테)?"

"아니요. 전부 내가 가져요."

"하하하 소레 이이네(하하하 그거 좋네)."

"니혼노 시고또, 타이진 니혼진 오까네 젠부 탁상. 캉코쿠 시고또, 캉코쿠진 오까네 탁상. 타이진 주코쿠진 시따 시따(일본 일자리, 태국인 일본인 전부 돈 많아. 한국 일자리, 돈 한국인 많아. 태국인 중국인 아래아래)."

일본에서는 일본인과 외국인 사이에 임금 차이가 없다는 뜻인지 아니면 일본 최저임금이 높다는 뜻인지 묻고 싶었지만 이해 가능한 문장으로 표현할 수가 없었다.

"무까시노 시고또 난지니 오와리(옛날 일 몇 시에 끝나)?"

그가 내게 물었다.

"5시 반이요."

"와따시모. 니혼 고지니 오와리. 고꼬 지깐 나이. 아노또끼 시찌지니 오와리. 아노또끼 하찌지니 큐지니 쥬지니 오와리. 고꼬노 시고또 무즈까시(나도. 일본은 5시에 끝나. 여기 시간 없어. 어쩔 때 7시에 끝나. 어쩔 때 8시, 9시, 10시에 끝나. 여기 일 힘들어)."

쌍남이 내게 했던 말이 생각났다.

"고노 구라이 하나스 꼬또 캉코쿠데 하지메(이 정도로 말한 거 한국 와서 처음)."

"한국 온 지 얼마나 됐어요?"

"큐 가쯔(9개월)."

이때는 한국말로도 뭐라고 대꾸해야 할지 알 수가 없었다.

#4

7월부터 장마가 시작됐다. 대못도 때려 박을 기세로 퍼붓는 빗속에서 우리는 비닐 우비를 걸치고 개밥을 줬다. 전기로 움직이는 기계였기 때문에 비가 내릴 때는 밥차에도 비닐을 씌웠다. 하지만 빗발이 워낙 거세서 그것이 감전을 예방하는 데 도움이 됐다면 그게 더 이상할 것 같았다. 우비도 별 소용이 없어서 20분도 지나지 않아 속옷까지 흠뻑 젖었다. 그나마 바람은 조금 막아줬기 때문에 우비를 벗지는 않았다. 비가 많이 내리면 수북이 쌓여 있던 똥 무더기가 통로로 흘러내렸다. 케이지 사이의 통로가 유달리 질퍽거리는 것도 그 때문인 것 같았다.

작업장 주변에선 햇빛을 피할 곳이 없었고 비를 피할 곳도 마땅치 않았다. 지붕이라고 부를 만한 것은 음식 쓰레기를 쏟아붓는 작업대 위에만 설치되어 있었다. 거기선 엉덩이를 대고 앉을 수도 없었고 천장이 낮아서 수리얀과 나는 구부정하게 허리를 굽히고 있어야 했다. 비를 피하는 건 우리만이 아니었다. 근방의 파리란 파리는 죄다 모여들어 천장에 달라붙었다. 우리가 조금이라도 자세를 바꿀라치면 파리가

고기로 태어나서

새까맣게 일어났다. 마치 파리들을 위한 휴식 장소에 인간들이 눈치 없이 끼어들어 폐를 끼치는 것 같았다. 우리는 음식물 쓰레기 처리장을 배경으로 각색한 〈고도를 기다리며〉의 배우 같았다. 가끔씩은 사장이 올라와 비가 그칠 때까지 숙소에서 기다리라고 해주지 않을까 기대했다. 고도가 그랬듯이 사장도 끝내 나타나지 않았다.

짬 가는 일은 금방 익숙해졌다. 가장 중요한 건 이물질을 골라내는 것이었다. 시체 빼고는 무엇이든 갈아봤을 것 같은 분쇄기에도 한계는 있었다. 개를 위해서도 기계를 위해서도 이물질을 꼼꼼하게 제거해야 했다. 하지만 이 일은 생각만큼 간단하지 않았다. 이것들은 수십 가지의 음식물 속에서 자연스럽게 보호색을 띠었다. 신속하게 작업을 진행하려면 숙련된 숨은그림찾기 실력이 필요했다. 녹색 소주 병뚜껑은 오이, 애호박 꼭지 사이에 숨어 있었다. 스타벅스의 녹색 빨대는 야채 줄기 사이에, 맥주 병뚜껑은 순대 사이에, 나무젓가락은 크림 스파게티 사이에 감춰져 있었다. 음식물 중에서도 골라내야 할 것이 있었다. 커피 가루가 그중 하나였다. 생야채도 골라내야 했다. 적은 양은 상관없었지만 익히지 않은 야채를 너무 많이 집어넣으면 섬유질 때문에 갈리지 않았다. 이런 것들은 커다란 반죽 덩어리로 변해서 투입구를 막았다. 생야채는 소에게 먹였다. 농장 뒤편에서 얼룩 소 세 마리를 키웠다. 여기서 소를 기르는 이유는 오로지 야채를 처리하기 위해서였다.

작업대 오른편 언덕은 그렇게 짬을 갈면서 골라낸 쓰레기로 뒤덮여 있었다. 절반 정도는 뼈 무더기였고 나머지 절반은 흑갈색 커피 가루였다. 또 한쪽에는 가위, 프라이팬, 밥 공기, 쇠 숟가락, 젓가락 들이

(전부 음식 쓰레기 속에 들어 있었다) 주방 용품점을 차려도 될 만큼 쌓여 있었다.

이물질을 골라낸 다음에 하는 건 삽질뿐이었다. 통 서너 개를 쏟으면 작업대가 꽉 찼다. 음식 쓰레기가 장딴지까지 차올랐다. 투입구 근처에서부터 한 삽 한 삽 퍼내 분쇄기 속으로 밀어 넣었다. 힘이 부치기 시작하면 내 역할에 몰입하기 위해 나 자신을 증기기관차의 화부라고 상상했다. 개 농장이라는 열차가 육류업계의 경쟁자들을 앞지르는 모습을 그리며 이곳이 아니었으면 오물이라고 불렀을 연료를 엔진에 쉴 새 없이 퍼 넣었다. 양계장과 양돈장에다가 보유하고 있는 트럭만 해도 네 대가 넘는 걸 보면 여기가 배합사료를 연료로 쓰는 다른 열차들보다 더 성능이 뛰어난 것 같았다. 하지만 승객들이 엔진실을 둘러보고도 이 열차에 계속 타려고 할지는 장담할 수 없었다.

내가 개들을 대하는 태도는 조금 복잡했다. 나는 개들이 안쓰러웠다 (거기 있었다면 누구나 마찬가지였을 거다). 더럽고 비좁은 케이지, 음식 쓰레기를 갈아 만든 밥, 모든 걸 무감각하게 바라보는 것이 쉽지 않았다. 따지고 보면 닭과 돼지라고 해서 기르는 환경이 전혀 딴판인 건 아니지만 개에게는 인간의 마음에 좀 더 직접적으로 호소하는 무언가가 있는 것 같았다. 그렇다고 내가 개들에게 어떤 호의를 베풀었던 건 아니었다. 나는 개들이 무서웠다. 개들이 어떤 식으로든 사람들에게 위협을 가해서가 아니라 그 덩치며 그 이빨이며 그 흥분해서 날뛰는 모습 때문에 지레 겁을 집어먹었다.

케이지 밖에서 개와 대치했던 적이 있었다. 강아지사에서 개 한 마리가 케이지를 빠져나왔다. 안에 세 마리가 있었는데 밖으로 나온 건 하나뿐이었다. 이런 모습은 내가 이해하는 데 시간이 걸렸던 행동 중 하나였다. 나는 막연하게 호기심 많고 활동적인 개의 이미지에 익숙했기 때문에 케이지를 빠져나올 기회가 생기면 어떤 녀석도 그걸 놓치지 않을 거라고 생각했다. 케이지가 낡아서 개들이 뛰어다니다가 문이 저절로 열릴 때가 있었다. 근처에 사람이 있다면 바로 닫겠지만 그렇지 않을 때는 다음 날 밥을 줄 때 발견하게 되는데 밖으로 빠져나오는 개는 열에 하나였다. 대개는 문이 열려 있는 것이 더 두렵다는 듯 케이지 뒤로 물러난 채 꼼짝도 않고 있었다. 이곳의 개들은 자유롭게 뛰어다니는 것보다 자신만의 영역에서 마음 편히 지내는 것을 더 선호하는 것 같았다.

그렇다고 케이지를 빠져나온 개가 조금이라도 반가웠다는 뜻은 아니다. 개는 어떨지 모르겠지만 사람은 개에 대해 약간의 환상 같은 것을 품게 된다. 매일같이 밥을 주는 사람이 다가가면 저 개가 나를 반길 것이다, 나를 따를 것이다 하는 식으로. 내가 멋모르고 다가가자 봉휘 아저씨가 즉시 제지했다.

"그만 가, 그만. 대책 없이 그렇게 자꾸 가면 어떡해? 수리얀 너는 여기 그대로 있고. 한 씨가 저기로 빙 둘러가서 저 뒤쪽을 막아. 내가 줄 가져올 테니까."

아저씨는 올가미를 들고 밀림에서 사냥을 하는 듯한 자세로 개에게 다가갔다. 거리가 좁혀지자 개는 케이지 밑으로, 즉 똥 무더기를 헤치고 달아났다. 우리 셋 모두 농장을 오르내리며 그 녀석을 뒤쫓았다. 어찌어찌해서 개를 간신히 분만사 구석으로 몰아넣었다. 봉휘 아저씨가 올가미를 들이밀자 개는 즉시 맹수로 돌변했다. 올가미가 목에 걸렸다. 개는 진흙을 사방으로 튀기며 몸부림을 쳤다. 자신의 머리를 몸에서 떼어낼 수 있다면 당장이라도 그렇게 할 것처럼 세차게 몸을 흔들었다. 그대로는 도저히 케이지까지 끌고 갈 수가 없어서 수리얀이 꼬리를 잡고 들어 올렸다. 그러자 개가 묽은 똥을 싸질렀다. 개는 케이지 안에 들어간 후에야 흥분을 가라앉혔다.

어느 날, 개에 대한 두려움이 가시는 일이 생겼다. 암컷 케이지에서 밥을 줄 때였다. 개가 문 바로 앞에 버티고 서서 물러서지 않았다. 그릇이 케이지 뒤쪽에 엎어져 있어서 개가 비켜줘야만 했다. 그렇다고 이 개가 사람을 경계하는 태도를 보인 건 아니었다. 그런 개들은 케이지 구석으로 물러나 낮게 으르렁거렸다. 이 녀석은 문 바로 앞에서 바닥에 몸을 깔고 겁먹은 표정으로 나를 올려다보고 있었다. 개의 자세가 어색하다는 생각이 들었다. 왼쪽 앞발은 몸 쪽으로 끌어당겨져 있었지만 오른쪽은 어색해 보일 정도로 앞으로 뻗은 상태였다. 마치 자신의 발에게서 멀어지고 싶어 하는 것처럼 보였다. 발바닥의 말랑말랑한 부분이 철창 틈에 끼여 있었다. 아래에서 밀어 올렸지만 소용이 없었다.

다행히 이 개는 공격적이지 않았다. 문제는 발을 뺄 때 개가 얼마나 아파할지 알 수 없다는 것이었다. 발을 잡아당기는데 개가 덥석 물기라도 하면 어쩌나 하는 생각이 떠나질 않았다. 일단 문을 열었다. 다른 방법이 없었다. 내 삶에서 동정심이 두려움을 이긴 몇 안 되는 순간이었다. 먼저 사장이 가르쳐준 대로 개의 몸을 문지르고 턱 밑을 간질였다. 개가 별다른 반항 없이 자기 몸을 만지게 해줬다는 데 자신감을 얻고 발을 잡아당겼다. 그러기 위해선 케이지 안으로 상체를 들이밀어 개를 껴안는 자세를 취해야 했다. 벼룩이 이곳의 개를 자신의 주거 단지쯤으로 여기고 있을 거라고 믿는 내게는 그것도 쉽지 않았다. 천천히 강도를 높여가며 발을 잡아당겼다. 소용이 없었다. 한 손으로 발을 당기고 다른 손으로 아래에서 밀어 올렸다. 개는 울지도 몸부림을 치지도 않았다. 그저 '끄응끄응'대며 겁먹은 듯 나를 쳐다보기만 할 뿐이었다. 이 정도면 아프겠다 싶을 만큼 당겼을 때 발이 빠져나왔다. 발바닥은 벌겋게 부어 있었다. 하지만 그런 건 철창에 끼이지 않은 발도 마찬가지였다. 개는 즉시 뒤로 물러났다. 여전히 불안한 얼굴로 나를 바라보면서. 개 농장에서 일하면서 이런 느낌을 받게 될 줄은 몰랐지만 조금 뿌듯했다. 이 뜻하지 않은 스킨십이 견고했던 두려움을 무너뜨렸다. 개를 한 번 어설프게나마 안아본 경험이 나를 안심시켰다. 이 개들이 보이는 것처럼 그렇게 위협적인 것은 아니라고. 그날 이후부터는 케이지 문을 여는 것도, 맨손으로 개를 만지는 것도 겁나지 않았다. 이 농장에서 입으로 날아드는 음식 쓰레기 국물을 빼면 내가 두려워할 것은 더 이상 없어 보였다.

이후로 시간이 날 때마다 케이지를 둘러봤다. 녹슨 철창을 사이에 두고 놀아주는 것이 내가 해줄 수 있는 유일한 일이었다. 어느 순간부터는 개들 대부분이 나를 무척 좋아한다는 느낌을 받았다. 하지만 그것이 내가 어떤 식으로든 그에 걸맞은 노력을 했다는 뜻은 아니다. 이곳의 개들은 마주보고 있는 케이지의 개들을 바라보는 것 말고는 아무것도 할 게 없었다. 이런 환경에선 철창 틈으로 손을 집어넣기만 해도 개들의 친구가 될 수 있었다. 말하자면 부전승으로 얻은 우정인 셈이다.

가끔씩은 소시지를 조금 숨겨놨다가 개들에게 먹이기도 했는데 사장에게 들킨 이후 그만뒀다. "개들이 고기 맛을 알면 짬밥을 안 먹는다니까!" 들키지 않았다고 해도 오래가지 못했을 거다. 내가 한 번에 준비할 수 있는 소시지의 양은 대여섯 주먹 정도가 전부였는데 고기 냄새를 맡고 흥분한 개들은 수백 마리였다. 매번 실망한 개들의 울음소리를 듣고 있자니 차라리 아예 주지 않는 편이 나을 것 같았다.

다행히 고기가 있건 없건 개들은 나를 무척이나 반겼다. 내가 개들 사이에서 불러일으키는 것과 비슷한 수준의 흥분을 사람들 사이에서 일으키려면 암 치료제를 개발하거나 〈렛 잇 비Let It Be〉 같은 노래를 작곡해야 할 것 같았다. 나는 사장의 조언을 따라("손등을 갖다 대서 니 냄새를 맡게 해") 교도소를 방문한 프랑스 국왕이라도 되는 것처럼 손등을 내밀고 케이지를 지나갔다. 짐의 손등에 입 맞춰도 좋다. 단, 벼룩이나 이 있는 놈들은 빼고.

냄새에 대한 개들의 집착은 탐욕적이라고 부를 만했다. 철창에 손을 대면 까만 살갗이 벗겨질 만큼 코를 들이밀며 숨이 넘어갈듯 킁킁댔다. 마음껏 냄새를 맡고 나면 한껏 기분이 좋아져서 제자리에서 빙글빙글 돌았다. 그러고는 다시 손에 달려들어 냄새를 맡고 제자리에서 돌기를 반복했다.

개들에겐 결코 감정을 숨기는 법을 가르칠 수 없을 것 같았다. 특히 개의 꼬리는 감정 상태를 그대로 표시해주는 계기판이나 다름없었다. 사람이 멀리서 다가오면 개는 벌떡 일어나 꼬리를 세운다. 거리가 가까워질수록 꼬리를 세차게 흔든다. 만약 사람이 스무 발자국 떨어져 있을 때의 꼬리가 이슬비 내리는 날의 와이퍼 같다면, 두세 발자국 떨어져 있을 때에는 폭우가 쏟아지는 날 같다. 이때 천천히 뒷걸음질 치면 속도가 현저히 느려지는 걸 확인할 수 있다. 개에게 다시 다가가 소시지라도 하나 먹이면 제자리에서 회오리바람이라도 일으킬 것처럼 돈다. 그러지 않고 등을 돌려 자리를 떠나버리면 개는 꼬리를 다리 사이에 끼우고 주저앉아 버린다.

나는 사장의 경고를 무시하고 개에게 '정'을 주기 시작했다. 개랑 이렇게 가까이 지낸 건 이번이 처음이었다. 나야 그저 개밥 주는 사람에 불과했지만 아주 가끔씩은 개와 나 사이에 어떤 교감이 발생했다고 느낀 순간도 있었다. 내가 가장 좋아했던 개는 이곳에서 번식시킨 개는 아니었다. 쫑긋 솟은 귀에 털은 하얀색이었다. 외모가 달라서 마음에 들었던 건 아니었다. 이 개는 영리했고 사람을 이해하는 듯 보였다. 한 번은 내가 이 녀석의 철창 틈으로 손을 집어넣었다. 개가 손을 핥다가 갑자기 손등을 콱 깨물었다. 공격은 아니었고 흥분해서 그런 것 같았다. 내가 손을 빼면서 '쓰읍' 하고 경고하는 소리를 내자 개가 놀란 듯 뒤로 물러섰다. 그 뒤로도 손을 내밀면 핥고 물며 장난을 쳤지만 처음에 나를 놀라게 한 것처럼 힘을 싣지는 않았다. 딱 한 번 주의를 줬던 것뿐인데 내 의도를 알아차린 것이 신기하기도 하고 귀엽기도 했다.

나는 이 개를 '백구'라고 부르기 시작했다.

당시에는 생각이 거기까지 미치지 못했지만 내가 백구와 자주 놀아
줬던 데에는 지정학적 변수도 크게 작용했던 것 같다. 무슨 말이냐 하
면, 백구가 있던 케이지는 농장을 오르내리는 도로 바로 옆에 있었다.
왔다 갔다 하면서 자주 마주칠뿐더러 이 녀석과 놀아줄 땐 발이 푹푹
빠지는 케이지 사이의 통로를 돌아다닐 필요도 없었다. 통로 깊숙이
들어가면 도로에 있을 때와 소음의 차원이 달랐다. 앞뒤에서 수십 마
리의 개가 쉴 새 없이 짖어대는 데다 케이지에 막힌 소리가 울렸다. 개
들이 아무리 가엽고 또 귀여워도 그 소음만큼은 익숙해지지 않았다.
내가 개들에게 가장 호의적이었던 때에도 통로 깊숙이 들어가는 건 꺼
려졌다.

#5

농장에서는 30, 40대 한국인 직원이 들어오면 어떻게든
붙잡아두고 싶어 한다. 어떤 동물이냐에 상관없이. 이런 작업장에선
1년 365일 사람 구하는 일 때문에 골머리를 썩기 때문이다. 농장으로
흘러드는 인력이란 60대의 조선족, 중국인 아니면 동남아시아인이 대
부분인데 이들은 나이도 있고 비자 문제도 있어서 오랫동안 일하기가
어렵다. 그러다가 젊은 한국인 남자가 채용되면 사장들은 대개 비슷한
행동을 한다. 먼저 자기 밑에서 5, 6년 이상 일을 하면 얼마나 많은 돈

을 벌 수 있는지 장황하게 설명한다. 그리고 그런 돈을 토대로 그 지역에서 국제결혼을 통해서 가정도 꾸릴 수 있게 도와주겠다고 한다. 그 다음 자신의 사업장 전체를 소개해주고 관리자로 대하면서 자기가 하는 일을 조금씩 넘겨주기 시작한다. 나도 사장의 총애를 잃기 전까진 (열흘이 채 걸리지 않았다) 이런 구애의 일환으로 그의 고기 제국을 둘러볼 수 있었다.

양돈장은 농장에서 차로 15분 정도 떨어져 있었다. 횡성 양돈장의 한 동에도 못 미치는 작은 돈사 하나뿐이었다. 한국말을 전혀 할 줄 모르는 태국 노인 한 사람이 일하고 있었다. 양계장은 훨씬 더 멀어서 가는 데 30분이 넘게 걸렸다. 엉망으로 운영되고 있다는 걸 한눈에 알 수 있었다. 차광막을 두른 작은 비닐하우스 여섯 동 안에 울긋불긋한 빛깔의 토종닭이 가득 들어차 있었다. 하우스 안에는 선풍기 한 대가 없어서 더위를 못 참은 닭들이 밖으로 빠져나와 아무렇게나 주변을 돌아다니고 있었다. 그런 닭들을 다시 안으로 들여보내는 사람도 없었다. 더위 때문인지 사료 때문이지 모르겠지만 털도 듬성듬성 빠져 있는 녀석들이 많았다.

"닭은 얼마나 키우세요?"

"한 동에 3,000마리. 우리 닭 보니까 어때? 상태 안 좋지? 저게 짬밥 먹여서 그래. 원래 닭이 한 40일이면 무게가 나오는데 짬밥 먹인 건 3, 4개월, 길면 6개월까지 길러야 무게가 나와."

"그럼 사료로 키우시면 되잖아요?"

"사료가 얼마나 비싼데! 요즘 닭 사료가 1kg에 580원, 옥수수 전분

이 300원이야. 저 많은 걸 사료로만 키우려면 우리 같은 데는 농장 못
해. 그래서 우리는 닭 같은 경우는 짬밥이랑 고기 간 거랑 일반 사료랑
섞여 먹인다고. 그렇게 먹여도 저 정도밖에 안 컸어. 지금 쟤들이 4개
월 넘게 키운 건데 저래."

일반 육계로 치면 20일 정도 키웠을 때의 크기였다.

"그럼 돼지는 얼마나 키우세요?"

"얼마 안 돼. 250마리. 앞으로 거기가 우리 주력 농장이 될 거야. 짬
가는 기계도 거기로 옮기고 건물도 새로 짓고. 너 양돈장도 있었고 양
계장도 있었다고 했지?"

"예."

"거기는 우리처럼 안 그렇고 깨끗하지?"

"뭐 그런 부분도 있죠."

"너 더럽고 냄새난다고 우리 농장 우습게 보면 안 된다. 지금 이런
농장들 중에서 우리만큼 수익 내는 데 정말 드물다. 이건 그냥 사장 자
랑이 아니라 내가 이 업계를 잘 아는 사람으로서 하는 말인데 정말 그
래. 다른 농장들 다 망해도 우린 살아남아. 거꾸로 만약에 우리 농장이
망하면 대한민국에서 농장해서 돈 벌 수 있는 데는 아무 곳도 없다는
뜻이야. 그게 다 짬 가지고 먹이니까 그런 거야. 내가 너를 가르쳐보겠
다고 마음먹은 것도 다들 개 농장 더럽다 힘들다 싫다 그러는데 너는
자세를 낮춰서 개 농장 일도 해보겠다, 그런 태도가 기특해서 그러는
거야. 너 친구들은 좀 만나냐?"

"예. 조금."

"걔네들 결혼했지? 친구들 만나면 차 산 거 자랑하고 아기 자랑하고 그럴 거 아냐? 그런 거 부러워할 거 없어. 내가 가르쳐주는 거 한 4, 5년 하면 공무원 하고 회사 다니고 이런 애들보다 니가 훨씬 잘 벌어. 니가 사장인데 누가 널 얕잡아 보겠어? 그치만 그렇게 하려면 지금 시작해야 돼. 적어도 마흔둘에는 니 거를 시작하고 있어야지. 그때 지나서는 힘들어. 부모한테 물려받은 거 없고 뭐 특별한 재주도 없는 사람이 돈 모으는 방법이 뭔 줄 알아? 돈 안 쓰는 거, 그거밖에 없어. 여기 숙소가 답답할지 모르겠는데 멀리 보면 너한테 좋은 거야. 여기 일하는 모든 사람한테 좋은 거야. 주변에 아무것도 없거든. 돈을 쓸래야 쓸수가 없잖아? 그러니까 한 10억 모은다고 생각하고 일만 하면서 살아. 니 나이면 10억 충분히 모아. 그때 되면 결혼, 집, 애들 다 따라와. 결혼이야 한국 여자 없으면 베트남 가서 하면 되고. 안 그래?"

"사장님은 목표가 뭐예요?"

"나? 나는 딱 덜도 말고 10억 모으면 농장 팔고 쉴 거야."

"지금 농장도 세 개 있으시니까 그 정도 되지 않아요?"

"야, 그건 택도 없어. 땅도 다 빌려서 쓰는 건데. 온전히 현금으로 10억. 그걸로 작은 빌딩 하나 사서 임대료 받으면서 살아야지."

농장주들에게 꿈이 뭐냐고 물어보면 대답이 신기할 정도로 비슷했다. 작은 빌딩 하나 사서 임대료 받는 것. 그래서 거기서 나오는 돈으로 골프나 치며 사는 것이었다.

"그런데 개 기르는 건 어떻게 시작하신 거예요?"

"사장은 니 나이 때 대전에서 옷 장사했어. 그때는 상가 한 층 전체가 내 매장이었는데 그러면서 전국 안 가본 데가 없이 돌아다녔어. 그러다 옷 장사 접고 식당 하다 부도가 났어. 그래서 다 날렸는데 신용 불량이 된 건 아니어서 카드 대출은 받을 수 있었어. 그런데 그걸로 받을 수 있는 돈이 얼마나 되냐. 돈이 없으니까 제일 싼 개를 시작한 거지. 돈 없는 사람이 하기 제일 좋은 게 개야. 개는 사룟값이 안 드니까 부담이 없잖아. 하지만 나는 이 일로 지금 우뚝 섰어. 중소기업이 별거야, 꾸준히 이익 내면 중소기업인 거지."

"그런데 진짜 짬밥을 동물들한테 먹여도 돼요? 오늘 보니까 구더기도 있던데."

"괜찮아. 내가 짬을 10년 이상 먹였지만 아무 문제 없었어. 그러니까 내가 너보고 애기 같다 그러는 거야. 이 자연업이(그는 농업을 자연업이라고 불렀다) 어떻게 돌아가는지 전혀 모르고 있거든. 자연업을 하는 사람은 자기 머리를 싹 비워야 돼. 요즘 같은 날씨에는 구더기가 안 생길 수가 없어. 더울 때는 농장 오는 사이에 구더기가 생겨. 그치만 어쩔 거야. 그렇게 해야 돈이 남는데."

"그렇지만 너무 더럽잖아요?"

"야, 그게 더러우면 아무것도 못 먹는 거지. 너 옛날 농사짓는 걸 생각해봐. 쌀이며 채소며 다 똥 가지고 비료 주지 않았어? 그것들은 다 똥 먹고 자란 거니까 더럽다고 안 먹냐? 아니잖아? 자연이 그런 것들을 다 영양분으로 바꿔서 더 좋게 만든 거 아니야? 안 그래? 자연이라는 게 돌고 도는 거 아니냐고? 똥이 음식이 되고 다시 그게 똥이 되고, 자연업이 다 그런 거야."

고기로 태어나서

"너 짬이 냄새나고 그러니까 더러워 보이지? 그런데 그렇지 않아. 짬밥이 말하자면 발효 식품인 거야. 너 그건 알지, 세균에도 좋은 세균이 있고 나쁜 세균이 있는 거? 우리는 짬에다 미생물을 넣는다고. 그러니까 그냥 썩히는 게 아니라 된장이나 김치처럼 좋은 미생물로 발효시키는 거야."

"미생물은 뭘 넣어요?"

"EM이라고 일본에서 만든 건데 그걸 넣어."

사장의 말이 허풍은 아니었다. 음식 쓰레기를 수거해 오는 통과 짬밥을 담는 통은 구분해서 썼는데 전자에선 시큼한 악취가 나는 반면 후자에선 하얀 곰팡이가 피고 술지게미 비슷한 은은한 향이 났다.

"개 교배는 언제부터 해요?"

"연애는 한 1년은 지나야 돼. 일찍 시키면 잘 자라질 않아."

"그럼 연애시킬 개들은 어떻게 골라요?"

"얼굴을 보고 고르지. 니가 보기엔 개가 다 똑같이 생겼지? 그치만 개들도 다 제각각 얼굴이 달라. 사람이랑 마찬가지야. 귀가 축 처진 놈, 눈이 똥그란 놈, 입이 뾰족한 놈, 색깔이 하얀 건 세인트버나드 물이 좀 든 거고 몸이 길고 날씬한 애들은 그레이트데인 물이 좀 든 거야. 또 털이 긴 애들도 좀 있는데 이런 애들은 잘 안 시켜. 털 긴 애들은 관리하기 힘들거든. 이런 거 저런 거 다 감안해서 서로 다른 놈들끼리 시키지. 근친을 하면 안 되니까."

"그러면 연애를 시킬 때가 된 건 어떻게 알아요?"

"니가 여자에 대해서 얼마나 아는 진 모르겠지만, 너 여자가 생리를 언제 하는 줄 아냐?"

"한 달에 한 번이요?"

"아니야, 28일에 한 번이야. 근데 개는 따로 발정기가 없어. 건강 상태에 따라 할 수도 있고 그런 거야. 개들은 발정이 오면 보지에서 피가 나와. 뻘건 피가 나왔다가 옅어져. 그때가 연애시킬 때지."

"그럼 그냥 암컷이랑 수컷이랑 한 방에 같이 넣으면 자기들끼리 알아서 하는 거예요?"

"보통은 그런데 우리 종견은 너무 커서 수컷이 알아서 못할 때도 있지. 수컷이 이렇게 뒤에서 해야 하는데 암컷이 주저앉아 버리거든. 그럼 사람이 도와줘야지. 너 개 임신 기간 알아? 60일이야. 돼지는 4개월, 소는 10개월. 개는 임신 기간이 짧기 때문에 불완전한 새끼가 나오는 거야. 소는 태어나자마자 막 걷고 뛰어다니잖아? 근데 개는 갓 태어난 건 눈도 못 떠."

"그럼 출산하면 사람이 옆에 있어야 되겠네요?"

"그래야지. 웬만하면 어미 개가 알아서 하는데 새끼 중에 태를 못 벗는 것도 있고. 그런 건 내버려두면 숨을 못 쉬어서 죽어. 새끼 살리기가 정말 힘들어. 나도 그건 잘 못해. 그게 정말 기술이지."

"개값은 얼마나 해요?"

"한 근에 5,000원. 50근을 개 평균 근수로 치거든. 50근이면 한 근이 600g이니까 30kg이지. 그럼 얼마야, 오오이십오, 25만 원이지. 개 한 마리 팔면 25만 원 정도 받는 거야. 개는 닭이나 돼지처럼 값이 들쑥날쑥하지 않아. 개값은 1년 내내 꾸준해. 이래서 개 키우는 게 좋은 거야. 닭이나 돼지는 왜 값이 들쑥날쑥하냐. 이런 건 사료를 먹여야 되는데 그 사룟값이 이랬다저랬다 하거든. 주로 옥수수가루를 먹이는데 미국이나 중국에서 농사가 잘되면 사룟값이 좀 싸지고 잘 안되면 값이 확 올라가거든. 근데 개는 짬밥을 먹이니 그런 거 신경 쓸 게 없지. 그래서 개가 좋은 거야."

"그러니까 새끼를 꾸준히 낳아야 돼. 농장 제대로 하려면 1년에 한 1,000마리 판다, 이런 생각으로 해야 돼. 1,000마리면 얼마야, 2억 5,000만 원 아냐. 원래는 이틀에 한 번씩 연애를 시켜줘야 되는데 내가 바빠서 요 몇 달은 거의 못 했어. 그래서 내가 너를 가르치려고 그러는 거야. 니가 개들을 관리하면 나는 꾸준하게 내 일 볼 수 있으니까."

"무슨 일을 하시는데요?"

"법 처리 하느라 돌아다녀. 지금 농장 새로 짓는 거 허가받는 거 때문에 나 진짜 새벽까지 돌아다니고 정신없어. 우리나라 법이 아주 좆 같아. 너 우리나라 법이 어떤 줄 알아? 내가 연신내에서 100평짜리 횟집을 했는데 거기가 재건축 들어가면서 주인이 나보고 그냥 나가라는 거야, 보증금만 받고. 그게 말이 돼? 내가 권리금에 시설 투자한 것만 몇 억인데, 내가 못 나간다고 했지. 그러니까 주인이 명도 소송을 걸었어. 그쪽은 부장 판사 출신, 나는 돈이 없어서 검사 출신을 썼는데 우리가 증거로 제출한 건 하나도 채택 안 하고 저쪽에서 제출한 거 다 채택하는 거야. 그래서 전관예우란 게 있는가 보드라고. 그래서 판결이 어떻게 나왔는 줄 알아? 보증금 8,000만 원 중에 소송 기간 동안 월세 안 낸 거 4,000만 원 빼고 내가 오히려 손해를 끼쳤다면서 나머지

4,000만 원 다 까고 내가 500만 원을 보상해주라는 거야. 에이 더러운 새끼들! 용산 참사가 괜히 난 게 아니란 걸 알겠더라. 진짜 나도 똑같은 심정이었어. 이 건물주 새끼가 사람들 시켜서 빨리 나가라고 매일같이 찾아오는데 애걸복걸해도 소용없고 공무원 이 새끼들은 다 자기 일 아니라고만 하고. 그래서 가게에 휘발유 뿌리고 그 개새끼들이랑 같이 죽어버리려고 그랬다니까. 나만 그런 게 아니야. 그 동네에서 장사하는 사람들 중에 우리 가게 같은 데가 얼마나 많았다고."

"그래서 물어주셨어요?"

"아니, 안 줬지. 건물주도 소송하느라 내 장사 망한 거 알아서 달라고 안 하더라고. 그때 거기 내 전 재산이 다 있었는데 다 날렸지. 전부 다. 그때 내가 정말 진지하게 자살이란 걸 생각했어. 씨발 내가 죽으면 나 혼자 죽어? 나 이렇게 만든 새끼들 놔두고? 내가 횟집을 했으면 칼을 얼마나 잘 다루겠어? 너 사장이 무서워지면 어떻게 변하는지 모르는 거야. 하지만 그러자니 내 인생이 너무 아깝더라고. 에이, 개 같은 노무 새끼들, 내가 다시 일어선다, 다시 성공해서 떵떵거리며 잘사는 거 보여주겠다, 그게 내 복수다. 그렇게 마음먹었지. 그리고 다시 일어서는 데 10년이 걸렸어. 10년."

나는 첫날부터 마음속으로 그를 얼마나 경멸했던가? 하지만 그는 꼬리와 뿔을 감춘 악마가 아니었다. 그는 내가 농장을 전전하며 만난 사람들 중에서 유일하게 용산 참사를 이야기하면서 철거민 편을 든 사람이었다. 그의 이야기에는 연민이 느껴지는 대목도 공감이 가는 부분도 있었다. 나는 그가 불행한 사건을 저지르지 않고 재기해서 다행이라고

고기로 태어나서

생각한다. 다만 그가 다시 일어서기 위해 그 많은 개들을 짓밟아야만 했는지를 확신할 수 없었다.

#6

　　숙소에서 우리는 고아 형제들처럼 살았다. 집안일은 큰형이 도맡다시피 했다. 그는 집에 들어오면 저녁부터 차렸고 동생들이 밥을 다 먹고 나서야 식탁에서 일어났다. 아침에 제일 먼저 일어나는 것도 큰형이었고 빨래를 돌리고 널고 개는 것도 큰형이었다. 아저씨의 노고에 보답하는 방법은 음식을 칭찬하는 것뿐이었다. 아저씨가 해준 요리는 실제로도 무척 맛있었다. 문제는 그가 요리에 있어서만큼은 자신의 기예에 자부심을 느끼는 예술가였다는 사실이다. 이런 사람이 흐뭇하게 받아들일 만한 찬사를 바치는 것은 쉬운 일이 아니었다.

　"내가 재료도 다 갖춰졌으면 정말 맛있게 할 수 있는데 여기는 조미료도 별로 없고 괜찮은 채소도 없어서 맛이 별로 없을 거야."

　"아니에요. 아저씨 딱 좋아요. 맛있어요."

　"맛있어?"

　"예!"

　"뭐가 맛있어?"

　"예? 아…… 다 맛있어요. 국도 맛있고 반찬도 맛있고……."

　"에이 정말 맛있으면 뭐가 어떻게 좋다 이걸 딱 혀로 알지. 그런 게 없는 거 보니 별로 맛이 없나 보네."

그의 얼굴이 시무룩해졌다.

"이…… 이 고추 볶은 게 맛있네요. 매콤하고…… 또 짭짤한 게……
반찬으로 딱 좋네요."

"아, 그래? 이게 마음에 들어?"

그의 표정이 어린아이처럼 금세 밝아졌다. 하지만 아직 끝난 게 아
니었다.

"기름은 적당한 거 같아? 짠맛이 쎄? 매운 맛이 쎄?"

오답을 피하면서 동시에 아저씨의 예술가로서의 자부심에 상처를
입히지 않는 방법은 하나뿐이었다. 나는 너무 맛있어서 못 견디겠다는
듯이 쉴 새 없이 입 안에 음식을 밀어 넣고 소리쳤다.

"이어 너후 마이허요!"

"아하하 그렇게 맛있어? 그래그래 맛있으면 밥 먹을 때 볼이 그렇게
되지(볼을 빵빵하게 부풀려 보인다). 또 해줄 테니까 많이 먹어. 수리얀
너도 맛있어?"

눈치 빠른 수리얀이 정답을 베꼈다. 그도 입 안 가득 음식을 채워 넣
고는 엄지를 들어 보이며 소리쳤다.

"오이시! 사이코(맛있어, 최고)!"

일본에서 오랫동안 생활한 사람답게 수리얀은 해산물을 좋아했다.
하지만 우리가 해산물을 접하는 건 짬을 갈 때뿐이었다. 하루는 포장
도 뜯지 않은 어묵과 게맛살이 십여 상자 들어왔다. 기계도 멈추고 비
닐부터 벗겼다. 낱개 포장되어 있는 게맛살 때문에 평소보다 훨씬 오

래 시간이 걸렸다.

이날은 유난히 기억에 남는다. 김 실장이 사라지자 봉휘 아저씨는 지렁이를 잡는다며 사라져버렸다. 우리 둘은 두런두런 이야기를 나누며 어묵 포장지를 벗겼다. 나도 수리얀도 짬이 묻지 않은 게맛살을 한 입 베어 물고 싶은 유혹을 느꼈다. 사실은 몇 상자 빼뒀다가 반찬으로 쓰고 싶었는데 김 실장이 눈치 없이 전부 작업대에 쏟아붓는 바람에 하나도 건지지 못했다. 작업이 끝날 때쯤에는 배에서 꼬르륵 소리가 줄기차게 울려댈 만큼 허기졌다. 우리는 음식에 대해 떠들기 시작했다. 나는 짬 속에서 잡채 한 주먹을 들어 올렸다. 면발이 노을을 받아 금빛으로 반짝였다.

"이거 맛있죠. 이거 먹어본 적 있어요?"

이번에는 수리얀이 끄트머리만 남은 피자를 집어 들었다

"고레모 오이시(이것도 맛있어)."

메인 요리가 나왔으니 이번에는 디저트가 나올 차례였다. 나는 한 귀퉁이가 뭉개진 생크림 케이크를 들어 올렸다.

"케이크 좋아해요? 여기선 밥만 먹으니까 단 게 좀 먹고 싶네요."

그렇게 우리는 음식 쓰레기 속에서 서로가 먹고 싶은 음식을 들어 보이며 웃고 떠들었다. 물론 그것들 중에 (사람이) 먹을 수 있는 건 아무것도 없었지만 그 순간엔 초라하거나 처량한 느낌은 없었다. 오히려 즐거웠다. 신병 훈련소에서 편지지 한 귀퉁이에 첫 휴가 나가면 먹고 싶은 것들을 적을 때처럼. '고생도 즐겼다' 따위의 말을 하려는 건 아니다. 나는 버스로 두 시간 거리에 돌아갈 곳이 있었으니 고생이라고 말할 만한 처지도 아니었다. 다만 이곳엔 마음이 통하고 나를 위해주는 동료가 있었고 내게는 그들이 좋은 음식보다 나았다는 것뿐이다. 이날은 마무리도 나쁘지 않았다. 우리가 무슨 얘기를 하는지 눈치챈 봉휘 아저씨가 제대로 실력을 보여주겠다고 큰소리를 쳤다. 아저씨가 만들려는 특식이 양동이 안에 든 지렁이와는 아무 상관이 없기를 바라며 그의 뒤를 따랐다. 그날 저녁도 맛나고 즐거운 식사였다. 정작 뭘 먹었는지는 기억나지 않지만.

먹는 문제에 있어서 사장이 하는 일은 쌀이 떨어지지 않게 하는 것뿐이었다. 대신 월요일마다 50대 여성이 국을 한 솥 끓여놓고 갔다. 사장과는 9시 뉴스에서 내연녀라고 지칭하는 관계의 사람이었다. 국은 아껴 먹어도 수요일 정도면 다 떨어졌다. 반찬이 없으면 사료로 쓰는 소시지를 가져다 먹었다. 종류는 무척 많았다. 살라미, 프랑크푸르트, 비엔나, 핫도그, 부어스트 등등. 그중에서 유통기한이 지나지 않은 것들을 골랐지만 별 의미는 없었다. 이런 것들은 공장에서 내보낼 때 다시 팔 수 없도록 포장을 칼로 찢는다. 그런데 사료용 소시지를 반찬으로 쓰는 건 우리만이 아니었다.

닭발과 소시지를 가져오는 일은 김 실장이 맡았다. 그는 닭발을 가지러 가기 전에 항상 소시지 몇 상자를 트럭에 실었다.

"근데 닭발 공장에 소시지는 왜 가지고 가시는 거예요?"

"거기서 지금 일하는 게 태국 여자애들인데 한 열댓 명 돼. 근데 거기 사장 마누라가 태국 애들 반찬값이 너무 많이 나온다고 우리 소시지 좀 갖다 달라 그러더라고."

사람의 마음이란 게 참 이상하다. 우리가 그걸 먹는 건 아무렇지 않았다. 뭐 대단한 부귀영화를 기대하며 여기에 온 것도 아니었고 한 끼 배불리 먹으면 그걸로 만족했으니까. 하지만 그걸 다른 사람들에게 먹인다는 얘길 들으니 너무한다는 생각이 들었다. 태국인은 여성의 경우 남성보다 임금이 몇 십만 원 적다고 했다. 그렇다면 그 돈으로 식재료 정도는 싼 게 아니라 정상인 걸 살 수 있는 게 아닐까 싶었다. 그 얘기를 수리얀에게 들려줬다. 다음부터 그는 김 실장이 그만하면 됐다고 말릴 때까지 소시지를 실었다. 평소보다 두세 배 많았는데 김 실장이 너무 많다며 조금 덜라고 하면 손사래를 치면서 그냥 가져가라고 손짓을 했다. 수리얀이 그런 식으로 고집을 부리는 건 이때가 유일했다.

이런 일터는 사람을 대담하게 만든다. 고용주에 대한 아무런 예의도 차리지 않게 되는 것이다. 그렇다고 우리가 게으름을 피웠다거나 한 건 아니었다. 우리는 무단결근을 한 적도 지시한 일을 제시간 안에 끝마치지 못한 적도 없었다. 내가 냉동 창고에 기대 앉아 있다가 사장을 봐도 벌떡 일어나지 않은 건 아침부터 저녁까지 땡볕 아래에서 일하느라 진이 빠져서 그런 것일 뿐이었다. 수리얀과 봉휘 아저씨는 멀리서 사장의 머리끝만 보여도 벌떡 일어나 청소라도 하는 척했다. 그들은 나처럼 쉽게 일자리를 바꿀 수 없었기에 그랬던 것이니 이 점에선 내가 비겁했다고 해야 맞을 것이다.

한번은 작업이 8시가 넘어서까지 이어졌다. 농장 여기저기 건축 자재들이 쌓여 있었는데 그중 몇 개를 트럭에 옮겨놔야 했다. 날이 어두워져서 우리는 손전등을 들고 사장이 말한 물건을 찾아 풀숲을 뒤졌다. 나는 지치고 배고파서 바위에 걸터앉아 시간만 죽였다.

"야, 너 안 찾고 여기서 뭐해?"

"퇴근 안 해요? 날도 어두워졌는데……."

그는 한심하다는 듯이 나를 내려다보다가 한마디를 내뱉고 돌아섰다.

"……세상이 그렇게 호락호락하지 않아."

그 말이 머릿속에서 계속 맴돌았다. 나 같은 사람에게 세상이 호락호락하지 않은 것이야 당연한 일이겠지만 사장에게도 그랬을까?

여기서는 비가 오면 똥이 통로로 넘치고 음식 쓰레기가 도랑을 타고 산 아래 저수지로 흘러들었다.

"여기는 정화조 같은 거 없어도 돼요?"

"그런 거 짓는 데만 몇 억인데 우리 같은 데는 돈이 없어서 그런 거 못하지. 나 아는 어떤 사람은 깊은 산속에 땅을 사서 거기다 똥 같은 거 쏟아붓고 그랬어. 그러다 너무 많이 버무려서 더 이상 할 수 없게 되잖아? 그럼 또 다른 땅을 사서 거기에다 똑같이 하는 거야. 그런 건 불법이라 걸리면 벌금 폭탄 맞는다고. 그렇지만 처리 비용보다 벌금이 싸게 먹히면 또 하는 거야."

"우리는 주변에 그래도 농사짓는 데가 별로 없으니까 이렇게 하는 거야. 주변에 농사짓고 밭 하고 그럼 이 농장도 못해. 요 앞에 지금은 인삼밭인데 거기가 원래는 논농사 많이 지었어. 그런데 논 주인이 민

원을 넣은 거야. 사진도 찍어서 보내줬는데 정말 논 안에 우리 짬밥 건더기들, 밥알 같은 게 둥둥 떠 있어. 그래서 우리가 호스로 저기 옆 동네 저수지의 물을 연결해주는 걸로 해결 봤지."

나는 매일같이 일이 힘들다고 투덜댔지만 수리얀과 봉휘 아저씨는 그보다 더 힘든 시기를 얼마든지 말할 수 있었다.

"얼마 전에는 개장 지붕이 떨어져서 개가 빠져나간거야. 동네 사람들이 놀라서 사장한테 전화를 해서 우리도 사장 전화 받고 자다가 새벽에 불려나갔어. 날 새도록 뛰어다니다가 간신히 잡고 한두 시간 자고 또 일하러 나갔어."

"작년 겨울엔 양계장 가서 12시까지 일했어."

"뭐 했는데요?"

"닭 잡았어. 내가 칼로 목 자르고 수리얀이 내장 빼내서 기계에 넣고. 그것도 여기서 5시까지 일하다 간 거야."

"그럼 자정까지 일하고 다음 날은 쉬었어요?"

"아니, 쉬는 게 어디 있어. 다음 날도 바로 7시부터 일했지."

"그럼 돈은 더 줬어요?"

"아니."

"코넨노 후유 박 씨 차이나 컴백. 아또 와따시 히또리데 시고또. 젠부 히또리데. 이까게즈. 아노또끼 혼또니 무즈까시(작년 겨울 박 씨 중국 돌아가. 그리고 나서 나 혼자 일했어. 전부 혼자. 한 달 동안. 그때 정말 힘들었어)."

이 얘기는 봉휘 아저씨도 확인해줬다. 아저씨가 집안일 때문에 한 달간 중국에 갔다 온 적이 있는데 그동안 모든 일을 수리얀 혼자서 처리했다. 나보고 혼자서 짬 갈고 고기 갈고 개밥 주라고 했다면 일주일도 버티지 못했을 거다.

"그러면 수리얀은 그때 쉬지도 못했겠네요?"

"그때만 그런 게 아니야. 여기는 두 달 전까지 쉬는 날이 아예 없었어."

"예? 진짜요? 왜요?"

"일이 있다는데 어떡해, 그럼?"

"안 힘드셨어요?"

"한 씨. 쉬는 날 없이 일을 하면 안 힘든 일도 힘든 거야."

그의 말이 사실이라면 반 년 이상 하루도 쉬지 않고 일한 것이었다. 나는 봉휘 아저씨가 과장을 한 거지 싶어서 사장에게 사실인지 물어봤다. 그는 사실이라고 했고 그 점을 이렇게 정당화했다.

"그게 고용주 입장에선 다 그럴 만한 이유가 있는 거야. 내가 일 어떻게 하고 얼마나 걸리고 하는 거 다 알고 있다고. 사장이 그냥 휘휘 돌아다니는 것 같아도 다 알고 있어. 여기 일이 무슨 공장처럼 매 순간 있는 게 아니잖아? 중간중간 쉬면서 하는 거 다 알고 있다고. 그렇다고 사장이 돈을 덜 줘? 안 그러잖아? 내가 예전에 직원 관리해봐서 아는데 일 안 한 시간은 원래 돈 안 주는 거야. 대신 그렇게 쉬는 시간을 다 합치면 이틀 치는 되니까 중간에 쉬엄쉬엄 하는 걸로 휴일 대신하는 거지."

사장이 휴일을 제거해도 될 만큼 충분하다고 말한 그 휴식이란 우리

고기로 태어나서

가 짬을 갈거나 케이지를 수리하다 말고 땅바닥에 철퍼덕 주저앉아 잠시 숨을 돌리는 걸 말하는데 그건 제대로 된 휴식이라고 할 수 없었다. 여기선 냄새도 햇빛도 피할 곳이 없었기 때문에 몸만 움직이지 않을 뿐 피로는 계속 쌓였다. 정 견딜 수 없을 땐 냉동 창고에 들어갔지만 이 안은 너무 추워서 1, 2분 이상 있을 수가 없었다.

봉휘 아저씨와 수리얀이 겪었던 모든 일들(새벽부터 시작해 자정이 넘어서도 일하고 그렇게 일한 것에 대해 가산 임금도 받지 못하고 몇 달간 휴일도 없이 일하고 등등)이 법적으로는 아무 문제가 없었다. 농축산업 종사자는 일반적인 근로기준법을 적용받지 않았다. 경쟁력 확보를 위해 농업 분야를 이러한 규정들의 예외 영역으로 정했기 때문이다.* 농업 분야는 관행적으로 최저임금도 제대로 적용하지 않았다(경험상 보통 고용주가 식사를 제공하는 경우는 월급 130만 원, 그렇지 않은 경우는 150만 원을 받았다). 하기사 수리얀 같은 사람들에겐 최저임금이라는 용어는 의미가 없다. 왜냐하면 이 말은 최저임금보다 높은 임금을 받을 수 있다는

---

* 법을 보면 다음과 같다. "근로기준법 제63조 (적용의 제외) 이 장과 제5장에서 정한 근로시간, 휴게와 휴일에 관한 규정은 다음 각 호의 어느 하나에 해당하는 근로자에 대하여는 적용하지 아니한다(개정 2010.6.4.).
1. 토지의 경적·개간, 식물의 재식·재배·채취 사업, 그 밖의 농림 사업.
2. 동물의 사육, 수산 동식물의 채포·양식 사업, 그 밖의 축산, 양잠, 수산 사업."
이런 보도도 있다. "이미 2014년 앰네스티는 근로기준법 제63조를 폐지하고 근로 기간, 일일 휴게 시간, 유급 주휴일에 대한 권리 등 동법이 보호하는 권리를 이주노동자 등 모든 노동자에게 확대하라고 우리 정부에게 권고했다." 〈법률신문〉, 2016.12.14.

것처럼 들리기 때문이다. 이들이 고개를 절래절래 흔들며 돌아서지 않게 하는 금액이 받을 수 있는 유일한 임금이었다.

이렇게 평가를 내리는 사람이 있을지 모르겠다. 그래도 여기에서는 한국인과 외국인 사이의 임금 차이는 없지 않냐고. 그런 지적도 물론 타당하지만 내 해석은 이렇다. 이제 한국인들은 이런 지방의 외딴 농장에서 일하지 않는다. 이런 곳들은 더 이상 한국인들이 일자리를 구하는 작업장이 아니다. 나 같은 30대 한국인이 이런 농장에서 일하는 것은 대단히 예외적인 경우였다. 따라서 이 경우는 수리얀이 한국인과 같은 월급을 받은 게 아니라 내가 태국인과 같은 월급을 받았다고 봐야 정확할 것이다.

문제의 '세상'은 사장이 제대로 된 사료 대신 음식 쓰레기를 개들에게 먹일 수 있게 해줬고 그가 산과 논을 더럽혀도 그대로 내버려뒀고 노동자들을 혹사시켜도 문제 삼지 않았다. 그가 교묘하게 법망을 피한 것이 아니라 정상적인 법체계 안에서 그렇게 할 수 있었던 것이다. 게다가 이 계산에는 아직 동물이 겪는 고통은 포함시키지도 않았다. 그러니 사장의 말에 동의하지 않을 수 없다. 세상은 호락호락하지 않다. 세상은 사장 같은 사람들에게 호락호락한 정도가 아니라 수리얀이나 봉휘 아저씨 같은 사람들은 결코 누릴 수 없는 특혜를 몰아준 것처럼 보인다.

고기로 태어나서

　　내가 개 농장에서 가장 좋아했던 시간은 김 실장을 따라나
설 때였다. 그는 짬을 수거할 때나 소시지를 받으러 갈 때 나를 데려가
곤 했다. 그는 키가 훤칠하고 눈이 부리부리한 미남이었다. 나이는 사
장과 동갑이었지만 피부가 좋아서 사장보다 대여섯 살 어려 보였다.
봉휘 아저씨나 수리얀만큼은 아니었지만 나는 김 실장도 꽤 마음에 들
었다. 그는 내게 무척 다정했는데 그건 단순히 내가 한국 사람이었기
때문이었다. 다른 사람들이 있는 자리에서 그가 나를 대하는 태도를
보면 내가 먼저 얼굴이 화끈거릴 정도였다.

　그는 어렸을 적부터 운전하는 걸 좋아해서 카레이서가 되는 게 꿈이
었다. 하지만 '오토바이가 한 대 팔리면 과부가 하나 늘어난다'는 믿음
을 철저하게 신봉하셨던 어머니의 반대로 바퀴에 인생을 거는 계획은
포기해야만 했다. 그는 정말로 운전 솜씨가 뛰어나서 덜덜거리는 고물
트럭을 경차라도 되는 것처럼 날렵하게 몰았다. 안타깝게도 뭐든지 지
나치면 부족한 것만 못하다는 말은 이 경우에도 사실이었다. 그가 아
무리 운전을 잘해도 함께 차에 타면 마음을 놓을 수가 없었다. 그는 함
께 차에 탄 사람이 안전벨트를 매는 걸 자신의 운전 실력에 대한 모욕
으로 받아들였다. 톨게이트나 경찰을 지나칠 때만 벨트를 맬 수 있었
다. 내가 모른 척 벨트를 매고 있으면 김 실장이 즉시 실력 행사에 들어
갔다.

　"어? 벨트 아직 안 풀었네? 왜 불안해? 내가 운전하는 거 못 믿겠어?

혼자만 살겠다 이거지? 내가 진짜 오줌 싸게 만들어볼까?"

그리고는 시속 80~90킬로로 달리는 고속도로 한가운데에서 액션영화를 찍듯 핸들을 좌우로 흔들었다.

무서운 이야기는 계속된다. 그는 동승자에게 단호하게 안전벨트 풀것을 요구하는 사람답지 않게 좀처럼 앞을 보며 운전을 하지 않았다. 그는 말하는 걸 좋아해서 핸들을 잡고 있는 내내 쉬지 않고 떠들었다. 그는 말을 재미있게 했고 또 그의 이야기 속에는 내가 알아둬야 할 것들이 많아서 이것저것 묻고 싶었지만 정작 내가 가장 많이 했던 말은 "실장님! 앞에 차요!"였다. 그러거나 말거나 그는 절반 정도는 내 쪽으로 고개를 돌린 채 운전을 했다. 나는 창문 위에 달린 손잡이를 꼭 쥐고서 그의 관자놀이에 눈이 하나 달려 있기를 바랐다.

짐작하기에 그는 사장이 자신의 농장들을 내게 보여준 것과 비슷한 맥락에서 나를 데리고 다녔던 것 같다. 그는 짬 수거 하는 일이 어떻게 돌아가는지 자세하게 설명해줬고 내게는 이 업계의 안내자 같은 사람이었다. 내가 처음으로 김 실장을 따라나선 날은 일요일이었다. 이날은 포천의 휴가지 주변 식당들과 컨트리클럽을 돌았다.

"우리 농장은 수거해 오는 가게가 몇 개나 돼요?"

"어디 보자…… 내가 맡은 게 29개인가 되고…… 김 기사가 다니는데는 30군데가 좀 넘을 거야. 이게 원래 내가 하던 일이 아닌데…… 나는 원래 닭발이랑 소시지 가져오고 양계장이랑 양돈장에 짬밥 갖다 주는 것만 했는데 지입 기사가 그만두는 바람에 내가 이거까지 하는 거

고기로 태어나서

야. 그래서 내가 정신이 없는 거야. 이게 우리가 독자적으로 하는 게 아니야. 짬 수거 처리하는 업체가 있어. 걔네는 허가증을 받은 데야. 우리는 걔네한테서 말하자면 하청을 받은 거지. 그러면 걔네가 30프로 우리가 나머지 70프로 갖는 거야. 그리고 우리가 지입을 주면……."

"근데 지입이 뭐예요?"

"지입이 뭔지 몰라? 그러니까 지입 기사는 우리 농장의 하청업체 같은 거지. 연료비 인건비 이런 거 없이 기사가 수거해 받은 돈에서 몇 프로 가져가는 거야. 나머지 70프로에서 기사가 30프로 가져가는데 요즘 양이 많이 떨어지고 또 방학까지 겹쳐서 지입 기사도 수지가 안 맞아 그만뒀어."

"수거하면 돈은 얼마나 받는데요?"

"지금은 리터당 160원. 그 파란통이 200리터짜리니까 한 통에 3만 8,500원 정도 될 거야. 거기서 우리가 가져가는 게 2만 8,000원 정도 되는 거고. 사실 내 친구가(사장을 가리킨다) 몇 년 전부터 자기가 직접 짬밥 공장을 차리려고 하는데 여태 허가를 못 땄어. 그게 자기 땅에 시설이 있어야 되는데 지금 개 농장은 임대한 거거든. 그래서 너도 얼마 전에 양돈장 가 봤지? 거기에다 이제 짬 기계를 옮겨놓으려고 하고 있지. 그치만 지금까지 돈만 한 3억 날렸을 걸. 나도 예전에 하던 일 그만두고 이 짬밥 사업을 좀 배워보려고 여기 온 거거든. 이제 9월이면 2년 짼데, 이게 처음엔 분명 돈이 될 것 같았는데 알면 알수록 좀 어렵겠더라고. 그래서 난 딴 거 찾아보려고."

"어떤 점이 어려운데요?"

"이거는 단순히 그냥 짬을 가지고 오기만 한다고 되는 게 아니야. 중요한 건 그걸 처리할 능력이 있는 거야. 너도 이제 알게 될 거야. 수거하는 사람들이 짬 처리 하는 것 때문에 얼마나 똥줄이 타는지. 관청에서 허가증을 내줄 때 그걸 수거할 수 있다고 주는 게 아니라 처리할 수 있는가를 보고 주는 거야. 그렇잖아? 그냥 사무실 하나 빌려서 기사들 부리고 전화번호나 관리하는 거야 아무나 하지. 나도 그런 거라고 생각했고. 하지만 직접 해보니까 처리를 못 하면 아무 소용 없는 거야."

"처리야 여기서 하듯이 개한테 먹이면 되잖아요?"

"그렇게 간단하지가 않아. 관청에서 허가를 내주는 조건이 뭐냐면 자기 동물한테만 먹이라는 거야. 그걸 절대 팔거나 남한테 주지 말고 꼭 자기 소유의 동물한테만 먹이라고. 그러니까 짬을, 예를 들어 1톤을 수거한다고 하면 그 짬밥 1톤치를 먹을 동물이 있어야 하는 거야. 그래서 짬밥 사업 크게 하는 데는 조합 같은 걸 만들어. 짬을 자기네 조합 사람들한테 배분하는 거지. 자기 조합원 주는 건 상관없거든."

"내가 딱 한 군데 알아. 알짜배기로 하는 사람. 그 사람은 딱 자기 돼지 먹일 정도만 수거해서 키워. 대신 이 사람이 가는 데가 여기서 멀지. 그래서 다른 데서 안 가져가려고 하는 것들, 그런 것만 골라서 가져와. 대신 그럴 땐 또 협상을 해. 거리가 머니까 얼마를 더 달라고. 음식점이야 짬을 빨리 빼야 되니까. 그렇게 해서 그 사람은 내가 아는 걸로만 1,300만 원인가 벌어 한 달에. 대신 일은 겁나게 힘들지. 야밤에 그거 수거해서 낮에 돼지 밥 주고 또 운전하고, 쉬는 날도 없이. 그래도 그런 사람이 돈은 확실하게 벌어."

"짬을 가져오기 싫어하는 곳이 있는 줄은 몰랐네요."

"당연히 있지. 오늘 가는 데도 그런 데 중 하나야."

"어디요?"

"숭어 매운탕집."

"왜요, 멀어서요?"

"아니, 멀어서가 아니라 짬 수거 하는 데는 생선집을 다 싫어해. 원래 생선 가게는 안 가. 개들이 생선을 안 먹거든. 짬은 생선 많이 들어가면 맛이 달라진다고. 그럼 개도 안 먹어."

"그렇게 안 받으려고 하는 데가 또 있어요?"

"반찬 가게도 싫어하지."

"왜요?"

"밥이 없잖아? 순 짠지뿐이고. 그럼 어떻게 되겠어? 염분이 높아진다고. 동물도 사람이랑 마찬가지야. 짠 거 너무 많이 먹으면 설사한다고. 개들이 뭘로 제일 많이 죽는 줄 알아? 장염이야. 장염. 그런 거 받을 때는 소 밥으로 빼놓는 채소를 더 갈아 넣고 그러지."

"그럼 이런 데는 일주일에 한 번씩 가는 거예요?"

"그게 정해져 있어. 월금은 식당, 화목토는 학교, 공공기관. 학교가 양도 많고 질도 좋지. 월요일엔 예식장을 가는데 거기는 한 번 가져올 때 많으면 열일곱 통까지 나와. 그래서 거기 갈 때는 이런 작은 차 못 가져가. 한 3.5톤짜리 가져가야지. 겨울에는 상관없어. 일주일에 한 번씩 가도 상태가 멀쩡하다고. 그런데 여름에는 며칠만 지나도 금방 상하고 구더기 생기니까 자주 가는 게 좋지. 저래 보여도 상태 좋을 때

가져와서 갈아야 한단 말이야."

"그러면 우리도 조합원이 있어요?"

"아니, 우리는 없어. 저거 수거하고 돈 받을 때는 좋지만 놔두면 놔둘수록 시한폭탄이야. 저거 제때 처리 못 하면 정말 큰일 나. 너 강아지사 옆에 커다란 비닐하우스에다가 똥 잔뜩 채워놓은 거 봤지? 그게 짬을 처리 못 해서 결국 거기다가 쏟아부은 거야. 이제 그거는 우리 돈 내고 처리업체 불러서 치워야 돼."

김 실장이 말하는 비닐하우스 안에는 어른 허리 높이 정도로 흑갈색의 물컹물컹해 보이는 덩어리들이 채워져 있었다. 얼마나 오래됐는지 그 위에 잡초가 자라고 있었다.

"그러면 그렇게 처리 못 할 때 대책 같은 거 없어요?"

"그때는 우리 인맥 통해서 아는 사람들 농장에 조금씩 갖다 주지. 그 사람들은 사룟값 줄여서 좋고 우리도 짬 처리해서 좋고. 그렇게 해도 처리 못 할 때는 돈 주고서 맡겨야 돼."

"그러니까 우리 짬을 갖다 주고 짬을 받는 쪽한테 돈도 준다고요?"

"그래. 이게 그만큼 중요한 거야. 그러면 하루에 열 통 받으면 한 달에 30만 원 주겠다고 하고 맡겨."

"그러면 돈이 남아요?"

"그렇게라도 해야 남지. 만약 끝까지 처리 못 하면 대규모로 하는 진짜 큰 짬밥 공장 가져가야 한다고. 그러면 지들이 갈아서 처리하는데 그런데는 통당 만 원씩 받아. 그렇게 해서 하루에 열 통이면 한 달에 얼마야? 300만 원이야. 그 돈 주고 처리하느니 30만 원으로 해결하는 게 낫지. 안 그래? 대신 그렇게 돈을 주면서 내주는 건 좋은 거 안 주지. 아까처럼 생선이나 짠지 많은 거, 그런 거 주지. 하지만 그것도 조절을 잘해야 돼."

"장염 때문에요?"

"장염도 장염이지만 안 좋은 짬밥을 먹으면 성장 속도가 떨어져. 그러면 저쪽에서 우리 짬은 안 받으려고 하지. 어차피 짬 받아달라는 데는 넘쳐나니까. 이게 어찌 보면 폭탄 돌리기 같은 거야. 그래서 짬 처리하는 게 보통 신경 쓰이는 일이 아니야."

"그럼 실장님도 가축 기르면서 짬도 수거하시면 되잖아요?"

"그런데 가축 기르는 게 어려워. 이건 아무나 못 해. 짬이야 꾸준히 한 만큼 결과가 나오지만 가축 기르는 건 변수가 너무 많아. 내가 열심히 해도 결과가 그만큼 나오는 게 아니야. 내 친구가 얼마 전에 병아리 4만 5,000마리를 들여왔다고. 그걸 팔았으면 한 1억 넘게 남았을 텐데 우리가 팔려고 했을 때 AI(조류인플루엔자) 때문에 이동 제한이 걸려서 이걸 팔 수 없게 된 거야. 그것만 그랬나, 올 초에 돼지를 300마리 들여왔다고. 그런데 우리 것은 괜찮았는데 근처에 구제역 걸린 게 있어서 예방 차원에서 그걸 다 죽였다고 그때. 그걸 보상을 다 준다고 그랬는데 아직도 보상을 못 받았어. 나는 짬밥 사업은 할 수 있지만 가축 기르는 건 못 해. 그래서 내가 가망이 없다고 하는 거야."

작업은 간단했다. 음식 쓰레기가 든 통을 빈 통으로 교체해주고 짬이 든 통은 차에 실었다. 김 실장이 그때그때 수거한 음식 쓰레기의 양을 기록했는데 식당 직원이 확인하지도 않았다. 그저 김 실장이 통이

찬 정도를 보고 30리터, 50리터 하고 적을 뿐이었다. 서너 시간을 돌자 짐칸이 가득 찼다. 그렇게 개들이 먹을, 돼지들이 먹을, 닭들이 먹을, 그리고 짬을 갈 때 몇 방울 얼굴에 튀는 것으로 나도 맛보게 될 음식 쓰레기가 모였다.

마지막으로 들른 곳은 컨트리클럽이었다. 냄새가 심하다며 다짜고짜 시비조로 나오는 경비원을 지나 구불구불 이어지는 도로를 한참 달려 식당에 도착했다. 골프장에선 풍채 좋은 중년 남자들이 그림처럼 펼쳐진 코스 위를 거닐고 있었다. 그들 뒤를 자그마한 체구의 젊은 여자들이 자기 몸집만 한 가방을 메고 따라다녔다. 남녀 간의 가사 분담 비율을 표현한 병적인 행위 예술을 보는 것 같았다.

나는 골프장을 지나칠 때마다 알록달록한 골프복을 입은 사람들 대신에 그곳에서 가축들이 풀을 뜯는 모습을 떠올려본다. 어떤 사람들은 한국은 땅이 좁아서 유럽 국가들에서 그러는 것처럼 가축을 풀어놓고 기르는 방식이 불가능하다고 하는데 전국 곳곳에서 골프장을 짓는다며 산을 깎고 땅을 파헤치는 걸 보고 있으면 그것도 핑계일 뿐이라는 생각이 든다. 물론 자연에게 가장 좋은 건 그대로 내버려두는 것이겠지만 만약 이용을 해야만 하겠다면 골프장 같은 시설보다 인간과 동물이 건강하게 공존할 수 있는 공간을 만드는 것이 먼저가 아닐까 싶었다.

김 실장은 농장으로 돌아가기 전에 농장 근처의 음식점에 들렀다. 그곳은 근방에 사는 주민들의 사랑방 같은 곳이었다. 김 실장도 일 때문이 아니라 사람들과 이야기를 나누고 나도 소개시킬 걸 겸해서 온

고기로 태어나서

것이었다. 물가에 설치한 평상에서 50대 남녀 여남은 명이 삶은 옥수수를 먹으며 이야기를 나누고 있었다. 지난 주말 단체 손님들은 해달라는 게 많아서 상대하기 힘들었다, 아랫마을 철물점 사장은 또 술 퍼마시다 사고를 쳤다 등등. 친절한 사람들이었다. 내게도 손님 대접을 해야 한다면서 급하게 커피를 끓이고 달걀을 삶고 참외를 깎았다. 나는 그들 모두가 개 농장이 어떻게 돌아가는지 나만큼이나 잘 알고 있는 걸 보고 조금 놀랐다. 짬밥의 꼬락서니가 어떻고 농장이 얼마나 더럽고 냄새나는지, 개들이 어느 정도 크기의 케이지에서 살고 있다는 것뿐 아니라 비가 내리면 짬밥이 저수지로 흘러드는 것까지 다 알고 있었다. 그런 일들이 괜찮은지 물어보자 상대는 내가 왜 그런 걸 물어보는지 즉시 이해했다.

"개 키우는 게 다 그런 거지 뭐."

그 대답은 아무런 노력도 들이지 않고 흘러나왔기 때문에 더욱더 확신에 차 있는 듯이 들렸다. 내 자신이 쓸데없는 참견쟁이처럼 느껴졌다. 이곳의 물을 마시고 이곳의 쌀을 먹는 사람들이 괜찮다고 하지 않는가? 그런데 내가 뭐라고 그게 더럽고 끔찍하다고 난리란 말인가? 나는 주어진 조건 안에서 최선을 다해 생계를 꾸려가는 사람들을 이론서 한 귀퉁이에서나 찾을 수 있을 법한 기준을 가지고 폄하하고 있는 걸까? '다 그런 거지'라는 말속엔 내 비난보다 훨씬 더 거대한 존재에게 호소하는 울림이 있었다. 나는 대꾸할 말을 찾을 수가 없었다.

#8

　　서울에서 짬을 수거할 때도 동행한 적이 있었다. 서울 어디쯤이냐고 물었더니 김 실장은 '중앙청 근처'라고만 대답했다. 그래서 과천으로 가나 싶었는데 막상 도착해보니 상명대 근처였다. 그 주변에선 중앙청이라고 부를 만한 정부 건물이 없었다. 그곳에서 경복궁이 멀지 않은 걸로 봐서 김 실장이 말한 중앙청은 1996년에 철거한 조선총독부 건물인 듯싶었다. 이때는 3.5톤 트럭을 사용했다. 이 차는 갑자기 시동이 꺼지는 결함이 있었음에도 불구하고 운전 중 안전벨트 착용 금지 규칙은 여전히 유효했다. 나는 수시로 떠오르는 교통사고 이미지를 머릿속에서 떨치기 위해 계속해서 질문을 했다.

　"그런데 새끼 밴 개가 거의 없던데 이래서 농장이 운영되나요?"

　"아, 내 말이 그거야. 내 친구는 새 농장 허가받으러 다닌다고 정신없고. 나는 이거 하고 있고. 원래 내 친구 동생이랑 같이 했었어. 근데 걔는 참 타이밍이, 내가 그만두겠다 말하려고 할 때쯤 자기는 개 농장 못 하겠다고 먼저 식당 차려서 나간 거야. 그래서 잠깐 친구 아들을 일 좀 시켜보려고 했는데 걔도 자기는 개 농장 싫다고 아예 여기 들어오려고 하지도 않아. 그리고 나서 지입 기사까지 그만두니까 개 관리할 사람이 있나? 그래서 그걸 할 사람을 하나 구한다고 했는데 온 게 너야."

　"큰 놈이 또 그만큼 큰 새끼를 낳는 건데. 일단 무슨 동물이든 몸집이 큰 놈이 잘 살아남아. 너 강아지 생존율이 얼마나 되는 줄 알아?

30프로면 많이 살린 거야. 열 마리 낳으면 일곱 마리는 죽어. 그런데 작년 겨울엔 생존율이 얼마였는지 알아? 5프로였어. 10마리 낳으면 겨우 한 마리 살릴까 말까였어. 진짜 미친다. 강아지 낳으면 방 안에 들여놓고 추울까 봐 거기서 먹이고 똥 치우고 재우고 하면서 그렇게 키워. 밤새 잠도 못 자고 돌봤는데 죽어버리면 정말 미쳐."

"뭣 때문에 그렇게 많이 죽는 거예요?"

"이유야 오만 가지지. 우리가 모르는 이유도 많고. 장염으로도 많이 죽어."

"장염이요? 새끼들은 어미 젖 먹는 거 아니에요?"

"그렇지. 그치만 결국은 어미가 먹는 걸 새끼도 먹는 거 아냐? 어미가 그런 음식을 먹으니 새끼도 그런 병에 걸리는 거지."

"젖은 언제쯤 떼요?"

"한 40일쯤 떼지. 그 이상 놔두면 어미 개가 힘들어. 젖이 잘 나오면 괜찮은데 그렇지 않은 게 있잖아? 그럼 새끼들이 젖을 막 물고서 잡아당긴다고. 그러면 상처 나고 그러니까 가능한 일찍 떼게 하지."

"내가 여기서 이러고 있지만 개를 엄청 좋아하는 사람이야. 내가 요크셔테리어를 13년을 키우다 개가 늙어서 죽었어. 개가 13년을 살았으면 사람으로 치면 100살 가까이 산 거야. 그렇게 오래 기르다 개가 죽으면 다시는 개 못 키운다 그러더라고. 그런데 어쩌다 보니 또 개를 키우게 된 거지."

"그러면 여기서 일하는 게 좀 부담스럽지 않으세요?"

"아아니! 그거는 애완견이고 이거는 식용으로 키우는 거니까. 두 개는 완전히 다른 거야."*

가장 먼저 도착한 곳은 대형 예식장이었다. 지하 주차장에 차를 세우고 통을 실었다.

"내가 지난번에 얘기했던 데가 여기야. 한 번에 열일곱 통씩 나온다는 데. 요즘은 한여름이라 결혼식이 거의 없어서 일고여덟 통 정도 나와. 예식장은 월요일에 빼는데 주중에 행사가 많을 때에는 주말 전에 빼달라고 연락이 와. 결혼식이 주말이잖아. 그리고 여기는 우리도 직원 식당에서 밥을 먹을 수 있어서 좋아."

우리는 허리춤에 무전기를 찬 예식장 직원들 틈에 섞여 점심을 먹었다. 콩나물국에 밥을 말아 들이마시고 자리에서 일어났다. 다음에는 근처의 고깃집과 술집을 돌았다. 오후에는 남양주의 별내 신도시라는 곳으로 갔다. 황량한 벌판 한가운데 새로 지은 고층 아파트 몇 동이 마치 거인들의 묘비석마냥 세워져 있었다. 쓸쓸한 노년을 보내기에 안성맞춤인 무미건조한 동네였다. 신도시답게 바둑판식으로 정리된 상점가를 돌며 짬을 수거했다. 이곳은 여전히 건설이 진행 중이었는데 조만간 '제4구역' 입주를 앞두고 있었다.

"짬만 봐도 장사가 잘되나 안되나 바로 알 수 있어. 여기는 죄다 한

---

* 역사학자 키스 토마스는 "애완동물이란 집 안에 들이고 이름을 붙이며 절대 먹지 않는 대상"이라고 정의했다. 또 인류 동물학자 제임스 서펠은 애완동물에 대해 "우리와 함께 살지만 뚜렷한 역할은 없는 동물"인 것이라 했다. 학자들의 견해에 토를 달 생각은 없지만, 어째선지 두 경우 모두 백수로 부모님 집에 얹혀살던 시절의 나에게 그대로 적용할 수 있는 설명이다.

고기로 태어나서

10분의 1 정도밖에 안 찼잖아? 이 동네는 아직 사람이 없어서 장사가 잘 안돼. 동네에 사람은 없고 외부에서 찾아오기엔 멀고. 이제 이렇게 짬이 계속 줄다가 문 닫는 거야."

김 실장은 이곳에서 계약을 따내고 싶어 했다. 실제로 우리가 통을 교체하고 있을 때 30대 남자가 근처에서 새로 갈빗집을 준비 중이라며 명함을 받아갔다.

"이런 식으로 우리가 직접 계약하는 식당이 많을수록 좋아. 이건 100프로 우리가 먹는 거거든. 하지만 큰 기대는 안 해. 왜냐? 이 짬밥 사업에는 서비스의 질 차이란 게 없거든. 이런 식당마다 짬 수거하는 업체가 수시로 영업을 다닌다고. 가격이 1원이라도 낮으면 바로 바꾸는 거야."

"그래서 규모 큰 데, 학교나 병원 같은 데는 공개 입찰을 해서 들어가는 거야. 그래서 이런 데는 일반 식당보다 싸. 우리도 원래는 리터당 160원이지만 학교 같은 데는 120원 어떤 때는 100원까지 내리고 그래."

마지막은 아파트 건설 현장의 함바 식당이었다.

"함바 식당 이런 데는 아무 때나 못가. 이런 데는 점심때 너무 바빠. 그때 피해서 2~4시 사이에 와달라고 그래. 그러면 내가 밥을 못 먹지. 이런 데 건너뛰고 다시 돌아와서 수거하면 내가 밥 먹을 시간이 사라지니까. 그래서 월요일이 좋은 거야. 예식장에서 밥을 먹을 수 있으니까."

"근데 우리는 강남에는 거래하는 데가 없어요?"

"강남은 없어. 우린 다 강북이야."

"강남은 거리가 멀어서 안 가는 거예요?"

"뭐 그런 것도 있지만 그것보단 강남은 뚫기 힘들어. 너 이게 별거 아닌 것 같아 보여도 우리가 수거하는 지역도 프리미엄이 있어. 우리는 강북에서도 알짜배기 많이 갖고 있다고. 누가 우리 수거하는 데 들어오려면 프리미엄 내고 들어와야 돼."

"프리미엄이 권리금 같은 거 말하는 거예요?"

"그렇지. 그런데 만약에 우리 지역이 1,000만 원이면 강남 좋은 데는 3,000만 원에서 5,000만 원. 이 정도야."

"왜요?"

"왜긴 왜야? 짬밥 질이 좋으니까 그렇지. 생각을 해봐라. 강북 식당에서 나온 음식이랑 강남 식당에서 나온 음식이랑 뭐가 좋겠냐?"

"강남에도 좋은 식당이 있고 안 좋은 식당이 있는 거잖아요?"

"그건 니가 뭘 모르는 거야. 강남이 확실히 달라. 짬밥 업계에서도 최고로 치는 짬밥이 있다고. 학교 짬밥 좋고, 병원 짬밥 좋고. 그치만 최고는 호텔 짬밥이야. 호텔이 어떤 데야? 최고의 재료로 최고의 요리사들이 음식 만드는 데 아냐? 병원이 아무리 건강식을 만들어도 호텔만큼은 아니야. 질만 좋아? 우리 같은 사람들이야 비싼 식당 가면 돈 아까우니까 안 남기고 다 먹지. 돈 있는 사람들은 안 그래. 그 사람들은 그릇까지 싹싹 비우면 채신머리없어 보인다고 먹을 만해도 다 남긴다고. 그러니 양도 많지. 대한민국에서 호텔 짬밥 따라올 데는 없어. 그런데 강남에 호텔이 좀 많아?"

고기로 태어나서

한 가지는 분명해졌다. 강남은 비싸다. 심지어는 음식물 쓰레기까지도.

#9

드물게 개들이 케이지 밖에서 지낼 기회가 있었다. 농장 입구에는 개집이 두 개 세워져 있었다. 어느 날 사장이 개 한 마리를 가지고 와 그곳에 묶어두더니 봉휘 아저씨에게 개를 한 마리 꺼내 같은 식으로 묶어두라고 지시했다. 아저씨가 어떤 개를 골라야 할지 망설이기에 백구를 강력하게 추천했다. 그는 이유를 궁금해하지도 않고 그렇게 해주었다. 나는 선행이라도 한 것처럼 뿌듯했다. 비록 길이 2m 정도의 줄에 묶여 있어야 했지만 케이지에 갇혀 있는 것에 비하면 대단한 발전이었다. 봉휘 아저씨가 올가미를 들고 내가 그 뒤를 따랐다. 개가 워낙 순하고 사람을 잘 따라서 굳이 올가미가 필요 있을까 싶었다. 내가 백구에게 좋은 일을 했다는 느낌은 케이지 문을 여는 순간 사라졌다. 개는 문이 열리자마자 구석으로 물러났다. 다른 개들처럼 짖거나 물 것 같은 몸짓을 하진 않았지만 케이지에서 나가지 않으려고 몸부림을 치는 건 똑같았다. 끌어낼 때도 다리에 힘을 주고 버텨서 내가 엉덩이를 잡아 들어 올려야 했다. 케이지를 나온 순간부터 이 개의 명랑하고 활기찬 기운은 사라져버렸다. 발가락 사이를 파고드는 철창 위에 서 있지 않다는 사실도 백구를 기쁘게 할 수 없었다. 상황에 따라 내가 읽어낼 수 있었던 표정도 없어졌다. 오직 두려움뿐이었다.

백구는 며칠 동안 줄이 팽팽하게 당겨지도록 개집에서 물러난 다음 바닥에 엎드려 꼼짝도 하지 않았다. 평생을 좁은 케이지 안에 갇혀 있다가 개방된 곳에 있으니 공황 상태에 빠진 것 같았다. 원래는 나뿐 아니라 어떤 사람도 잘 따르는 개였지만 이제는 누가 다가가도 고개조차 들지 않았다. 짬밥을 부어주면 잠깐 돌아서 있는 동안 그릇을 비울 만큼 식성도 좋았는데 밖으로 나온 이후 밥도 입에 대지 않았다. 소시지를 줘도 먹지 않았다. 날이 무척 더울 때여서 깨끗한 물을 받아서 줬는데 그나마 그건 조금 마셨다.

다시 개를 케이지에 집어넣어야 하나 고민했다. 다행스럽게도 백구는 변하기 시작했다. 케이지에서 꺼낸 지 4일 정도 지난 뒤였다. 의기소침하게 주변을 돌아다니며 냄새를 맡더니 며칠 후에는 평소의 발랄함을 되찾았다. 처음으로 풀어놓고 기르는 닭을 봤을 때와 비슷한 느낌이었다. 그래, 저런 게 개다운 거지. 땅을 파헤치고 풀과 나무를 쿵쿵대고 벌레들을 쫓아다니다 개집을 뒤집기 일쑤였다. 사람이 앞에 있으면 장화부터 시작해서 차근차근 바지 위로 올라가며 탐욕스러운 열정으로 냄새를 맡았다. 백구가 즐거워하는 모습을 보니 마음이 놓였다. 어쨌든 동물을 이해한다는 것은 생각만큼 간단하지 않았다. 선의가 반드시 좋은 결과를 가져오지 않을 수도 있는 가능성을 봤다고 해야 할까?

한 가지 재미있었던 건 케이지에서 꺼낸 개들의 식성이었다. 앞에서 이 부분을 충분히 강조하지 않은 것 같은데 개들은 짬밥을 정말 잘 먹

고기로 태어나서

는다. 짬밥 말고는 다른 걸 먹지 않으니 그냥 밥을 잘 먹는다고 해야 정확할 것 같긴 하지만. 그런데 밖에서 지내는 개들은 짬밥을 본체만체했다. 야외에 완전히 적응한 뒤에도 마찬가지였다. 짬밥은 시간이 지나면 건더기와 진한 부분은 가라앉고 비교적 맑은 액체가 떠오르는데 이것만 조금 핥아 먹고 말았다. 생존에 필요한 수분만 약간 보충하는 정도였다. 그렇다고 활동력이 떨어지는 것도 아니었다. 인간과 비슷한 행동이 아닌가 싶었다. 사람도 스트레스가 심할 때는 손에 잡히는 대로 먹어대지만 몸과 마음의 안정을 되찾으면 식욕을 절제하지 않는가? 비슷하게 개들도 갇혀 있던 감각들이 되살아나자 이 짬밥이란 것이 얼마나 열등한 음식인지 깨닫게 된 것이 아닐까? 케이지에 갇혀 있을 땐 그 주황색 액체를 먹는 것 말고는 스트레스를 해소할 방법이 없었지만 이제는 (비교적) 자유롭게 움직이고 마음껏 후각을 사용함으로써 스트레스를 해소할 수 있게 된 게 아닐까? 이유가 무엇이든 개들이 예전처럼 짬밥에 애정을 쏟지 않아도 크게 불안하진 않았다.

아이러니하게도 내가 개들을 대하는 태도가 변하기 시작한 것은 백구와의 유대감이 가장 깊어졌던 바로 이 시점이었다. 당시에는 내가 변하고 있다는 걸 의식하지 못했다. 내 머릿속에는 사장은 돈에 환장한 악당이고 나는 이곳의 유일한 인도주의자라는 생각뿐이었다. 그가 내게 "개 미워하지 말고 정도 주지 말라"고 했을 때도 귀담아듣지 않았다. 짧은 기간 동안일 뿐이라도 개들에게 관심을 보이는 것이 맞다고 생각했다. 하지만 되돌아보니 동물이 일거리인 곳에서는 사장의 충고가 사람을 위해서나 동물을 위해서나 현실적이었다는 생각이 든다.

왜냐하면 좋아하는 개가 생기면 자연스럽게 싫어하는 개도 생기기 때문이다. 겁이 나서건 더러워서건 개에게 심리적으로 거리를 두며 지낼 때는 예상하지 못한 일이 생겼다.

내가 싫어한 개는 백구처럼 개집에 묶여 있던 갈색 수컷이었다. 몸집이 보통 다 자란 개보다 조금 작은 것이 아직 한 살이 채 되지 않은 것 같았다. 이 개는 사람을 싫어했다. 해석의 여지가 있는 방식이 아니라 분명하고 확실하게 사람을 싫어했다. 나, 수리얀, 봉휘 아저씨, 김 기사, 김 실장 어느 누구 가릴 것 없이 모든 인간을 극도로 경계했다. 반경 10m 안에 사람이 들어오면 맹렬하게 짖기 시작했는데 10분, 15분이 지나도 멈추지 않았다. 천하장사도 저렇게 소리를 지르면 탈진해서 쓰러지겠다 싶을 정도였는데, 강도가 줄어들지 않았다. 김 실장이 이 개의 과거를 들려줬다. 원래 이 녀석은 이곳에서 태어나고 자랐다. 사장이 이 개의 짖는 모습을 마음에 들어 해서 양돈장 입구에 묶어두고 기르기 시작했다. 그런데 개가 너무 짖어대자 그곳 직원이 각목으로 개의 머리를 내리친 것이었다. 사장이 그 일을 알고 다시 농장으로 데리고 왔다. 자세히 보니 눈 위에 찢어진 흉터가 있었다. 뇌물로 이 녀석의 마음을 돌려보려고 했지만 소용이 없었다. 소시지를 던져줘도 쳐다보지 않고 짖기만 했다. 내가 이곳의 개들을 관찰한 것으로 판단하건대 개가 입에 닿는 거리의 고기를 먹지 않는 건 물론이고 보지도 않는다는 건 이 동물의 의지가 '초견적'인 수준이라는 뜻이다. 나는 이 개의 비위를 거스르지 않으려고 노력했다. 밥을 줄 때는 신속하게 그릇에 짬밥만 채우고 물러났고 옆으로 지나갈 때에는 빙 돌아서

고기로 태어나서

갔다. 하지만 어떤 것으로도 이 개가 인류에 품고 있는 불신을 누그러 뜨릴 수가 없었다. 양돈장에서의 사건이 이 녀석의 인간 혐오를 확신 단계로 올려놓은 것 같았다. 슬슬 짜증이 나기 시작했다. 밤낮 없이 짖 어대는 소리 때문에 노이로제에 걸릴 것 같았다. 어느 순간부터는 개 집 옆을 지나갈 때면 나도 같이 짖어대기 시작했다. 나는 이 녀석을 스 티븐 킹의 소설에 나오는 광견병 걸린 개의 이름을 따서 '쿠조'라고 불 렀다.

#10

매주 목요일은 소시지를 받으러 가는 날이었다. 공장은 경 기도 안성에 있었는데 한 번에 내놓는 양이 많아서 김 실장 말고 한 사 람이 더 따라가야 했다. 우리가 도착하면 창고 관리 직원이 온갖 이유 로 팔 수 없게 된 제품들을 지게차로 꺼내놓았다. 이곳은 청결 상태로 보면 개 농장의 대척점에 있는 곳이었다. 어디 한 군데 흠잡을 데 없이 깨끗했다. 모든 직원들은 하얀 모자에 하얀 작업복, 하얀 고무장화, 하 얀 비닐 앞치마를 입고 있었다. 불결함과의 성전을 선포한 전사들 같 았다.

고기를 모두 옮겨 싣는 데는 3시간 정도가 걸렸다. 이때는 농장에 남 은 두 사람이 개밥을 주고 짬을 가는 동안 에어컨이 나오는 차에 앉아 있었던 대가를 치렀다. 먼저 짬 담는 통에 소시지를 가득 채운 다음 통으로 짐칸의 테두리를 따라 벽을 둘렀다. 다음으로 그 벽 안에 소시지를 쏟아부었다. 이래야 전부 통에 담아 싣는 것보다 많은 양을 실을 수 있었다. 이걸 한여름의 태양이 가장 뜨겁던 시간 동안 주차장 구석에서 해치워야 했다. 개 농장과 관련된 작업은 반드시 땡볕 아래에서 처리해야 하는 듯싶었다.

돌아오는 차 안에선 잠이 쏟아졌다. 하지만 똑같이 일한 김 실장이 운전하는 옆에서 자기 미안해서 최대한 깨어 있으려고 노력했다. 그러려면 떠들어야 했다.

"저 오기 전엔 여기 누가 왔어요?"

"수리얀. 걔가 삐졌을지도 모르겠다. 예전에는 항상 걔를 데리고 왔었는데."

"그럼 다음 주에는 수리얀이랑 같이 오시면 되겠네요."

"아유, 그런데 걔는 말이 안 통하잖아. 가는 내내 얘기를 할 수 있는 것도 아니고. 그리고 수리얀 걔는 태국 애라 가서 틈만 나면 주저앉아 쉬려고 그래서 일을 빨리 끝낼 수가 없어. 박 씨도 마찬가지야. 조선족도 중국 사람 아니야? 태국, 베트남, 이런 동남아 국민성이 그래. 일단 쉬고 일은 천천히 한다고. 근데 그건 걔네 탓만 있는 게 아니야. 거긴 기후가 그렇거든. 엄청 덥고 습하고 그러니까 한국 사람들 일하듯이 그런 식으로 할 수가 없는 거야. 그러니까 그 나라 국민성은 기후를 보면 딱 알 수 있다는 말이 맞는 거야."

이런 말은 은하계 시대 노동 현장 풍경을 가늠해보게 한다.

"아, 그 화성인 놈들 더운 별에서 와서 그런지 너무 게을러. 일은 안

하고 앉아 쉬려고만 하고. 그 별 행성성이 원래 그래. 일단 놀고 일은 나중에 하고. 역시 성실한 건 이 지구인을 따라올 데가 없어. 아 일하는 게 이렇게 다른데 지구인이랑 화성인이랑 돈을 똑같이 주는 게 말이 돼?"

나는 김 실장을 좋아했기 때문에 그가 아무렇지 않게 국민성이 어쩌고저쩌고 하는 얘기를 늘어놓는 것이 조금 안타까웠다. 그가 봉휘 아저씨, 수리얀과 일주일만 같이 일해보면 그들이 자신 못지않게 부지런하다는 걸 금방 깨닫게 될 텐데.

"실장님은 여기 오시기 전에 뭐 하셨어요?"

"나? 나는 사우나 했지. 나는 중간 관리자로 오래 있었어. 내가 아는 사람이 사우나를 여러 개 했거든. 나는 인천에서 장사하던 거 말아먹고 잠깐 쉬고 있었는데 자기 사우나에 관리자가 없다면서 일해보라고 해서 하겠다고 했지. 동대문에 있는 3,000평짜리 사우나였는데 내가 마흔셋에 거기 야간 책임자로 들어갔지. 내가 사우나 마스터 6개월 걸렸어. 그 시간에 마스터한 사람은 나밖에 없어. 내가 거기서만 한 10년 있었어."

"그러면 사우나는 왜 그만두신 거예요?"

"사람이 승승장구하니까 주위에 시기하는 놈들이 생기더라고. 내가 그때 어떤 지점장 새끼 함정에 걸렸어."

"무슨 일이었는데요?"

"에휴, 말하면 나만 답답하고 별로 얘기하고 싶지 않다. 거기 때려치우고 나와서 작은 사우나가 5억 짜리로 경매로 나온 게 있길래 대출받

아서 그걸 한번 해볼까 했는데, 친구가 찾아와서 짬밥 사업 같이 해보
자고 해서 여기 오게 된 거지. 처음엔 좋았어. 사우나에서 맨날 사람한
테 시달리고 데이고 그랬는데 여기선 산속 한가운데 개들밖에 없으니
까."

"근데 여기 곧 그만두신다고 했잖아요? 그건 결정하신 거예요?"

"야, 세상에 확실한 건 없어. 사람은 가야 가는 거고 와야 오는 거야.
내가 지금 여기서 원래 세 사람이 하던 일을 해. 나 여기 와서 2년 동안
하루도 쉰 적 없어. 요즘 휴가철이라 계곡 아래 사람들 텐트 치고 놀잖
아. 나 여기 와서 계곡물에 발 한 번 못 담가봤어. 이제는 정말 살이 빠
지는 게 아니라 몸이 상하는 게 느껴져."

"사장님이 친구인데 휴가라도 좀 얻어 쓰세요."

"처음엔 바빠서 못 했는데 이제는 일부러 안 쉬어. 나 정말 하루라도
쉬면 다시는 일하러 못 나올 것 같아. 내 말 무슨 말인지 알겠지? 하루
만 긴장이 풀어져버리면 그대로 떠나버릴 것 같은 거."

그는 자정이 넘어서야 숙소로 돌아왔는데 라면 한 그릇으로 끼니를
때우고 잠이 들었다. 그가 휴일 없이 일을 시키는 문제에 있어서 당당
하게 사장 편을 들었던 것에는 본인도 그렇게 우악스럽게 일하는 이유
도 있었다.

"그런데 닭이나 돼지도 짬밥으로 키우는 데 많아요?"

"아니, 얼마 안 돼. 그리고 그런 농장은 진짜 영세한 데, 농장 주인이
직원 없이 그냥 혼자서 하는 데 있잖아? 그런 데나 돈이 없으니까 짬밥
으로 키우고 웬만한 데는 작아도 다 사료 먹여."

고기로 태어나서

"그럼 여기는 짬 수거 하는 걸로 한 달에 얼마나 벌어요?"

"짬밥 사업이 지금이 비수기인데 성수기 때는 한 달에 2,500만 원에서 3,000만 원 정도 벌지. 비수기 때는 한 40프로 줄고."

"그러니까 본사에 30프로 떼어주고 남는 게 그 정도라는 거죠?"

"그렇지."

"그럼 식당 한 군데서 한 달에 얼마나 받는 거예요?"

"그건 식당마다 달라. 월 정액으로 13만 원 하는 데도 있고 작은 데는 7, 8만 원, 평균 한 10만 원이라고 보면 돼. 그래서 학교가 좋은 거야. 이게 꽉 차면 한 통에 3만 6,800원인데 학교는 매일 한 통 반씩 최소한 나오거든. 그렇게 한 달이면 얼마야? 100만 원이 훨씬 넘지. 우리가 학교를 열두 군데 들어가거든. 그러니까 한 40프로가 학교에서 나오는 거지. 그래서 요즘이 힘든 거고. 방학이라."

"그럼 순이익이 얼마나 되요?"

"지금은 남는 거 거의 없어. 여기 운영비만 한 달에 2,000만 원 넘게 들어. 한 달 기름값만 700~800만 원 정도 드는데, 너도 봤잖아? 여기 트럭만 네 대야. 거기다 인건비, 개 농장에 세 명, 양돈장에 한 명, 양계장에 두 명, 그리고 김 기사, 전부 얼마야? 일곱 아냐? 그건 기름값보다 많이 들지. 전기세, 수도세, 양계장, 양돈장 다 대출 끼고 시작한 거라 다달이 그거 갚아야지. 거기다 닭도 돼지도 처음 계획대로 안 돌아가서 다 손해지."

"그럼 양계장, 양돈장만 시작 안 했어도 괜찮았던 거 아니에요?"

"그게 그렇지가 않지. 만약에 우리가 닭, 돼지가 없었으면 지금처럼 짬을 많이 수거하지도 못했지. 얘기했잖아? 우리가 처리할 수 있는 만큼만 수거할 수 있다고. 그래서 내가 이게 어렵다고 하는 거야. 짬을 많이 수거하면 또 그만큼 가축이 많아야 되는데 가축이 많아지면 또 그것들 때문에 돈이 많이 빠져나가고. 이게 무슨 고스톱 치듯이 될 듯 될 듯 안 맞아. 우리 지금은 거의 적자 보면서 굴리는 거야. 나도 이런 걸 보니까 짬밥 사업에 별로 욕심이 안 생기는 거고."

　냉동 창고 뒤쪽으로 조금 올라가면 쓰레기장이 나왔다. 짬 갈면서 나온 각종 포장지와 비닐, 소들이 먹다 남긴 야채 찌꺼기들이 고대 왕족의 무덤마냥 사람 키 높이로 쌓여 있었다. 여기는 군부대와 이웃해 있어서 다른 농장처럼 쓰레기를 태우지 못하고 쌓아두기만 한 것이다. 이곳은 파리 대왕을 위해 바쳐진 신전 같았다. 수백 수천 마리의 파리들이 시야를 가득 메우며 윙윙거리고 있었다. 언제라도 거대한 파리의 신이 나타나 신하들의 경배를 받으며 주변이 충분히 불결한지 행여 나 좋은 냄새라도 나는 곳은 없는지 검사할 것 같았다. 나는 김 실장의 말을 듣고 쓰레기장을 떠올렸다. 그의 말이 사실이라면 결국은 누구도 만족시킬 수 없는 푼돈을 위해 개도 사람도 산도 고통받는 것이었다. 이 게임의 유일한 승자는 파리인 듯싶었다.

#11

　8월로 접어들면서 기세등등하던 장마는 죽음을 기다리는

늙은 사자처럼 쇠약해졌다. 일하는 환경이 나아졌다는 건 아니다. 처음부터 우리가 받은 선택지는 비 아니면 땡볕이었으니까. 이때부터는 생짬을 하루에 열 통씩 배달받았다. 김 실장이 말해준 대로 우리가 돈을 받으면서 짬도 배달받는 경우였다. 그것들을 보니 이런 업체들이 짬 처리하는 데 얼마나 애를 먹는지 즉시 이해할 수 있었다. 전부 다 냉동실에 오랫동안 보관해둔 것이어서 통째로 꽝꽝 얼어 있었다.

얼굴이 뽀얀 20대 후반의 남자가 배달을 왔는데 그는 우리보다 규모가 큰 수거 업체의 사장 아들이었다. 내게 여기 사장님 자제분이냐고 묻는 무례를 범한 것 말고는 괜찮은 사람이었다. 하루는 그 친구 대신 중년 부부가 배달을 왔다. 두 사람은 멀지 않은 곳에서 개 농장을 운영하고 있었다. 부탁을 받고 대신 온 것이었다. 여자가 나를 보더니 대뜸 한국 사람이냐고 물었다. 내가 그렇다고 하자 무척 놀라는 눈치였다.

"여기는 일하러 온 거예요?"

"예."

"한국 사람이 정말 여길 일하러 왔다고?"

"예."

"하, 별일이네. 한국 사람들 이제 이런 데 안 오는데. 이런 데서 생활하기 힘들 텐데. 그나저나 오늘 사장 안 왔어요?"

"오늘은 못 봤는데요."

"나 여기 온 거 오늘이 두 번째야. 근데 여기 사장 얼굴 한 번 봤으면 좋겠어."

"왜요?"

"아우, 여긴 너무 더러워. 나 여기 처음 왔을 때 진짜 놀랐어. 이렇게 관리하고 아직 환경에 안 걸렸나 싶어서. 우리도 개 키우지만 우리는 깨끗해. 이렇게까지 안 한다고."

"얼마나 키우세요?"

"우리는 얼마 안 돼. 한 400마리. 그래서 다른 사람 안 쓰고 우리 아저씨랑 나랑 둘이서 해. 우리는 하우스 한 동에 개장 쭉 있고 옆에 냉동실 있고 그게 전부야. 여기는 밥 주기도 힘들 거 아냐? 올라갔다 내려갔다 길도 포장 안 돼 있고."

"아주머니 농장은 여기랑 많이 달라요?"

"우리는 시내 근처라 이렇게 못 해. 요즘 환경이 얼마나 무서운데. 환경에 걸려봐. 벌금 엄청 맞아. 여기는 너무 더럽잖아? 아래 있는 논, 거기 쌀 못 먹어. 여기에서 흘러나온 물이 그 논으로 들어가잖아. 논 주인이 신고라도 해봐."

"그럼 여기 사장님은 뭘 믿고 이러는 거예요?"

"배짱인 거지. 벌금 내고 말겠다고. 그치만 요즘엔 벌금 낸다고 끝이 아니야. 우리 아는 사람도 이런 식으로 하다가 지금 검찰 조사받고 있어. 짬밥도 여기처럼 비 그대로 맞는 데서 이렇게 갈아서 주면 안 돼. 공장에서 갈아서 열처리 끝낸 것만 먹여야 한다고. 여기는 개들도 불쌍하고 일하는 사람도 힘들고 이게 뭐야? 여기다 지붕을 씌워줘야 비도 피하고 햇빛도 피하면서 일하지. 비 올 때 다 맞으면서 일하지?"

"뭐 그렇죠."

"우리는 산부인과도(분만사를 가리키는 듯했다) 바닥에 열선 다 깔려 있어. 한겨울에도 뜨끈뜨끈해. 어미가 발라당 드러누울 만큼 따뜻해야 새끼들도 잘 낳는다고. 또 산부인과는 다른 개장이랑 떨어져 있어야 돼. 산부인과가 조용해야 개들이 스트레스를 안 받는다고."

"예전에 이런 데서 일해본 적 있어? 개 농장은 일이 힘들어. 개 짖는 것 때문에. 오래 일한 사람도 엄청 스트레스 받는다고."

"그런데 두 분은 개 농장 어떻게 시작하신 거예요?"

"우리 아저씨가 하던 가게 문 닫고 돈은 벌어야겠는데 그것도 돈이 있어야 돈을 벌지. 돼지 같은 걸 키우려고 해도 새끼가 좀 비싸? 근데 개는 싸잖아? 그래서 개를 길렀지. 돈 없는 사람이 시작하기 제일 좋은 게 개야. 그러니까 총각도 이런 데 오래 있지 말고 얼른 일 배워서 자기 농장 차려. 우리도 열 마리로 시작해서 1년 만에 100마리로 늘렸어."

#12

생짬을 배달받는 날이 이어질수록 일은 더욱 힘들어졌다. 얼어붙은 생짬을 통에서 빼면 커다란 덩어리들로 나뉜다. 이것들을 잘게 부수어야 했다. 고기나 야채는 쉽게 떼어낼 수 있었다. 하지만 밥알은 얼음보다 더 단단하게 얼어붙어서 삽을 머리 위로 치켜들었다가 힘껏 내리쳐도 깨질까 말까였다. 북극에서 벼 재배가 가능했다면 이글루를 지을 때 밥을 사용했을 것 같았다.

매일 아침 자리에서 몸을 일으킬 때면 바위 아래 깔려 있다가 그걸

개고기의 경우

밀어내는 듯한 기분이 들었다. 나는 푸드 파이터가 핫도그를 삼키듯 그날그날 작업을 소화했다. 직장에서 살아남는 비결은 기업계의 유명 인사들이 아니라 먹기 대회 선수들에게서 찾는 게 더 적절할 것 같았다. 그들은 이걸 왜 먹어야 하는지 묻지도 따지지도 않는다. 맛이 어떤지 음미하는 법도 없이 그냥 목구멍 속으로 밀어 넣는다. 나도 어제를 오늘로 밀어내고 오늘을 내일로 밀어내고 일하는 날을 쉬는 날로 밀어내고 다시 일하는 날로 밀어냈다. 이 경기에는 대상도 특별상도 없었다. 모두가 보잘것없는 참가비만 손에 쥐고 물러날 뿐이었다.

피로가 깊어질수록 개들에 대한 안타까움은 옅어져갔다. 쿠조가 시작이었다. 소시지도 다정한 태도도 이 녀석에겐 아무 소용 없었다. 눈 앞에서 사라지는 것 말고는 이 녀석을 진정시킬 수 있는 방법이 없었다. 하지만 이 개가 자리 잡은 곳은 일하면서 수시로 지나칠 수밖에 없는 곳이었다. 쿠조가 짖어대는 소리를 듣고 있으면 보이지 않는 악마가 고막을 난타하는 것 같았다. 그러던 어느 날이었다. 일이 끝나고 숙소로 내려가고 있었다. 쿠조가 짖기 시작했다. 이번엔 머리가 아프기 전에 먼저 화가 났다. 그리고 개에게 품어봤자 아무 의미 없는 생각과 감정들이 솟아올랐다.

"짖지 마! 짖지 말라고! 내가 뭘 어쨌다고 짖는 거야! 내가 너한테 뭘 어쨌다고 이러는 거냐고?"

수리얀과 봉휘 아저씨가 나를 쳐다보고 있었다. 두 사람의 시선을 의식한 뒤부터 이것은 나와 개 사이의 자존심 싸움이 되어버렸다. 내가 한쪽 발을 '쿵' 내딛으며 위협하는 동작을 해 보이자 개는 송곳니를

고기로 태어나서

드러내며 더욱 맹렬하게 짖어댔다. 몇 분간 대치가 이어졌다. 애당초 내가 이길 수 없는 싸움, 싸움을 시작했다는 것만으로 나의 패배를 의미하는 싸움이었다. 얼굴이 벌겋게 달아올랐다. 나는 동료들 앞에서 개망신을 당했다는 망상에 사로잡혔다. 나는 근처에 굴러다니던 공기밥 그릇을 집어 들어 개에게 던졌다. 내가 팔을 휘두르는 순간 쿠조는 철사 줄을 끊고 도망가 버렸다.

다음 날부터는 쿠조에게 품었던 화가 사람을 보면 짖는 개들, 다시 말해 농장의 모든 개들에게로 옮겨갔다. 처음에 느꼈던 동정심이나 죄책감이 뭐였든 간에 이제는 케이지 앞에 서면 짜증밖에 나지 않았다. 한때는 참을 만하다고 느꼈던 것들이 다시 신경을 긁기 시작했다.

지칠 때 화가 나게 만드는 개는 사나운 개가 아니다. 위협적인 개는 예외 없이 사람을 무서워하는 개고 이들은 누군가 다가가면 케이지 뒤로 물러나서는 낮게 으르렁거리며 '가까이 오면 짖고 물거야' 하는 신호를 보낸다. 이때는 밥만 붓고 지나가면 아무 일도 일어나지 않는다. 오히려 내 부아를 돋우는 개는 사람을 좋아하는 개, 호기심과 장난기가 넘치는 개다. 이런 개들은 엎어진 밥그릇을 돌려놓으려고 하면 그 위에 올라서서 내 냄새를 맡으려고 코를 들이민다. 개를 밀어내려고 막대기로 쿡쿡 찌르면 더 신이 나서 달려든다. 그릇을 정리해도 폴짝폴짝 뛰어다니는 통에 금세 다시 뒤집어놓는다.

한눈에 보인다. 개의 표정에서, 냄새를 맡고 머리를 흔드는 모습에서, 케이지 안에서 방방 뛰어다니는 모습에서 이 개의 정서가 보인다. 인간에 대한 관심과 명랑함이. 하지만 그런 것들이 어느 순간부터는 전혀 위안이 되지 않았다. 내가 원하는 건 물리적인 타격감을 지니고 있는 컹컹대는 소리로부터, 털 먼지가 안개처럼 일어나는 케이지로부터, (게이머들이 이해할 만한 방식으로 말해보자면) 가만히 있어도 HP가 뚝뚝 떨어지는 공간에서 멀어지는 것뿐이었다.

어느 날 아침 강아지사에서 밥을 주고 있을 때였다. 여느 때와 다름 없이 개들이 흥분해서 짖기 시작했다. 강아지사는 천막 안에 있어 소음이 가장 심했다. 다른 곳은 개방되어 있어 소리가 흩어지는 반면 이곳은 소리가 울렸다. 분만사도 천막 안에 있었지만 다 자란 암컷들은 성격이 차분해서 어린 개들처럼 심하게 짖지 않았다. '컹! 컹! 컹! 컹! 컹!' 쇠파이프로 쇠파이프를 칠 때 나는 것과 같은 울림이 강한 금속성 소음이었다. 그런 소리가 사방에서 들려왔다. 귀가 아프고 머리가 지끈거렸다. 막대기로 케이지를 후려쳤다 "조용 해! 조용!" 개들이 움찔하며 울음을 멈췄다. 잠시 동안 정적이 흘렀다. 소음의 변화가 너무 극적이라 순간 귀가 먼 것 같은 기분이 들었다.

수리얀이 멀뚱히 나를 쳐다보고 있었다. 얼굴이 화끈거렸다. 막대기를 쥔 손이 여전히 부들부들 떨고 있었다. '이런 짓이나 하려고 개 농장까지 왔나?' 하는 자괴감이 들었다. 불을 끄고 자리에 누웠을 때 나는 생각했다. 그래 흥분해서 한 번 실수한 것뿐이야. 이제 다시는 오늘 일 같은 건 없어. 하지만 개 짖는 소리 한가운데 있을 때의 달콤한 정적은 너무나 유혹적이었다. 나는 이미 맛을 알아버린 것이다. 이틀 후에 다시 케이지를 쳤다. 그리고 다음 날도. '다시는 그러지 말아야지', '이번에야 말로 정말 마지막이야' 하고 다짐해놓고서 또 다음 날

고기로 태어나서

도. 후회와 폭주를 오가는 간격도 점점 짧아져서 오전에 다시는 그러지 않겠다고 중얼대다가 오후에 또 그러는 식이었다. 케이지를 때리면 '깡' 하고 알루미늄 배트로 홈런을 때린 듯한 소리가 쩌렁쩌렁 울렸다. 개들은 즉시 바닥에 바싹 엎드리고는 불안한 눈빛으로 나를 올려다봤다. 나는 개 농장에서 뜻하지 않게 노예 상인의 위엄을 갖춰가고 있었다.

#13

거실의 TV는 언제나 스포츠 채널에 맞춰져 있었다. 아저씨는 권투를 좋아했고 수리얀은 태국인답게 킥복싱 팬이었다. 그는 이종격투기 경기에서 킥복싱을 구사하는 선수가 나오면 열렬하게 응원했다. 한번은 캐나다의 가브리엘 바르가라는 선수가 프랑스 선수를 판정승으로 이긴 경기를 보고 있었다. 종이 울리고 바르가가 상대 선수 앞에 무릎을 꿇고 두 팔을 들어 올리는 식으로 절을 했다. 어디를 봐도 서양인의 제스처는 아니었다. 그걸 본 수리얀이 흥분해서 손가락질을 하며 소리쳤다.

"고레! 고레! 파이트 아또니 토시 시따 히또가 고레 스루. 고멘나사이데 이미데(저거! 저거! 싸우고 나서 나이 어린 사람이 이렇게 해. 실례했다는 의미로)."

킥복싱 선수만큼이나 수리얀을 즐겁게 만드는 건 탱크 톱 차림의 라운드 걸이었다.

"아노 온나 카와이. 섹시 섹시(저 여자 이쁘다. 섹시해 섹시해)!"

이때는 국제적인 환경에서 교통정리를 해주는 걸로 인정받는 언어가 오히려 이해를 가로막았다.

"저놈은 이쁜 여자만 보면 다 지 여자래. 야, 임마 고운 건 다 니 색시냐?"

봉휘 아저씨가 일갈했다.

그는 사장이 낚싯대를 선물한 다음부터 식사가 끝나면 바로 도구를 챙겨 들고 저수지로 향했다. 그의 솜씨가 좋은 건지 아니면 아무도 낚시를 안 하는 곳이어서 물고기가 의심이 없는 건지는 모르겠지만 매번 꽤 많은 붕어를 잡았다. 문제는 그걸 먹으려고 한다는 것이었다.

"아, 거참 몇 번을 얘기해야 알아들어요?"

김 실장이 버럭 화를 냈다.

"저기 연못, 여기 농장 물 흘러 들어가서 똥물이라니까. 고기가 멀쩡해 보이는 게 문제가 아니에요. 그 똥물에서 자란 물고기를 왜 자꾸 먹겠다는 거예요? 혹시나 해서 하는 말인데 그걸로 뭐해서 다른 사람 먹일 생각 마요. 진짜 그러다 다 죽어요. 그 연못에서는 그냥 낚는 손맛으로 낚시하는 거지 고기 잡아서 먹으라는 게 아니에요."

"아, 중국에선 저런 것도 다 잡아먹는다니까."

붕어들은 어른 손바닥만 한 크기였는데 배 부위가 누랬다. 먹고 죽지만 않는다면 강력한 초능력을 얻게 될 것 같은 자태였다. 그는 자신의 계획을 쉽게 포기하지 않았다. 잡은 물고기를 먹는 것은 낚시꾼의 명예가 달린 문제처럼 보였다. 그는 수돗물을 담은 통에 붕어 몇 마리를 넣었다.

"이거 깨끗한 물에 오래 놔두면 나쁜 물이 쫙 빠져. 이렇게 며칠 놔뒀다 먹으면 돼."

더러운 물에서 건져낸, 가시 많기로 악명 높은 생선을 요리해 먹으려는 그 의지가 너무 집요해서 아저씨가 섹시하게 보일 정도였다.

이 정도가 10시쯤 잠이 들기 전까지 우리의 여가였다. 단 하루 예외가 있었다. 8월 중순의 어느 일요일이었다. 생짬이 떨어져서 5시쯤 일이 끝났다. 평소보다 2시간 일찍 끝난 것뿐인데 그렇게 여유로울 수가 없었다. 나는 반찬거리를 사기 위해 배낭을 메고 읍내로 향했다. 누런 벼가 들판에 가득했다. 우리끼리는 똥물 먹고 자란 벼라고 놀렸지만 석양을 받아 황금색으로 출렁이는 모습은 여느 논과 다름없이 아름다웠다. 돌아오는 길에 동네 주민들과 마주쳤다. 외지인이 드문 동네여서 그런지 그들은 내가 밤사이에 토막 낸 시체를 버릴 곳을 찾는 연쇄 살인범이라도 되는 것처럼 불안스레 쳐다봤다. 음, 아저씨 아주머니, 빈번히 지명 수배자로 의심받는 사람으로서 한 말씀 드리고 싶네요. (내 친구들은 고속버스 터미널마다 붙어 있는 지명 수배자 명단을 '한승태 닮은 꼴 대회 입상자 명단'이라고 부른다.) 만약 여러분들이 비명횡사한다면 범인은 저처럼 난생 처음 보는 사람이 아니라 분명 어젯밤 함께 먹은 된장찌개가 너무 짰다고 툴툴거렸던 사람들 중 하나일 겁니다. 그러니까 통계적으로 따지자면 말이죠.

숙소에선 봉휘 아저씨가 며칠째 벼르던 가지볶음에 착수했다. (열정적인 중국인답게 그는 즐거운 식사는 곧 즐거운 인생이라는 믿음을 가지고 있었다.)

그는 처음엔 가지보다 이국적인 재료에 마음을 두고 있었다.

"저거 맴맴맴 소리 내는 거 볶아서 먹으면 맛있는데. 중국에 있을 때 저거 요리해주는 데가 있었거든. 그건 매미가 아니야. 저 벌레가 비가 오면 땅속에서 뿍뿍뿍 올라온다고. 나무에 기어오르려고. 그럼 그걸 잡아다 먹는 거야. 그게 아주 꼬소해. 누에 번디보다 맛있다고. 저걸 좀 볶아 먹어야 되겠는데 어디 가서 잡나?"

그는 오직 기름에 푹 절었던 식재료만이 식도를 통과할 자격이 있다고 생각하는 것처럼 요리했다. 우리가 먹을 가지 역시 온천욕을 즐기는 노인들처럼 기름 팬 속에 몸을 담그고 나올 줄을 몰랐다. 이렇게 튀긴 가지를 고기, 고추, 파와 함께 볶았다. 정말 맛있었다. 기름에 그렇게 오래 들어가 있었는데도 아삭아삭한 식감이 살아 있었다. 고소하면서도 짭짤한 맛이 반찬으로도 술안주로도 적당했다. 내 칭찬과 북경의 두 번째 술이 작용해 아저씨의 얼굴이 붉어지기 시작했다.

"내가 청도에 있을 때, 아니 위해 있을 때였나, 아니야 청도 맞아. 우리 공장 사장이랑 같이 일하던 사람들이랑 식당에 갔다고. 가서 술을 한잔하다가 내가 그랬지. '사장님, 제가 요리를 하나 해드릴 테니 한번 잡숴보세요.' '아니, 아저씨가 요리를 한다고요?' '아 그러지 말고 한번 드셔보세요.' 그리고 내가 주방에 딱 들어갔지. 들어가서 주인한테 '아주머니 오늘 여기 아주 귀한 손님이 오셨는데 이 손님이 제가 한

고기로 태어나서

요리를 한번 맛보고 싶다는데 어떡하죠? 제가 여기서 요리를 한 접시 만들 테니 돈은 똑같이 받으세요' 하니까 그러라고 하더란 말이지. 그 래서 내가 그 자리에서 '홍소우 치궐'을 딱 만들어서 가지고 나갔지(여 기서는 주변의 기를 끌어모아 장풍을 날리는 듯한 손동작이 더해졌다). 홍소 우 치궐이 뭐냐면 닭고기를 두 손가락 절반 크기로 짧게 끊어서 야채 랑 볶은 거야. 이것도 언제 시간 나면 해줄게. 사장이 한번 먹더니 맛 있다면서 막 주워 먹는 거야. 하하. 박 아저씨가 요리도 이렇게 뽄 때 나게 할 줄 안다면서. 그다음부터는 내가 요리로 이름이 쫙 났지."

저녁을 다 먹었는데도 여전히 해가 지지 않았다. 창밖을 보니 마음 이 놓였다. 평소 같았다면 쫓기듯 설거지를 하고 쫓기듯 빨래를 돌리 고 쫓기듯 일기를 쓰고 쫓기듯 잠이 들었겠지만 그날은 아니었다. 저 녁은 이제 시작이었다. 처음으로 우리는 저녁 시간대를 누리고 있었 다. 저녁 식사와 취침 사이의 잠깐 한숨 돌리는 시간이 아니라 마음껏 빈둥대도 좋은 시간이 생긴 것이었다.

나는 오랜만에 책을 펼쳤다. 《암흑의 핵심》이었다. 안타깝게도 야구 중계의 유혹을 이기지 못해 핵심에는 한참 못 미쳐 책을 덮고 말았다. 기아와 LG의 경기였다. 지고 있던 LG가 9회 말 1점차까지 따라붙었 다. 하지만 그걸로 끝이었다. LG 선수들은 팬들의 가슴을 암흑의 핵 심에 던져 넣고 경기장을 떠났다. 어떤 사람들은 이 팀의 야구 실력이 오랫동안 제자리에 머물고 있다면서 비난하지만 그건 결코 사실이 아 니다. LG의 경기력은 꾸준히 성장하고 있다. 다만 이들은 팬들을 실 망시키는 솜씨가 더 빨리 늘고 있는 것뿐이다.

"그런데 오늘은 낚시하러 안 가세요?"

"아, 안 가도 돼. 여기 있는 물고기는 다 내 꺼나 마찬가지야. 여기 물고기 낚는 건 내 주머니에 있는 돈 꺼내는 거나 마찬가지야. 게다가 여기 고기는 너무 작아서 영 재미가 없어."

그러면서 아저씨는 자기가 중국에서 잡았다는 고기의 크기를 팔을 벌려 보여줬다. 내가 보기엔 손맛을 좋아하는 사람이 아니라 허풍 떠는 걸 좋아하는 사람이 낚시에 빠져드는 것 같다. 아저씨의 말을 그대로 믿자면 길림의 낚시터에는 잉어가 아니라 돌고래만 한 참치 떼가 살고 있는 게 분명했다.

"내가 여기서 일밖에 모르지만 중국에선 정말 재미있게 살았어. 내가 여기 안 왔으면 시내에서 피리 연주하면서 살았을 걸. 내가 피리 부는 거 들어본 적 없지? 한번 들어볼래?"

그는 여행 가방을 뒤적이더니 작은 상자를 꺼내 왔다. 안에는 30cm 길이의 흑갈색 나무 피리가 들어 있었다. 길쭉한 나무 조각이 그의 입술에 닿자 멋진 음악이 흘러나왔다. 나도 마찬가지였고 아저씨도 숙소에서는 황토색 반팔 티와 반바지를 입었다. (김 실장이 일하던 사우나의 찜질복이었다.) 그런 차림으로 너무나도 근사하게 연주를 해서 현실로 와닿지 않았다. 그는 피리 부는 흉내만 내고 음악 소리는 TV에서 나오는 것 같았다. 그는 내가 들어봤을 만한 노래도 불어보겠다면서 〈또 만났네〉와 〈노들 강변〉을 연주했다. 흥이 난 아저씨는 자정이 가까워질 때까지 술을 마셨다.

"근데 아저씨는 언제까지 여기 계실 거예요?"

고기로 태어나서

"뭐 일할 수 있을 때까지 있는 거지."

"집에 가고 싶지 않으세요?"

"내가 중국에 있으면 하루에 인민비 240원씩 거뜬히 번다고. 하루에 240원이면 얼마야? 한 달에 인민비 7,000원 아냐? 그 정도면 한 달 사는 데 충분하다고. 내가 벽돌 쌓는 거, 미장, 용접, 전선 까는 거까지 못하는 게 없어. 그런데 한 달 내내 그런 일이 있는 게 아니잖아? 그러니까 한국 오는 거지. 여기는 일이 있으니까."

"아드님이 용돈 좀 안 보내주세요?"

"우리 아들은…… 병이 있었는데 그건 고칠 수가 없었어……. 그래서 지금은 없어."

"따님은요?"

"우리는 딸이 둘인데 큰딸 사위는 북경에서 택시 몰고 막내 사위는 길림에서 인삼밭 해. 그래도 나 걔들한테 바라는 거 없어. 내가 일할 수 있을 때까지 내가 벌어 쓰는 거지. 중국에서 일하면 하루 인민비 240원이야. 삐루(맥주) 같은 것도 여기는 비싸서 한두 병씩 마시지. 중국에서 삐루는 값이 싸서 몇 상자씩 쌓아두고 물처럼 마셔. 하아…… 그런데 우리 마누라가 고혈압에 당뇨라…… 안 좋은 병이 두 개나 있다고. 나 여기 와서 돈 쓰는 거 하나도 없어. 죄다 집으로 보내지."

"우리 마누라가 내 인생을 붙잡고 놔주질 않아. 예전에도 내가 식당하는 게 싫다면서 갑자기 쳐들어와서 물건을 집어던지고 싸움을 걸어. 그러니 장사를 어떻게 해? 내가 성공할 것 같으면 시기를 해서 훼방을 친단 말이야. 내가 그 여자 만나고 한 번도 편했던 적이 없어."

"사모님이랑은 어떻게 만나신 거예요?"

"그거는…… 허허…… 내가 젊었을 때 스물일곱인가 여섯인가…… 그때 내가 수전국에서 일했다고. 수전국이 뭐냐면 수력발전소 뭐 그런 데야. 내가 거기서 양표를 관리했어. 그때는 돈 대신 양식 표를 나눠주고 그거를 음식으로 바꿔서 먹었다고. 그게 한 사람 앞에 한 달에 38근까지 나왔어. 38근이면 얼마야? 19kg이 38근이야. 그러니까 한 사람 앞에 19kg까지 나왔던 거지. 뭐 그중에 쌀은 2kg, 밀가루 1kg, 고기는 또 얼마 이런 식으로. 그때 내가 아는 형님이 있었는데 그 형님이랑 같은 단위에서 일하는 젊은 여자가 하나 있었어. 그런데 이 양표가 한 달에 26일은 일을 해야 나오는 거야. 그걸 다 못 채우면 안 나온다고. 그런데 이 사람이 몸이 안 좋아서 그걸 다 못 채울 때가 많았어. 내가 관리를 하니까 그런 걸 다 알 수가 있었다고. 사람이 일을 못 했다고 배가 덜 고프고 그런 게 아니잖아? 그래도 먹을 건 먹어야지. 그래서 내가 그 여자한테 양표를 줬어. 그러니까 이 여자가 고맙다고 점심때 통에 밥이랑 반찬이랑 해 와서 나한테 같이 먹자는 거야. 그럴 때도 있고 또 어떤 때는 내 방에 있는 빨래를 자기가 해주기도 하고 한 방 쓰지만 않았지 2, 3년 거의 부부나 다름없이 살았지.

그런데 우리 아버지한테 편지가 왔어. '네가 이제 서른이 다 되어가는데 아직까지 그렇게 혼자서 지내서야 되겠냐? 너 혼자만 그렇게 좋을 대로 살면서 다른 가족은 생각 안 하는 거냐, 네가 장남인데 형이 결혼을 해야 둘째도 셋째도 가고 그러는 게 우리 조선 사람 습관인데 네가 그래서야 되겠냐…….' 그런 편지가 온 거야 그래서……."

고기로 태어나서

"우리 마누라가 마음씨가 고운 사람인데…… 그 여자가 걱정이 돼서 그러는 거야. 걱정이, 내가 자기를 버릴까 봐. 그래서 깽판을 놓는 거야. 그 여자가 그런 게 좀 있다고…….”

장수 막걸리와 섞어 마신 고량주 덕분에 식탁 위에 때 이르게 붉은 해가 솟았다. 술잔은 들어 올리기도 전에 엎어지기 일쑤였다.

"내가 좋아하는 건 많지만 어느 거 하나 제대로 성공하지는 못했어.”

순간 이 사람한테 이 정도 깊이가 있었나 싶은 표정이 떠올랐다.

"무슨 소리세요? 피리 엄청 잘 부시던데 그건 어디서 배우셨어요?”

"아? 피리? 피리 말이지?”

그는 금방 평소의 모습으로 돌아왔다.

"내가 소학교 다닐 적에 우리 동네에 쏜링이라는 의사가 왔어. 이 사람이 쉴 때 피리를 불었는데 그 소리가 아주 기가 막힌 거야. 나도 그렇게 불고 싶어서 피리를 하나 구해서 불었지. 그런데 아무리 해도 쏜링처럼 소리가 안 나는 거야. 그래서 내가 하루는 이 쏜링이라는 사람을 찾아갔어. 왜 나는 피리를 불어도 당신처럼 소리가 안 나냐고. 그러니까 이 사람이 씨익 웃으면서 피리 분 지 얼마나 됐냐고 묻는 거야. 그때가 한 달인가 됐다고 하니까 그 정도 해서 어떻게 자기랑 똑같이 불 수 있겠냐고 하더라구. 그래서 당신은 얼마나 불었냐고 하니까 지금까지 20년을 불었다는 거야. 그러면서 악보 책을 주면서 도레미파솔라시도를 가르쳐주는 거야. 이 도레미파솔라시도가 골에 푹 밸 정도로 학습을 하라고 그래. 골에서 '레'를 달라고 하면 손이 바로 '레'를 줄 수 있게 돼야 한다고. 그래서 엄청나게 연습을 했지. 밤에는 다리에 가서, 거기 불이 켜 있으니까, 불고 그랬어. 그래서 나중에 학교에서 하는 연주회에 나갔다고. 거기서 내가 아주 기가 막히게 아주 뽄때 나게 피리를 불었지. 쑨링도 거기 왔었는데 내가 피리를 불고 내려오니까 내 손을 딱 치더니 자기가 20년 분 걸 내가 몇 달 만에 초월했다고, 정말 대단하다고, 앞으로도 열심히 피리를 불라고. 그때부터 우리 동네 사람들이 피리 하면 '표어 노다즈'라고, 피리 하면 (엄지손가락을 치켜들며) 표어 노다즈라고."

"그게 무슨 말이에요?"

"박 씨네 맏이. 표어 노다즈, 박 씨네 맏이."

#14

　　　산 아래에서 사장이 올가미에 묶인 개를 끌고 오고 있었다. 털이 길고 몸집이 큰 갈색 수컷이었다. 개는 땅바닥에 배를 붙인 채 물건처럼 질질 끌려왔다. 줄에 묶여 끌려오는 개는 여러 번 봤지만 이 개는 달랐다. 이 녀석에겐 어떤 절박함이 있었다. 내 느낌일 뿐이지만 이 개는 자신에게 뭔가 다른 일이 벌어질 거라는 걸 (구체적인 수준은 아니더라도) 알고 있는 것 같았다. 보통 이런 경우에 개들은 끌려가다 일어서서 몇 발자국 걷다 또 끌려가기를 반복한다. 크게 소리를 지르지도 않고 어느 정도는 무기력하게 끌려온다.

　　　　　　　　　　　　　　　　고기로 태어나서

이 개는 내가 아는 의성어로는 도저히 정확하게 담아낼 수 없는 신음 소리를 냈다. 비명이 터져 나오려고 하는데 목이 잠겨서 제대로 소리 낼 수 없을 때 나올 법한 소리였다. 아마도 목에 줄이 감겨 있기 때문인 것 같았다. 인간의 귀에는 절망과 애원의 소리로밖에 들리지 않았다. 개는 끌려가는 속도를 늦출 수 있다면 뭐든지 했다. 네 발에 힘을 주고 버텨보기도 하고 오른쪽 왼쪽으로 드러누워 보기도 하고 마지막엔 끌려가는 채로 몸을 빙글빙글 돌렸다. 그렇게 하면 줄에서 풀려날 거라고 믿기라도 하는 것처럼. 하지만 애당초 개에게 선택권은 없었다. 사장과 개 사이에 물리적인 장애물 같은 건 없었다. 갑자기 달려들어 사장의 손이든 발이든 물고 도망칠 수 있었지만 그럴 기미조차 보이지 않았다. (그 순간에는 개라기보다 낑낑대는 털 뭉치에 가까웠다.)

사장은 무표정한 얼굴로 줄을 어깨에 걸고 단호하게 발걸음을 내디뎠다. 개가 도착한 곳은 분만사 근처의 작은 공터였다. 거기에는 1m 70cm 높이의 철제 사다리 같은 것이 세워져 있었다. 그는 사다리 꼭대기로 줄을 넘기고 개의 목을 매달았다. 서서히 몸이 들리기 시작하자 개가 세차게 몸을 흔들었다. 곧 개의 온몸이 허공에 1자로 섰다. 신음이 음소거 버튼을 누른 것처럼 뚝 사라졌다. 개는 초점 없는 눈을 부릅뜬 채 사다리를 물었다. 입에서 피가 질질 흘러내렸다. '빠각빠각' 대며 이빨로 철봉을 갉는 소리가 음산하게 울렸다. 움직임이 멈췄다. 잠시 후 개가 다시 움직였다. 다리를 흔들어 상반신을 일으키려고 하는 듯한, 턱걸이를 할 때 다리를 흔들어 몸을 끌어 올리는 것과 비슷한 몸짓이었다. 그러기를 대여섯 번 반복했다. 곧이어 크게 딸꾹질을 할 듯 어깨와 목을 움찔거리다가 축 늘어졌다. 똥을 쌌다. 움직임은 이제 완전히 멈췄다. 천장에 매달아놓은 타이어마냥 빙글빙글 도는 것 말고는.

사장은 유방암 검사를 하는 의사처럼 개의 겨드랑이 밑에 손을 집어넣었다. 조심스러운 손동작 때문에 다정해 보이기까지 했다. 그는 심장이 완전히 멈춘 걸 확인한 다음에야 개를 끌어 내렸다. 나는 사장을 거들어 개를 까맣게 그을린 철판 위에 올려놓았다. 그는 토치에 불을 붙이고 개의 털을 (얼굴부터) 그슬기 시작했다. 순식간에 수북하던 누런 털이 타버리고 까만 두개골만 남았다. 입 주위의 피부가 쪼그라들면서 이빨을 드러내고 으르렁대는 표정을 만들었다. 잠든 개의 얼굴 속에 성난 맹수의 얼굴을 숨겨둔 변검술을 보는 것 같았다. 불길이 닿는 곳마다 근육이 수축하면서 죽은 개가 움찔거렸다.

"왜 불로 그슬리냐면 개한테 서캐, 이가 있거든. 그런 거 미리 잡아주는 거야. 아까 개 그슬릴 때 얼굴부터 했잖아? 그건 왜 그러냐면 저렇게 오래 매달아둬도 가끔씩 살아나는 개가 있단 말이야. 그런 경우라도 코와 입부터 그스르면 불이 폐에 들어가서 바로 죽어. 그러니까 만약을 위해서 얼굴부터 태우는 거야."

까맣게 태운 개는 낡은 시멘트 건물 안으로 옮겼다. 내부에 냉장고와 저울 그리고 수도가 하나 설치되어 있었다. 문도 한쪽 벽도 없어서 벌레나 야생동물이 아무렇거나 드나들 수 있었다. 개의 무게를 쟀다. 22kg이었다. 나는 철 수세미로 개를 문질러 닦았다. 그을음이 조금도 남아 있지 않을 만큼 깨끗이 닦아야 했다. 사장이 만족할 때까지 닦는데 20분 정도가 걸렸다. 개의 피부는 이제 꿀색에 가까웠다.

고기로 태어나서

이제 개를 해체할 차례였다. 사장은 개의 엉덩이와 아랫배를 체중을 실어 힘껏 눌렀다. 남아 있던 배설물이 요란한 방구 소리와 함께 빠져 나왔다. 칼과 손도끼는 시멘트 바닥에 뒹굴고 있었다. 그것들을 물로 한 번만 씻고 사용했다. 먼저 배를 세로로 갈랐다. 수박을 반으로 쪼갠 것마냥 붉은 속살이 날개를 펼쳤다. 물을 채운 고무 통 두 개에 내장과 고기를 구분해서 담았다.

"개는 잡기 전에 봤을 때 엉덩이뼈 두 개, 그리고 등뼈가 선명하게 드러난 게 기름기가 없고 맛있어. 개고기는 기름기가 적어야 좋아해."

다음으로 머리를 분리했다. 어깨와 목이 만나는 지점을 손도끼로 내리쳐서 뼈를 끊었다. 두툼한 목을 세로로 갈라 펼친 뒤에 목뼈와 기도를 제거했다. 개고기는 다른 고기와 다를 바 없는 모습이었다. 붉은 살 주위에 사람들이 마블링이라고 부르는 하얀 지방이 듬성듬성 붙어 있었다. 머리를 손질했다. 먼저 양쪽 귀를 잘라냈다.

"귀는 돼지처럼 오돌뼈로 되어 있는데 귀 안에 찌꺼기 같은 게 많이 껴 있고 안이 깊어서 그을음도 잘 안 닦이니까 안 먹어."

다음엔 코를 잘라냈다. 아래턱을 세로로 가른 뒤 혀를 뿌리째 뽑았다. 머리 다음엔 다리를 손질했다. 앞다리를 잘라낸 다음 발바닥의 앞 절반을 제거했다. 다리 관절은 칼집을 내서 꺾었다.

"다리는 근육이 두꺼우니까 미리 칼집을 내는 거야. 나중에 빨리 익으라고."

뒷다리도 같은 방식으로 처리했다. 다음은 몸통이었다.

"뱃살이 제일 많이 찾는 비싼 데야."

내장을 전부 들어냈다. 신장은 입구에 물을 넣으면 풍선처럼 불어났다. 최대로 부풀어 올랐을 때 칼집을 내서 물을 뺐다. 소장은 끝부분부터 치약 짜듯 밀어 올려 찌꺼기를 뽑아내고 반으로 가른 뒤 칼로 안쪽을 긁어냈다. 내장 중에서 먹을 수 있는 것과 없는 것을 정리하고 뱃살을 갈라냈다. 철사 끊는 가위로 갈비뼈를 잘라내고 척추를 들어냈다. 마지막으로 콧구멍에 물을 부어 입 속에 남은 찌꺼기를 씻어냈다.

"끌려올 때 몸부림치면서 토하거든. 그래서 입 속에 짬밥이 남아 있을 수 있어."

"개는 원래 이렇게 죽이나요?"

"우리처럼 하는 데도 있고 전기로 하는 데도 있고. 요즘엔 전기로 많이 하지. 그게 힘이 덜 드니까."

"하지만 이건 너무 잔인하잖아요?"

"야, 너 이게 잔인하다 더럽다 그런 선입견을 버려야 돼. 음식이라고 생각을 해야지. 돈 벌려면 어쩔 수 없잖아? 남들처럼 해서는 따라갈 수가 없어."

그는 바닥을 물로 한 번 씻어내고는 칼 역시 물로만 헹구고 자리를 떴다. 안에는 테이블도 없어서 장화 발로 돌아다니는 바닥에 대고 칼질을 했다. 그런데도 칼이며 바닥이며 소독은 고사하고 주방 세제로도 닦아내는 법이 없었다. 세균을 제거할 수 있는 물질은 말라비틀어진 비누 조각뿐이었는데 손을 닦을 때만 썼다. 만약 보통의 고기를 생산하는 시설이 이런 식으로 운영된다면 퇴출당하지 않고 버틸 수 있는 곳이 몇이나 있을까?* 사장은 개고기도 고기의 하나일 뿐이라고 했지

고기로 태어나서

만 생산 과정을 살펴보면 고기라고도 여기지 않는 것 같았다. 어쩌면 육식에도 부정할 수 없는 미덕이 있을지 모르고 개고기 업계에도 스스로를 정당화할 여지가 있을지 모르겠지만 내가 그날 본 모습 중에 회색 영역에 속하는 건 하나도 없었다. 처음부터 끝까지 모든 게 잘못되어 있었다.**

---

* "전국에 유통 중인 개고기에서 항생제와 세균 바이러스 등이 다량 검출됐다. 시, 도 축산물 시험 검사 기관에서 검사받는 소, 돼지, 닭의 항생제 검출 비율(0.13~0.62%)보다 최대 490배 이상 높았다. …… 사상 첫 전국 개고기 위생 검사 결과를 보면 93점 가운데 60점에서 한 개 종류 이상의 항생제 성분이 검출됐고 이 가운데 29점에서는 두 종류 이상의 항생제 성분이 나왔다. 또한 모든 조사 대상 살코기에서 세균 바이러스 등 미생물 25종이 검출됐고 이 가운데는 '햄버거병'을 유발하는 등 인체에 치명적인 대장균(E.coli 종류)도 포함돼 있었다." 〈한겨레〉, 2017.8.28.
"(대한 육견 협회는) 전국 25개 재래시장에서 산 개고기의 3분의 2가량에서 항생제 성분이 검출됐다는 연구 결과가 공정치 않다고 주장했다. 책임 연구자가 과거 동물 보호 단체의 정책국장이었고 연구자가 속한 대학이 정부 기관이 아니기 때문에 객관성과 공정성이 떨어진다는 것이다. 항생제 검사를 정부 기관에 의뢰했지만 오히려 검사할 수 있는 시약이 다양하지 않아 대학 연구소를 추천했다는 주장에 대해 김 대표이사는 '그렇다면 우리 협회 고문인 안용근 교수가 있는 충청대에서 해도 된다'고 말했다." 〈애니멀피플〉, 2017.9.25.

** 동물 보호법 제8조 (동물학대 등의 금지) 누구든지 동물에 대하여 다음 각 호의 행위를 하여서는 아니 된다. 〈개정 2013.3.23, 2013.4.5〉
1. 목을 매다는 등의 잔인한 방법으로 죽음에 이르게 하는 행위
2. 노상 등 공개된 장소에서 죽이거나 같은 종류의 다른 동물이 보는 앞에서 죽음에 이르게 하는 행위

#15

농장 소독을 하는 날이었다. 양돈장에선 일주일마다 한 번씩 했는데 여기선 계절 바뀔 때 한 번 할까 말까 했다. 경운기에 소독약을 푼 물통 네 개를 싣고 농장을 오르내리며 약을 뿌렸다. 여기서 사용하는 건 저미사이드germicide라는 무시무시한 이름을 가진 약품이었다. 하얀색 가루인데 물에 섞으면 보라색으로 변하고 새콤한 냄새가 났다. 봉휘 아저씨가 먼저 시범을 보여줬다.

"이게 원래 자주 해줘야 되는데 여기는 할 게 많아서 시간도 없고 또 약값도 많이 들어서 어쩌다 한 번 하고 말아. 그러니까 약을 충분히 쏴주라고. 개장 안에 빠진 데 없이 골고루 쏴줘. 여기 천장, 벽, 바닥 그리고 요 아래 똥 쌓인 데 많이 쏴주고. 개한테는 쏘지 마. 이게 독해서 개한테 안 좋아."

아래쪽 케이지에서부터 한 줄씩 올라가며 작업했다. 점심 먹고 시작한 일이었지만 맨 위에 자리 잡은 강아지사에 도착했을 땐 6시가 가까워지고 있었다. 나는 여기보다 나쁜 일자리는 노예밖에 없을 거라고 중얼거리면서 구정물이 줄줄 흐르는 호스를 끌고 다녔다. 약을 뿌리기 시작하자 개들이 고기 냄새를 맡았을 때와 비슷한 수준의 소동을 벌였다(개들은 평소와 다른 일이 벌어지면 쉽게 흥분했다). 쿵쾅대며 뛰어다니고 짖고 냄새 맡다가 관심을 소독약으로 돌려 천장에서 흘러내리는 보라색 물을 마시려고 다퉜다. 그 와중에 그릇에 고인 소독약을 마시는 개를 봤다. 속이 뒤집혔다. 그릇 안에 커다란 똥 덩어리가 있었다.

고기로 태어나서

"야, 마시지 마! 마시지 말라고!"

개가 걱정되어서가 아니라 비위가 상해서 참을 수가 없었다. 개는 아랑곳하지 않고 똥물과 섞여드는 보라색 액체를 열심히 할짝거렸다. 내가 고함을 지르자 개들이 더 흥분해서 날뛰었다. 멀리서 아저씨가 무슨 일이냐며 물었지만 더 이상 그쪽은 눈에 들어오지 않았다. 개들이 짖어대는 소리가 점점 강해졌다.

'컹! 컹! 컹! 컹! 컹!'

한 번 짖을 때마다 대패로 두개골을 한 겹씩 깎아내는 것 같았다. 그 순간 나는 깨달았다. 스트레스에는 두 가지 결말밖에 없다는 것을. 도망치거나 터져버리거나. 나는 물줄기를 개에게 돌렸다. 개는 즉시 케이지 구석으로 달아났다. 하지만 나는 멈추지 않았다. 개는 오른쪽 구석에 얼굴을 처박았다가 왼쪽으로 갔다가 그래도 소용없자 다른 개들 속으로 파고들었다. 표적을 놓친 물줄기는 이제 다른 개들에게로 향했다. 흠뻑 젖은 개는 나를 등진 채 앞발로 철창을 벅벅 긁어댔다. 그러면서 올가미에 묶여 끌려가는 개처럼 낑낑대는 비명을 간간이 내뱉었다. 더 이상 케이지에 약을 뿌리지 않았다. 나를 향해 짖어대는 개들에게 소독약을 쏘아댔다. 물줄기를 맞는 개들을 제외한 모든 개들이 합창하듯 짖어댔다.

"짖지 마! 짖지 말라고! 내가 너네한테 뭘 어쨌다고 짖는 거야?! 나는 전태일이 누군지도 알고 촘스키가 어느 대학 교수인지도 아는 사람이야! 나는 저 사람들이랑 다르다고. 나는 너희를 도와주러 온 사람이란 말이야!"

나는 다른 개들 틈 속으로 비집고 들어가려는 개의 엉덩이에 대고 소독약을 쏘아대면서 소리쳤다. 얼마나 그러고 있었는지 모르겠다. 갑자기 누군가 거칠게 호스를 빼앗았다.

"아, 개장 소독하라고 했더니 이게 뭐하는 거야?!"

봉휘 아저씨였다.

"이거 독한 거라고! 개한테 쏘지 말라고 하는 거 못 들었어? 이 벽이랑 똥 쌓인 데 쏘라고. 내가 그만하라고 소리치는 거 못 들었어?"

아무런 대꾸도 할 수가 없었다.

"이거는 내가 수리얀 불러와서 할 테니까 한 씨는 가봐. 개가 아무리 말 못하는 짐승이라도 그러면 안 되지. 아, 가! 가라고!"

이날 이후부터 개에게 가까이 갈 일이 있을 땐 이어폰으로 음악을 들었다. 개 짖는 소리가 하나도 들리지 않을 만큼 볼륨을 높여서. 존 본 햄이 고막을 두들기게 한 건 효과가 있어서 머리가 터져버릴 것 같은 기분은 더 이상 들지 않았다. 개들이 나를 힘들게 하려고 저러는 거다, 저 개가 지금 나를 무시하는 거다 같은 정신 나간 생각도 들지 않았다. 개들을 조금은 참을 만했고 더 이상 케이지를 후려치지도 않았다. 나는 애쓰고 애써서 개를 '미워하지도 않고 정도 주지 않는' 상태로 되돌아갔다. 나도 언젠가는 개와 가까워질 수도 있을지 모르고 또 행운이 따른다면 한두 마리 사랑하는 개를 만날 수도 있을지 모르겠지만 여기에서는 아니었다. 동물이 아무렇게나 낭비해도 상관없는 물건 이상은 결코 될 수 없는 이곳에선 아니었다. 나는 반드시 해야 할 일이 있을 때가 아니면 개에게 다가가지 않기로 했다.

고기로 태어나서

두 번째 개 농장 _충청남도 금산

††††††

남의 고통은 언제나 견디기 쉬운 법이다.

_셰익스피어, 〈헛소동〉

#1

사장의 첫마디가 나를 깜짝 놀라게 했다.

"허우대도 멀쩡하고 나이도 젊고 아무리 봐도 개 농장 일할 사람처럼 안 보이는데. 내가 보기엔 저 옛날에 뭐냐 정보 캐내러 숨어드는 그런 사람처럼 보이는데……. 정말 개 키우러 온 사람 맞아요?"

그는 햇볕에 그을린 얼굴에 때 묻은 등산복 차림이었다. 나이는 50대 후반으로 보였다.

"그냥 돈 벌러 온 거죠."

침착한 척하며 대답했다. 종돈장에서의 악몽이 되살아나려는 것 같왔다.

"아, 내가 왜 그렇게 생각했는지 알겠네. 그 옛날에 안기부에서 학생 운동하는 사람들 정보 얻어 오라고 내려보낸 뿌락찌, 그 뿌락찌를 닮았네. 딱 그런 얼굴이네."

신의가 없는 인간이라는 말은 자주 들었지만 프락치 닮았다는 말은 처음 들었다. 검은 뿔테 안경 때문에 칠팔십 년대 대학생을 떠올린 것 같았다. 물론 그는 엉성한 연상력을 발휘한 것뿐이었지만 어쩌면 그 '뿌락찌'라는 단어에 내 정체성의 본질이 담겨 있는지도 모르겠다는 생각이 들었다. 금산터미널에서 농장까지는 차로 25분 정도 걸렸다. 마을로 들어서고 나서도 야산의 정상까지 한참을 덜커덩거리며 올라가야 했다. 한 달 이틀 휴일에 월급 150만 원인 자리였는데 직원은 나 하나뿐이었다.

농장은 단출하고 깔끔했다. 적어도 첫인상은 그랬다. 콘크리트 바닥으로 된 커다란 비닐하우스 안에 케이지들이 설치되어 있었다. 하우스 한 동에 개 전체가 수용되어 있었다. 대략 400마리 정도였다. 70개 정도의 케이지가 여섯 줄로 늘어서 있었다. 케이지는 가로 세로 1m 15cm, 높이 1m 20cm로 큰 편이었는데 개들이 서너 마리씩 들어가 있었다. 개의 외모는 포천과 비슷했다. 낙엽 빛깔의 짧은 털에 주둥이는 길고 귀는 축 늘어져 있었다. 몸집은 포천보다 작은 편이었다. 특히 포천의 종견만 한 개는 한 마리도 없었다. 밥그릇은 200리터짜리 플라스틱 통의 아랫부분을 잘라서 썼다. 포천보다는 깨끗했다.

"개는 죽으면 95퍼센트가 장염이야. 개는 어느 정도 몸집만 크면 호흡기 뭐 이런 것도 없어. 장염은 왜 걸리냐? 먹는 거 때문이지. 짠 거 많이 먹어서. 또 썩은 거 먹어서. 개는 장염만 안 걸리면 다 살아. 다 큰 놈들은 썩은 거 뭐 구더기 굴러다니고 짬 1, 2년 지난 거 먹여도 말짱해. 개는 장염만 잡아주면 걱정 없어. 근데 그걸 잡기가 어려워서 문제지. 장염에 걸리면 약 먹고 주사 맞고 링게루 맞고 하면 다 낫는다고. 그런데 개가 사람처럼 링게루 맞는다고 가만히 있나. 계속 돌아다니고 장난치고 그러지. 그래서 약을 써서 낫는 놈은 사는 거고 효과 없으면 그때는 아무리 해도 소용없어. 사는 놈은 살고 죽는 놈은 죽는 거지."

분만사는 숙소 옆에 있었다. 스무 개 정도의 케이지가 설치된 작은 비닐하우스였다. 이곳은 대부분의 개들이 수용된 하우스보다 100m 정도 떨어져 있어서 조용하게 지낼 수 있었다. 분만사에는 출산을 앞둔 개가 한 마리, 젖을 먹이고 있는 개가 서너 마리 있었고 나머지 열 마리 남짓한 개들은 임신한 것으로 추정됐다. 몸길이가 30~40cm 정도 되는 강아지들만 들어 있는 케이지가 세 개 있었다. 적은 곳은 두 마리, 많은 곳은 다섯 마리가 들어 있었다.

"내일부터 밥 줄 때 개 상태를 보고 뭔가 이상이 있는 놈은 바로 나한테 얘기를 해줘야 돼. 밥 안 먹는 놈, 피똥 싸는 놈. 새끼 같은 경우엔 사람이 오면 이놈들이 아직 개념이 없어서 무조건 반가워한다고. 그런데 사람이 다가가도 안 그런 놈이 있어. 그런 놈들은 뭔가 건강에 문제가 생긴 거야. 그런 것도 봐뒀다 다 나한테 얘기를 해줘야 해."

"암놈들 같은 경우엔 엉덩이에 피 묻은 놈들이 제일 중요해. 이놈들은 발정이 온 놈들이라고. 개 아무리 잡아다 팔면 뭐해? 새끼를 까야지. 사람은 생리가 한 달 안에 온다고. 근데 개는 생리가 6개월에 한 번 와. 근데 이런 개들은 등치가 커서 6개월도 아니고 8개월쯤 한 번 와. 그니까 이걸 한 번 놓쳐봐. 8개월 또 공짜 밥을 먹이는 거야. 그게 얼마나 손해야? 그래서 내가 엉덩이에 피 묻은 개 얘기해주면 한 마리당 2,000원씩 줄 테니까 꼭 얘기해."

짬밥 자체가 공짜였지만 농장주 입장에선 그것마저도 용납할 수 없는 모양이었다.

분만사 맞은편에 사장의 집이 있고 내가 쓰는 숙소는 그 뒤에 있었다. 사장의 집은 30평 크기의 주택이었다. 그의 아내는 대학생, 고등학생인 자녀들과 함께 대전에 살았다. 그는 가끔씩 대전에 들러 먹을 것이나 옷가지를 챙겨온다고 했다. 그런 설명을 듣지 못했다고 해도 집에 들어서는 순간 혼자 사는 남자의 공간이라는 걸 알 수 있었다. 빨래거리는 거실과 방바닥에 아무렇게나 널려 있고 싱크대에는 설거지거리가 쌓여 있었다. 서랍을 닫는 것도 귀찮았는지 대부분의 서랍이 절반 정도 열린 상태였다. 소파에는 책 한 권이 놓여 있었다. 성공하고 싶다면 미쳐라, 뭐 그런 유의 제목을 단 자기계발서였다.* 집 안에 책은

---

* 얼마 전에 나는 비슷한 메시지를 가진 책들을 모아놓고 찍은 사진을 봤다. 사람들에게 미치기를 권하는 책들이 참으로 많았다. 10대여 ○○에 미쳐라, 20대여 ○○에 미쳐라, 30대여 ○○에 미쳐라, 40대여 ○○에 미쳐라, 노년이여 ○○에 미쳐라, 공부에 미쳐라, 재테크에 미쳐라, 자기 계발에 미쳐라, 공모전에 미쳐라, 건강에 미쳐라 등등. 작가들이 반복적으로 던지는 화두에는 그 사회의 정체성이 담기기 마련이다. 만약 어떤 사회의 작가들이 사람들에게 열심히 운동하기를 권

고기로 태어나서

한 권뿐인 듯했다. 그는 식사를 하고 나면 성경마냥 그 책을 붙들고 있었다.

숙소는 언제나처럼 컨테이너였다. 안에는 이불과 옷장 그리고 선풍기 한 대가 있었다. 컨테이너에는 수도가 연결되어 있지 않았기 때문에 먹고 씻고 싸는 건 사장 집에서 해결해야 했다. 그보다 문제는 창에 방충망이 없어서 문을 열어둘 수 없었던 것이다. 그런데 문을 닫아도 어찌된 영문인지 계속 날벌레가 들어왔다. 문이란 문은 모두 점검했는데도 그대로였다. 방 어딘가에 날벌레 서식지와 연결된 마법의 통로 같은 게 열려 있는 모양이었다. 형광등에 벌레들이 달라붙어 있는 모습이 한여름의 가로등을 떠올리게 했다.

잠이 오지 않아서 배낭을 뒤지기 시작했다. 혹시나 하고 찾아봤지만 책은 나오지 않았다. 예전에는 짐을 꾸릴 때마다 책을 한가득 집어넣었지만 일이 끝나고 돌아왔을 때 책을 읽는 날은 드물었다. 대개는 일기만 쓰고 잤다. 책 대신 내가 찾아낸 것은 치실이었다. 곳곳에 비상식량을 숨겨놓은 것처럼 쓰지도 않은 치실이 숨겨져 있었다. 나는 그렇게 많이 샀다는 것도 잊고 있었다. 내가 살면서 가장 두려워하는 순간은 그런 것이었나 보다. 이빨 사이에 낀 음식 찌꺼기를 칫솔질로도 빼

한다면 그 사회는 (적어도 육체적으로는) 건강한 사회라고 할 수 있을 것이다. 또 작가들이 사람들에게 언제 어디서나 올바른 행동을 할 것을 촉구한다면 그 사회는 도덕적인 사회라고 (적어도 그렇게 되려고 노력은 하는 사회라고) 할 수 있을 것이다. 마찬가지로 작가들이 끊임없이 사람들에게 미쳐버릴 것을 요구한다면 우리는 (냉소나 히스테리 없이) 이런 사회를 미친 사회라고 부를 수 있을 것이다.

낼 수가 없을 때. 치실만 충분하다면 아무 걱정 없을 거라고 믿었던 모양이다.

자정이 가까워졌지만 여전히 잠은 오지 않았다. 몇 군데 전화를 해봤지만 받는 사람은 없었다. 나는 이빨 사이를 닦아내는 실 대신 사람과 사람 사이를 이어주는 실에 대해 생각하기 시작했다. 가당치도 않게 내 쪽에서 끊어버린 실들을. 나는 삶에서 하나면 충분하다고, 내가 좋아하는 일을 하며 살 수 있으면 충분하다고 떠들곤 했다. 그리고 그런 삶의 극단적인 결과물 중 하나가 그 컨테이너 안에 있었다. 텅 빈 방에 누워 치실 한 뭉치를 움켜쥔 채 잠 못 이루는 삶. 내일 당장 지구에 종말이 찾아와도 내 이빨만큼은 무사하리라. 치 간이 유난히 깨끗한 내 이빨만큼은.

지금은 볼 수 없게 된, 나와는 비교할 수 없을 만큼 훌륭한 작가였던 친구가 오래전에 내게 이런 얘기를 해준 적이 있다. 그러니까 우리 둘 사이의 실을 내가 끊어버리기 전에 말이다.

"인생 최고의 날을 상상해봐, 승태. 너는 방금 한승태가 노벨 문학상 수상자로 선정됐다는 뉴스를 듣고 집을 나섰어. 대통령이 하도 애걸복걸하며 매달리는 바람에 내키지는 않지만 청와대에 가서 차도 한잔 마시고 사진도 좀 찍고 나왔지. 밖에는 교황이 보낸 차가 기다리고 있어. 로마에서 널 만나러 날아온 거야. 너는 추기경과 주교들에게 둘러싸여서 식사를 해. 교황이 따라준 와인과 교황이 찢어준 빵을 먹으면서. 집으로 돌아가는 길에 너는 트럭에 치일 뻔한 아기를 몸을 날려 구해내. 그리고 아기를 구하기보다는 핸드폰 만지작거리길 선택한 선량한 시민들 덕분에 너의 놀라운 활약상이 전 세계로 전파되는 거지.

　온 나라가, 온 세계가 승태에게 열광해. 너를 찼던 모든 여자들이, 한 중대 병력쯤 되냐? 한승태를 찼던 건 내 인생 최대의 실수였다는 제목으로 신문에 장문의 기고문을 올리기 시작하지. 배스킨라빈스는 너의 아이스크림 취향을 존중하는 취지에서 더 이상 슈팅스타를 생산하지 않겠다고 결정해. 그리고 아마도 이게 승태를 가장 기쁘게 만들 것 같은데, 드디어, 마침내, 국립국어원에서 승태 의견을 인정하고 공식 발표를 하는 거야. '정확하다'와 '적확하다'의 차이는 적확하다를 썼을 땐 대학물이 좀 든 것처럼 들리는 것뿐이라고 말이야.

　너는 그 모든 승리를, 그 모든 성취를 몸으로 느낄 수 있어. 손으로 이 폰을 쥐고 있는 것처럼. 빗방울이 피부에 닿는 것처럼. 그 모든 성공이 네 몸에 느껴져. 사람들이 한승태를 외쳐대던 소리가 여전히 귓가에 메아리치고 있어. 그리고 그 모든 것들이 니가 불 꺼진 텅 빈 집 안으로 들어서는 순간 사라질 거야. 그중 어떤 것도 니가 울리지 않는 전화기를 붙들고 잠 못 이룰 때 너를 도와주지 못할 거야. 그중에 어떤 것도, 상대가 너의 목소리를 기억하지 못할 것 같은 두려움 때문에 결국 통화 버튼을 누르지 못하는 새벽에 니가 베란다 창문을 열고 뛰어내리는 걸 막아주지 못할 거야."

#2

작업은 아침 6시에 시작해서 저녁 6시 반쯤 끝났다. 가장 먼저 하는 일은 여기서도 '개밥 주기'였다. 짬밥은 완전히 간 것을 일주일에 두 번 정도 배달받았다. 짬밥을 저장해두는 통은 크기가 가로 세로 1.5m, 높이는 3m를 넘었다. 1.4m 정도만 드러나 있고 나머지는 땅속에 파묻혀 있었다. 짬밥 배달이 늦어져서 통이 바닥을 드러낸 날이 있었다. 이때는 사다리를 타고 내려가 바닥에 쌓인 뼈, 조개 부스러기를 퍼냈는데 덕분에 전체 높이를 확인할 수 있었다. 이 통 역시 지붕이나 뚜껑이 없었기 때문에 비든 벌레든 뭐든지 들어갈 수 있었다. 비닐하우스나 콘크리트 바닥 때문에 이곳 시설에 대해 조금 기대를 품어봤지만 포천과 큰 차이는 없었다. 악취도 소음도 똑같았다.

냄새는 이 농장의 잘못은 아니었다. 악취는 개 농장이 가장 심했다. 이곳은 음식 쓰레기를 직접 갈지 않는데도 그랬다. 양계장이나 양돈장에서도 당연히 고약한 냄새가 나지만 개만큼은 아니었다. 만약 그런 냄새를 전쟁터에서 맡았다면 적군이 제네바 협약을 어겼다고 생각했을 것 같다. 냄새와 관련해 내가 들었던 그나마 가장 과학적인 설명은 이런 것이다. 닭과 돼지는 넓게 보자면 옥수수가루만 먹고 산다. 개는 아주 다양한 음식(쓰레기)을 먹는다. 즉, 소화시키는 음식의 종류가 많기 때문에 배설물의 냄새도 더 독하다는 것이다. 소음도 마찬가지였다. 개들이 짖기 시작하면 공기로 얻어맞는 기분이 드는 게 장풍이 이런 건가 싶었다. 개들이 불쌍하다는 생각이 들면서도 동시에 1초라도 빨리 벗어나고 싶다는 생각이 들었고 벗어나면 너무 편안했다. 과거의 잘못을 되풀이하지 않기 위해 둘째 날부터는 개밥을 줄 때 반드시 이 어폰을 챙겨 갔다.

사료 면에선 이곳이 포천보다 열악했는데 닭발은 오직 분만사의 개들만 먹었다. 나머지 개들이 고기를 먹을 수 있는 경우는 닭발 중에 보관한 지 너무 오래되어 썩은 것이 나올 때뿐이었다.

여기서는 개와 관련된 일보다 시멘트를 섞고 땅바닥을 다지고 수평을 맞추고 기둥을 박는 일에 더 많은 시간을 썼다. 사장은 하우스를 한 동 더 지으려고 했고 일손이 필요한 건 그 때문이었다. (이 책에서 하우스 짓는 과정에 대해 설명할 필요는 없을 것 같다.)

"개 키우면 나라에서 지원 같은 건 받아요? 보통 농장은 수도세나 전기세 같은 거 싸게 해주잖아요?"

"아니. 개는 아무것도 없어.* 개는 먹는 게 불법이야. 개는 법적으로

---

*   "일부 지자체들이 예산으로 식용견 농장을 지원해온 사실이 드러나 동물 보호 단체가 강하게 반발했다. …… 카라에 따르면 경북 김천시, 전남 장성군, 전북 정읍시, 경기 김포시, 강원 횡성군, 충남 금산군 등이 개 농장에 소독과 예방 약품, 면역 증강제 및 구충제, 톱밥과 악취 제거제, 분뇨 운반 장비와 사료 급여기 등을 지원했다. 지자체들은 '사육 환경 개선 사업', '축사 환경 개선 사업', '육견 사육 농가 경영 장비 현대화 지원 사업' 등 다양한 이름으로 식용 개 농장을 지원한 것으로 밝혀졌다. 심지어 '냉동 창고'까지 지원한 경우도 있다. 또한 일부 지자체에서는 지원 대상을 육견 협회 같은 특정 단체 소속 회원으로 한정하거나 아예 특정 협회 기능 보강 사업을 실시해 지원한 사실도 확인됐다." 〈뉴스 1〉, 2010.7.6.

식품이 아니야. 그러니까 당연히 지원도 안 해주지. 돼지나 소처럼 그런 걸 해주면 개는 식품이라고 인정을 하는 게 되니까. 몇 년 전에 개 키우는 사람들이 국회 앞에서 데모했었어. 나라에서 법으로 못 먹게 하려고 하니까. 하도 외국에서 야만적이다 뭐다 하니까. 그런데 꼭 사람들이 데모를 해서 그런 건 아니지만 개가 없어봐, 그 많은 음식 쓰레기를 어떻게 처리할 거야? 지들도 골치 아픈 거야. 방법이 없으니까. 그래서 그것도 흐지부지 끝나버렸지. 그러니까 그 사람들이 원하는 건 그냥 흘러가는 대로 내버려둬라 이거야. 아, 개고기 못 먹게 해봐. 음식 쓰레기만 문제야? 농장은 말할 것도 없고 그 많은 식당들 문 닫고 거기서 일하는 사람들 실업자 되면 나라에서 감당할 수 있어? 지들도 그걸 생각해보니까 골치 아프거든. 그러니까 그냥 내버려두는 거야."

"그럼 사장님은 내버려두는 게 좋으세요? 아니면 합법화해서 지원을 받는 게 좋으세요?"

"나는 그 데모하던 사람들이랑 같아. 그냥 흘러가는 대로 내버려둬라. 양돈장 봐. 돼지 키운다고 해서 다 지원을 해주는 게 아니야. 다 규정에 맞아야. 양돈장 하려면 정화조 있어야지, 폐수 처리 시설 있어야지. 그거 다 지으려면 돈이 좀 들어가? 우리는 그거 다 달면서 못해. 그래도 나 다른 사람한테 폐 끼치면서 개 키우지 않아. 자네 여기서 똥물 내려가는 거 봤어?"

"그치만 여긴 아무런 정화 시설도 없잖아요? 그러면 똥물이 다 내려간다고 봐야 되는 거 아니에요?"

"여기서 내려가는 건 다 걸러서 아래에 가면 깨끗한 물이야. 여기 똥물 내려갔으면 나 여기서 개 못 키워. 저 아래 다 농사짓고 인삼 키우고 하는데 땅에 똥물 들어가 봐. 사람들이 가만히 있겠어? 그리고 개는 합법화되기 어려워. 개도 닭이나 돼지처럼 너도 나도 농장 크게 짓고 많이 키우면 나라에서도 어쩔 수 없이 합법화하겠지. 그치만 개는 다른 동물처럼 대형화를 안 해."

"왜요?"

"개 키우는 거 천하다고 생각하니까 그렇지. 개장수 하면 지금도 사람들이 얼마나 천하게 생각해? 오죽하면 개장사도 아니고 개장수라고 하겠어? 니들은 장사꾼도 아니라 이거야. 돈 있는 사람은 절대 개 안 키워. 생각을 해봐. 소나 돼지 하지 누가 큰 돈 들여서 개를 키우려고 하겠어? 개 키우는 사람들 사정이 다 비슷해. 도시에서 장사하다가 망한 사람들이 시골 내려와서 돈은 없고 뭐라도 하긴 해야겠고 해서 한두 마리 기르다가 이게 사료비도 안 들고 값도 나쁘지 않으니까 늘려서 몇백 마리 키우는 거지. 그런데 그렇게 개 기르던 사람들도 돈이 좀 모이면 닭이나 돼지로 바꾸지 개 농장을 크게 키우진 않아."

"그럼 사장님은 어떻게 하시겠어요? 이걸 합법화해서 전부 다 규정대로 길러라 하면? 그래도 기르실 거예요?"

"무조건 하고 안 하고 그런 게 어딨어? 규정대로 해서 돈이 되면 하는 거고 그거 다 따라가면서 남는 게 없으면 못 하는 거고. 돈 되면 하는 거지 그거 말고 뭐가 있어."

"그럼 자녀분이 개 농장 물려받겠다고 하시면 시키실 거예요?"

"나는 시켜. 개 농장 일이 뭐가 힘들어. 밥 주고 닭발 좀 갈아주고 한 나절이면 다 끝나는 일. 세상에 무슨 일을 해도 그 정도는 해."

"그치만 사람들이 개장수 천하게 생각한다고 하셨잖아요? 그런데도 아드님이 하시게 내버려두신다고요?"

"개장수보다 더 천한 놈이 누군 줄 알아? 돈 없는 놈! 돈 없는 놈은 살인, 강도보다 천한 놈인 거야. 우리 어렸을 때 어른들이 뭐랬냐면 멀리서 돈 없는 놈이 오는 게 보이면 산도 빙 돌아간다 그랬어. 그놈이랑 마주치기 싫어서. 돈이 없어봐. 마누라도 짐 싸 가지고 도망가고 애들도 아부지 취급 안 해. 그러니까 더더욱 빨리 대형화해야지. 그래서 저녁엔 싹 씻고 벤츠타고 나갈 수 있게. 벤츠타고 나가봐. 내가 개를 키우건 말건 사람들이 사장님, 사장님 하면서 굽신굽신하지.

근데 내가 걱정인건 요 앞으로 몇 년 개고기 흐름이 어떻게 될까야. 요즘 젊은 사람들은 개 안 먹잖아? 또 환경 단체에서 지랄하면 그것도 어떻게 될지 모르고. 그놈들이 개장수들이 남의 집에서 기르는 개도 훔쳐 판다고 뭐라 그러는데 요즘엔 개 훔쳐다 파는 개장수 없어. 이게 무게가 나가야 돈이 되는 건데 요즘 키우는 애완용 개들은 죄다 손바닥만 해가지고 어디 갖다 써? 또 요즘 사람들이 자기 개를 얼마나 끔찍하게 여기는데, 개 하나 잃어버렸다고 전단지 뿌리고 경찰에 신고하고 그 난리를 피우는데 뭣 하러 돈도 안 되는 말티즈 이런 걸 훔쳐서 애를 썩여. 자네도 봤으니까 알 거 아냐? 이 농장에 애완견 한 마리라도 있었어? 개장수 백에 하나가 그렇게 남의 집 개 잡아다 파는데 그 정도로 막가는 놈은 어디나 있는 거지. 경찰 중에도 도둑놈이 있잖아? 그렇다고 경찰을 죄다 도둑놈이라고 욕하면 되겠어?

고기로 태어나서

내가 처음에 소를 키우려고 그랬어. 누가 개를 키워보라고 했는데 나도 그때는 개 키우는 건 싫더라고. 그런데 이런 농장을 지으려면 마을 사람들 동의를 얻어야 돼. 그것도 사실 웃긴 거지. 내 개인 땅에 내가 농장 하는 건데. 하여간 여기 이장은 바로 도장 찍어줬어. 내가 한 50만 원 찔러줬거든. 근데 총무는 꼬장꼬장하게 나오면서 동의를 안 해주는 거야. 이 사람은 돈을 안 받는 스타일이야. 그래서 허가가 한 15일 늦게 나왔는데 그사이에 솟값이 몇 배로 뛴 거야. 그 꼴이 나니까 딱 모은 돈만 까먹다 굶어 죽게 생긴 거야. 그러니 어떡해? 개라도 키워야지. 안 그럼 어쩔 거야? 개장수 천하다고 가족들 굶길 거야? 개 잡는 거 잔인하다고 애들 공부 안 시킬 거야? 만 원이라도 더 벌려면 뭐든지 하는 거야! 그게 인생이야! 그것 말고는 다 드라마고 유행가야."*

<hr />

*   "누구나 삶이 부정당하는 경험은 자존감을 아래로 떨어뜨린다. 대부분의 농장 주는 억울하고 화가 난다고 했다. 자신들의 말을 들어주지 않는 언론, 마을 주민의 '민원'과 비협조적인 '공무원', 농장 운영에 있어 강화된 귀찮은 환경 관련 '법'과 동물 단체와의 갈등으로 지쳤다는 것이다. 이들은 자신들을 두고 사회가 '범죄 집단, 쓰레기 취급'을 하고 있다고 느낀다. 정부가 '동물 단체가 (농장주들에게 가하는) 채찍질만 (허락)하고 있는' 요즘, 개고기 합법화는커녕 동물 단체의 요구로부터 자신들을 보호해주지 못할 거면 차라리 지금까지 그랬듯 법의 사각지대에 내버려둘 것을 요구하는 이들도 있다."〈애니멀피플〉, 2017.9.10.

#3

　　"저기 딸딸이에 개장 하나 싣고 따라와."

　나는 손수레에 높이가 1m 정도 되는 이동용 케이지를 실었다.

　　"오늘 오후엔 개를 두 마리 잡아야 되는데 나중엔 자네가 이런 것도 혼자서 해줘야 돼. 내가 예를 들어 개 두 마리 있는 데서 한 마리 잡아라 그러면 그중에서 무조건 마른 놈을 잡아, 알았지? 개는 기름기 있는 건 안 돼. 1년짜리 원하는 데가 있고 2년짜리 원하는 데가 있지만 기름기 있는 놈은 다 싫어해. 이 정도도 살이 찐 거고 이놈처럼 등뼈가 드러나고 또 갈비뼈는 너무 많이는 말고 살짝 드러난 놈이 딱 좋아."

　　"1년짜리랑 2년짜리랑 맛이 달라요?"

　　"오늘 갖다줄 데는 꼭 2년짜리만 달라 그래. 근데 찾는 건 1년짜리가 많아. 2년짜리는 고기가…… 이걸 뭐라고 해야 하나? 고기가 안 줄어. 고기를 삶거나 하잖아? 그래도 고기가 줄어들지를 않아. 그대로지. 2년짜리는 고기에 기름기가 없거든. 좀 퍽퍽하지. 대신 1년짜리는 기름기가 있어. 뭐 개고기는 기름기가 있어봤자 얼마 안 되지만 또 좋아하는 사람은 그런 거 좋아하니까.

　　살이 많이 찐 놈들 있잖아? 이런 놈들은 말려야 돼. 살을 빼야 된다고. 이런 놈들은 따로 빼내서 일주일 동안 물만 먹여. 그럼 살이 쭉 빠져. 그다음에 다시 한 달 동안 고기를 먹여. 저 임신한 놈들 먹는 닭발 있잖아? 그거 먹이면 원래 기름기가 많았던 놈들도 바싹 말랐다가 살이 쪄서 고기에 기름기가 사라져서 딱 적당하게 나와."

　　　　　　　　　　　　　　　　　　　　　　　고기로 태어나서

이날 잡은 개들은 두 마리 모두 털이 길고 덩치가 컸는데 사장에게 절반 정도 안긴 채로 머뭇거리며 끌려 나왔다. 처형당하는 순간까지 예절 바른 개들이었다.

농장의 꼭대기에는 슬레이트 지붕만 두른 허름한 작업장이 있었다. 한쪽에는 시멘트로 만든 화덕에 철판을 이어 붙여 만든 커다란 솥이 올려져 있었다. 그 옆에는 사장이 직접 만들었다는 털 뽑는 기계가 있었다. 가장 안쪽에는 나무 테이블이 있었고 그 위에 칼들과 뼈를 자를 때 사용하는 전동 절단기가 놓여 있었다. 사장은 화덕에 불부터 붙였다.

"온도계 집어넣고 75도 되면 얘기해."

화덕 옆에는 건축물 폐자재가 쌓여 있었다. 내가 할 일은 그 안에서 합판을 끄집어내 장작으로 쓸 수 있는 크기로 쪼개는 것이었다. 그는 불이 약하다 싶으면 합판 조각들을 불 속에 집어넣었다. 솥 안의 물은 누런 빛깔에 기름기가 둥둥 떠다녔고 역한 냄새가 났다.

"75도 됐어요."

"그럼 개장 땅에다 엎어놔."

개 농장에선 예상하지 못한 일들이 워낙 많아서 이대로 개들을 물에 넣으려고 하면 어쩌나 겁이 났다. 나는 당황해서 떨고만 있었다.

"아, 뭐해?"

사장이 나서더니 직접 케이지를 땅바닥에 내려놓았다. 개들은 비좁은 케이지 안에서 엉켜 뒹굴면서도 한 번도 짖지 않았다. 그는 작업장 구석에서 길이가 1m 정도 되는 누런 철근을 들고 왔다. 손으로 잡고 있는 부분에는 검은색 절연 테이프가 칭칭 감겨 있었다. 끝에는 긴 전선이 연결되어 있었다. 그는 코드를 콘센트에 꽂은 다음 철근으로 케이지를 툭툭 쳤다. '팍, 팍.' 소음과 함께 불꽃이 튀었다. 개들이 애처롭게 짖어댔다. 그는 철근으로 개의 머리를 찔렀다. 개는 본능에 따라 자신을 공격하는 막대기를 물었다. 그걸로 모든 게 끝이었다. 비명도 스파크도 없었다. 몸부림을 치지도 않았다. 개는 아주 느리게 기지개를 펴는 듯한 몸짓을 하다가 그대로 멈춰버렸다. 나뭇잎이 떨어지는 것보다 정적인 죽음이었다. 전기가 아니라 주변의 공기가 개를 죽인 것 같았다. 죽음에 이르자 개는 오줌을 쌌고 입에서 피가 조금 흘러내렸다. 얼마나 시간이 걸렸는지는 모르겠지만 오래 걸리지는 않았다.

더 끔찍했던 건 자기 차례를 기다리고 있던 두 번째 개를 보고 있는 것이었다. 죽어가는 동료와 몸을 맞대고 있던 이 녀석은 작은 소리로 '끄응끄응'대며 꿈틀거렸다(절대 소리를 높이지는 않았다). 곧이어 철근이 이 녀석의 머리를 향했다. 개는 조금이라도 물러나 보려고 했지만 처음부터 옴짝달싹할 수 없는 상태였다. 한두 번 헛되이 고개를 돌려보다 더 이상 피할 수 없다는 게 명확해지자 머뭇거리며 철근을 물었다. 이 녀석 역시 오래 걸리지 않았다.

내 기분이 어땠느냐는 건 건너뛰자. 나는 개를 감전사시키는 것을 지켜본 사람이 마땅히 그래야 하는 만큼 놀랐고 두려웠다. 그것보다 내게 더 의미심장하게 다가왔던 것은 개가 죽은 걸 확인한 사장의 표정이었다. 그는 얼굴을 살짝 찡그렸는데 죄책감이나 부끄러움이 담긴 얼굴은 아니었다. 언뜻 보면 사과하는 것 같기도 하지만 또 달리 보면

고기로 태어나서

비웃는 것 같은 애매모호한 표정이었다.

내가 그 표정의 의미를 깨달은 건 몇 달 뒤 서울에서였다. 기회가 된다면 여러분들도 직접 그 표정을 확인해볼 수 있으리라. 청계천에는 광교라는 다리가 있다. 이 다리는 영풍문고와 대우조선(한때는 초우량 기업이었지만 지금은 소돔과 고모라를 합친 것보다 못한 취급을 받는) 빌딩을 이어주고 있다. 다리 양쪽에는 횡단보도가 하나씩 있는데 길이가 짧아서 무단횡단을 하는 사람들이 많고 경찰도 그런 사람들을 제지하지 않는다.

어느 날 서점에 들렀다가 건널목 앞에 섰을 때였다. 이때는 길 양쪽으로 꽤 많은 사람들이 신호를 기다리고 있었다. 한 중년 남자가 눈에 띄었다. 변명하는 듯한 분위기를 풍기며 시계를 보고 좌우를 살폈다. 잠시 후 그는 사람들을 제치고 길을 건너기 시작했다. 어쩌다 보니 나는 그 남자를 빤히 쳐다보고 있었는데 그가 인도로 올라서기 직전에 나와 눈이 마주쳤다. 그리고 나는 그 남자의 얼굴에서 사장의 얼굴을 봤다. 그 표정은 이렇게 말하고 있었다. '이 정도 일 가지고 뭘 그렇게 난리야?'

나머지 과정은 포천과 동일했다. 다만 여기선 죽은 개를 뜨거운 물에 넣고 잠깐 동안 삶는 게 다를 뿐이었다. 사장은 고무장갑을 끼고 개를 빙글빙글 돌렸다. 살을 문질렀을 때 쉽게 털이 벗겨질 때까지 삶았다. 다음엔 털 뽑는 기계 안에 집어넣었다. 이것은 바닥과 벽면이 따로 돌아가는 원통인데 내부에는 두툼한 플라스틱 돌기가 무수히 솟아 있다. 작동을 시키고 개를 집어넣으면 이 돌기들이 털을 깨끗하게 벗겨냈다.

"개털 빠지는 온도는 75도가 딱 이거든. 안 벗겨지는 부분은 솥 바닥에 닿았던 데야. 너무 뜨거워도 털이 안 빠져."

토치로 남은 털을 제거하고 그을음을 씻어낸 다음 해체를 시작했다. 테이블은 더러웠다. 여기서도 주방용 세제나 소독제는 찾아볼 수 없었다. 심지어 비누도 없었다. 지붕뿐이었기 때문에 사방에서 몰려드는 파리를 막을 길이 없었다. 여기선 개의 머리를 반으로 잘랐는데 이때 정육점에서 사용하는 것과 같은 전동 절단기를 썼다. 작업이 끝나고 기계를 열어보니 내부에는 구더기 떼가 바글바글했다.

#4

일은 힘들었다. 나는 개 농장 직원이라기보다는 하우스 건설 인부에 가까웠다. 일도 일이지만 하루 종일 사장과 단 둘이서 일하다 보니 긴장을 풀 수가 없었다. 이곳에서 일하는 동안 나는 '골디락스 존goldilocks zone' 개념을 몸소 체험해볼 수 있었다. 골디락스 존이란 항성 주위 생명체 거주 가능 영역을 가리킨다. 행성에 생명체가 존재할 수 있으려면 태양과 같은 항성으로부터 너무 가깝지도 너무 멀지도 않은 곳에 위치해야 한다. 가까운 곳에 있으면 기온이 너무 높이 올라가서 물이 존재할 수 없고 반대로 먼 곳에 있으면 너무 추워서 생명체가 살 수 없다. 너무 가깝지도 멀지도 않은 적당한 영역이 바로 골디락스 존

고기로 태어나서

이다.

　문득 노동자의 삶에도 골디락스 존이 존재한다는 생각이 들었다. 태양을 일을 시키고 임금을 지불하는 고용주라고 치면, 태양에서 너무 멀리 떨어진 경우는 직업이 없는 상태다. 이곳의 삶은 춥고 배고프다. 영하의 날씨에도 난방이 안 되는 고시원에서 라면이나 초코파이 따위로 연명하는 생활이다. 반대로 태양과 너무 가까이 붙어 있는 경우가 바로 이 개 농장이라고 할 수 있다. 여기서의 삶은 (비교적) 따뜻하고 배부르다. 집세 걱정, 다음 날 끼니 걱정을 할 필요도 없다. 하지만 이곳엔 여가도 여유도 없다. 사장과 근무시간 내내 붙어 있다 보니 정신을 차릴 수 없을 정도로 일이 쏟아진다. 하나를 끝내면 바로 다른 일을 시키고 그걸 끝내면 즉시 또 다른 일을 시킨다. 잠깐 앉아서 숨 좀 돌리려고 하면 왜 시키는 거 안 하고 가만히 있냐는 지적질이 날아든다. 일하다 보면 열이 난다. 태양 바로 옆에 선 것처럼 온몸에서 열이 난다.

　골디락스 존에 해당하는 일자리란 급여는 충분하면서 관리자의 감독과 감시로부터 적당하게 거리를 두고 일할 수 있는 직장일 것이다. 이 점에 있어선 구직자들이 광활한 우주 공간에서 지구 같은 별을 찾는 천문학자보다 확률 높은 게임을 하고 있다고 봐야겠지만 근래의 실업률을 보면 골디락스 존을 찾아내는 일은 지구 안과 밖을 가릴 것 없이 험난하기만 하다.

　어쨌거나 지금까지 내가 묘사한 사장의 모습이 어떻든 간에 그는 폭력적이거나 강압적인 사람은 아니었다. 그는 화가 나도 목소리를 높이는 법이 없었고 언제나 조곤조곤한 목소리로 상대를 설득하려고 했다.

"일단은 내가 시키는 대로 해. 하고 나서 그날 일 끝나고 그때 이래 저래 힘들었다 얘길 해. 그럼 내가 다음 날 계획을 짤 때 고민을 할 테니까. 내가 그날그날 끝마치려고 한 계획이 있잖아? 일단 그건 해야지. 안 그럼 이거 백날 해도 못 끝내."

하지만 다음 날 작업 계획은 전날과 다를 바가 없었다. 비슷한 실랑이가 이어지자 어느 날 그가 무심코 이런 말을 했다.

"나는 이제껏 살면서 뭘 해도 지배를 했지 남의 지배를 받으면서 일한 적은 없는 사람이야."

그의 말속에는 이 개 농장을 이해할 수 있는 힌트가 담겨 있었다 그는 잔인한 사람이 아니었다. 다만 그는 다른 존재의 처지에 자신을 대입해보는 능력이 현저하게 떨어지는 사람이었다. 내가 지쳐서 노골적으로 힘든 내색을 해도 그는 무슨 일이냐는 듯 멀뚱멀뚱 쳐다보기만 했다. 당시에는 그가 나를 무시하고 있다고 생각했지만 그건 내 오해였다. 그에게는 사람이 새벽부터 해질녘까지 땡볕 아래서 일을 하게 되면 느끼게 될 괴로움을 머릿속에서 떠올려보는 능력이 부족했다. 말하자면 그는 다른 존재의 고통을 상상하는 것에 철저하게 무능했다. 이 농장은 그러한 상상력의 결핍 위에 세워진 궁전이었다.

갑이 을의 처지를 상상하는 것이 힘든 일이라면 인간이 동물의 고통을 상상하는 것은 불가능에 가까운 일일지도 모르겠다. 동물은 특히나 식용 가축은 인간 앞에선 영원불변의 을일 테니 말이다. 이곳은 케이지 하나에 여러 마리의 개를 넣고 기르다 보니 서로 싸우고 상처를 입는 경우가 많았다. 하지만 치료 같은 건 없었다. 어떤 개는 뒷다리에

고기로 태어나서

30cm 정도 길이로 찢어진 상처가 있었다. 벌건 속살이 그대로 드러나 있었지만 방치됐다. 또 이곳엔 눈에 이상이 생긴 개가 많았다. 가장 심했던 개는 한쪽 눈알이 부어서 눈 대신 8번 당구공을 끼워 넣은 것처럼 보였다. 내가 어쩌다 저렇게 된 거냐고, 뭐라도 해야 하지 않냐고 물으면 그는 한결같이 시큰둥했다.

"별거 아냐. 조금 따끔하다 말아."

유달리 상상력이 부족한 남자가 대답했다.

#5

하루는 사장을 따라 고기를 납품하러 갔다. 대전시 외곽에 자리 잡은 식당이었다. 주방에 고기를 내려놓자 주인이 나와서 무게를 재고 즉시 현금으로 값을 지불했다. 주방은 농장의 작업장과는 비교할 수 없을 만큼 깨끗했다. 청결 위생 면에서는 여느 식당과 다를 바 없었다. 저녁 식사 시간 전이어서 내부는 한산했다. 우리는 주인 부부가 끓여준 김치찌개를 먹었다. 이곳의 주메뉴라고 했는데 무척 맛있었다. 점심시간 때는 대부분 김치찌개를 찾는 손님들이라고 했다. 이곳은 사람들이 개고기를 먹지 않게 된다 해도 살아남을 수 있을 것처럼 보였다.

"그런데 농장들이 다 사장님처럼 키우고 잡고 하는 거 아니에요? 키우기만 하는 데가 많아요?"

"아니야. 나처럼 기르고 잡고 팔고 다 하는 데는 별로 없어. 그냥 기르기만 하지. 그 사람들은 자기들이 키우면서 정든 놈들 자기 손으로 잡지는 못하겠대. 그게 뭘 모르는 소리지. 나도 처음엔 이런 거 할 줄 모르니까 개장수한테 팔았지. 개장수한테 10만 원, 많으면 15만 원 날리고 파는 거야. 그 돈이 얼마야? 그래서 나중에 내가 개장수한테, 칠십 먹은 사람 하나 있거든. 그 사람 불러다가 돈 주고 내가 직접 배웠어. 나도 칼질 하는 거 하나도 몰라서 욕 먹어가면서 배운 거야. 예전에는 돈 까먹어가면서 키웠는데 내가 직접 잡아서 식당에 넘기니까 이제야 좀 돈이 되는 거야.

내가 개를 사다가 팔 때 돈이 어떻게 되냐면, 살 때는 한 근에 3,800원 주고 사. 한 마리가 60근 정도 나오니까 22만 5,000원 정도 주는 거지. 그리고 내가 팔 때는 한 근당 7,000~8,000원 받고 팔아. 근데 내가 팔 때 60근을 파는 게 아니지. 13근이 빠져. 이건 뭐냐? 팔 수 없는 부분, 내장 같은 걸 달아보니까 13근이야. 그래서 47근을 파는데 실제로는 이것보다 적어. 왜냐면 내가 사온 개를 말리기도 하니까. 기름기 빼게. 어쨌거나 47근이 32만 원 정도야. 그럼 내 차익이 8만 9,000원 정도지. 만약에 1년에 천 마리를 잡아 팔면 9,000만 원을 버는 거야. 아, 1년에 못해도 그 정도 벌어야지. 그니까 내가 얘기하잖아? 개 잡는 것만 할 줄 알아도 회사원보다 낫다고."

"봐. 지금 계속 전화 오는 거. 내가 지금 일부러 안 받는 거야. 이 사람이 저 아래서 개 키우는 사람인데 지금 자기네 개 좀 빼달라고 그러는 거야. 그런데 여기선 안 받아. 여기서는 밀어빵도 안 받아. 딴 집 개

고기로 태어나서

를 가져올 때는 다마가 큰 놈으로 가져오는데 그 집은 작아. 종자 자체가 작아."

"밀어빵이 뭐예요?"

"내가 보여줬지? 기름기 낀 거. 그거는 기름기 많다고 5만 원 깎아 줬어. 밀어빵이 그런 거야. 기름기 많은 놈들 죄다 밀어서 싹 처리해 버리는 거."

"개 키우기가 힘들어. 이 사람이 요즘에 하루에 한두 번 전화하는 게 아냐. 내가 지금은 못 받는다고 하니까 쌍욕을 하고 난리를 쳐서 그래서 전화 안 받는 거야. 딴 집 개를 사올 때는 한두 마리씩 사오는 게 아니야. 한 번에 30마리씩 이렇게 빼는 거. 이동 개장에다가 세 마리씩 넣어서 가지고 온다고. 그래서 개를 키우기만 하는 사람은 힘들어. 개 살 곳은 쎄고 쎘거든. 개 잡는 사람은 사올 수 있는 양이 있잖아? 결국 개장수가 개 빼줄 때까지 한정 없이 기다리는 거야. 나는 그럴 필요가 없지. 필요할 때 딱 사와서 내가 말리던가 해서 주문 들어올 때마다 잡아 팔면 되니까."

"이제 바빠지면 하루에 다섯 마리씩 잡아야 돼. 많을 때는 열 마리도 잡아."

"그걸 다 팔 데가 있어요?"

"개는 9월로 끝이야. 요즘은 10월도 좀 더우니까. 그때까지밖에 개 못 팔아. 추워지면 개 찾는 사람이 없다고. 겨울엔 보신탕집 다 적자야."

"그럼 망하는 거 아니에요?"

"대신 보신탕 말고 이것저것 하지. 닭이나 오리라든가 이런 거. 겨울엔 현상 유지하는 거지."

"개고기는 초파일이 지나면 가격을 올려. 뭐 올라가야 300~500원 정도지만. 원래 부처님 오신 날에는 고기를 안 먹잖아? 그래서 개고기도 그날 지나서 먹기 시작했다고. 옛날에는 개고기를 4월에 많이 먹었어. 다들 농사짓고 살 때 겨우내 감자나 고구마만 먹다가 기운이 없잖아? 그러면 이제 농사일 시작하기 전에 개 한 마리 잡아먹고 힘 좀 쓰는 거지. 옛날에는 봄 되면 다 개고기 먹었어. 소는 농사해야 되고 그때는 닭, 돼지 이런 게 없었으니까.

"근데 솔직히 말해서 나도 개 7년째 키우지만 앞으로 어떻게 될지 몰라. 개하는 사람 중에 40대는 없어. 50대도 별로 없고. 다른 건 안 그래. 닭이나 소 이런 건 요즘 젊은 사람들도 많이 해. 우리야 어려서부터 쭉 먹어왔지만 요즘 젊은 사람들은 개를 안 먹으려고 하니까. 먹지도 않고 기르는 것도 안 하려고 그래. 우리 아들도 나한테 맨날 그래. 자기는 이거 물려받을 생각 조금도 없다고."*

"사장님은 꿈이 뭐예요?"

"내 꿈? 내 꿈은 대전 시내에 작은 빌딩 하나 사가지고 월세 받으면

---

*   모두가 비관적인 것은 아니다.

    "경기도의 한 도시에서 4,000마리를 사육하고 있는 개 사육 21년차의 김 아무개씨는 …… 한 산업이 완전히 붕괴되고 다른 산업으로 대체되는 패러다임 변화는 식문화에 적용되지 않는다고 생각한다. 김 씨가 계산을 해보니 돈이 안 될 리가 없었다. 3년 전 기준 개 한 마리(36kg)를 보신탕으로 하면 100인분이 나오고

고기로 태어나서

서 사는 거야. 내가 보기에 개는 앞으로 5, 6년이면 끝나. 그니까 바짝
벌어야지. 얼마 전에 드라마를 보니까 거기서 이런 얘길 하는 거야. 사
람이 태어날 때 부모한테 빚지고 사는 동안에 은행에 빚지고 죽어서
자식한테 빚진다고. 그 말이 딱 맞아. 내 소원은 딱 하나밖에 없어. 나
중에 늙어서 자식들한테 돈 안 보내줘도 되는 거. 지들이 알아서 벌어
먹고 사는 거."

#6

　　개 농장에는 양계장이나 양돈장 같은 체계적인 가축 관리
가 존재하지 않았다. 물론 식용 가축을 기르는 농장에서 동물원에서
하듯이 동물 하나하나를 세심하게 돌보아주는 것은 아니다. 하지만 문
제를 최소화하기 위한 대략적인 계획은 존재한다. 닭이나 돼지에게는
각각에 맞는 일련의 백신 프로그램이 있다. 가축의 생존율을 높이기
위해서라도 예방 접종을 철저히 시행할 수밖에 없다. 배합 사료는 동

한 해 300만 마리가 도축된다고 할 때 연 3억 그릇의 보신탕을 먹고 있다는 계산
이 된다. 한 그릇 가격이 1만 2,000원이라고 치면 3조 6,000억 원의 시장이라
소비 절벽이 올 리가 없다고 선을 그었다." 〈애니멀피플〉, 2017.9.17.
300만 마리는 인터뷰를 한 사람이 과하게 기합을 넣은 수치인 것 같다. 앞서 인
용한 기사에서는 환경부 자료를 토대로 연간 100만 마리 정도가 식용으로 유통
되고 있을 것이라 추정했다.

물의 소화기 발달 정도에 따라 시기별로 성분이 조금씩 달라지고 적절하게 구충약이나 비타민 성분도 포함되어 있다.

개 농장에선 모든 개들에게 어미 젖을 떼고 난 다음부터 짬밥만 먹인다. 짬밥이 신선하기라도 하면 좀 낫겠지만 그렇지도 않다. 아침에 개밥을 주다보면 내 자신이 우스꽝스러워 보일 때가 있다. 짬밥을 놔두면 건더기는 가라앉고 주황색 액체는 굳기 시작하면서 회색으로 변한다. 그건 누구 말마따나 몸에 이로운 곰팡이일 수도 있겠지만 직접 먹어보고 한 말은 아니니 알 수 없는 것이다. 오래된 것은 버리고 새 밥을 부어줬다. 문제는 그것이 어떤 의미에서도 새것이 아니었다는 거다. 그 짬밥은 내가 방금 엎어버린 것처럼 일주일 전 짬밥 공장에서 가져와 저장통에 부어 넣고 간 바로 그것이었다. (게다가 그 저장통은 외부에 뚜껑도 없이 설치되어 있어서 비나 먼지가 그대로 들어갔다.) 둘의 차이는 그것을 그릇에다 부은 게 어제인지 오늘인지 뿐이었다. 물은 짬밥에 타서 주는 걸로 끝이었다. 소나기가 내리던 어느 오후였다. 케이지로 들이닥친 빗방울을 핥아 먹는 개를 보다가 나는 깨달았다. 여기 개들은 태어나서 단 한 번도 물을, 무색 무취 무미한 깨끗한 물을 마셔본 적이 없다는 걸.

나는 사장이 문제가 생긴 개를 치료하는 모습을 한 번도 본 적이 없었다. 모든 것은 사장의 몸에 익은 감에 따라 이루어졌다. 강아지들의 소화 문제는 밥에 소화 효소제를 섞는 것으로 해결했다. 양식장 어류용이었는데 농장에선 만병통치약처럼 쓰였다. 다 큰 개를 위한 질병 예방 대책은 그저 살을 찌우는 것뿐이었다.

"개는 치료도 없고 약도 없고 예방이 최고야. 그 예방의 방법이 뭐냐? 살찌우는 거. 살만 찌면 뭐가 와도 다 살아. 등치가 있는 놈들은 안 죽어. 개 농장할 땐 딴 거 없어. 강아지만 살리면 돼. 나도 처음 할 때 그걸 몰라서 싹 다 죽었어. 살만 찌면 안 죽어. 그것 말고는 없어."

실제로도 그것 말고는 없었다.

사장은 모든 게 외부의 개입 없이 알아서 흘러갈 수 있도록 내버려두길 원했지만 내가 보기에 개 농장은 자유방임의 혜택을 과도하게 누리고 있었다. 절정은 이것이었다.

하루는 네 마리가 있던 케이지에서 개가 한 마리 죽었다. 이유는 알 수 없었다. 밥을 주려고 살펴보니 뻣뻣하게 굳어 있었다. 다른 개들이 킁킁대며 목덜미의 냄새를 맡고 있었다. 나는 도저히 꺼낼 용기가 나지 않아서 사장이 발견하도록 내버려뒀다. 아침을 먹고 올라와 보니 죽은 개는 털 태우는 철판 위에 올려져 있었다.

"내가 아침에 올라오면 개장을 한 번 쭉 둘러보면서 이상 있는지 살펴보라고 했지? 자네가 일을 똑바로 못하면 나한테 돈을 벌어주는 게 아니라 오히려 내 돈 35만 원을 빼먹는 거야. 개가 죽었으면 제각제각 얘길해야지. 죽은 지 오래돼서 쓸 수가 없잖아?"

"이건 왜 못 쓰는데요?"

"이게 지금 개장 안에 개가 여러 마리 있어서 스트레스 받아서 지들끼리 싸우다 죽인 거라고. 그니까 밥줄 때 서로 싸우는 놈 있으면 막대기 가져다가 찌르기라도 해서 서로 떼어놔. 이건 내가 팔려고 해도 몸에 이빨 자국이 많아서 식당에 줄 수가 없어."

"근데 죽은 개를 팔아도 되나요?"

"상대가 피해를 봤는지 모르면 사기가 아닌 거야, 안 그래?"

"그런가요?"

"그치만 죽은 개를 다 팔 순 없고, 상태가 괜찮은 것만 파는 거지. 죽은 지 오래되면 피가 굳어. 그런 건 못 팔지. 그래서 죽은 개 파는 건 겨울이 낫지. 겨울은 추워서 잘 안 썩거든. 여름에는 죽은 지 한 시간만 지나도 못 써. 개가 죽으면 내장부터 부패한다고. 음식물 때문에. 그러면 내장이랑 닿아 있는 살부터 꺼멓게 변해. 갈빗대 있잖아? 거기가 색이 변해. 그런 건 못 쓰지. 죽은 개도 상대를 골라가면서 팔아야지 들고 갔다가 알아채면 개망신이잖아? 나 같은 고수한테 걸리면 끝이지."

"죽은 개 파는 농장이 많아요?"

"옛날엔 아예 죽은 개 달라고 하는 데도 있었어. 싸니까. 그치만 이제는 그렇게 안 하지. 그 사람 하나만 알고 있으면 상관없지만 그게 소문이 나면 내 고기 받아주는 식당 전부가 '아, 저 새끼 혹시 죽은 놈 갖다주는 거 아닐까' 의심할 거 아냐? 그거 알려지면 그냥 얼굴에 침 뱉는 거지."

"그럼 이거는 쓰실 거예요?"

"이것 봐. 그래도 이건 죽은 지 얼마 안 돼서 피가 아직 안 굳었잖아? 상처만 아니면 이런 건 쓸 수 있어. 갈빗대에는 지금 이 끝부분만 살짝 변했지. 오래된 건 전체가 꺼멓게 변해 있어. 그런 건 아예 못 쓰지."

이후로도 세 마리의 개가 더 죽었다. 한 마리는 이유를 알 수 없었고 나머지는 다른 개들과 싸우다 물려 죽었다.

고기로 태어나서

"아, 그러니까 밥을 빨리빨리 줘야 된다니까! 나는 개밥 주는 거 한 시간 반이면 다 끝나. 근데 자네는 지금 두 시간 반이 걸리잖아. 개들이 밥줄 때 많이 싸운다고. 밥 냄새 맡고서 흥분해가지고. 그래서 밥 빨리 안 주면 지들끼리 열 받아서 물어뜯고 싸워."

사인을 알 수 없는 개는 부패가 심해서 사장도 재활용할 엄두를 내지 못했다. 이 개는 화덕에 구겨 넣고 며칠 동안 태웠다. 나중엔 뼈와 누런 지방 덩어리만 남았다. 며칠이 지나도록 고약한 냄새가 사라지질 않았다. 다른 개들은 털을 제거하고 해체까지 마쳤지만 역시나 상처와 변색 때문에 팔지는 못하고 사장의 지인들에게 선물로 나눠줬다. (한 가지 밝혀두자면 나는 그가 죽은 개고기를 식당에 납품하는 걸 직접 확인하지는 못했다.)

#7

내가 떠나야겠다고 마음먹은 날이었다. 개밥을 주다가 죽은 개를 발견했다. 수컷 세 마리가 들어 있는 케이지였다. 한 마리가 옆으로 드러누워 있었다. 갈색에 털이 길고 몸집은 중간 정도였다. 다른 개가 쓰러진 개의 머리 앞에 앉아 있었다. 쓰러진 개의 목이 새빨갰다. 목을 심하게 물어뜯겨서 속살이 손바닥 크기 정도로 드러나 있었다. 다른 개들의 입 주위가 벌건 피로 물들어 있었다. 잠깐 나를 바라보다가 다시 교대로 목을 물어뜯었다. 내가 할 수 있는 일이 없었다.

나는 피 맛을 본 개들을 방해할 만한 배짱이 없었다. 나는 멍하니 서 있다가 사진을 몇 장 찍었다. 쓰러진 개의 얼굴을 클로즈업해서 찍다가 놀라서 뒷걸음질했다. 개가 스르륵 눈을 뜨더니 나를 바라봤다. 가슴이 아주 느리게 들썩이고 있었다. 나는 얼어붙었다. 개들은 처음 맛본 신선한 고기를 포기할 생각이 전혀 없어 보였다. 이 일은 내 탓이기도 했다. 싸움이 일어난 케이지는 마지막 줄 끝부분에 있었다. 아저씨 말마따나 내가 밥을 빨리 줬으면 피할 수 있었던 일이었는지도 모른다.

당장 문을 열고 개를 꺼내야 했지만 도무지 용기가 나지 않았다. 나는 평소에도 겁이 많았지만 며칠 전에 개들이 싸우는 걸 본 뒤론 더욱 무서웠다. 그날은 싸우는 것도 아니었고 한 마리가 일방적으로 당하고 있었다. 당하고 있는 개는 대항할 의지가 전혀 없었다. 깨갱대며 배를 뒤집어도 소용이 없었다. 막대기로 공격하는 쪽을 찔러봤다. 나를 향해 달려들 것 같아서 힘을 주지 못한 탓도 있겠지만 어쨌든 내가 찌르는 건 신경도 쓰지 않았다. 상대가 항복하는 자세를 보이고 있으니 시간이 좀 지나면 나아지리라 생각했는데 아니었다. 시간이 지날수록 개는 더 공격적으로 변했다. 그대로 놔두면 죽을 것 같았다. 나 혼자 힘으로는 어찌할 수가 없어서 사장을 불렀다. 그는 문을 열고 상체를 케이지 안으로 들이밀고는 막대기를 휘둘렀다. 내 기준으로는 이곳 개들이 주인을 물어뜯는 것을 주저할 이유가 없었기 때문에 멀찍이 물러서 있었다. 다행히 개는 공격을 멈췄다. 하지만 그것도 잠시뿐이었다. 우리가 돌아서면 즉시 달려들었다. 몇 번을 반복해도 소용없었다. 이제 당하던 개는 입가에 피를 흘리며 숨이 넘어갈 듯 헐떡대고 있었다.

고기로 태어나서

다시 죽어가던 개로 돌아와서, 막대기로 케이지를 쳐봤다. 다행히 두 마리 다 구석으로 물러났다. 개들은 겁먹은 표정을 지었는데 오히려 그 모습 때문에 문을 열기가 더 겁이 났다. 입 주위에 홍건한 피를 보고 있자니 개들이 정말 겁을 먹은 게 아니라 나를 끌어들이려고 연기를 하는 것 같다는 생각이 들었다. 한 손으론 계속 철창을 두들기며 다른 손으로 죽어가는 개의 뒷다리를 잡아끌었다. 개가 무거웠기 때문에 결국에 케이지 속으로 몸을 집어넣고 두 손으로 끄집어내야 했다. 그 개를 위해 할 수 있는 일은 그게 전부였다. 사장이 개를 치료할 리도 없었고 가만히 내버려둔다고 기력을 회복할 리도 없었다. 이 개에게 위로가 될 만한 건 자신을 공격하고 먹어댔던 개들 역시 머지않아 고통스럽게 죽을 것이 분명하다는 사실뿐이었다.

개는 짬밥 찌꺼기가 눌러 붙은 바닥 위에 쓰러져 가늘게 숨을 쉬고 있었다. 언젠가 뉴스에서 본 투견장이 떠올랐다. 카메라가 비춘 사각의 링 구석에 싸움에 진 개가 그렇게 피를 흘리며 쓰러져 있었다. 나는 그제야 이 개들을 가두고 있는 케이지가 닭이나 돼지를 가두고 있는 케이지와는 본질적으로 다르다는 것을 깨달았다. 닭도 돼지도 스트레스를 받으면 다른 동물을 공격한다. 하지만 아무리 심한 경우도 상대를 죽음까지 몰고 가진 못한다. 개는 다르다. 개는 '이빨 있는 동물', 사냥이 가능한 동물이다. 이런 대형견을 좁은 케이지에 가두는 것은 개를 악어나 사자 같은 포식자들과 함께 가두는 것이나 마찬가지였다.

죽은 개를 발견한 사장의 반응은 한결같았다.

"봤지? 봤지? 지금 자네가 나한테 돈을 벌어다 주는 게 아니라 오히려 내 돈을 깎아먹고 있는 거, 봤지?"

"죄송합니다."

"아침 먹고 올라가자마자 화덕에 불부터 피워놔."

식사를 마치자 사장은 다시 성공을 위해 미쳐버릴 것을 종용하는 책을 읽기 시작했다. 나는 농장으로 돌아왔다. 목이 덜렁거리는 개의 몸은 이제 완전히 식어 있었다. 피 냄새를 맡은 파리 떼가 몰려들었다. 나는 커다란 망치로 합판을 쪼개기 시작했다.

언제나 폭력의 밝은 면을 보세요.

붉은 돌담 앞에서

#1 닭고기의 경우

모든 점을 고려했을 때 이렇게 말할 수 있을 것 같다. (공장
식 농장의) 닭에게 가능한 최상의 운명은 달걀 프라이라고.

산란계의 삶은 부리 자르기로 시작해서 강제 환우로 끝난다. (그 사이
는 앞에서 본 바와 같다.) 부리 자르기는 말 그대로 닭의 부리를 짧게 자
르는 것이다. 닭이 서로 쪼아대면서 생기는 피해를 줄이기 위해 병아
리 때 부리 끝을 뭉툭하게 잘라낸다. 윗부리는 콧구멍으로부터 3분의
1에서 4분의 1까지, 아랫부리는 그것보다 조금 잘라낸다. 부리에 신경
이 뻗어 있기 때문에 잘못하면 패혈증과 폐사의 원인이 되기도 한다.

부리 자르기는 바닥에 풀어놓고 기르는 닭에게는 실시하지 않는다. 문제의 핵심은 닭의 공격성이 아니라 밀집 사육으로 인한 스트레스라는 뜻이다. 양계업계 소식지에는 부리 자르기의 부수적인 효과로 닭이 다 자랐을 때 습관적으로 알을 까먹는 성질이 없어지고 온순해진다고 보고하고 있다.

환우는 동물의 털갈이를 뜻한다. 조류에게 환우란 먹이 섭취량이 크게 감소하면서 산란이 멈추고 깃털이 다시 돋는 자연적이고 계절적인 현상이다. 강제 환우forced molting란 환우 현상을 산업적으로 이용하는 것이다. 알 낳는 속도가 떨어지면 열흘에서 2주 정도 닭에게 사료를 주지 않는다. 그러면 대부분의 털이 빠지는데 이때 다시 사료를 주기 시작하면 산란율이 환우 전보다 높아진다. 일반적으로 여름에 14일, 겨울에 10일 정도 굶긴다. 이 방식이 도입된 초기에는 사료뿐 아니라 물도 주지 않는데 폐사율이 높아서 지금은 쓰지 않는다.*

나는 환우를 실시한 닭을 직접 보지는 못했다. 금산의 닭이 벌거벗고 있었던 것은 순전히 스트레스와 다른 닭의 공격 때문이었다. 농장장이 얘기하길 환우를 시작하면(굶기는 것이니 당연한 일이지만) 더 마를 뿐 아니라 많이 죽는데 그런 과정 중에 나온 알에는 몸속에 남아 있던 지방이 모두 빠져나가면서 누런 기름 덩어리가 덕지덕지 붙어 있다고

---

*　"절식을 통한 산란계의 강제 환우를 금지하는 인도의 결정이 '휴메인 소사이어티 인터내셔널'의 찬사를 받았다. 산란계의 절식 환우는 이미 호주, 유럽, 미국에서 금지되었다." 〈양계연구〉, 2011.4.

한다. 산란계는 환우 후 길면 두 달 정도 알을 더 낳는데 산란율이 다시 떨어지기 시작하면 별도의 조치 없이 도축한다. 이런 닭들은 마리당 500원 정도의 헐값을 받고 소시지 공장으로 보낸다고 했다.

동화 속에서 욕심 많은 남자는 황금알을 낳는 거위의 배를 갈라 죽이고 만다. 현대의 사육 기술이 닭의 배를 가르지 않고도 그 안에 남은 얼마 안 되는 황금을 꺼낼 수 있게 됐으니 이제 이야기의 결말을 수정해야 할까?

나는 개에게 소독약을 쏘는 대목이 담긴 일기를 정리하다가 미묘한 위화감을 느꼈다. 1인칭 시점의 글인데도 3인칭처럼 묘사해놓았다. 다시 읽어보니 유난히 자주 반복되는 문구들이 눈에 띄었다. '나도 모르게', '제정신이 아니었다', '무언가 나를 사로잡았다' 등등. 이런 서술 방식의 효과는 분명했다. 내가 개들을 괴롭히는 장면에선 내가 아닌, 주어를 배정받지 못한 어떤 투명 인간이 폭력을 휘두르고 있었다. 읽는 사람들에게 이런 짓을 한 사람은 화자가 아니라는 인상을 심어주기 위해 애쓰는 글이었다.

재미있는 건 부화장에서 병아리를 버릴 때의 일기에는 이런 기색이 전혀 없었다는 거다. 물론 그 글에도 괴로움이나 고충은 담겨 있었지만 자기부정으로 이어질 만큼 강렬한 부끄러움은 없었다. 부화장만이 아니었다. 닭의 목을 비틀 때도 돼지에게 매질을 할 때도 동사 앞에 언제나 당당하게 '나는'이 자리 잡고 있었다. 하지만 내가 행한 폭력의 수위나 사육 환경의 열악함은 닭이나 돼지의 경우에도 결코 덜하지 않

고기로 태어나서

았다. 그런데도 죄책감은 개의 경우가 가장 컸다. (나만의 좀스러운 방식으로) 부끄러워할 줄도 알았다.

내게 닭은 언제나 고기였다. (돼지도 마찬가지다.) 반대로 개는 음식으로 대한 적이 없었다. 개를 길러본 적은 없지만 주변에 항상 개를 기르는 사람들이 있었고 이런저런 방식으로 개와 함께 어울려 지낸 경험이 있었기 때문에 개는 온전하게 '동물'이라는 인식이 확고하게 자리 잡고 있었다.

병아리 떼를 폐기시킬 땐 느끼지 못했던 부끄러움을 개에게는 고함을 지르는 것만으로도 느꼈다는 점은 인간 사회 속에 자리 잡은 동물들이 온전한 삶을 누릴 '자격'을 얻기 위해 거쳐야 할 단계를 암시하는 듯 보인다.

먼저 그들은 상품이 되어야 하고 다음으로는 아주 비싼 상품이 되어야 하며 궁극적으론 인간의 '친구'(그러니까 감정의 교류가 가능한 상품)가 되어야 한다. 너무 맛있거나 아니면 너무 못생겨서 '친구'가 될 가능성이 없는 동물들의 삶은 앞으로도 고달플 수밖에 없을 것 같다.

육계는 앞의 두 경우보다는 나은 삶을 살고 있다. 알을 못 낳는다고 버리지도 않고 생산성을 높이기 위해 굶기지도 않는다. 이들은 비교적 넓은 공간에서 자유롭게 먹고 마시고 편안하게 잠들 수 있다. 육계 농장의 상대적으로 쾌적한 환경은 공장식 농장의 동물이 이중의 감옥에 갇혀 있다는 사실을 떠올리게 만든다.

첫 번째는 가장 일반적인 제약인 공간의 감옥이다. 동물들의 삶을 개선시키려는 이런저런 노력들은 이 첫 번째 제약에 집중하는 경우가 많다.

하지만 식용 동물은 인간의 필요에 따라 죽는 시기가 결정된다는 점에서 두 번째, 바로 시간의 감옥에도 갇혀 있다고 봐야 할 것이다.

"생각을 해봐, 딱 한 달 키운다고. 얘네 하루가 우리 사람들 하루가 아냐. 3일이면 이놈들 평생의 10프로라고, 10프로."

육계가 얼마나 짧은 삶을 사는지 이 발언에서 잘 드러난다. 끝까지 살아남아 정상적으로 도축당하는 육계도 부화하자마자 쓰레기차에 쏟아붓는 병아리에 비해 단지 한 달을 더 살았을 뿐이다. 지난 수십 년간 고기들의 삶을 개선시키려는 노력은 사육 공간을 넓히려는 (그다지 성공적이지 못한) 시도였다. 동시에 품종을 개량시키려는 노력은 빨리 살을 찌워 사육 기간을 단축시키는 (대단히 성공적인) 시도였다. 공간의 감옥은 그대로인 반면 시간의 감옥은 점점 좁아지고 있다. 본격적인 품종 개량이 이루어지기 전인 20세기 중반만 해도 도축 적정 무게에 도달하기까지 닭은 3개월, 돼지는 10개월 정도의 시간이 걸렸다.*

---

*　　둘 다 한국의 사례는 아니다. 닭은 미국, 돼지는 일본의 경우다.
"오늘날 병아리의 체중을 평균 2.3~2.7kg 정도 되는 시장 기준에 맞추기까지 42일 밖에 안 걸린다는 점을 양계업계는 무척 자랑스러워한다. 50년 전에는 3개월 이상 걸렸다." 진 바우어, 앞의 책.
"1950년대는 돼지의 사육 기간이 10개월에서 1년 정도였고 일반적으로 잔반을 먹여 키웠다." 우치자와 준코, 《그녀는 왜 돼지 세 마리를 길러 고기로 먹었나》, 정보희 옮김, 달팽이, 2015.

　　　　　　　　　　　고기로 태어나서

동물에게 충분한 시간을 보장해주는 일은 충분한 공간을 보장해주는 것보다 훨씬 더 어려운 일임에는 틀림없다. 그런데 그보다 먼저, 어느 정도가 충분한 시간인가? 여기에 대해선 의견이 분분하지만 나는 동물이 삶의 사이클을 한 차례 완성하는 데 걸리는 시간 정도가 적당하다는 의견에 공감하는 편이다. 그러니까 동물이 자라서 성적으로 성숙해지고 교미를 하고 그 새끼가 태어나는 데까지 걸리는 시간 말이다.

하지만 이를 제도적으로 보장하기엔 현실적으로 큰 어려움이 있다는 게 분명한 사실이다. 첫 번째 장애물은 생산비다. (이론적인 수준의 가정일 뿐이지만) 사육 공간을 넓히는 일은 한 번의 추가 설비 비용을 들이는 것만으로 끝날 수도 있다(이 역시 적은 돈은 아닐 것이다). 반면에 사육 기간을 늘리는 일은 그만큼의 추가 비용을 평생 부담해야 한다는 뜻이다. 축산업에서는 생산비 중 사료비가 차지하는 비중이 거의 전부라고 해도 과언이 아니다. 이런 시스템 속에서 사육 기간을 짧게는 몇 주, 길게는 몇 달씩 연장하는 것은 단순히 생산비가 치솟는 문제[*]를 넘어선다. 수익 구조 자체를 뜯어고쳐야 가능한 일이라는 말이다.

두 번째 장애물은 맛이다. 닭이나 돼지는 사육 기간이 길어지면 고

---

[*] "EU에서 닭을 밀집형 양계사가 아닌 개방형 양계사에서 사육할 경우 달걀 한 개당 15원, 완전 방사할 경우 26원의 생산비 상승을 불러오며 우리나라에서도 동물 복지가 도입된다면 돼지고기 소비자 가격이 17~53%, 쇠고기는 34~95%, 닭고기는 16~51% 오를 것으로 추정한 연구가 있다. 또한 동물 복지형 축산으로 전환하기 위해서는 필요 토지 면적이 지금보다 돼지 1.28배, 한우 2.25배, 산란계 5.36배로 뛰는 것으로 나타났다." 〈농민신문〉, 2007.8.6.

기가 질겨지는 경향이 있다고 한다. 소비자들이 동물 복지의 필요성에 공감하는 것과 그렇게 생산된 고기를 즐길 수 있느냐는 별개의 문제다. 아무리 건강하게 동물을 길렀다 해도 그 고기가 시장에서 외면당한다면 아무 소용없는 일이다.

칠면조를 기르는 미국의 어느 동물 복지 농장은 일반적인 사육 기간보다 수개월을 더 기르는데 이 고기 역시 질기다. 그래서 이들은 자신들의 고기를 구매하는 식당과 개인 소비자들을 위한 새로운 요리법을 개발했다. 맛은 어찌 보면 생산비나 시설 문제보다 더 큰 어려움일 수도 있다. 동물 복지가 미각과 연결된다면 요식업계의 변화까지 동반해야 결실을 맺을 수 있기 때문이다. 현재로선 동물에게 충분한 시간을 보장해주는 것은 요원한 일처럼 보인다. 그렇다 해도, 지금부터 조금씩이라도 동물들이 갇혀 있는 시간의 감옥에 대해 고민해볼 가치는 있을 듯싶다.

#2 돼지고기의 경우

양돈장에는 오직 하나의 윤리만이 존재한다. 적게 먹고 빨리 찔 것. 돼지에게 이를 어기는 것은 죽음으로 그 죄를 물어야 할 만큼 중대한 범죄다. 자돈을 도태시키는 건 정말로 죽인다기보다는 낙인을 찍는 것처럼 상징적인 행위다. 마른 돼지의 경우 분뇨장으로 끌고 간 다음 망치나 커다란 렌치로 머리를 내리쳤는데 그것만으로 죽는 돼지는 없다. 아무도 그 한 방으로 돼지를 죽일 수 있다고 생각하지 않았고 또 그렇게 하려고 하지도 않았다. 이마를 '까인' 돼지는 코와 입으로 피를 흘리고 몸부림을 치지만 결코 그대로 죽지는 않았다. 이런 공격의 실질적인 목표는 불량품이 살아서 돌아다니지 못하게 하는 것이다. 죽음은 그 후 몇 시간 동안 이어지는 추위(또는 더위)와 배고픔 뒤에 찾아왔다. 새벽에 도태시켰던 돼지 중에는 내가 퇴근할 때까지 살아 있는 경우도 많았다. 내게는 공격과 죽음 사이의 시간이 죽음이나 공격 그 자체보다 더욱 고통스러워 보였다.

분뇨장 똥 더미 위에 새끼 돼지 한 마리가 앉아 있었다. 눈은 절반 정도 감겨 있고 가슴은 팬 플루트를 삼킨 것마냥 갈비뼈가 선명하게 드러나 있었다. 상처도 피를 흘린 자국도 없었다. 다만 너무나도 지쳐 보였다. 마치 어린아이의 몸속에 노인의 영혼이 깃든 것 같았다. 팀장이 도태시키려고 골라냈던 놈이었는데 너무 허약해서 후려칠 필요조차 느끼지 못하고 그냥 버려둔 것이었다. 퇴근할 무렵 그 돼지가 분뇨장 주변을 돌아다니고 있는 걸 농장장이 발견했다.

"야, 저놈 까서 똥장에 던져놔."

그가 말했다.

"저 쇠파이프 가져가."

나는 농장장이 가리킨 쇠파이프 대신에 연장통에 있던 묵직해 보이는 망치를 집어 들었다. 그 편이 돼지를 한 방에 확실하게 죽일 수 있을 것 같았다. 나는 돼지의 뒷다리를 붙잡고 분뇨장으로 들어갔다. 내 목표는 공격과 죽음이 동시에 이루어지게 하는 것이었다. 하지만 그렇게 할 수가 없었다. (몰랐던 사실도 아니었지만) 목숨은 스위치 내리듯 그렇게 간단하게 뺏을 수 있는 게 아니었다. 엉덩이를 때리는 것과 돼지의 눈을 바라보며 망치를 휘두르는 것은 전혀 다른 일이어서 결심한 만큼 팔에 힘이 들어가지 않았다. (오륙 년 전 내가 처음으로 일했던 양돈장에서도 똑같은 일이 있었다.) 돼지는 피를 흘리며 쓰러졌지만 죽지는 않았다. 의식을 잃었는지 아닌지 나로서는 알 수가 없었다. 돼지는 옆으로 누운 채 달리기를 연습하듯 네 다리를 앞뒤로 흔들었다. 두 번째 공격은 비명 때문에 더 힘이 빠졌다.

"아, 그렇게 간이 약해서 어떡해! 세게 해! 세게!"

다시 내리쳤다. 돼지는 감전된 듯 부르르 몸을 떨었다. 그래도 돼지를 죽일 수 없었다. 내 힘으로는 온몸의 힘이 빠지도록 망치를 휘두르고도 배구공만 한 새끼 돼지 한 마리의 명줄을 끊어놓을 수가 없었다.

"아, 뭐 하냐? 밥 먹으러 가자."

"근데…… 아직 안 죽었어요."

"아, 냅 둬. 그렇게 놔두면 죽어."

내가 어떻게 해야 할까? 다시 내리칠까? 목을 조를까? 땅속에 파묻어버릴까? 돼지의 눈이 만화 캐릭터처럼 빠질 듯이 튀어나와 있었다. 그 눈을 계속 쳐다보면서 망치를 들어 올릴 수가 없었다. 나는 돌아섰다.

나는 이 돼지가 작고 연약해 보여서 내 자신이 무슨 저승사자라도 된다고 착각했던 것 같다. 그래서 자선이라도 베풀듯 팔을 한 번 휘두르면 간편하고 즉각적인 죽음을 선사할 수 있을 거라고 믿었던 것 같다. 생명은 그렇게 간단하게 끊을 수 있는 게 아니었다. 빼앗지 않으면 죽

고기로 태어나서

일 수 없다. 절반쯤 생의 경계를 넘어선 자그마한 새끼 돼지도 죽지 않으려고 발버둥을 친다.

자신의 죽음을 방관하는 동물도 없고 손쉽고 간편한 죽음 같은 것도 없다. 동물을 죽이려면 살아남으려고 발악을 하는 그들의 품속에서 목숨이라는 것을 폭력을 써서 빼앗아야 한다. 내가 금산의 양계장에서 본 것처럼 비참한 삶을 사는 동물일지라도 자신의 생명이 멈추는 걸 막기 위해서라면 미친 듯이 저항할 것이다. 바로 그 비참한 삶을 조금이라도 연장하기 위해서 말이다. 그것이 동물이 품고 있는 생명의 조건이다. 그러므로 동물의 목숨을 빼앗을 때에는 반드시 그래야만 하는 이유가 있어야 한다. 하지만 우리가 도태시켰던 모든 돼지들의 죽음 뒤에는 살이 빨리 찌지 않는다는 아주 사소한 이유만이 존재했다.

영화 〈월드 워 Z〉에는 흥미로운 장면이 나온다. 영화 속에서 유엔 조사관 브래드 피트는 좀비 바이러스의 원인을 밝혀내기 위해 최초의 근원지로 지목된 한국(?!) 평택의 주한미군 기지 캠프 험프리를 찾아간다. 그곳에서 그는 북한군에 무기를 팔다 체포된 CIA 요원을 조사한다. 그런데 문제의 요원은 그에게 북한에서는 좀비 바이러스가 퍼지지 않았다고 알려준다. 이유를 캐묻자 그는 이렇게 대답한다.

"이빨을 뽑아버렸거든. 2,300만 인민의 이빨을 몽땅, 그것도 24시간 만에 말이야. 이가 없으니 물 수가 없고 병도 퍼지지 못했지. 사회주의 공학 최고의 업적이라고 떠들어대더군."

나는 분만사를 떠올렸다. 둘 다 문제의 근본 원인이 아닌 증상에만 대응하는 폭력적인 조치였다고 할 수 있을 것이다. 하지만 어느 쪽이 정당했는가를 따지자면 불행하게도 이 경우에는 영화 속 평양의 망나니들 손을 들어줘야 할 것 같다. 북한 정권이 해결해야 했던 것은 감염 즉시 생명을 잃게 만드는 치료제가 없는 전염병이었지만 양돈업계를 위협하고 있는 것은 (반복해서 얘기하지만) 좁은 공간에 많은 돼지를 집어넣은 데서 발생한 스트레스다. 전자에게는 이빨을 뽑는 것 말고는 질병의 전파를 막을 방법이 없었지만 후자에겐 마리당 사육 면적을 넓히는 식의 대안이 존재한다.

두 경우의 또 다른 공통점은 고통을 최소화하려는 노력의 부재라고 할 수 있다. 어린 돼지에게 실시하는 모든 외과적 조치는 마취 없이 행해진다. 임금은 국적이나 성별이 아닌 노동에 대해서 지급하는 것이듯 약품은 이성이나 도덕성이 아닌 상처에 바르는 것이다. 개를 생각해보면 명확하다. 만약 개를 마취하지 않고 이빨을 뽑거나 중성화 수술을 한다면 동물의 권리 문제를 진지하게 받아들이는 정도와 상관없이 아마 사람들은 이를 고문이라고 부를 것이다. 사람들은 개와 돼지는 다르다고 이야기한다. 하지만 이빨을 자르면 피를 흘리고 살을 잘라 장기를 뜯어내면 고통스러워하며 비명을 지르는 것은 개나 돼지나 마찬가지다. 성서의 황금률을 동물에게 적용해보자면 (예수님은 달가워하지 않으시겠지만) 여러분의 개나 고양이에게 나쁜 것은 여러분이 먹는 닭이나 돼지에게도 나쁜 것이다.

　　　　　　　　　　　　　　　고기로 태어나서

#3 개고기의 경우

    닭이나 돼지를 기르는 사람들의 배경은 제각각이지만 개를 기르게 된 사연은 대부분 비슷하다. 자영업을 하던 사람이 사업에 망하고 시골로 내려와서 큰 돈 안 들이고 시작할 수 있는 일을 찾다가 개에 눈을 돌린 것이다. 농업이나 축산업에 관심은 있지만 상대적으로 자본금이 현격하게 부족한 (또는 빚이 있는) 사람이 식용 개 사육에 느끼는 매력을 이해하기 위해선 영구 동력 장치를 떠올려보는 것이 도움이 될 듯하다.

  일반적으로 축산 농가에서 생산비의 대부분은 사료비가 차지한다. 농장의 수익성은 결국 '동물들이 사료를 얼마나 많이 먹었나?'로 귀결된다. 하지만 개고기 농장에서는 사료 비용이 거의 존재하지 않는다. 짬은 당연히 공짜고 닭발은 싼 가격(상자당 천 원 정도)에 구입할 수 있다. 오늘날의 식용 동물은 "신진대사라는 메커니즘을 통해" 값싼 탄수화물 원료(옥수수 가루)를 비싼 단백질과 지방으로 바꿔주는 기계라고들 하는데, 그런 맥락에서 개는 말 그대로 공짜 원료로 돌아가는 기계인 셈이다. 석유 대신 물로 돌아가는 엔진. 사양 산업이라는 일반적인 인식에도 불구하고 개고기 농장이 여전히 성행하고 또 새로운 농장들이 생기는 이유가 바로 이 산업의 특이한, 좀 더 정확하게 표현하자면 기형적인 구조 덕분이라고 할 수 있다.

  이러한 특이함은 농장주에게서 미묘한 자부심을 이끌어내기도 한다. 사회가 꺼려하는 쓰레기를 받아서 그걸 먹을거리로 변환시키고 있기 때문이다. 개고기 산업의 미래에 대해선 농장주들 사이에서 의견이 분분하지만, 미래를 낙관하는 사람들은 개고기 산업이 음식물 쓰레기 처리에서 차지하는 막대한 비중에 대해 이야기한다. 우리에게 생짬을 공급해주던 짬 공장의 사장은 이렇게 얘기했다.

"개고기는 금지 못 해. 지금 개들이 먹어치우는 짬이 얼마나 많아? 모르긴 몰라도 우리나라 전체로 치면 어마어마할 걸. 나라에서도 그걸 아니까, 환경 단체에서 지랄지랄해도 내버려두는 거야. 지들도 방법이 없으니까. 그걸 하루아침에 못 하게 해봐. 그럼 그 많은 음식 쓰레기는 다 어쩔 거야? 지들이 먹을 거야? 아님 땅에 묻을 거야? 공무원들은 다 알고 있거든. 답이 없다는 걸. 그러니까 쉬쉬하면서 내버려두는 거지. 환경에 안 좋다 그러는데 이것만큼 환경에 좋은 게 어딨어? 우리가 그걸 태우기를 해? 강물에 쏟아붓기를 해? 사람들이 냄새난다고 손가락질하는 그거 먹어서 고기로 만드는 건데. 그러니까 사람들이 가만 보면 참 치사한 거야. 음식 쓰레기 처리하는 데 돈 많이 드는 건 싫지만 그걸 개한테 먹이는 것도 싫다. 이게 앞뒤가 안 맞잖아? 금지할 테면 하라고 해봐. 한 달도 안 돼서 다시 개한테 먹이라고 사정할 걸?"

금산의 개 농장에서 일하던 어느 날이었다. 사장이 저녁 밥상을 앞에 두고 조금 엄숙하게 입을 열었다.

"사람 일이 어떻게 될지 모르는 거야. 내 친구 성균관대 나와서 지금 저 아랫동네서 계란 장사해. 걔가 맨날 그래, 자기가 성대 경영학과 나와서 계란 팔고 다닐 줄 몰랐다고. 그럼 내가 그래. 야, 임마 나도 내가 개 키울 줄 꿈에도 몰랐다고. 나 진짜 내가 개 잡아 돈 벌 거라고는 상상도 못 했어. 내가 예전에 어땠는지 알아? 옛날에 시골에서 동창회 하잖아. 그럼 개고기를 사오는 게 아니야. 진짜 살아 있는 개를 끌고 와서 그 자리에서 목매달아 죽여가지고 볏짚으로 끄슬려서 잡아먹는 거야. 내가 그걸 보고 그랬어. 야, 이 무식한 놈의 새끼들아, 아 그 개가 무슨 죄가 있냐? 고기 많은데 왜 굳이 그걸 먹냐고, 닭 먹자고 닭! 우리 동창회에서 닭 먹기 시작한 거 나 때문에 그렇게 된 거였어.

개 잡는 거 잔인해 보이지? 이게 잔인하다 생각하면 닭도 먹지 말아야 돼. 닭도 이거랑 똑같이 죽여. 이거 농담 아니야. 공장에서 닭 잡을 때 전기로 죽여. 이거랑 다를 거 아무것도 없어."

그건 사실이 아니었다. 도계장에 도착한 닭은 '셰클'이라고 부르는 갈고리에 거꾸로 매단다. 닭들의 행렬은 약한 전기가 흐르는 수조를 지나가는데 이때 닭의 머리가 물속에 잠긴다. 이것은 닭을 기절시키기 위해서지 숨통을 끊기 위해서가 아니다. 닭이 죽는 건 의식을 잃은 닭의 목을 칼로 찔러 피를 빼낼 때다. 인도적인 방식으로 이뤄지는 도축의 핵심은 짧은 순간에 최소한의 고통만을 가해 동물의 의식을 잃게 하는 데에 달려 있다. 굳이 부연할 필요는 없겠지만 의식이 없는 상태에선 고통을 느끼지 못하기 때문이다. 지금의 도계 방식도 그 나름대로의 문제점을 가지고 있지만 그 부작용이 아무리 심각하다고 해도 개 도살 방식에 (밧줄이든 전기 충격기든) 비할 바는 결코 아니다. 닭은 전기로 기절시키는 것이고 개는 말 그대로 전기로 지져서 죽이는 것이다. 두 경우가 똑같다고 하는 것은 비행기가 지면에 내려앉았다고 해

서 착륙과 추락이 똑같다고 하는 것이나 마찬가지다. 내가 알기로 착
륙과 추락이 동일한 의미를 지니는 사람은 테러리스트뿐이다.*

 처음 포천에 도착했을 때 월급으로 여기 개들을 사서 내가 기를까 하
는 생각을 해본 적도 있다. 그랬던 나와 케이지를 후려치던 나 사이의
거리가 얼마나 짧았는지 떠올리면 어리둥절하다.
 시작은 어떤 우월감이었다고 해야 할 것 같다. 개들을 그렇게 대하
면서도 아무렇지도 않은 사장을 보면서 나 자신을 윤리적으로 그리고
문화적으로 대단히 높은 위치에 있는 존재라고 생각했다. 농장 전체에
증거가 산적해 있었기 때문에 생각을 바꿀 이유도 없었다. 잠깐 동안
이었지만 개들과 나 모두에게 만족스러운 시기도 있었다. 개들에겐 간
간이 고기를 먹여주고 지루함을 달래줄 사람이 생겼고 나는 밤마다 곤

---

*   개 도살에 대해 법원은 엇갈린 판결을 내놓고 있다.
 "인천지방법원 부천지원 형사 4 단독 류준구 판사는 9일 동물 학대 혐의로 기소
 된 개 농장주 A씨와 직원 B씨에게 각각 징역 4개월에 집행유예 1년, 보호관찰
 1년을 선고했다. 재판부는 '다른 동물이 보는 앞에서 개를 목매달아 죽이는 등
 동물 보호법 8조 1항을 위반한 점이 인정된다'며 이같이 선고했다." 〈아시아경
 제〉, 2017.3.10.
 "인천 지법 형사 15부는 동물 보호법 위반 혐의로 기소된 개 농장주 A씨에게 무
 죄를 선고했다. A씨는 2011년부터 지난해 7월까지 경기도 김포에 있는 자신의
 개 농장에서 연간 30마리 상당의 개를 도살해 학대한 혐의로 기소됐다. A씨가
 개를 도살하는 데 사용한 방법은 전기를 이용한 '전살법'이다. 재판부는 '현실적
 으로 개가 식용으로 이용되고 있는 우리나라의 상황에서 전살법으로 개를 도축
 한 것이 학대 등에 해당하지 않는다'고 설명했다." 〈중앙일보〉, 2017.7.19.

경에 처한 동물들에게 조금이나마 위안이 되었다고 자부하며 잠들 수 있었다.

내가 당당하게 폭력을 휘두를 수 있던 것은 아이러니하게도 내게 실제로 선량한 면이 조금은 있었기 때문이다. 틈날 때마다 개들과 놀아줬던 것도 자투리 고기가 생기면 개들에게 먹였던 것도 정말로 개들이 안쓰러워서 한 일이었다. 철망에 발바닥이 끼어서 꼼짝 못 하는 개를 보며 안타까워한 것도 모두 진심이었다. 나는 그런 행동의 의도가 속임수가 아니라는 걸 알고 있기 때문에 스스로를 의심할 필요가 없었다.

그런데 예상하지 못한 일이 벌어졌다. 개들이 내 뜻대로 움직이지 않는 것이다(당연하게도!). 온갖 스트레스가 쌓이기 시작했다. 나는 개들 때문에 힘들고 괴로웠다. 나는 선량한 존재인데 고통받는다면 문제는 상대에게 있는 것이다. 사장이 나를 화나게 하는 것만큼이나 개들도 나를 화나게 만들었다. 사장을 보며 느꼈던 우월감을 이제는 시끄럽고 냄새나는 개들을 대하며 느끼기 시작했다. 나는 너희들을 위해 이렇게 애썼는데 너희들은 나를 이렇게나 힘들게 한단 말이야? 이건 너희들이 잘못하는 거야, 너희들은 벌을 받아야 돼!

개 때문에 스트레스가 쌓였다면 개와 거리를 두면서 스스로를 추슬러야 했다. 하지만 나는 미련하게 평소와 다름없이 행동하는 쪽을 택했다. 그래, 나는 좋은 사람이니까 이 정도는 참아야 돼. 스트레스가 쌓이는 것과 비례해서 나 자신이 대단히 선량한 존재라는 생각은 확신으로 변했다. 아마도 이런 점이 감상적인 인간의 특징이 아닌가 싶다.

붉은 돌담 앞에서

나는 한계를 인정하고 하려고 마음먹었던 것과 할 수 있는 것 사이의 평형을 찾는 대신 스스로를 순교자의 자리로 몰아붙이는 데서 희열을 느꼈다. 그렇게 나는 임계치를 향해 조급하게 달려갔다. 마침내 더 이상 개들을 참을 수 없게 됐을 때 내가 사장보다 더 지독하면 지독했지 조금도 덜 하지 않았다.

인간은 천사도 짐승도 아니다.
불행하게도 언제나 천사가 되려던 자들이
짐승이 되고 만다.
(파스칼, 《팡세》)

이것이 감상주의의 불가피한 운명인 것이다.
그의 견해는 현실과 최초로 맞닥뜨리는 순간
정반대의 것으로 변해버린다.
(조지 오웰, 《위건 부두로 가는 길》)

과거 가톨릭 교회에선 교황을 'infallible'이라고도 칭했다. 사전에서는 이 단어를 "(판단, 언행 따위가) 전혀 잘못이 없는, 절대 틀림없는"이라고 정의한다. 교황은 절대 무류, 즉 잘못된 행동을 하는 일이 없으며 그가 하는 일은 모두 옳다는 것이다. 개농장에선 내가 절대 무류였다. 따라서 내가 하는 모든 일은 무슨 일이든 개에게 득이 되고 복이 되는 일이어야 했다. 나는 내가 선량하다는 걸 '알기' 때문에 나 자신을 의심할 필요가 없었다. 비록 개들이 비명을 지르고 달아나려고 발버둥을 치더라도 말이다.

선량한 사람들은 언제나 스스로의 선량함을 의심하며
그렇게 함으로써 그들은 선량한 사람이 된다.
(폴 오스터, 《폐허의 도시》)

개농장을 나아가 공장식 농장을 지금과 같은 모습으로 만든 것 역시 '의심하지 않음'이 아닌가 싶다. 누구도 동물들을 그토록 비좁은 공간에 몰아넣고 기르는 것이 괜찮은 것인지 의심해보지 않았다. 누구도 동물의 부리나 이빨을 자르는 것이 피할 수 없는 일인지 의심해보지 않았다. 누구도 생산량을 높이기 위해 동물을 굶기는 것이 합당한 일인지 의심해보지 않았다. 누구도 갓 태어난 동물을 쓸모없다는 이유로 폐기 처리하는 것이 불가피한 일인지 의심해보지 않았다. 누구도 20년을 살 수 있는 동물을 한 달 만에 죽이는 것이 지나친 일이 아닌지 의심해보지 않았다. 누구도 살이 빨리 찌지 않는다는 이유로 동물을 죽이는 것이 온당한 일인지 의심해보지 않았다. 누구도 맛을 위해 동물의 장기를 마취도 하지 않고 뜯어내는 것이 필요한 일인지 의심해보지 않았다. 누구도 동물을 옴짝달싹 할 수 없게 가둬놓고 임신과 출산만을 반복하도록 만드는 것이 옳은 일인지 의심해보지 않았다. 누구도 동물에게 음식 쓰레기를 먹이는 것이 정당한 일인지 의심해보지 않았다. 누구도 목을 매달고 감전시켜서 동물을 죽이는 것이 용인될 수 있는 일인지 의심해보지 않았다.

전통도 스스로를 의심해볼 수 있어야 한다. 효율성도 스스로를 의심해볼 수 있어야 한다. 이윤 추구도 스스로를 의심해볼 수 있어야 한다. 자신이 잘못된 길로 가고 있는 것이 아닌지를 의심해보지 않는 존재는 그것이 개인이든 집단이든 시스템이든 언제든지 괴물로 변할 수 있다.

#4 조금 특별한 고기의 경우

동물 복지 농장은 여전히 소수다.* (나는 그런 곳에선 일해볼 기회를 얻지 못했다. 동물 복지 농장에 대해서는 책과 인터넷에서 찾은 자료로 만족해야 했다.) 내가 일한 곳 가운데 동물 복지 농장에 가장 가까웠던 곳은 종계장이었다. 병아리로 부화시킬 알을 낳는 종란계는 식란계보다 가치가 높기 때문에 바닥에 풀어놓고 기른다. 내가 찾아간 농장은 곡성에 있었다.

밤이 깊어 기차역에 도착했다. 사장이 마중을 나왔다. 그는 햇볕에 그을린 얼굴에 부드러운 표정을 한 50대 후반의 남자였다. 짧은 머리

---

*　"2015년 기준으로 고기를 공급하기 위해 소 267만 마리, 젖소 41만 마리, 돼지 1,019만 마리, 닭 1억 6,413만 마리가 사육되고 있다. 수입도 한다. 같은 기간 쇠고기 30만 톤, 돼지고기 36만 톤, 닭고기 12만 톤을 수입했다. …… 우리나라는 산란계의 1%만이 동물 복지 농장에서 사육되고 있으며 돼지는 0.3%, 한우나 육우는 한 마리도 없다."〈에코뷰〉, 2017.2.9.

에는 흰머리가 드문드문 솟아 있었다. 숙소는 넓고 깨끗했다. 박 씨 아저씨가 저녁을 차려줬다. 인천에서 온 그는 65살에 키가 작았는데 부리부리한 눈매가 김수영을 떠올리게 했다. 식사는 밥, 깻잎 그리고 껍질을 까지 않은 삶은 계란이었다. 일그러진 형태로 보건대 파란이 분명했다. 파란이 이곳의 주식인 듯 김장 김치를 담아둘 법한 커다란 플라스틱 상자에 깨진 알이 가득 들어 있었다. 정신적으로도 신체적으로도 목이 막히는 한 상이었다. 그는 자신의 잘못이 아닌데도 한참 동안 음식에 대해 사과했다. 자신도 이곳에 도착한 지 이틀밖에 안 돼 장을 보러 갈 여유가 없었다고 했다. 대부분의 농장에서 나와 함께 일한 한국인 직원들은 장성한 자식들을 둔 60대 남자들이었는데 첫날 저녁이면 내가 묻지도 않았는데 어째서 자기가 '이 나이에', '이런 데서' 일하는지 조목조목 설명해주곤 했다.

은퇴할 나이가 지나서도 일하는 사람들은 두 부류가 있었다. 첫째, 자신은 모아둔 돈이 충분해서 일하지 않아도 되지만 가만히 있는 것이 갑갑해서 일할 뿐이라는 사람(실제로 그런지는 알 수 없지만 이렇게 말하는 사람들이 가장 많았다). 둘째, 자식들이 돈을 벌지 못해서 일을 그만둘 수가 없다는 사람. 하지만 나는 두 부류의 실질적인 차이는 경제력이 아니라 자존심이라는 인상을 받곤 했다.

박 씨 아저씨는 전형적인 두 번째 경우였다.

"우리 애들 중에 지금 제대로 돈 버는 애가 하나도 없어. 매달 애들한테 돈 보내주지 않아도 되면 나도 이런 일 안 다니지. 내가 그래도 연금이 40~50만 원 나오는 게 있으니까 그거랑 집 근처에서 잠깐 일해서 용돈 좀 벌면 그것 가지고 이냥저냥 살 수 있는데 뭐 어디 자식들이 멀쩡해야지."

"그럼 아드님은 지금 무슨 일 하세요?"

"아무 일도 안 해! 방 안에 들어가서 하루 종일 컴퓨터만 붙잡고 앉아 있어. 내가 그래도 용돈 조금씩 주는 걸로 뭐하나 봤더니 그 돈으로 주식 한다는 거야. 단타로 하는 거 있잖아? 좀 샀다가 조금 있다 팔고 또 조금 샀다가 한 시간 있다가 팔고 그런 거. 내가 그 꼴을 보니까 속이 확 뒤집히는 거야. 내가 그런 거 하느니 차라리 나가서 노가다라도 뛰라고 하니까 그놈이 그런 거는 뭐 자리가 있는 줄 아느냐는 거야. 지 친구들도 다 자기처럼 노는데 왜 그런 것도 모르고 뭐라 그러냐면서. 그래서 내가 나왔어. 정말 하아, 내가 아주 그냥, 집에 있으면 아들놈이랑 싸움만 나겠더라고."

우리 형이 우아하게 '밥벌레'라고 표현해준 생활을 오랫동안 해온 내게는 익숙한 얘기였다. 다만 우리 가족의 경우는 《벼룩시장》을 챙겨 들고 집을 나선 쪽이 나였던 게 다를 뿐이었다. (또 한 가지 차이점을 들어보자면 우리 어머니는 박 씨 아저씨보다 강단 있는 분이어서 아들 엉덩이에 싸커 킥 날리는 걸 주저하지 않으셨다.)

물론 모든 가족이 싸운다. 그들은 그렇게 싸우고 흉터를 남기고 다시 일상으로 돌아가지만 돈 못 버는 자녀와 그들을 먹여 살리는 부모가 충돌하면 (고약하게도 거기에는 돈 문제와 자존심이 뒤엉켜 있기 때문에) 숨겨왔던 광기를 폭발시키게 되고 서로를 불구로 만들어버린다. 그러고 나면 애꾸나 절름발이가 된 것처럼 누구도 예전처럼 걸을 수 없고

고기로 태어나서

예전처럼 서로를 바라볼 수 없게 된다.[*]

다음 날 아침 여전히 목이 메는 식사를 하고 작업을 시작했다. 계사의 문을 열자 진한 노란내가 덮쳐왔다. 하지만 금산처럼 썩는 냄새는 없었다. 출입문을 열면 사람 키만 한 높이의 합판으로 만든 벽이 앞을 가로막고 있었다. 닭은 벽 너머에 있었다. 천장을 잠깐만 바라봐도 눈이 아플 만큼 조명이 밝았다. 활주로처럼 길게 뻗은 공간에 하얀 닭들이 빈틈없이 들어차 있었다. 깔짚이 두껍게 쌓여 있었는데 내부는 육계 농장과 비슷했다.

가장 눈에 띄는 것은 별도의 산란 장소였다. 지름이 50cm 정도 되는 플라스틱 파이프를 1.2m 높이의 지지대 위에 올려두었다. 닭은 알을 낳을 때 무리와 떨어져 있고 싶어 하기 때문에 이런 설비가 필요했다. 건물은 가로 10m 세로 60m 크기였다. 그 안이 닭으로 꽉 차 있었다. 발 디딜 자리의 닭을 몰아내지 않으면 걸음을 옮길 수가 없었다. 마치

[*] "일 안 하면 먹지도 마! 처음엔 아들을 사랑하는 부정에서 나온 말이었습니다. 대학을 졸업한 아들이 취업에 실패하고 집에만 틀어박혀 있는 날이 많아지자 아버지와의 마찰이 잦아졌는데요. 아버지는 밖에 나가 일거리를 구하러 다녀도 시원치 않은데 집에 있다며 아들을 나무라기 시작했죠. 급기야는 일하지 않는 사람은 먹을 자격이 없다며 아들이 먹고 있는 만두를 빼앗아 합성세제를 부었습니다. 한 차례 몸싸움을 벌인 부자는 다음 날 더 큰 싸움을 벌입니다. 화가 가시지 않은 아버지는 밥 먹고 있는 아들에게 골프채를 들이댔고 아들은 '밥 먹을 땐 개도 건드리지 않는다'며 식칼을 들어 맞섰습니다. 놀란 아버지는 경찰에 신고했고 아들이 괘씸하다며 처벌을 요구했죠. 경찰은 법에 골프채는 흉기나 둔기로 규정되어 있지 않기 때문에 아버지는 무혐의 처리했고 아들은 흉기를 들어 존속 폭행 혐의로 입건했다고 밝혔습니다." 〈SBS 뉴스〉, 2007.3.5.

깃털로 만든 구름 위를 걷는 모양새였다.

　이곳에서는 온전한 삶을 사는 닭의 모습이 어떤 것인지 알 수 있었다. 닭이 얼마나 늠름하고 아름다운 동물인지 확인하고 싶다면 수탉을 보면 된다. (수컷이기 때문에 그렇다는 건 아니다.) 부리와 벼슬에는 윤기가 흘렀고 하얀 깃털은 반질반질했다. 털이 얼마나 풍성한지 두꺼운 밍크코트라도 걸친 것 같았다. 두툼하고 넓적한 벼슬은 세워져 있을 때는 모히칸 헤어스타일처럼 접혀 있을 때는 빨간 베레모를 눌러쓴 것처럼 보였다. 수탉은 근위병처럼 풍채도 당당해서 어깨 높이가 70cm를 넘을 것 같았다. 사람이 다가가면 날개를 옆구리에 착 붙인 채 가슴에 잔뜩 힘을 줘서 부풀리는데 가슴 근육을 자랑하는 보디빌딩 챔피언을 연상시킨다. 게다가 (이 점이 나는 가장 불만이었는데) 사람을 무서워하거나 피하려는 기색이 전혀 없었다. 오히려 닭이 먼저 덤벼들었다. 이 정도면 맹금류로 분류해도 무리가 없을 것 같았다.

　이곳의 닭은 (똑같이 풀어놓고 기르는) 육계와 비교해도 더 건강한 모습이었다. 한 달 된 육계와 1년 가까이 자란 종계 암탉의 몸집이 서로 비슷했지만 종계와 비교하면 육계는 성장 상태가 고르지 않았다. 살은 다 자란 닭처럼 쪘지만 깃털은 그 속도를 따라가지 못해서 맨살이 그대로 드러난 부위가 적지 않았다. 벼슬도 제대로 자라지 않아 삐죽한 돌기가 몇 개 솟은 정도였다. 종계가 머리부터 발끝까지 잘 차려입은 성인의 모습이라면 육계는 사춘기 아이가 몸만 성인처럼 불어버린, 그런데 옷은 여전히 어린 시절 옷을 입고 있어서 말려 올라가고 뜯어진 옷 사이로 속살이 비치는 꼴이었다.

여기서는 건강한 닭의 외양뿐 아니라 행동도 볼 수 있었다. 암탉들은 대부분 온순했다. 느린 걸음으로 산보하듯 돌아다니다가 발로 깔짚을 파헤치기도 하고 급수관이나 산란통에 펄쩍 뛰어오르기도 했다. 어떤 녀석들은 스트레칭하듯 옆으로 몸을 기울이며 한쪽씩 다리를 쭉 뻗었다. 닭은 특히나 흙을 가지고 장난치는 것을 좋아했다. 다리나 날개로 흙을 몸에 뿌려대기도 하고 엉덩이로 콘크리트 바닥이 드러날 때까지 깔짚을 비벼대기도 했다. 닭은 이렇게 흙을 몸에 뿌려서 기생충을 제거하는데 이걸 '흙 목욕'이라고 부른다. 이렇게 할 수 없는 닭의 경우 소독약을 뿌린다. 이 욕구는 닭이 지닌 본능이어서 평생 케이지에만 갇혀 있던 닭도 자연 환경에 풀어놓으면 다른 닭들이 하는 걸 본 적이 없다고 해도 바로 흙 목욕을 한다.

이곳 닭들은 사람을 무서워하지도 경계하지도 않았다. 알을 집으려고 밀어내면 머뭇거리며 자리를 비켜줄 뿐이었다. 소란을 일으키는 건 수탉이었다. 수탉은 암탉 등에 올라타서 발톱으로 꾹꾹 눌러댔다. 암수의 비율은 100대 1 정도였는데 수컷 비율이 많아지면 암탉이 스트레스를 받는다고 했다. 하지만 수탉이 많아질 때 고달파지는 건 암탉만이 아닐 것 같았다. 내가 미처 몰랐던 것 중에 하나는 평사에서 알을 주울 땐 나이트클럽에서와 같은 몸가짐이 필요하다는 사실이었다. 혼자 있는 여성이라고 해서 마음 놓고 다가갔다간 곤욕을 치를 수 있었다. 암탉 곁에서 알을 줍고 있는데 갑자기 수탉 한 마리가 달려들었다. 하얀 망토가 덮치는 것 같았다. 나는 가성의 비명을 지르며 도망쳤는데 그 바람에 알도 모두 떨어뜨렸다. 반대쪽에서 일하던 직원이 나를 보며 껄껄 웃었다.

"알 주울 때 조심해야 돼. 수탉이 지 여자 건드린다고 달려들어. 저게 힘도 좋아서 쪼이면 아파. 피 날 때도 있어."

내 연적은 그래도 분이 풀리지 않았는지 날개를 흔들며 위협하는 자세를 취했다. 마치 '감히 벼슬도 없는 것이 내 여자를 건드려?' 하고 말하고 싶어 하는 것 같았다. 나는 '정녕 너희가 새벽마다 내가 양념 반 프라이드 반으로 주문했던 그 녀석들이란 말이냐?' 하고 되묻고 싶었다. 네 여자 친구는 내 타입이 아니란다. 내 종種은 더더욱 아니고.

질투심에 사로잡힌 수탉들에게 방해를 받을 때를 제외하면 작업은 순조로웠다. 난자를 들고 다녀야 해서 힘은 들었지만 케이지에 비해 일하는 재미가 있었다. 여기서는 어렸을 적 보물찾기 하듯 알을 찾아야 했다. 어떤 것들은 닭이 품고 있었고 어떤 것들은 깔짚 속에 파묻혀 있었다. 역시나 닭이 가장 선호하는 장소는 산란통이어서 그 안에서 찾은 알과 그렇지 않은 알의 비율이 5대 5 정도였다. 알 줍기는 4시까지 이어졌다. 그 이후부터는 수거한 알을 선별실로 옮겨서 무게를 쟀다. 45g 이상은 정란으로, 이하는 식용으로 분류했다. 정란은 알 표면에 묻은 똥이나 피를 제거하고 72개들이 난자에 담았다. 작업은 5시쯤 끝났다.

이곳의 사육 환경은 일반적인 축산 시스템 안에서 닭이 기대할 수 있는 최상의 것이었다. 그래서 닭들도 건강하고 자유로워 보였다. 이곳의 닭은 케이지에 갇힌 닭에 비하면 육체뿐 아니라 정신도 건강한 것 같았다. 금산의 닭들은 사람이 다가가면 다른 닭들을 밟고 올라서며

　　　　　　　　　　　　　고기로 태어나서

구석으로 달아나려고 발버둥 쳤다. 내가 손을 뻗거나 케이지 문을 열려고 하지 않아도 그랬다. 병적으로 겁에 질려 있는 느낌이었다. 반면 여기선 그런 반응을 찾아볼 수가 없었다. 알을 집으려고 하면 경쟁적으로 손을 쪼아댔다. 공격적이라기보다는 자연스러운 호기심을 표현한다는 느낌이었다. 그런 게 닭다운 거다. 그리고 닭답게 살 수 있게 해주는 환경이 좋은 환경이다.

종계의 삶이 다른 식용 동물보다 자연 상태에 가까울 수 있었던 것은 단순하게 이야기하면 그들이 비싼 상품이었던 덕분이다. 경제적 논리와 무관하게 종계장보다 나은 환경과 방식을 고수하는 농장이 동물 복지 농장이다. 동물 복지 농장에서는 동물들에게 배고픔, 갈증으로부터의 자유, 불안과 스트레스로부터의 자유, 정상적 행동을 표현할 자유, 통증·상해·질병으로부터의 자유, 불편함으로부터의 자유를 보장하기 위해 노력한다. 이런 농장에선 동물이 생산성을 이유로 굶지 않고 좁은 스톨에 갇혀 지내지 않고 밤이 되면 조명을 끈 채 잘 수 있고 방목장에서 뛰어다니며 풀을 뜯을 수도 있다.

내가 생각하는 현재 동물 복지 농장 제도의 한계는 이들 농장과 공장식 축산 시설 사이의 거리를 좁히려는 시도가 없다는 점이다. 전체의 1%를 웃도는 수준의 동물 복지 농장들이 해방구처럼 존재할 뿐 나머지 99%의 축산물을 생산하는 공장식 농장들은 과거와 다름없는 방식으로 동물을 사육하고 있다. 이 99%의 농장들의 사육 환경을 개선하려는 시도는 아직까지 미미하다. 동물 복지 농장의 빛이 바래는 것도 이 지점인 것 같다. 공리주의자식으로 말해보자면 1%의 동물 복지 농장 대신 전체 농장에서 강제 환우를 중단하거나 한 뼘이라도 사육 면적을 넓히는 것이 더 낫다.

동물 복지 농장은 그 수가 적을뿐더러 아직까지 소비자들에게 제대로 알려져 있지도 않다. 그래서 음식점에서 축산물의 원산지를 표기하듯이 동물 복지 인증 여부를 의무적으로 표기하자는 주장도 나오고 있다. 이런 노력이 꾸준히 이어져야 할 것 같다. 고통을 최소화하는 방식을 제도화하는 것이 우리가 맛을 위해 번식시키고 때 이른 죽음에 이르게 하는 동물들에게 져야 하는 최소한의 의무가 아닌가 싶다.

나는 비윤리적인 고기는 있어도 야만적인 고기가 있다고는 생각지 않는다. 개고기도 음식의 하나일 뿐이다. 개는 고래처럼 멸종 위기의 동물도 아니고 다른 한편으론 돼지도 개만큼 지능이 높고 사회성이 발달되어 있다. (그 사회관계 안에 인간이 포함되어 있지 않을 뿐이다.)

그렇지만 먹을 수 있다고 해서 반드시 먹어야 하는 건 아니다. 개고기는 긴 세월을 이어온 전통이지만 이를 구축해온 환경이 바뀌면 전통도 변하는 법이다. 오늘날 동물에게 지나친 고통을 강요하는 전통은 점점 설 자리를 잃고 있다. 그렇기 때문에 영국의 여우 사냥이나 스페인의 투우가 금지된 것이다. 미국도 푸아그라를 금지하는 추세에 있다. 이는 일부 서양 사회만의 변화가 아니다. 최근 대만은 개고기를 금지하는 법을 통과시켰다.* 개고기를 의미 있는 관습으로 만들어주었던 조건은 더 이상 존재하지 않는다. 지금은 어디서나 손쉽게 값싼 동물성 단백질 식품을 구할 수 있다.

나는 인간이 자연을 이용하는 데에도 한계가 있음을 인정하는 선을 식탁의 영역에서 개고기에 그을 수 있다고 생각한다. 닭이나 돼지와 달리 개고기는 일부 연령층에서만 소비하며 그 시기도 1년 중 여름에 집중되어 있다. 이러한 특징은 개고기에서 일반적인 식량의 맥락이 사라졌음을 의미한다. 다시 말해 개는 오직 맛, 미각의 쾌락을 위해 죽인다는 뜻이다.

닭이나 돼지는 얼마든지 먹어도 좋지만 개만큼은 안 된다는 말이 아니다. "뭔가 하나만 특별히 여기는 것은 위선 아니냐는 말을 들었어요. 하지만 모든 일에 관여하는 것은 불가능하죠. 모든 비극에 참여하려 했다간 역으로 손가락 하나 움직이지 못하게 됩니다. 그래서 한 가지만이라도 관여할 수 있으면 되는 겁니다."** 당장 모두가 채식을 할 수 있는 게 아니라면 식량 생산에서 차지하는 비중이 낮고 생물학적으로든 문화적으로든 인간과 가까운 관계를 맺고 있는 동물부터 고기가 되는 운명에서 구제하자는 주장이 위선적이라는 비판을 받아야 할 이유는 없다. 우리가 이런저런 윤리나 논리에 대해 고민하는 이유는 모

---

*   "대만이 어제 아시아 국가 최초로 개고기와 고양이 고기 섭취를 전면금지하는 법령을 통과시켰다. 이미 2001년부터 개, 고양이 고기 판매를 불법으로 정한 대만인데 이번 결정으로 유통자에 대한 벌금이 두 배로 인상됐을 뿐 아니라 섭취 목적의 개, 고양이 도살은 물론 개고기와 고양이 고기 보유 및 섭취도 금지됐다."〈허핑턴포스트코리아〉, 2017.4.12.

**   사사키 아타루, 《이 치열한 무력을》, 안천 옮김, 자음과 모음, 2013.

두에게 공평하게 잔인하기 위해서가 아니라 우리가 야기하는 고통을 조금이라도 줄이기 위해서가 아닌가?

하루에도 수십 톤의 음식 쓰레기를 쏟아내는 시대가 소비하는 고기의 양과 종류는 느는 게 아니라 줄어야 한다. 그것이 동물과 환경뿐 아니라 인간에게도 합리적인 길이라고 나는 믿는다. 만일 인간이 계속해서 동물의 고통을 외면한다면 암이나 교통사고가 우리의 육체를 죽이기 전에 소화불량이 먼저 우리의 양심을 죽일지도 모를 일이다.

#5 붉은 돌담 앞에서

지도의 끝자락이 아슬아슬하게 품고 있는 코르네이 섬에는 이런 옛이야기가 전해진다.

부족 간의 반목과 다툼이 극심했던 시절, 마을의 경계를 따라 울긋불긋한 빛깔의 돌담이 세워지기 시작했다. 사람들은 다른 부족에게서 자신들의 관습이나 믿음과는 다른 점을 발견할 때마다 부정한 기운을 막아준다는 붉은빛을 띤 돌을 마을 주변을 따라 던져두곤 했다. 그렇게 쌓이기 시작한 돌담이 부족장의 키보다 높아지면 그는 벽 너머의 사람들이 짐승이나 다름없는 존재라고 선포했다. 이때부터는 돌담이 마을의 경계뿐 아니라 윤리의 경계가 되었다. 돌담 안쪽에서 사람을 해치거나 물건을 훔친 사람은 그에 상응하는 처벌을 받았지만 돌담바깥에서 같은 일을 저질렀을 때는 아무런 제지도 받지 않았고 때로는

고기로 태어나서

필요한 일을 했다고 인정받기도 했다.

인간과 동물 사이에도 비슷한 돌담이 세워져 있는 모습을 확인할 수 있다. 우리에게 나쁜 것이 닭에게는 정당한 것이 되고 돼지에겐 당연한 것이 되고 개에게는 어쩔 수 없는 것이 된다. 나는 인간과 동물이 똑같다는 말을 하려는 건 아니다. 물론 인간과 동물은 다르다. 하지만 고통 없이 살고 싶어 하는 점에 있어서 인간과 동물의 차이는, 적어도 우리가 주장하는 만큼 크지는 않은 듯싶다.

코르네이 섬의 전설은 부족들을 가르고 있던 그 벽이 신성한 기운의 요구에 의해 만들어진 것이어서 '하늘과 땅을 뒤집어놓을 수 있는 태풍'에도 무너지지 않았다고 이야기한다. 하지만 붉은 돌담에 얽힌 전설에는 또 다른 결말이 있다. 벽 너머에서 사람을 해치고 돌아온 자는 벽 앞에서 단식하며 파수꾼 노릇을 해야 했다. 그들은 돌 틈 사이로 난 작은 구멍들을 살피며 앙심을 품은 이방인들이 습격하지는 않는지 감시해야 했다. 하지만 파수꾼들이 벽 너머를 엿보는 이유가 그것만은 아니었다.

비록 벽을 멋대로 무너뜨릴 수는 없었지만, 한 가지 예외가 있었다. 만약 파수꾼이 이방인에게서 자신과 다를 바 없는 모습을 발견하게 되면 벽에서 돌 하나를 빼낼 수 있었다. 그들은 이런 방식으로 자기 몸무게만큼의 돌을 빼내야 마을로 돌아갈 수 있었다. 파수꾼이 마을로 돌아온 저녁, 그는 사람들에게 자신이 무엇을 보고 돌들을 빼냈는지 이야기하며(발가락을 찧고 팔짝팔짝 뛰는 모습, 쓰러진 아이를 일으켜 세우고 달래주는 모습, 친구의 시신을 앞에 두고 울음을 터트리는 모습 같은 것들) 밤을 지새웠다. 그리고 그런 이야기들이 쌓여갈수록 벽은 다시 낮아지고 또 낮아졌다.

우리도 가끔씩 동물과 인간 사이를 가로막고 서 있는 돌담 틈 사이를 들여다볼 기회를 얻는다.

그리고 우리는 벽 너머에서 더 나약한 우리 자신을 본다.

땡볕 아래서 개밥을 주고 있었다. 마지막 줄 차례였다. 첫 번째 개는 털이 원형 탈모증처럼 500원짜리 동전크기로 빠져 있었다. 옅은 갈색의 암컷이었는데 흔히 비루먹었다고 표현하는 몰골이었다. 몇 주 전 사장이 '병원'이라고 부르는 케이지에서 옮겨놓은 개였다. 말만 병원이지 실제로는 다른 개들로부터 멀찍이 떨어진 위치에 설치한 케이지 하나에 불과했다.

병원은 건축자재가 쌓여 있는 수풀 속에 숨어 있었다. 철창은 황토색으로 변해 있었다. 바닥에 회색으로 변한 똥 무더기가 보였다. 케이지는 종견이 쓰는 것과 같은 크기였다. 개는 털이 불규칙하게 자랐고 잔뜩 겁을 먹은 표정이었다. 사장과 내가 다가가자 신음 소리를 내며 물러났다.

"이 개가 피부병이 엄청 심했거든. 그래서 여기다 데려다 놓은 거야. 저기 배 밑에 거무스름하고 털 띄엄띄엄 남은 거 보이지? 저기가 피부병 생겼던 자리야. 사람도 피부병 앓고 나면 자국 남잖아? 개도 그런 거야. 개한테는 피부병이 엄청 무서운 거야. 이게 열 마리 중에 한 마리 살아남은 거야. 나머진 다 죽었어. 내가 이놈한테만 주사를 두 번이나 났어. 개가 피부병에 진짜 약해. 이놈이 너구리한테서 병이 옮았는데 그런 지가 좀 됐어. 그래서 이제 얘를 원래 있던 데로 갖다놔야 돼."

사장이 올가미를 들이밀자 개는 풀죽은 표정으로 고개를 돌렸다. 머리를 오른쪽 왼쪽으로 돌리며, 대여섯 번 정도 가벼운 실랑이를 벌였다. 올가미를 씌우기 전까진 이것이 저항의 전부였다. 너무 소극적인 태도라 수줍어하는 것처럼 보이기까지 했다. 마치 발표하는 게 싫어서 선생님이랑 눈을 마주치지 않으려고 하는 아이처럼. 하지만 줄을 목에 걸고 잡아당기기 시작하면서 수줍어하는 게 아니라 병적으로 겁에 질려 있었다는 걸 알게 됐다. 개는 네 발에 힘을 주고 나가지 않으려고 버텼다. 케이지 밖으로 나오자 스스로에게 상처를 입힐 만큼 몸부림을 쳤다. 버티다 끌려가기를 되풀이하다가 포기한 듯 휘청거리며 걷기 시작했다.

"그래도 이놈은 걸을 줄 알아 다행이네. 하긴 지난번에 끄집어낼 때 걸어봤으니까."

"개가 걸을 줄을 몰라요?"

내가 놀라서 물었다.

"땅을 밟아본 적이 있어야지. 평생 철창 위에서만 살았잖아."

"케이지 안에서 잘 걸어 다니잖아요?"

"아니, 그런 게 아니라, 철창이랑 땅바닥이랑 밟고 서 있는 느낌이 다르잖아? 그러니까 땅을 처음 밟아본 개는 그 느낌이 낯설어서 겁먹고 꼼짝도 못 하는 거야."

"못 걸으면 어떡해요?"

"그냥 바닥에 다리를 쫙 펴고 앉지. 그리고 그 채로 끌려오는 거야. 불안해서."

이런 일이 있었던 것이 이삼 주 전이었다. '입원' 전의 쾌활함을 되찾았는지 사람을 피하는 기색은 찾아볼 수 없었다. 나는 그러거나 말거나 찌꺼기가 덕지덕지 붙어 있는 그릇에 짬밥을 부었다. 시큼한 주황색 죽이 그릇에 차오르기 시작했다. 개는 이제 식사에 대한 기대감이 더해져 트램폴린 위에서 노는 아이처럼 방방 뛰었다.

그때였다. 사장이 케이지 위에 올려뒀던 올가미가 툭 떨어졌다. 머리를 집어넣는 부분이 지붕 끝에 걸려 있다가 케이지 앞면에 드리워진 것이다. 개가 화들짝 놀라면서 몸을 돌렸다. 잠시 후 조심스럽게 뒤를 돌아봤지만 올가미가 그대로 있는 걸 확인하곤 곧바로 머리를 돌렸다. 나는 올가미를 감추고 개를 불렀다. 잔인한 짓이었지만 내가 본 게 무엇을 뜻하는지 분명히 해두고 싶었다. 개는 쭈뼛대며 그릇 쪽으로 기어왔다. 나는 올가미를 쥐고 있던 손을 놓았다. 개는 내가 아무리 불러도 다시는 뒤를 돌아보지 않았다. 우리가 작업을 마무리하고 돌아왔을 때도 개는 그대로 구석에 고개를 처박고 움직이지 않았다.

동물들과 마주하며 지냈던 시간은 나를 약자의 고통에 민감한 사람으로 만들지 않았다. 반대로 나는 무감각해졌다. 지난 몇 년간 내 삶을 관통한 가장 일관된 정서는 분명 '무감각함'일 것이다. 육계 농장에서 '못난이'를 솎아낼 때가 기억난다. 닭은 목을 부러뜨리면 날아오르기라도 할 것처럼 날개를 퍼덕거리고 다리를 흔든다. 처음에는 그 모습을 쳐다보고 있을 수가 없어서 움직임이 멎을 때까지 천장을 보고 있었다. 처음 동물을 죽일 때는 대상과 나 사이에 거리감이 느껴지지 않는다. 닭의 목이 끊어지는 순간 내 안에서도 뭔가가 죽는다. 그 닭은 깔짚 위가 아니라 내 몸속에서 몸부림을 친다. 날개를 흔들어 혈관과 내장을 들쑤셔놓고 발톱으로 뼈를 긁어댄다. 그것이 너무나도 또렷하게 느껴진다. 하지만 작업이 계속되면 펄떡대는 닭이 점점 내 안에서 빠져나온다. 마침내 걸레를 쥐어짜는 정도의 부담감만을 지닌 채 닭 목을 비틀 때쯤 되면 닭은 내 발치에서 벌레처럼 꿈틀댄다. 내가 느끼는 닭의 죽음과 물질적인 닭의 죽음이 비로소 일치하게 된다. 그렇게 죽음은 닭 혼자만의 것이 된다. 어디서나 마찬가지였다. 병아리의 고통도, 돼지의 고통도, 개의 고통도 그렇게 조금씩 멀어져갔다. 어느 순간부터는 왜 내가 이걸 문제 삼았는지조차 기억하기 어려웠다. 그게 정상이고 그게 당연한거다. 물건은 그렇게 다루는 거다. 작업이 끝나고 내가 신경 썼던 것은 오직 얼얼한 팔의 피로뿐이었다.

하지만 이때만큼은 잠들었던 가슴이 눈을 떴다. 나는 더 이상 그들을 그저 먹고 싸는 것밖에는 할 줄 모르는 고깃덩이로 생각할 수가 없었다. 그들은 "정신을 전혀 갖고 있지 않고 기관의 배치에 따라 작동하는 것이 본성인" 무언가가 아니었다. 반대로 무엇이 자신을 고통스럽게 했는지 뚜렷하게 기억할 수 있고 그 기억 때문에 시간이 지난 후에도 여전히 괴로워하는 존재였다. 그것은 적어도 내게는, 자신들이 처한 비극을 이해하고 있는 존재의 몸짓으로 보였다. 내가 올가미에 묶여 짐짝처럼 끌려가는 것이 얼마나 비참하고 고통스러운 일인지 알고 있듯이 이 개도 그것이 얼마나 고통스러운 경험인지 알고 있었다.

개는 한참이 지나도 구석에 웅크린 채 움직이지 않았다. 미안한 마음에 소시지를 조금 챙겨왔다. 하지만 통로 앞에 섰을 때는 쉽게 발을 내디딜 수가 없었다. 고기 냄새를 맡은 개들이 맹렬하게 짖어대기 시작했다. 소시지를 한 주먹 쥐고 바라보니 이곳에 개들이 얼마나 많은지 실감 났다. 마주 보고 있는 철창의 틈으로 개의 코와 앞발이 불쑥불쑥 삐져나와 있었다. 그런 케이지들이 산기슭까지, 내 눈에는 세상 끝까지라도 이어질 것처럼 늘어서 있었다. 숨 막히는 광경이었다. 그 형태의 질서정연함 때문에 내가 시비를 걸고 있는 대상이 얼마나 견고한지가 피부에 와 닿았다. 그래서? 이 녀석한테 고기를 먹여서 기분이 나아지면 그다음엔 어떻게 하지? 또 그 옆에 있는 개는? 그 앞에 있는 개는? 사방에서 컹컹대는 소리가 불규칙하게 터져 나왔다. 그 혼돈의 오케스트라 한가운데서 나는 개에게 다가가지도 못하고 돌아서지도 못한 채 멍하니 서 있을 수밖에 없었다.

그리고 하나님은 그들을 축복하여
이렇게 말씀하셨다.
"너희는 많은 자녀를 낳고 번성하여
땅을 가득 채워라. 땅을 정복하라.
바다의 고기와 공중의 모든 새와
땅의 모든 생물을 지배하여라."
〈창세기〉 1장 28절

"극도의 권리는 극도의 불의다."

테렌티우스, 〈자학하는 자〉